世界传世藏书

【图文珍藏版】

哈佛管理全集

马松源⊙主编

第六册

线装书局

四、精确把握市场信息的变化

预测是指在掌握现有信息的基础上，依照一定的方法与规律对未来的事情进行测算，以预先了解事情发展的结果。对于管理者来说，不管是做出决策还是制定战略规划，都建立在对未来预测的基础上。

（一）挖掘极具潜力的市场

有市场，才会有企业。市场扩大，那么企业也会跟着成长扩大。但有的企业总是打不开市场，最后，因为没有市场而不得不灭亡。

也许有人会说，我之所以打不开市场是因为市场已经饱和，但真的是这样吗？其实，不管哪一种产品，要想让市场达到饱和，是比较难的，有时候你发现市场之所以呈饱和状态，那是因为你没有把市场的潜力挖掘出来。德鲁克说，把握住市场上出现的重要动向，在这些动向发生影响期间，抓住机会写下属于你自己的篇章，这会影响到你的一生，也会给你公司带来巨大的影响。

日本尼西奇公司是日本著名的生产塑料制品的企业。长期以来，大量生产雨衣、旅游帽、卫生带、尿垫等产品。但一段时间后，由于订货不足，产品销售停滞，导致公司的经济效益很差，企业陷入困境。公司的董事长多川博千方百计地想寻找搞活企业的方法。一个偶然的机会，他看到了一份全国人口的普查报告，报告中说日本每年出生 250 万婴儿。于是他想：如果每个婴儿用两个尿垫，一年就需要 500 万条，这是一个非常好的销售市场，前景非常广阔。如果把市场推到国际上，市场效益就更加可观。

经过权衡利弊，多川博决定放弃其他产品的生产与销售，专门生产尿垫。刚开始，他的这一举措引起了不少人的非议。但他始终坚持自己的决定，这样生产尿垫的工程开始全面展开。尼西奇公司由于大力发展尿垫和尿布新产品，在日本全国建立了很多营业所，并与数以千计的批发零售商建立了供销关系，很快便垄断了日本的尿垫市场。接着，他又把目光投向了国际市场，尿垫产品远销西欧、美洲、大洋洲及东欧一些国家，年销售额达 70 亿日元。今天，尼西奇公司是世界上最大的尿垫公司。

在拓能进入浴霸市场前，浴霸高端市场已基本上被奥普这个大品牌垄断，而中低端市场则充斥着大量的杂牌产品，使浴霸市场鱼龙混杂。是不是浴霸市场就此饱和了呢？但是沈小华不这么看，他发现，经过了奥普等产品几年的市场教育，浴霸已逐渐被消费者所认识并接受，市场潜力巨大。于是，沈小华预测，进入浴霸市场前途无限，只是由于奥普的先入优势，常规的主渠道和零售终端基本被奥普所把持，自己要进入这一市场攻坚的难度大、成本高。

2000 年，沈小华离开奥普，与四位股东共同创办了拓能公司，开始了他抢占浴霸市场的征程。长久以来，浴霸这个行业主要生产厂家都集中在浙江，但是鱼龙混杂的产品并没有给浙江的浴霸行业带来品牌声誉，相反地，由于抄袭模仿严重，使得消费者对浙江的浴霸产品缺乏信心。沈小华也深知，浴霸行业都出现在浙江，自己要进入这一行业，是离不开浙江的制造能力和配套设施的，但是自己又不愿自己的产品一投入市场就给消费者带来是浙江产的这样的不好印象，于是他把公司注册在北京。根据地域差异让拓能站在一个与众不同的高起点上，从北京辐射全国，为建立一个全国性的品牌打下基础。

但是高端市场已经被奥普所垄断，而中低市场都是一些鱼龙混杂的杂牌，沈小华预测到中低端市场潜力巨大，如果打开了中低端市场的突破口，再进入高端市场也就水到渠成。

沈小华选择的是一条差异化道路。在北京，由于房地产开发商开始推出精装房，只要装修，就必然需要卫浴产品，于是沈小华看准这一机会，与北京锋尚、新地标、钓鱼台山庄、炫特区等几个知名的地产项目结成了合作伙伴关系，拓能产品成了这些工程项目的特约供应商。此举不仅使产品绕开了渠道的进入壁垒，直接切入消费终端，还借助这些地产项目的高端形象与名气，帮助拓能在北京一举树立了自己的品牌形象。

由于拓能的品牌差异和优质中价的价格差异，拓能产品打开了浴霸中低端市场，在短短几年内就稳坐中档产品行业第一。加之拓能在浴霸市场取得成功之后，将产品线进行了适度延伸，走上了多元化发展的道路，但是基本都定位于卫厨领域。尽管奥普有了十多年的发展，但是拓能却通过短短几年就成为与奥普并驾齐驱的卫浴品牌。

市场需要预测，没有预测就不可能展开行动去挖掘市场的潜在力量。德鲁克认为，优秀的公司之所以能长久地领先，其根本原因就在于它们能够预测到市场的潜力和机遇，并且通过行动把这种潜力挖掘出来。

市场到处都存在商机，就看企业管理者能不能把这种商机挖掘出来。

（二）拥抱信息革命，做时代的弄潮儿

张瑞敏在谈海尔走过的历程时说："我们很多东西都是从游击战做起来的，这没有什么错误，但是真正发展到今天全球化的企业，那你就必须打正规战、信息战，如果用游击战的办法打海外战争，一定会失败。"自从第三次科技革命出现之后，信息革命席卷全球，德鲁克说，新兴的信息革命正方兴未艾，它肯定会席卷社会中的所有组织。可以说，现在谁能拥抱信息革命，做信息革命的主人，那么谁就能成为这个时代的弄潮儿。

1996年，在一次拉斯维加斯的信息检索会议上，李彦宏在会上提出了一种全新的超链分析模型，这种超链分析应用到文件搜索行为中后，会识别出搜索内容被引用的次数，由此来判断该内容的价值，从而更好地为搜索者提供服务。在当时互联网仅以词频作为搜索标准的背景下，良莠不齐的搜索结果将会因为超链分析的出现而大为改观。

李彦宏非常兴奋，因为技术的背后，蕴藏了无比巨大的市场潜力，他找到自己的老板，说："我们应该做搜索引擎。"尽管老板满口答应了李彦宏的提议，却并没有真正意识到他这个发明的重要意义。当时李彦宏的公司正忙于《华尔街日报》网站的构建，无法顾及李彦宏的超链分析技术。明白这一点的李彦宏很快申请了技术专利，他知道，自己人生的另一个十字路口就要来了。

1997年，带着自己的超链分析技术，李彦宏从道琼斯辞职，来到IT的圣地——硅谷，加盟了搜索引擎公司Info seek。在Info seek，李彦宏终于找到了自己的用武之地。在硅谷，李彦宏感受到了一种在华尔街从来没有的对技术人员的尊重，

李彦宏

这种尊重也使得李彦宏拥有了更加充足的干劲投入到随后搜索引擎的开发上去。在为现有的搜索技术加入超链分析之后，李彦宏又创造性地提出了"竞价拍卖"概念，谁

对自己的网站有信心，谁就可以为自己在搜索结果中的排名付钱，搜索结果顺序按照竞价的多少由高到低排列，此后则是"不点击不收费"。今天，这一全新概念不仅为搜索网站带来了不菲的收入，也成为搜索行业的一项最基本的商业规则。

但在当时，硅谷并不接受李彦宏的竞价排名搜索系统，于是他悄悄打起了自己创业的算盘。1999年，李彦宏做出了回国的决定。回国后，李彦宏创立了百度，百度用10个月的时间，就占据了中文网页搜索60%的市场份额，创造出一个互联网奇迹。但接下来的互联网寒冬让李彦宏和百度都措手不及，经过一系列努力度过寒冬之后，2001年8月，百度发布了独立搜索引擎baidu.com，正式从后台服务转向提供独立搜索。谁也没有想到，这一转型，给全球的互联网行业带来了一个日后全球排名第四、中国排名第一的网络巨擘。

不管是竞价排名系统，还是2009年切换的凤巢系统，李彦宏都紧紧拥抱着信息革命，成了这个信息技术时代勇敢的弄潮儿。

在中国互联网世界，马云、马化腾、丁磊、张朝阳、王志东……一连串的名字，和李彦宏一样是年轻人崇拜的偶像，但是更重要的，他们这一代都是信息革命的主人，并且是抓住信息革命这一机会登上成功巅峰的人。

德鲁克认为，信息挑战是21世纪的主要挑战之一，谁要想在21世纪成为有效的管理者，那么就不能不正视信息挑战，去紧紧拥抱信息革命，做个信息时代的弄潮儿。

信息是这个时代的主流，它影响着人们生活的方方面面，管理者不能把自己独立于信息革命之外，要不然，只会让自己被信息时代抛弃。

（三）预测没有十拿九稳的事

从客观来说，这个世界上百分之百会成功的事情是没有的。而对于未来还没有发生的事情，如果通过预测就说这件事一定会发生，或者企业的某一战略一定会成功，这样的话只会自欺欺人，因为变化无常的事实并不是我们所能掌控的。德鲁克说，在所有关于未来的概念中，一定会失败的就是那些"十拿九稳""零风险"等"绝对不会失败"的概念。

腾讯QQ随着市场占有率的飙升，完全成了国内即时通信领域的龙头老大。此时的马化腾为了不浪费这些天文数字的QQ用户，开始预测到在这些用户身上直接盈利。

"QQ 已经成为国内即时消息软件的事实标准，巨大的市场惯性使得其他软件很难轻易撼动 QQ 的地位，QQ 即使收费，用户规模也不会受到致命的影响。"在这一思想的引导下，腾讯公司进行了一次前无古人，目前来看也是后无来者的尝试——QQ 收费。

但腾讯并未大张旗鼓地宣扬 QQ 即将收费，而是逐步限制免费的注册数量，希望迫使网民通过腾讯的声讯服务或者手机号码来申请 QQ 号，腾讯公司则可以通过声讯服务或者手机号码来收取相应的费用。网民们逐渐发现，通过传统的网上注册渠道来申请 QQ 号越来越困难了，很多网友意识到这可能是腾讯故意而为。就在这时，一些媒体曝光了腾讯寻求 QQ 收费的相关新闻，网上也开始热炒起几篇有关 QQ 收费的帖子。但身处市场垄断地位的腾讯丝毫没有因为矛盾的公开化而停止收费的进程，2002 年 9 月，腾讯正式推出 QQ 行号码，每月收取 2 元的使用费，同时宣布免费号码和一次性付费号码将逐渐停止申请。

后来发生的事实证明，马化腾对于 QQ 收费的预测太过于乐观。QQ 全面收费，引发了用户方面的强烈反弹，很多用户投向了 ICQ 和其他规模较小的 IM 软件的阵营。2002 年 9 月，朗玛 UC 出现在网民的视线之中，这个有些名不见经传的 IM 软件，在 QQ 采取收费策略之后展开强大的宣传攻势，一度取得了同时在线 22 万人的成绩。马化腾多年的好友丁磊，这时也很不客气地推出了自己的 IM 软件网易泡泡，试图在 QQ 收费的有利条件下强势登陆即时通信市场。面对日益紧张的市场格局，马化腾心中泛起了波澜。

为了夺回失去的市场和用户，腾讯不得不改变收费的政策。2003 年 6 月，腾讯公司的一则公告实际上宣布了 QQ 收费政策的死亡：为了庆祝 QQ3 周岁的生日，新开通移动 QQ 的用户，可以获得一个免费长期使用的 QQ 号码。2003 年 8 月，连移动 QQ 这层限制也被取消，QQ 重新开放免费注册。为了挽回用户对 QQ 的好感，腾讯公司运用了大量的公关手段来笼络人心，但是收费带来的负面效应并非短期内就能全部消除。此时，马化腾才深刻体会到了一次头脑发热的预测会给公司带来多大的麻烦，经历了这次收费风波的他，在日后对公司战略的抉择中，变得更加谨慎。

既然是预测，本就带有风险，就不可能是十拿九稳的，就像股票市场一样，谁也不敢说哪只股票在下一秒钟会十拿九稳的升值。

变化是永恒之道，未来充满风险，任何自认为对未来有预见性的行为都可能是错误的，所以在预测未来的时候，要做好失败的准备。

（四）只有预测危机才能躲避危机

德鲁克说，管理者最重要的一项任务就是要对危机做出预测。因为只有预测危机，才能在适当的时机躲避危机。比尔·盖茨说，微软离破产永远只有 18 个月，正是比尔·盖茨的这种对危机的时时预测，才使得微软几十年来都不破产，躲避一次又一次危机，从计算机时代到互联网时代，抓住一次又一次机会。任正非的危机管理、小天鹅的末日管理，都是对危机的一种预测，正是这种预测，所以才让华为、小天鹅能躲避一次次危机，发展得越来越好。

20 世纪 60 年代末至 70 年代初，香港各界产生了一股"要股票，不要钞票"的投资狂潮，掀起了一阵比一阵更高涨的"上市热潮"。在今天投入几十万，明天就能变成几百万的疯狂面前，人们像疯了一样。普通股民纷纷拿出自己多年的积蓄，卖掉自己好不容易攒下的金银首饰，业主也卖掉了自己的工厂、土地、房屋，甚至有的商人还卖掉自己的公司，将所筹集来的资本，全部投到了股票市场，大"炒"而特"炒"，梦想着一夜暴富。正是股民的疯狂，也让股市也处于空前的疯狂状态，1973 年 3 月，恒生指数竟突然升至 1774.96 点的历史高峰，一年间升幅竟在 5.3 倍。这更使许多人乐得眉开眼笑，得意忘形，完全忽视了巨大风险的存在。

但此时的李嘉诚却不这么看，他预测到，这种疯狂不可能持续很久，所以他一点都不为股市的暴利所动，正在所有人都"炒"得失去理智的时候，他一个人独自清醒地走自己的正业：房地产。

李嘉诚在别人都把钱投入股市的时候，他却把大量的资金投入房地产，这样，就在人们用低价卖出物业所得的钱去购买股票时，李嘉诚却统率着他的长江实业一边发行着股票，一边将发行股票筹集到的资金成批地去收购那些低价出卖的物业。

股市呈"牛市"的好景不长，几个月之后，世界石油危机爆发，香港经济受到了巨大影响，出口市场萎缩，股票市场因此大受冲击。加之一些不法之徒趁股市混乱伪造股票，混入股市。使得股市一泻千里，长时间的"熊市"来临。恒生指数迅即由 1973 年 3 月 9 日的 1774.96 点跌至 816.39 点的水平，至 1974 年 12 月 10 日，跌破 1970 年以来的新低 150.11 点。

这场突如其来的灾难让所有人不知所措，除了少数投资者抽身较快损失较小之外，绝大部分投资者不是铩羽而归就是倾家荡产。整个香港经济倒退了几十年。由于早就预测到股市疯涨后面暗含的风险，李嘉诚成了这次灾难的幸运儿，长江实业的损失仅仅是市值随大市暴跌而已，实际资产并没有受到什么损失。

一段时间之后，香港股市回暖，房地产也开始正常发展。李嘉诚由于在股市低迷的时候吸纳的地产物业现在开始生金，由于这次吸纳，李嘉诚已拥有的收租物业，从最初的 12 万平方英尺，发展到 35 万平方英尺，每年租金收入为 390 万港元。

正是这种对危机的预测，才让李嘉诚和他的长江实业不仅躲避了这种灭顶之灾，还进一步地发展壮大了长江实业的实力，李嘉诚说："一直以来，我做生意处理事情都是如此。例如天文台说天气很好，但我常常会问自己，如果 5 分钟后宣布十号台风警报，我会怎样。在香港做生意，也要保持这种心理准备。"

德鲁克认为，管理者要能够带领组织预测到即将到来的暴风雨，经受住考验并化险为夷。领导者无法阻止大灾难的降临，但是至少可以建立起一个做好应战准备、士气高昂、训练有素、信心高涨并且互相信任的组织团队。只有这样，才能在暴风雨来临的时候，有足够的时间与准备去应对。

在危机到来的时候，一切努力都显得苍白无力。在危机到来之前就能预测，做好躲避危机的准备，至少能让危机对企业的影响小一点。

（五）有备才能无患

未来是不确定的，但是未来又充满了机会。如果不着眼于未来，最强有力的公司也会遇到麻烦。德鲁克说，企业管理者所面临的问题不是企业明天应该做什么，而是今天必须为未来做哪些准备。如果没有准备，当危机一旦来临时，就只能成为危机的牺牲品。

李嘉诚是一位时时着眼未来的管理者，这从他的几次战略转移就看得出来。

当李嘉诚从生产塑料花获得成功之后，他渐渐发现香港的土地越来越值钱，因为从 20 世纪 50 年代起，香港平均每十年便增加 100 万人口，住房问题十分紧张。使这个素有"东方之珠"美誉的香港，成为名副其实的珍珠。1958 年，李嘉诚当机立断，决定进军地产业，至此，就算六七十年香港出现炒股热潮，股票一夜之间就能翻几番的情况下，李嘉诚仍然不放弃在地产业中的投资。最后，李嘉诚成了香港的地产大亨。

20 世纪 90 年代，李嘉诚和别人共同投资八十四亿港元成立 Orange，推出个人通信网络，这证明李嘉诚开始从传统产业向高科技产业进军，同时也把战略向世界转移，因为李嘉诚预测到，世界经济一体化的趋势不可能停止，地球村的预言就要成为现实，如果不早做准备，只会成为世界经济发展的局外人。

几年之后，李嘉诚在电讯行业如鱼得水，接二连三地投资和记英国 3G 公司、美国移动电话公司 VoiceStream Wireless（VS）等公司。2000 年，欧洲最大电讯商德国电讯公司（Deutsche Telekom）宣布将以 507 亿美元收购美国移动电话公司 VoiceStream Wireless（VS）。按照合并方案，持有 VS 公司 22%股权的香港和记黄埔集团（和黄集团）将可获利超过 700 亿港元。李嘉诚两年前的投资如今获得超过 7 倍的巨额回报。1999 年，李嘉诚出售英国第三大移动电话公司"橙"公司（Orange）获利 1180 多亿港元，Orange 也成为全球最赚钱的公司。2000 年，李嘉诚出售和记英国 3G 公司部分股权套现近 250 亿港元。正是李嘉诚当年的战略转移，使得他在一年中通过出售电讯业务就已获利 2700 多亿港元。

随着香港的回归和中国经济的腾飞，李嘉诚从多年的投资经验中判断出，国内将是一个有着巨大潜力的投资市场，投资内地大有可为。因此，他花巨资投资北京的王府井等一系列重大项目。这表明李嘉诚把目光从国际投资向国内投资的转移。李嘉诚投资的位于北京王府井的东方广场建筑高度为 70 多米，地盘面积 1.01 万平方米。该大型物业投资预算逾 12 亿港元。

李嘉诚之所以能有今天的成就，和他的这种早做准备才能有备无患的经商准则是密不可分的，不管是哪种经商战略的转变，都是建立在他对未来的种种预测基础上的。由于他能为未来做好充分的准备，所以每一次他都能占尽先机，成为商场游刃有余的操盘手。

德鲁克说，明天终归要来，并且一定与今天不同。你要想成为这个未知世界里的王者，你只有做好充分的准备，为企业未来的发展奠定坚实的基础。

如果企业不为未来做准备，就要为出局做准备。

（六）预测需要市场信息作基础

德鲁克说：在制定战略时，我们需要以各种信息为基础，包括市场、顾客和顾客以外的人；本行业和其他行业的技术；全球金融业以及不断发展的世界经济，这些信息都是效益的源泉。脱离市场信息的决策永远都是危险的，而没有市场信息做基础的想法只是一种想当然，不会给企业带来任何益处，相反地，只会让企业在发展的道路上危机重重。

西武集团是一家拥有170家大规模企业、员工总数达10万人的企业集团，它与日本钢铁公司、三菱重工企业集团同列为日本三大企业集团。该集团的总裁堤义民是日本企业界、财经界和公众心中极具魅力和影响的人物。他被松下幸之助称誉为"西武集团的中兴之祖""日本服务业第一人"。

西武集团是堤义民的父亲开创的，随着几十年的东征西讨，西武从最初的一家小企业变成了一家集团公司。当他父亲去世时，堤义民理所当然成了西武集团的第二代领导人。当堤义民接受西武集团的时候，正是日本经济发达、工业繁荣的时期，整个日本仿佛一个巨大的工厂，突飞猛进，飞速成为世界上的经济强国。随着这种经济的飞速发展，日本的房地产业也迅速发展起来，特别是东京，头年买的地皮，第二年就翻了几番。

西武集团旗下本来就有房地产业，这时候，不趁机投入更大的资本大捞一笔，那是傻子才干的事。正当西武集团的元老们渴望着堤义民做出决定投资房地产时，堤义民的决定让所有人大吃一惊。堤义民不仅不增加在房地产业上的投资，反而决定撤出房地产业。

堤义民的这一决定遭到集团高层的一致反对，他们开始怀疑堤义民有没有领导这家大企业集团的能力。但是堤义民却始终坚持自己的看法。在公司最高决策会议上，堤义民坚决地说道："我已经预测到，东京土地投资的好景已经过去。供求要讲平衡，而大家猛炒地皮的结果，只会把正常的供求状态搞得不正常。因此，我认为东京的房产业很快就会出现失衡的大问题。对此，公司必须做出明智的决定。现在大家不同意我的想法，但我知道我是正确的，尽管你们各位说的也不是没有道理。可你们没有看出东京地产业的暴风骤雨已经快到来了，危险得很。总之，这个问题我决定了，大家照我说的话去做准没错。"

尽管还有很多人想劝阻堤义民，但是堤义民根据市场信息以及供求关系预测，地产业肯定会崩溃，所以谁也不能动摇他撤出东京地产界的决心。一年后，正当人们还在怀疑堤义民的能力的时候，东京的地产业开始大规模地崩溃，无数土地投资者陷入了困境之中。而西武集团由于半年前在行情最好的时候全部撤出了地产界，不仅摆脱了这次危机，而且还获得了巨额利润。

1988 年，宗庆后用 20 万元办起了营养液灌装厂，开始生产自己的产品。为了摸清行情，他派出大量的市场调查人员展开市场调查，调查结果却让他大失所望，"中国市场已经有 38 种营养液，市场供求接近饱和，建议退出竞争"。

正当他苦于寻找市场的时候，他看到《杭州日报》刊登了一条新闻："中国学生营养促进会会长，著名营养学家于若木在目前的一次研讨会上透露，全国 3.8 亿儿童中有 1/3 的人营养不良，仅浙江省 8 岁至 12 岁的儿童中就有 47%的人营养不良……"这条新闻让宗庆后眼前一亮，这么多的儿童营养不良，这是一片多大的市场啊，尽管市场有几十种营养液，但是这些都是针对成年人的，自己为什么不从儿童营养液打开市场呢？

于是他开始请教营养专家，高薪聘请制药技师和高级开发工程师。在一系列的准备工作下，娃哈哈产品终于问世。该产品一问世，就获得巨大成功。因为当时的中国正实施计划生育政策，独生子女大多成了"小皇帝""小公主"。父母长辈的溺爱使得小孩偏食、挑食，从而造成比较普遍的营养不良。娃哈哈儿童营养液以传统的天然食品为原料，通过调节人体机能，增强儿童食欲，从而使儿童从丰富的食物中摄取各种营养，且不含任何激素，无副作用。这样的产品一投放市场，立刻受到家长们的热烈欢迎。

有些管理者总是抱怨市场不给自己机会，其实机会就在自己身边，就看你能不能通过市场信息把这些机会挖掘出来。不管是堤义民还是宗庆后，他们的成功可以说都是通过市场信息做出准确预测的结果。

预测不是无源之水无本之木，也不是一种想当然，所有的成功预测都是建立在掌握分析市场信息的基础上的。

（七）站得高才能看得远

德鲁克说，如果不着眼于未来，最强有力的公司也会遇到麻烦。但是未来有太多的不确定性，是成功还是失败，是生存还是灭亡，取决于企业管理者带领企业怎么走？

但是，尽管未来不可捉摸，但还是需要预测，因为只有预测才能让不确定的未来变得确定起来。预测需要高瞻远瞩，只有站得高才能看得远。

1997 年 8 月 6 日，时任微软公司总裁的比尔·盖茨宣布，他要向陷入危机的苹果电脑公司注入资金 1.5 亿美元。这一消息传出，电脑界无不为之哗然。苹果不是一直都是微软的死对头吗？比尔·盖茨大发慈悲，放苹果一马？此时危机重重的苹果，几乎被淘汰出局，如果微软此时再出重拳，肯定会将苹果逼到绝路。但微软非但没有这样做，而且还慷慨地拉苹果一把，着实令世人感到迷惑不解。

正在所有人都还疑虑未消的时候，比尔·盖茨有他自己的高瞻远瞩。在电脑行业，苹果一直都是微软的竞争对手，有好几次都让微软危机四伏。尽管现在苹果危机重重，但是苹果的技术力量却不容忽视，要是苹果和别的公司合作，依靠苹果的技术，再加上别的公司的财力，那么微软的这位竞争对手就太强了。并且许多电脑公司也都抓住苹果乏力的机会，纷纷提出与它合作的建议，微软公司的一些主要竞争对手如 IBM、大智公司、太阳微系统公司，特别是网景公司都在借助与苹果的合作来和微软明争暗斗。如果苹果与其他大软件公司合作，它们一旦取得某种突破，则势必会造成一定的市场冲击，影响到微软公司的经营业绩。

根据美国《反垄断法》规定，如果某个企业的市场占有率超过一定标准，市场中又无对应的制衡产品，那它就要面临垄断方面的调查。若苹果公司彻底垮了，那么以微软公司操作系统软件的市场占有率将达到 92%，这大大高于《反垄断法》所要求的标准。所以，到时微软就要受到美国司法部门的联邦贸易委员会按反垄断法进行的调查，若真那样，微软公司为这场诉讼要付出的费用将大大超过它为苹果让出的市场份额中所赚取的利润。

此外，在网上浏览器方面，微软一直心存不平。当初，由于判断稍慢，让网景公司捷足先登，占领了大部分市场。微软一直在暗中寻找机会，试图夺回自己在网络方面的优势。通过与苹果联手，微软公司可以将自己生产的因特网浏览器附装在每一台苹果电脑的包装盒里，用户如欲用网景浏览器，就得自己去买软件，自己安装，极不方便，这就为微软的因特网浏览器增加了竞争获胜的筹码。

比尔·盖茨就是通过这种高瞻远瞩的预测，才使得苹果公司没有从软件界消失，并且在乔布斯的带领下通过 13 年的努力，重新成了世界软件巨人。而微软也没有因为苹果与别的软件公司的合作树立更强的竞争对手，加之苹果这一强劲对手的存在，使得微软不敢放松，时时保持高度警惕，促使微软员工在这种危机中时时创新。

微软与苹果的合作完全得益于比尔·盖茨，他之所以会做出帮助自己的竞争对手的决定，就是因为他站在微软的未来的高度上，他看到了要是不注资苹果，势必为微软培养出一个更强大的敌人来。

未来属于有远见的管理者，但是管理者要想让自己的决定更正确，则需要站在一定的高度上，这样才能看到企业的长远未来。

（八）选准最具发展潜力的行业投资

对于管理者来说，德鲁克认为，应该时时思考自己的企业往哪里发展，思考怎样让自己的资源发挥最大的作用，这是一位出色的管理者必须具有的理性思维。只有把企业的资源投入回报最大的领域，才是管理者唯一要做的工作。

巴菲特可以说是这个世界最精明的人，他的投资绝不是一次简单的决策，他会把伯克希尔哈撒韦公司的每一分钱都放在最有回报的公司和人身上。所以巴菲特每天都在日进斗金。

1929 年，经济危机冲击了全世界，因生产过剩，物价暴跌，有钱人纷纷抢购黄金、文物、住宅等非生产资料物品，以图增值赚钱。但奥纳西斯却没有这么做。当时加拿大国营铁路公司为了渡过危机，准备拍卖产业，其中 6 艘货船，10 年前价值 200 万美元，如今仅以每艘 2 万美元的价格拍卖，他像猎鹰发现猎物一样，极为神速地前往加拿大商谈这笔生意。这一反常举止令同行们瞠目结舌。因为当时海运业空前萧条，老牌海运企业家们避之犹恐不及，奥纳西斯在这样的情况下投资于海上运输，无异于将钞票白白抛入大海。许多人规劝他，有些人甚至认为他丧失了理智。但奥纳西斯清醒地预测到，经济的复苏和高涨终会来到，终将代替眼前的萧条。危机一旦过去，物价就会从暴跌变为暴涨，如果能乘机买下便宜物，价格回升后再抛出去，转手可得暴利。海运业虽暂受冲击，但必有复苏之日。奥纳西斯谢绝了同事和朋友的劝阻，果断将这些船全部买下。果然不出所料，经济危机过后，海运业的回升居于各业之首，奥纳西斯买的那些船只，一夜之间身价陡增。他一跃成为海上霸主，资产几百倍地激增。

20 世纪 40 年代，实业家王宽诚在上海创办中国钟厂、维大洋行等企业大获成功之后。他在抗日战争胜利后转战香港，想在香港也打出一片天下。王宽诚来港之初，便碰到大批港人抛售日本人发行的"新票"。出于对正常国际环境下的金融信誉和运作惯例的充分了解，他认准英国人重新接掌香港后会从国际信用方面考虑，不会对"新票"撒手不管。因此，他以极低的价格大量收购被别人认为是废纸的新票，后来，英国人果然按常价收购，王宽诚赚了几十倍。

香港著名的实业家霍英东也是一位善于把资本投在最具发展潜力的行业上的高手。20世纪六七十年代，金融业和房地产业成为香港最红火的产业。霍英东本想参与这些行业，但是经过周密的考虑以及对市场进行调查之后准确的预测，他认为这两个行业已经接近了投资的饱和程度，一旦自己进行大规模的投资，市场出现饱和，不但无法获利，反而会血本无归。那些现在还往这些行业投资的人，是被当前的经济泡沫冲昏了头脑，最后他们会自食自己种下的苦果。

霍英东发现挖沙业其实是一个很有潜力的行业。挖沙业在香港一直都是不被投资家看好的行业，因为所有的投资者都认为，这个行业用人力多，获利少，无法实现快速赚钱。但霍英东认为，这个行业的利润之所以少，不是因为这个行业缺少利润，而是因为生产模式落后，用手工挖沙，必然会导致效率低下和所需的人力多，只要改变这种落后的生产模式，挖沙必然会创造大量的利润，加之香港的地产业发展必然会拉动建筑业的大规模兴起，到了那个时候，挖沙就可以作为建筑业的原料来源而财源滚滚。

于是霍英东毅然投资挖沙业，他从欧洲购买了现代化的挖沙机船，这些船在20分钟之内就可以从海底挖沙2000吨，并能够自动卸入船舱之中。通过使用新设备，霍英东节省了人力，提高了劳动生产率，在单位时间内创造的价值大大提高，本身获利便十分可观。并且后来香港经济危机过去，房地产业异常兴旺，而沙子作为建筑房子必不可少的原料，挖沙业也跟着兴旺起来。霍英东仅仅靠着提供沙土原料而连连获利，一跃成为香港商界的巨人。

投资最有潜力的行业，那么获得的回报也是惊人的。身为企业管理者，应该精准把握市场信息的变化，分析市场信息，准确预测什么样的行业最有潜力。选准了之后，投资进去就会给你带来意想不到的收获。

将资源投入到最具发展潜力的行业，不仅是保持企业高效运转的关键举措，也是保证管理者工作高效的重要方法。

（九）未来只属于有远见的人

美国作家唐·多曼在《事业变革》一书中认为，"把眼光放长远"是踏上成功之路的一条秘诀。德鲁克也说，不能等到未来到来后才开始准备，未来需要在今天就开始把握。现在是一个高速发展的时代，可以毫不夸张地说，今天不知道明天会成为什么样子。但是即便如此，身为企业管理者，必须要有预见未来的意识，只有预见未来，才能抓住机会。

天津梅兰日兰有限公司是世界领先的漏电保护器专业制造商，是在中国的外商投资企业 500 强之一。关于梅兰日兰的成立，和法国施罗德公司的远见有莫大关系。

1979 年，中国实行改革开放。中国当时这个具有几亿人口的大国对于任何一家公司都是一片广阔的市场，法国施耐德电气公司就看到了这一机会，于是迫不及待地来到中国，在平顶山签订了在中国投资的第一个项目，但这笔投资未结果实。施罗德公司并没有放弃，为了能打开中国的市场，施罗德公司于 1992 年 6 月成立国际部，哈佛管理学院毕业的 MBA 安德贺当上了国际部总裁。

安德贺走马上任，就携夫人在当年 10 月第一次来到中国，考察中国各个地区来建立合资公司，最后，安德贺选择了天津的一家公司。关于这次远见，安德贺不无得意地说："当年，中国的浦东还是一片沼泽地，但我从东方明珠只露出的那一个角上，看到了在中国投资的希望。中国之行坚定了我在中国投资的信心，于是果断地决定与中国合资，在天津成立了合资公司，这就是今天的梅兰日兰公司。"

作为天津梅兰日兰有限公司的外资方，施耐德公司自从成立梅兰日兰公司之后，在中国又投资了 8 家企业，在中国拥有 16 个办事处和 300 多家分销商，梅兰日兰公司成了国际知名的电气公司。施耐德公司现在拥有的中国公司的业务量在全球位居第六，并且以每年 30% 的速度递增，预计在未来的几年，将会仅次于美国公司和法国公司而名列公司全球业务的第三。新任总裁安德贺说，施耐德的目标是立足于中国，与中方共求发展。2001 年春季，施耐德公司庆祝天津梅兰日兰合资公司生产销售的 C45MCB 小型为路器总量达到 8000 万台之日，他们确定的庆典仪式主题是"共同成长，再创辉煌"。此外，公司已经把在中国从事研究开发提上了议事日程，在北京与清华大学共建了一个培训与研究中心。

施耐德公司之所以能在中国获得如此巨大的成功，这主要取决于施耐德公司决策层的远见，正是这种远见，为施耐德公司拥有了它在中国的未来。

未来向每一个人张开双臂等待着欢迎着。从现在到未来的时光流逝中，幸运之神不会偏袒任何人。一个缺乏远见，不能洞察未来的人，常常会眼睁睁地看着机会溜走，到头来一无所获。

20世纪80年代，世界是日本制造的天下。此时，世界开始悄然发生变化，自从IBM制造出世界上第一台个人计算机之后，世界开始迈入计算机时代。因为一台计算机需要各种零部件及配件，于是IBM公司首先找到日本的企业，问其是否愿意代工生产计算机配件，日本的企业拒绝了。于是IBM找到韩国和中国台湾，把计算机辅助产品交给它们代工生产，结果，韩国的三星、LG成了世界品牌，而中国台湾的新竹工业园也成了世界上最大的代工基地。此时，日本的企业后悔莫及。

沃尔特·迪斯尼就是一个极具远见的成功人士。他想象出一个这样的地方：那里想象力比一切都重要，孩子们欢天喜地，全家人可以一起在新世界探险，小说中的人和故事在生活中出现，并触摸得到。这个远见后来成为事实，迪斯尼首先在美国加州建迪斯尼公园，后来又扩展到美国的另一个州，还有一个在日本、一个在法国、一个在中国香港。

美国作家乔治·巴纳说："远见是心中浮现的将来的事物可能或者应该是什么样子的图画。"有了这种蓝图的指引，管理者就会朝着这一方向带领企业前进。

成大事者都是具有远见的人，因为只有把目光盯在远处，才能有大志向、大决心和大行动。

五、不确定条件下的战略

休·考特尼　简·柯克兰　帕特里克·维格里

作者简介

休·考特尼（Hugh Courtney），是麦肯锡公司华盛顿办事处的管理顾问。作为麦肯锡公司战略实践的领导者之一，他广泛地就化工产品、保健、能源以及电信等行业的战略问题向客户提供服务。他目前的客户服务和研究重点集中于不确定性下的战略开发以及博弈论的应用。在加入麦肯锡公司之前，考特尼博士是一位经济理论学家。

简·柯克兰（Jane Kirkland），是麦肯锡公司的知识管理董事，负责公司的知识管理技术、全球调研以及信息服务组织。同时她也关注那些产业或功能的知识管理者。此前，她曾担任麦肯锡驻克利夫兰和匹兹堡分部的负责人，主要向金融服务和电子产业的客户提供服务。她的工作重点是关注客户战略。

帕特里克·维格里（Patrick Viguerie），是麦肯锡公司亚特兰大办事处的一名负责人，向电信、电子、化工等众多产业的客户提供服务。作为麦肯锡公司战略实施的领导者之一，他引导公司对不确定性下的战略进行关注和思考。此外，他还是麦肯锡公司微观经济学实践的领导者。这些微观经济领域的实践使得一些前沿的分析理论与方法（如博弈论）能够为客户所用。

内容提要

战略问题的传统解决方法的核心，是基于一种假设——如果能有一系列强有力的分析工具可以运用，经理人员就可以精确地预测企业的前景，从而选择明晰的战略方向。但是，如果周围环境不确定，也无法借助什么分析工具预测前景，那又该怎么办呢？在高度不确定的企业环境中应依靠什么来制定优良的战略呢？

本文的三位作者都是麦肯锡公司的顾问，他们认为，环境的不确定性要求运用新的思维方式来考虑战略。他们指出，经理人员通常会采取一种非白即黑的态度：要么低估环境的不确定性，对企业规划或资本预算做出预测；要么因高估环境的不确定性而摒弃所有分析，单凭直觉行事。

本文作者为我们概括地描述了一种新方法。首先，该方法对四个不确定性层次进行了区分，这种环境的不确定性是任何公司都可能遇到的。其次，他们又阐释了一系列的普通战略（如引导市场、适应市场或保存实力等）是如何被应用到每个层次中的。他们还说明了如何利用三种基本类型的行动（大赌一把、多方下注和稳妥举措）来实施这些战略。

简言之，该框架可以帮助管理人员确定哪些分析手段能贯穿不确定环境的决策过程，而哪些不能。在更广的层次上，它为经理人员缜密和系统地思考不确定性及战略提供了一个准则。

在高度不确定的企业环境中，哪些因素有助于产生好的战略呢？一些经理试图用高赌注的举措来塑造企业的未来。例如，伊斯曼—柯达公司（Eastman Kodak Company）每年花费5亿美元开发一系列数字摄影产品，希望能从根本上改变人们创作、储存和观看照片的方式。惠普公司（Hewlett-Packard Company）也每年投资5 000万美元，瞄准开发以家用照片打印机为中心的目标。商业性报纸喜欢大肆宣传这种决定产业发展方向的战略，因为它具有创造巨大财富的潜力。但是，实际上多数公司还缺乏与此类战略相匹配的产业地位、资产以及相应的风险意识。

更多的反对冒险的经理选择了少量投资、多方下注方式，以防止遭受损失。例如，在新兴市场寻求发展机遇的过程中，许多消费品生产公司只与一些有限的业务或分销伙伴建立了联系。但是，很难说在这些国家此类有限的投资是保存了实力，还是坐失了良机。

另外一些经理乐意灵活地进行投资，以使企业能随市场的发展而迅速调整。但是，确立这种灵活性战略的成本可能很高，而且，这种等着瞧的战略会将大型投资延迟到前景明了之时进行，这会使竞争对手抓住商机。

面对环境的极不确定性，经理人员究竟如何做出要大赌一把、多方下注或是等着瞧的决定呢？传统的战略规划程序可能没有多大用处。普遍的做法是精确地展示未来事件前景，以便能在贴现现金流量分析中及时捕捉到。当然，经理人员可以就未来可能的情境展开讨论，并检验其预测对关键变量变化的敏感程度，但此类分析的目标通常是确定最可能发生的结果并据此制定战略。在相对稳定的企业环境下，该方法可以很好地服务于企业；但在前景高度不确定的时候，这种方法就不起作用，甚至可能是危险的。

危险之一是传统方法会导致经理人员以非白即黑的态度来看待不确定性，即要么认为环境是确定的，因而可以对未来做出精确的预测；要么认为环境不确定，所以前景不可预测。由于需要在规划或资本预算过程中进行点值预测，这会使经理人员忽略现金流量的不确定性。这些框架显然会使经理们隐瞒不确定性，以使其战略听起来令人信服。

低估不确定性将会导致这样的战略：它既不能抵御威胁，也无法利用高度不确定性提供的机会。商业史上低估不确定性的最惊人的错误之一发生在1977年，当时任数字设备公司（Digital Equiqment Corporation）总裁的肯尼恩·H·奥尔森（Kenneth H. Olsen）宣称："个人没有必要在家里拥有电脑"。在1977年，个人电脑市场的迅猛发展还不是必然的，但当时的产业专家们认为它肯定是有潜力的。

另一个极端是认为环境完全是不可预测的，这会导致经理完全放弃传统规划过程中的严谨分析，而主要凭直觉进行战略决策。这种"只管去做"的方法，会使经理人员将赌注错误地下在可能导致巨大损失的新兴产品和市场上。对此，人们可能马上会联想起 20 世纪 80 年代初那些决定冒险一试而投资于家庭保险业的人。

那些反对冒险的经理人员认为，自己处于非常不确定的环境中，他们不相信自己的直觉，并且患了决策瘫痪症。他们避免就有关产品、市场及应开发技术的重要战略进行决策，而是代之以关注企业再造、质量管理或内部成本削减计划。这些计划尽管重要，却不能代替战略。

在不确定的环境下，系统地进行正确的战略决策，要求使用一种不同的方式，即一种避免非白即黑的观点。即使在最不确定的环境下，经理人员也不大可能对战略的重要性一无所知。事实上，他们通常可以确定可能发生的结果的变化范围，甚至一组离散的未来情境。这对未来的预测是极其有效的，因为确定哪个战略最好，以及应采用什么程序来开发它，关键在于公司面对环境的不确定层次。

然后是确定战略决策环境的不确定层次，并调整战略与之适应的框架。任何方法都无法使不确定环境的挑战消失，但此方法可提供实用的指导，促使人们进行更明智的战略决策。

（一）环境不确定性的四个层次

即使是最不确定的企业环境，也包含着许多与战略有关的信息。首先，管理人员通常有可能确定清晰的趋势，比如，市场统计有助于明确对未来产品或服务的潜在要求。其次，许多目前还不为人所知的因素，事实上也是可知的，只要经过正确的分析就可以了解到。如目前技术的性能属性、对某些稳定产品类型的需求弹性，以及竞争对手产量扩大的计划，通常都属于一些不为人知的变量，但实际上它们又并非完全不可知。

那些经过最精密的可能性分析之后仍然存在的不确定性，我们称之为"剩余不确定性"，例如一个正在辩论中的结果和正在开发中的技术特征等。然而，即使属于剩余不确定性，人们往往也可以在相当程度上了解其情况。我们在实践中发现，多数战略决策者遇到的剩余不确定性主要分成四个层次。

第一层次：前景清晰明确

在第一个层次，经理人员可以进行单一性前景预测并精确到足以进行战略开发。尽管所有的企业环境天生就是不确定的，这会使预测不准确，但预测仍能细微到指向单一战略方向。换言之，在第一层次中，剩余不确定性与进行战略决策是无关的。

让我们看看某主要航空公司的情况，该公司正致力于战略开发，以应对那些已进入其中心市场的竞争对手，这些竞争对手成本较低，并且只提供起码的必需品。那么，该公司是应该以自身的低成本来应对，还是将其市场份额让给新对手呢？或者是在价格与服务方面展开积极竞争，将新的竞争者挤出市场？

要做出上述战略决策，航空公司的经理人员必须进行市场调查，了解不同客户类型的规模，以及每类客户对不同的定价和服务组合可能做出的反应。同时，他们还需要了解竞争对手每条航线上的服务成本及其实力。最后，经理人员还需了解新对手的竞争目标，以便先发制人，使竞争对手对自己公司可能采取的战略举措无计可施。在当今美国的航空产业，此类信息要么是已为人所知，要么是能设法获得的。这类信息也许不可能轻易得到（例如，可能需要进行新的市场调查），但它最终是可以获得的。而且，此类信息一旦为人了解，剩余不确定性就会是有限的，现有航空公司也就能围绕其战略建立自信的业务框架。

第二层次：有几种可能的前景

在第二个层次，前景可描述成一些可能的结果或离散的情境。尽管分析有助于确定结果出现的概率，但不能确定一定会出现什么结果。而如果结果是可预测的，战略中的一些要素（即使不是所有的）就会发生变化。

许多遇到管制或立法变革的企业，会面临第二层次的不确定性。让我们看看1995年末的美国长途电话公司，那时它正开始制定进入地方电话市场的战略。到1995年末，从根本上解除对该行业管制的立法在国会悬而未决，但行业内多数的观察人士已能清晰地预见新条例将采用的形式。不过，该条例能否通过，以及通过后实施的快慢，仍是不确定的。没有任何分析可以帮助长途电话公司预测这些结果，而正确的行动路线，如投资网络基础设施的时机选择，却取决于将要出现的结果。

在第二层次的另一个常见的环境中，一项战略的价值主要取决于竞争对手的战略以及那些还不能被观察和预测到的因素。例如，在寡头买主垄断的市场，比如纸浆和纸、化工产品以及基本原材料市场，主要的不确定性常常是竞争对手的产量扩大计划：他们是否会建设新工厂？规模经济通常会导致这样的情况：任何规模较大的工厂，都有可能对行业定价和盈利水平产生显著的影响。因此，任何公司建造新工厂的决定，通常都会依竞争对手的决策而定。这是第二个层次中的典型情况：可能出现的结果是清晰和离散的；人们很难预测会出现哪个结果，而最好的战略是根据肯定会出现的那种结果而定的。

第三层次：有一定变化范围的前景

在第三个层次，人们可以确定未来可能发生的一些变化范围。这个变化范围是由一些有限的变量确定的，但实际结果可能存在于此范围中的某一点，不存在离散的情境。如同在第二层次中一样，如果结果是可预测的，某些战略因素或者也可能是所有的战略因素都将改变。

新兴行业或进入新地区市场的企业，常会遇到不确定性的第三个层次。请看欧洲某消费品公司，它正面临着是否将其产品投放到印度市场的抉择。最好的市场调查也只能确定一个潜在客户渗透率的大概变化范围（如10%~30%），此范围内不会有明确的结果。在向市场投放全新产品和服务时，这样一个估计范围是很常见的，因此很难确定潜在的需求等级。假如进入印度的公司了解到其客户渗透率更接近30%而非10%，它就有可能采用一种不同的更积极的进入战略。

由技术革新驱动的公司也存在类似的问题，如半导体行业。在决定是否要在一项新技术上进行投资时，制造商通常只能估计出该技术的潜在成本和性能属性的大概变化范围，而投资的整体盈利却取决于这些特性。

第四层次：前景不明

在第四个层次，不确定环境的各部分相互作用，使得环境实际上无法预测。与第三个层次的情境不同，第四层次可能出现的结果的变化范围是不能预测的，更不必说在此范围内的未来情境了。这样，所有决定未来的相关变量就更无法预测了。

第四个层次的情境是罕见的，它们会随时间的推移而向其他层次的情境转变。但它们确实存在。请看某电信公司，它正考虑应当涉足新兴多媒体市场的哪个领域以及如何展开竞争。它面对着技术、需求、硬件和软件供应商关系的多种不确定性，所有这些因素会以不可预测的方式相互作用，因而无法确定未来情境的合理变化范围。

准备在俄罗斯作大规模投资的某公司，1992 年遇到了不确定性的第四个层次。它们无法勾画出规定财产权和交易的法律或条例的轮廓。这种不确定性因供应链的不确定和对消费品及服务需求的不确定而增强。而诸如政治刺杀或货币贬值之类的震荡，会促使俄罗斯制度朝着完全没有预见到的结果发展。

这些实例说明了在第四层次进行战略决策的困难程度，也强调了其短暂性。对现在的多数行业来说，政治和管理上的更大稳定性，已将是否进入俄罗斯市场的决策转变成了第三个不确定层次的问题。同样地，多媒体市场中战略决策的不确定性，将会在今后几年内随着行业的成形而转向第三层次或第二层次。

（二）调整战略分析以适应不确定性的四个层次

我们的经验表明，所有战略问题中至少有一半是属于第二层次或第三层次的，其余的多数属于第一个层次。但是，那些对不确定性持有非白即黑观点的经理人员，则倾向于将战略问题看成是要么属于第一层，要么属于第四层。当那些经理人员将其战略建立在缜密分析之上时，他们很可能不考虑其面对的剩余不确定性层次，而使用同样的分析手段。例如，他们有可能尝试用一般的定量市场调查，来预测今后 10 年通过无线通信网络进行数据传输的需求。

但事实上，经理人员应该进行不同的分析，以确定和评价每个不确定层次的战略选择。所有战略的制定都始于某种形式的情境分析，即现在的环境如何，将来会出现什么。确定不确定性的层次，会使此类情境分析更好地描绘某一行业可能面对的前景。

为有助于对第一层次的未来前景进行精确、有效的预测，管理者可运用全套常用分析手段，如市场调查、竞争对手的成本和产量分析、价值链分析、迈克尔·波特（Michael Porter）的五种力量模型等，还可用融合了这些预测的贴现现金流量模型来确定各候选战略的价值。在第一个不确定层次的情境，多数经理感到极其轻松。这没有什么可惊奇的，因为这些手段和框架都是曾在美国的所有主要商业课程中讲授过的内容。

第二层次中的情境稍微复杂些。首先，管理人员必须依据其对重要剩余不确定因素如何逐渐减弱的理解，来设计一组离散的未来情境，例如是否会解除行业管制，竞争对手是否会建造新工厂等。每个未来情境可能需要不同的评价模型，这是因为，一般的行业结构和行为常因出现的未来情境不同而有根本的不同，因而不能用围绕单一基线模型进行敏感度分析的方式进行方案评价。要优先考虑的应是能获得有助于确定候选结果相对概率的信息。

在确定每个可能结果的评价模型及其概率后，可用典型决策分析框架来评价候选战略固有的风险和收益。此过程会确定候选战略中可能的赢家和输家；更重要的是，它将有助于为采用现有战略的公司确定风险大小。此类分析经常是战略改变的关键。

在第二层次，重要的不仅是确定未来可能出现的结果，而且要考虑行业为实现此前景可能采取的措施。战略的改变是否会出现在某种特定的重要举措之后，如在做出一项管理规定或竞争对手决定进入市场之后？或者战略的改变是否会在相互竞争的技术标准确定后逐步进行？这是至关重要的，因为它决定了哪些市场信号或哪些触发变量应得到密切监控。随着情况的明了和未来情境相对概率的变化，其战略可能也需要进行调整，以适应这些变化。

从程序上说，第三个层次的情境分析与第二个层次中的情境分析十分相似。二者都需要确定一组描述可能出现结果的未来情境，而且分析应集中关注那些表明市场正向某未来情境发展的触发事件。然而，在第三个层次设计一组有意义的未来情境，就不那么简单易行了。设计那些描述可能结果范围端点的未来情境，通常相对容易，但这些端点的未来情境很少能对当前的战略决策提供具体指导。既然在不确定的第三层次没有其他自然的未来情境，因此，决定将哪些可能的结果完全发展成未来情境，是一种实际的技巧。不过，还是有一些一般规律可以遵循。首先，要设计有限的未来情境，因为设计4个或5个以上的未来情境的复杂性会妨碍决策；其次，要避免设计对战略决策没有独特意义的多余未来情境；要确保每个未来情境都能反映行业结构、行为和特性的一个独特情况。此外，设计一组未来情境说明未来结果的大概范围，但不必是全部的变化范围。

由于在第三个不确定层次不可能确定所有的未来情境和相关概率，所以也就不可能计算不同战略的期望值。然而，确定未来情境范围应该允许管理者确定其战略的活力如何，确定可能的赢家和输家，以及粗略确定采用现有战略的风险。

在第四层，避免放弃尝试而仅凭直觉行事至关重要

第四个层次的情境分析甚至更为定性。在这里避免绝望地放弃尝试而仅凭直觉行事仍然至关重要。管理者应对其已经了解的和可能了解的结果进行系统分类。即使管理者不能确定第四层情境中的大概或可能的结果，他们仍能获得有价值的战略前景。通常，他们会确定一小组变量，这些变量将决定市场随着时间的推移而如何发展，如客户渗透率或技术的性能属性。而且，管理人员能够确定这些变量的有利或不利指标，这些指标帮助他们了解市场的发展，并在获得新信息时对其战略进行调整。

管理者还能发现市场可能发展的模型，这可以通过研究第四层次中其他情境中类似市场的发展确定赢家和输家的关键特性以及确定其运用的战略来实现。最后，尽管不可能将不同战略的风险和收益量化，管理者还是应当能确定自己该相信哪些有关未来的信息，以证明其考虑的投资是合理的。初期的市场指标以及相似市场的比较有助于弄清此类看法是否合乎实际。

过去以偏概全的评价战略选择的分析方法是完全不充分的

环境的不确定性，要求用更灵活的方法进行情境分析。过去以偏概全的分析方法是完全不充分的。随着时间的推移，多数行业的公司会遇到具有不同剩余不确定层次的战略问题，因此，调整战略分析（保持其间的协同）是极其重要的。

（三）态度和举措

在谈论每个不确定层次制定战略的动力之前，我们需要引入探讨战略的基本词汇。首先，公司面对不确定性有三种战略态度可以选择：塑造、适应或保存实力。其次，在可用来实施此战略的行动组合中，有三类举措：大赌一把、多方下注和稳妥举措。

战略态度

任何好的战略都需要对战略态度进行选择。战略态度明确了行业的当前和未来状态的战略目标。市场塑造者的目标是使行业朝着自己设计的新结构发展，其战略是要解决如何在市场上创造新机会的问题：要么改造相对稳定的第一层次中的行业，要么努力控制不确定性较高行业的市场方向。例如，柯达公司为维持其领先地位，正在追

寻引导市场的战略，它是通过投资数字摄影，以新技术取代正为其创造多数利润的技术来实现这一目标的。尽管其产品技术是新的，柯达公司的战略仍然建立在传统模型之上。在此模型中，公司提供数字相机和胶卷，冲洗店为消费者冲洗和保管照片。惠普公司也试图成为市场的塑造者，但它在追寻一种根本不同的模型，在此模型中，高质量、低成本的照片打印机将照片冲洗工作从冲洗店转到了家中。

与此形成对比的是，市场适应者将当前的行业结构及其未来发展看成已知事实，进而对市场提供的机会做出应变。在不确定性较低的环境中，适应者会在目前行业中进行有战略意义的定位，即选择竞争的领域和时机。在不确定性更高的环境，适应性战略是依据其发现市场变化并做出快速反应的能力制定的。例如，在变化莫测的电信服务业，经销商就是市场适应者。他们买卖主要电信商提供的最新产品和服务，依靠定价和有效的市场运作而非产品革新取得竞争优势。

第三种战略态度，即保存实力，是一种特殊的适应方式。此态度只与不确定性的第二个层次至第四个层次有关。它需要现在就逐步增加投资，以便将公司置于得天独厚的位置。其方法要么是利用较好的信息，要么是利用较好的成本构成或客户与供应商的较好关系。这就使公司可以等到环境稍微稳定时再制定战略。现在许多制药公司在基因治疗应用市场上实行保存实力的战略，其手段是收购或联合拥有相关技术的小型生化公司。这种投资使得企业能充分利用行业最新的发展成果，与内部开发基因治疗研发项目相比，这种做法的成本相对较低。

行动组合

战略态度不是战略的全部。它澄清了战略的目的，但没有阐明实现该目的所需的行动。在不确定条件下，与实施战略密切相关的行动有三种：大赌一把、多方下注和稳妥举措。

大赌一把是指动用巨额款项，如大型资本投资或收购。某些做法在未来情境中可能出现盈利，另一些则可能出现亏损。引导性战略经常会有大赌一把的情况，而适应性战略和保存实力型战略则不会如此。这并不出人意料。

多方下注的目的是将最坏情境的亏损最小化，并在最好的情境中能获得较大盈利。这种不对称的盈利结构使得这种做法与财务选择有些相似。多数选择都会进行少量的初期投资，以便公司今后能根据市场的发展而增加或减少投资。典型实例有：在新产品全面上市之前进行小规模尝试；成立有限合资公司进行分销，使打入新市场的风险最小化；准许一种替代性的技术，或许它比目前的技术更优越。那些保存实力的管理者大多依赖多方下注的做法，但市场引导者也会运用这些战略，要么是作为早期原动力来塑造新兴但不确定的市场，要么是多方下注。

稳妥举措是指那些无论出现什么结果都会盈利的举措。管理者往往注意明显没有风险的举措，如旨在降低成本、收集竞争情报或增加技巧的行动等。然而，即使是在高度不确定的环境中，在生产能力上进行投资，或者进入某些市场的战略决策也都是稳妥的。无论管理者是否给它们以特定名称，管理者们多数凭直觉认为，稳妥的举措是任何战略都必不可少的要素。

战略态度和相应行动组合的选择，似乎是简单易行的。但在实践中，这些决定对特定企业所面对的不确定性层次有很大的依赖性。因此，这个四层次框架有助于阐明战略态度和行动选择所蕴含的实际意义。下面的讨论将说明每个不确定性层次所带来的不同战略挑战，以及如何运用这些行动组合。

第一层次：清晰前景中的战略

在企业环境可预知的情况下，多数公司都是市场适应者。此时，其分析的目标是预测行业的未来前景，并就竞争领域和手段做出定位选择战略。按照定义，如果基本分析合理的话，此类战略可能是由一系列稳妥举措构成的。

在第一层次的情境中，适应者的战略未必是递增的或乏味的。例如，西南航空公司（Southwest Airlines Company）只提供最起码的必需品和定点服务的适应性战略，是高度革新并能创造价值的。20 世纪 80 年代后期，网关 2000（Gateway 2000）在进入个人计算机市场时采用低成本装配和直接邮购销售的战略也是如此。在这两个案例中，管理者都能在现有市场结构的不确定性相对较低的环境中发现未被利用的机会。第一层次中最好的市场适应者通过对其产品或服务进行革新，或者通过改善企业制度的方式创造价值，而没有从根本上改变该行业。

在第一层次的情境中，成为市场引导者也是有可能的，但有风险，而且也很少见。因为第一层次的市场引导者在试图根本改变长期存在的行业结构和行为时，在一个原本可预计的市场中（为其自身和竞争对手）增加了剩余不确定性的数量。让我们看看联邦捷运公司（Federal Express Corporation）的夜间运送战略。当其进入邮件和包裹运送行业时，该行业环境属于较稳定的第一层次，而联邦捷运公司实际上为其自身制造了第三层次的不确定性。也就是说，尽管总经理弗雷德里克·W·史密斯（Frederick W. Smith）委托别人撰写了证实其企业观念可行性的详细报告，但当时只能对夜间运送服务的潜在需求确定一个大概的范围。对于联合运送公司（United Parcel Service）等当时该行业的已有企业来说，联邦捷运公司则是为其制造了第二个层次的不确定性。联邦捷运公司的举措给联合运送公司带来了两个问题：提供夜间运送的战略是否会成功？联合运送公司是否也必须提供相似服务以继续在该市场的竞争？

随着时间的推移，该行业又回到了第一层次的稳定环境中，但其结构已是全新的了。联邦捷运公司的举措获得了成功，并迫使其他企业去适应夜间运送服务的新需求。

联邦捷运公司是采用什么行动组合实施其战略的呢？像多数市场引导者的战略一样，即使是在第一个层次的情境中，该战略也需要下些大赌注。将多方下注的做法引入市场引导者战略，运用多方下注以防止出现糟糕选择的做法，通常是有意义的。史密斯可租用现有的货机，而不是购买和更新设备，来装备原来的猎鹰"微型货机"队；或者，他还可外购地面货车以及运送设备。此类举措将会限制实施其战略所需资金的数量，并在万一失败时，可以体面地退出。然而，此类预防措施并非总是很合算的。在联邦捷运的案例中，假如史密斯租用了标准规格的货机，他就会受到民用航空委员会限制性规章的约束。而且，外购当地货车和运输设备将会使其特有的送货上门服务逊色不少。因此，史密斯在实施其战略时，主要进行了大型投资，这使他在运作的头两年走到了破产的边缘，但最终却重新塑造了整个行业。

第二层次：各种可能前景中的战略

如果说在第一层次中市场引导者是试图增加不确定性，那么他们在第二个层次至第四个层次中则会努力降低不确定性，并从杂乱无章中理出头绪。在第二层次上，引导性战略的目标是增加其所偏爱的行业未来情境出现的概率。例如，纸浆和纸张等投资密集型行业中的市场引导者，希望阻止竞争对手制造过剩的生产能力，因为这会破坏行业的可营利性。此类案例中的市场引导者可能会在市场需求增长之前，就增加企业新的生产能力以先发制人，或者通过并购的方式加强对该行业的控制。

让我们来看看微软网络（MSN）。几年前，人们可以确定通过联网电脑进行交易的一组离散的可能方式：要么是像MSN这样的私有网络成为标准，要么是互联网之类的开放性网络能盛行。此类情境的不确定性属于第二层次，其他相关战略问题（比如确定消费者对网络应用的需求程度）则属于第三层次。

如果微软制造出其私有网络，它就理所当然地期望能引导电子商务市场的发展。实际上，它是在建造商业中心，通过 MSN 的网关，把供应商和消费者联系起来。该战略是个大赌注：开发成本相当高，而且更重要的是，这将有极大的行业风险，并受到高度关注。对微软来说它实际上是个很大的信誉赌注。微软在其他领域的活动（诸如从视窗 95 上进入 MSN 的一纽通）的目的，也是为了增加这种引导性战略的盈利概率。

引导性战略会出现失败，因此优秀企业会采用一些可以让其迅速改变发展方向的举措，对其引导性战略进行补充

但即使是最好的市场引导者，也必须准备去适应市场。在私有和开放网络之争中，某些初始变量（例如互联网和 MSN 用户数量的增长，或初期用户的行为特征）为了解市场发展提供了有用的信息。当开放网络占上风已很明显时，微软调整了观念，并重新关注起互联网来。微软的转变证明，战略态度的选择不是一成不变的，战略选择强调在不确定条件下保持战略灵活性的价值。引导性战略会出现失败，所以，最优秀的企业会采取一些必要时能让其迅速改变发展方向的做法，以对其引导性战略进行补充。微软能够做到这一点，是因为它积极减少亏损，建立了一支拥有丰富的常规编程和产品开发技能的工程师队伍，并密切关注触发变量，从而保持了灵活性。在不确定的环境中，让战略自行发展，并且满足于仅仅通过年终战略回顾对其更新的做法，显然是错误的。

在第二层次对初始变量进行监控，一般是相对简单的，因而适应市场和保存实力的战略是比较容易的。例如，发电公司（以及那些对能源集约依赖度高的生产工序的企业）在确定不同燃料的成本时，常遇到第二层次的不确定性。通过离散的未来情境，就能确定是天然气还是石油将成为低成本燃料。因此，在建造新工厂时，许多公司选择了适应性战略：它们采用了可以很容易转换成不同燃料的灵活生产工序。

化工公司在预测新技术的性能遇到第二层次的不确定性时，往往采取保存实力的战略。如果技术运行良好，公司会依靠它在市场上保持竞争力；如果技术不奏效，公司则会利用现有技术进行有效的竞争。在其价值得到证实前，多数公司不会以几亿美元作为赌注，投资于采用新技术增加生产能力或用改进型设备装备旧工厂。但从短期看，如果不进行起码的投资，万一新技术占了优势，它们就有在技术上落后于竞争对手的危险。因此，许多公司会购得在特定时间内的新技术的期权，或根据新技术改进部分生产能力。无论是哪种情况，都会使企业在使用新技术提高公司绩效方面处于主动地位。

第三层次：前景变化范围中的战略

在第三层次，引导性战略采取了一种不同的形式。如果是在第二层次，市场引导者会努力使某个离散的结果出现；而在第三层次，他们努力使市场朝着某个大致的方向发展，因为他们只能确定可能结果的范围。例如，电子货币交易的标准之争，目前就属于第三层次的问题，因为人们可以确定，产品和服务的潜在变化范围是介于纯纸币和纯电子货币交易之间，但是现在还不清楚此范围内是否有任何离散的自然未来情境。Modex 国际公司是金融服务商和技术公司的联合企业，它正试图将其所希望的标准确立为通行电子货币标准以塑造其前景。Modex 公司的市场引导性态度是由在产品开发、基础设施以及尝试进行大量投资以加快客户接受速度等做法来支持的。

与此相对照的是，地区性银行主要选择适应性战略。在不确定性的第三层次或第四层次，适应性态度通常主要通过在企业生产能力上的投资来实现，其目的是为了对可供选择的可能暂不作决定。在运作中，它们必须做出战略选择并予以实施，所以市场适应者需要迅速了解到最好的市场信息，并拥有最灵活的组织结构。例如，许多地区性银行设置管理委员会集中关注电子付款、研究开发项目和竞争情报系统，这样，它们就能对电子付款技术和市场的发展不断进行监控。此外，许多地区性银行还对行业联合进行少量投资，以此作为另一种监控事态发展的方式。这种适应性办法对多数地区性银行都有意义，它们不具备为电子付款市场确立标准所需的雄厚资金和技巧，但在最新电子服务可被利用时，它们能够提供此类服务却是至关重要的。

在不确定性的第三层次，保存实力的做法是常见态度。请看一家电信公司的例子。20 世纪 90 年代初，该公司面临是否投资 1 亿美元于宽频电缆网的选择。此决策取决于第三层次的不确定因素，诸如对具有人—机通信功能的电视服务的需求等。没有任何市场调查可以对甚至还不存在的服务需求进行精确预测。然而，增加宽频网实验的投资可提供有用的信息，而且在此举证实可行并将扩展该业务时，还能使公司获取得天独厚的优势。通过调整在宽频网投资的决定，把要大赌一把改成进行多方投资，公司在潜在盈利市场中就做到了保存实力，而不必在一个方面耗尽资财，或者甘冒被竞争对手抢先的风险。

第四层次：不确定环境中的战略

令人惊奇的是，尽管第四层次中的情境含有最大的不确定性，但对试图引导市场的公司来说，它们可能比第二层次或第三层次中的企业环境的回报更高，而遇到的风险更低。要记住，第四层次的企业环境本质上是短暂的，经常出现在重大技术、经济和立法震荡之后。既然没有公司知道这些环境中的最好战略是什么，市场引导者的作用就是提供一个行业结构和行业标准的前景，这样就能协调其他对手的战略，并推动市场朝更稳定和更有利的结果发展。

马来西亚总理马哈蒂尔·比·穆罕默德（Mahathir bin Mohamad）正努力引导亚太地区多媒体行业的发展，这正是第四层次的战略问题。潜在的产品还不明确，其他较突出的因素，如竞争对手、客户需求程度、技术标准等也是不确定的。政府至少投资 15 亿美元，在马来西亚建造了所谓的多媒体超级走廊（MSC），以便从杂乱无章的环境中理出头绪来。MSC 是一个位于吉隆坡南部的面积为 750 平方公里的区域，其间有软件公司整洁的最新型建筑，跨国公司的地区总部，一所"多媒体大学"，一家称为 Putrajaya 的无纸传输信息管理中心，以及一个叫作 Cyberjaya 的新城。由于有 10 年免征所得税之类的激励措施，迄今已有 40 家马来西亚的和外国的公司在 MSC 投资，其中包括英特尔（Intel）、微软（Microsoft）、日本电报电话公司（Nippon Telegraph&Telephone）、甲骨文公司（Oracle）和太阳微系统公司（Sun Microsystem）等引导性公司。马哈蒂尔的引导性战略是依据这样的理念，即在 MSC 会产生一个软件和硬件供应商关系网，该关系网将有助于产生明确的行业标准和一系列补充性的多媒体产品及服务。英特尔公司马来西亚分公司主管戴维·B·马尔兴（David B. Marsing）觉察到了马哈蒂尔引导市场的愿望，他指出："如果你赞成市场自然发展，你会认为这种做法有些不寻常。它们（马哈蒂尔政府）正努力进行干预而不是让其自然发展。"

网景依靠其可信性，而不依靠雄厚财力来决定互联网浏览器的标准

然而，要想在不确定性的第三层次或第四层次取得成功，市场引导者无须像马来西亚政府那样下巨额赌注。他们所需要的是依据自己的偏好，协调不同竞争对手战略的可信性。例如，网景（Netscape）通信公司不依靠雄厚财力来确立互联网浏览器的标准，而是利用了其领导层在该行业的可信性，这样，其他的公司就会想："如果这些家伙认为此方向是正确的行业发展道路，他们肯定是对的。"

在第四层次的情境中，保存实力的做法是很常见的，但也可能是危险的。20 年前，石油公司认为自己通过多方下注在中国建立立足点的做法是保存实力。当然，在第四层次中，很难确定逐步增加投资到底是保存实力还是坐失良机。尽管如此，仍然有一些通行的规则。首先，要寻求杠杆效应。如果把选择在中国建立立足点归结为是维持规模小但成本高的地方业务还是与当地分销商成立合资公司的话，在其他方面相当的情况下，就应该选择低成本的做法。选择高成本必须有明显的理由，即证明为什么随着时间的推移这些做法会对公司越来越有利。其次，不要锁定在一个位置上。每当重要的不确定因素澄清之后，就应对做出的选择重新评价，至少每 6 个月应当进行一次。记住：第四层次的情境是短暂的，并且多数很快会转向第三个或第二个不确定层次。

在第四层次的情境中驾驭多方下注的难度，常常迫使各竞争对手采取权宜之计。就像在第三层一样，第四层的权宜之计经常是通过投资于组织的能力实施的。现在多媒体行业中的多数竞争对手正在采取这种方式，但是，随着该行业逐步进入第三个和第二个不确定层次，它们很快就会投入更大的资金。

（四）解决不确定性的新方法

战略问题的传统解决办法的核心是基于这样的假设，即通过运用一系列较强的分析手段，经理人员可以足够精确地预测任何行业的前景，以使其能选择清晰的战略方向。在相对稳定的行业，该方法仍然继续适用。但在环境极不确定、任何出色的分析都不能使经理人员对该行业的前景进行预测时，此方法就会失去效用。

当前，管理者经常会遇到不确定性层次很高的情况，因此，他们需要用一种新方法来考虑其战略。我们介绍的方法有助于经理人员避免用非白即黑的观点来看待不确定性。该方法为系统和缜密地思考不确定性提供了一个准则。在一个层面上，对确定哪些手段有助于在各个不确定的层次进行决策而哪些不能，该方法可以提供指导。在更广的层面上，我们的框架可以解决经理人员必须做出的挑战性决策，并完整而细致地理解经理人员所遇到的不确定性及其对战略的意义。

六、战略投资有眼光

（一）靠工作致富是愚蠢的想法

在这个富裕社会里，工作已经不能满足致富的需要。

——约翰·肯尼斯·加尔布雷思　美国前经济学会会长，曾在哈佛任教

在没有踏出校门之前，很多人就已经为自己的未来做好了"规划"：找到适合自己的工作，然后成家立业、结婚生子，安逸地度过自己的一生。可是，随着社会的发展与进步，人们的这种"规划"逐渐变成了一种梦想，现实让越来越多的人被压得喘不过气来。于是，绝大部分的年轻人开始抛弃自己曾经的想法，放弃靠工作致富的念头，试着走入投资的殿堂，用自己的魄力与胆识为自己闯出一条通往成功的捷径。在通货膨胀率居高不下的今天，投资几乎成了时代的大趋势。

然而，工作也是必需的，如果你只是个刚毕业的大学生，你还没有很多闲置的资金，那你就必须用工作来创造自己的致富资本。但是你要切记，你所做的工作是为了积累自己的致富资本，而不是安逸地等待别人的馈赠。工作仅仅是足以让你生存下去的途径，却不足以致富。所以，暂时还处在工作岗位上的你要懂得不断汲取工作经验，积累资本，否则，安逸等待只会让贫穷成为你最终的宿命。

那些获得成功的商业精英们，从来都不会认为工作是财富的源泉。他们往往能够熟练地掌握金钱这种工具。在他们的眼中，金钱只是一种用来消费的工具，而并非一种奇珍异宝。投资与从商能够让他们从中赚取很多利润，获得足以让世人瞠目的财富。挣钱是不容易的，但是赚钱却是可以有技巧的。有智慧的人往往能够在很短的时间内获得很多财富，成为一个富人，而那些不懂得使用技巧、缺乏胆识与魄力的人往往只能在自己的工作岗位上年复一年地辛苦耕作却没有什么大的收获，这就是效率问题了，同样的时间却出现不一样的收获。所以，人们不仅要有勤奋的意识，更要付诸行动去投资，懂得理财，这样才能真正跻身富人的行列中去。

美国巨富比尔·萨尔诺夫，从小居住在纽约的贫民窟中，他有6个兄弟姐妹，全

家都只依靠着做小职员的父亲所得的微薄收入为生，所以那个时候他们的生活相当拮据。他们只有把钱省了又省，才能够勉强糊口度日。在比尔·萨尔诺夫15岁那年，他的父亲把他叫到身边，语重心长地对他说："小比尔，你已经长大了，要自己来养活自己了。"小比尔似懂非懂地点点头。父亲继续说道："我攒了一辈子也没有给你们攒下什么，我希望你能去经商，这样我们才有希望改变我们贫穷的命运，这也是我们家族的传统。"

听了父亲的忠告后，比尔真的去下海经商了，他依靠自己的聪明才智谋取了很多的财富。然而，比尔并没有将自己的钱存进银行，而是把钱投在了一些比较有前景的项目上，让钱生钱。3年之后，比尔终于改变了全家人的贫穷状况；5年之后，他们全家都搬离了那个住了很多年的贫民窟；7年之后，比尔在被称为寸土寸金的纽约买下了一套大房子，从此开始了他的巨富之旅。

试想一下，如果当初比尔没有下海经商，而是安逸地找一份替人打工的工作，成日做着发财梦，那么，他终究只能是一个平庸的人。只有平庸的人才会去幻想靠工作发财致富。一个人的金钱思维以及理财观念足以决定他是否能够拥有更多的财富。在我们的周围，已经有越来越多的人开始意识到"钱不是靠攒才能越来越多"的道理。也有越来越多的人开始放弃将钱存入银行，而是把钱拿去投资股市，或者从事商品买卖。有智慧的人都明白这个道理：工作只是为了生存，而真正的财富需要自己用努力和智慧去获取。想要尽快致富，就要学会在恰当的时机、用恰当的方法开辟出一条适合自己的道路。

很多人在投资方面会显得胆小怕事，会害怕亏损，这些都是心理素质缺失的表现。他们缺少的是商业精英们才具备的一种胆识，换句话说就是过于安于现状。那些成功的商业精英们就是因为不安于现状，积极进取，才能够逐渐锻炼自己的胆识和魄力，让钱生钱，创造财富，这才是真正的致富之道。刘易斯·塞尔兹尼是美国好莱坞巨星，他经常教育自己的儿子："大手大脚地花钱，过舒服生活，始终记住，不要按你的收入过日子！不要寄希望于你的工作能带你走向富裕！这样能使一个人变得自信。"后来，他的儿子成为经典电影《飘》的制片人，而刘易斯·塞尔兹尼的这句话也成为风行好莱坞的经营原则。

以精明和会赚钱著称的美国人从来不会主张以储蓄的方式让钱生利。他们往往会认为将钱存在银行是在让别人利用自己的钱生利，这是他们不允许的事情。所以，他们经常会最大限度地利用自己的金钱，最大限度地从银行中借贷金钱，去利用别人的钱为自己生利，使自己的生意规模越来越大。

一个具有商业头脑的人，是不会将工作作为致富途径的。他们也不会仅仅满足于将自己闲置的资金存放于银行，而是会想方设法地得到资本的增值，然后获取更多的利润回报。很多时候，靠工资走向富裕只是一种十分美好的幻想，因为钱是赚来的，不是积攒得来的。辛辛苦苦地打工赚钱，远不如放手去资本市场里驰骋一番。

无论你的工作待遇多么优越，只要是替他人打工，都不会是长久之计。带着你的梦想，带着你的智慧，在资本市场中开辟属于你的天地吧。只要愿意付出，敢于投资，找准方法和时机，你也可以和那些商业精英一样拥有财富和地位以及你想拥有的生活。

（二）把每一分钱都当作你的员工

在花您的钱时，我们就如同花自己的钱一样小心，并会全面权衡如果您自己直接通过股票市场进行多样化投资所能获得的价值。

——沃伦·巴菲特

许多著名的富商都有一种让外人诟病的悭吝精神，他们通常拥有惊人的财富。但是，拥有得多却并不代表他们就一定会随意地一掷千金。对于他们而言，金钱虽然只不过是一种用来赚取金钱的工具，但也不是能够随便浪费的。他们的理财观念是：要让一块钱发挥它百分之百的功效，换言之就是——钱，要花在刀刃上。

家喻户晓的石油大王约翰·戴维森·洛克菲勒，在成为亿万富翁之后，依然坚持着节约的习惯，将其作为他经营管理的出发点。对下属，洛克菲勒也有着严格的要求：提炼一加仑原油的成本要计算到小数点后的第三位。此外，洛克菲勒每天早上上班的时候，都会要求公司各部门递交一份有关成本及利润的报表。多年的商业经验让他对那些经理们上报的成本开支、销售以及损益等各项数字特别熟悉，也就比较容易从中找出存在的问题，然后迅速找到解决的办法，而且他还能够以此指标对各个部门的工作进行考核。

有一天，洛克菲勒质问一个炼油厂的经理："为什么你们提炼一加仑原油要花 19.849 2 美元，而东部的一个炼油厂却不一样，他们做同样的工作只要 19.849 美元？"这样精准的数据让这个炼油厂的经理无话可说。

老年的洛克菲勒依然十分地节俭。一次他向他的秘书借了 5 美分，在还钱的时候，他的秘书有些不好意思接，这时，洛克菲勒十分郑重地对秘书说："记住，5 美分是 1 美元 1 年的利息！"由此，洛克菲勒对金钱的节省以及他在事业方面的精明可见一斑。

钱，是挣来的不是攒出来的，这个道理很多人都明白。但是，也不能因为这样就大肆地浪费。尽管节俭不会让你一夜暴富，但是积少成多，你会发现你逐渐养成的良好习惯会令你受益不浅。因为金钱往往来之不易，所以在花每一分钱的时候都要学会花得有理有据，不能铺张浪费。而最好的做法就是，将你手中的每一分钱，都当作是你的员工，让它发挥最大效用，为你带来价值。你必须记住，金钱是用来消费的，更是用来投资的，每一分钱拿到资本市场上，都可能为你带来数倍乃至数十倍的收益。因此，一定不能凭一时快感而花钱如流水。

有一位犹太富豪到一家银行去借 1 美元，让所有的工作人员都吃惊不已。但是他们转念一想："估计是故意来试探我们的工作态度的。"于是，工作人员毕恭毕敬地给这位富豪进行了详细的讲解："先生，只要您有担保，无论借多少，我们都可以照办。"这位犹太富豪便从自己豪华的皮包里取出了一大堆债券、股票等放在柜台上："这些做担保可以吗？"

营业员清点了一下钱款，然后说："先生，总共 50 万美元，做担保足够了。不过先生，您确定只借 1 美元吗？"富豪点了点头。"好吧，请办理手续，年息为 6%，只要您付出了 6% 的利息，且在一年后归还贷款，我们就把这些作担保的股票和证券还给您。"犹太富豪办完业务便离开了。可是，一直旁观的银行经理始终无法知晓这位富豪这样做究竟是什么原因。

终于，他忍不住追了上去问了原因，富豪说："我来这里办一件事，随身携带这些票券很不方便，问过几家金库，要租他们的保险箱，但租金却都很昂贵。所以我就到贵行将这些东西以担保的形式寄存了。由你们替我保管，况且利息很便宜，存一年不过才 6 美分。"

听完富豪的回答，这位银行经理才明白了他的意图，并且十分钦佩这位犹太富豪的做法。

这就是相当精明的犹太人，他们的精打细算可谓到了极致。在他们眼中，一分钱都是重要的，他们会让每一分钱都成为效忠自己的员工，并且为他们创造价值，提供方便。

美国著名的职业拳击手迈克·泰森拥有一双令对手胆寒的铁拳，可是他却不能用那双手管住自己用血汗换来的金钱。

2003年，泰森向纽约曼哈顿区破产法院提出破产申请，亲手毁灭了他长达20年职业生涯中收入的近5亿美元的资产。

一个人会不会花钱，跟钱的多少都没有太大关系。富人如果无法控制住自己的欲望，终有一天他会在自己的肆意挥霍中沉沦；而穷人虽然缺少投资的资本，但如果他们懂得为自己不断地积累资本，不断地以钱生钱，很快就能够变得富有。因此，千万不要小看任何一分钱，而要像管理自己的员工一样管好自己的钱，让每一分钱都能"尽职尽责"地给你带来最大的回报。

精明的生意人从来不会铺张浪费、挥霍无度。因为对他们而言，每一分钱都有它独特的价值。只要能够合理地运用，都能很好地利用它们为自己创造价值及利益。因此，不要认为钱少，就任其流向没有意义的地方，其实只要你好好地利用你所拥有的财富，让金钱成为你手下的员工，你会发现它们能够为你提供最大的方便并且创造更多的财富。

（三）投资之前，衡量你能承担多大风险

实力意味着责任和风险。

——西奥多·罗斯福

资本市场有很大的风险性，绝大多数普通人是无法承担资本市场一夕变化带来的巨大的损失的，因此，在投资之前，你需要对自己能够承担的风险进行一定程度的衡量，确保你的投资具有相对的安全性。

美国新生代富豪们成功投资的三个基本原则分别是：回报率、周转率、稳定性。这三个基本原则的成功协调程度往往能够决定人们获利的额度。其中最为完美的效果就是能够使三者形成一致的步调。

"股神"巴菲特曾经说过："以我经营消费信贷业务的经验，我发现了一条于子孙后代都有利的原则，那就是'能把钱守住就算是赚了钱'。"那些拥有巨额资产的富豪们用他们的经历和经验告诉我们，赚钱固然重要，但是保住本钱才是最重要的。很多人总是会迷失在赚钱的漩涡中，失去那种测评风险的能力，只知道一股脑地冒险投资，

那样只会让你赚钱的念想变成黄粱一梦。

那么，如何去看一个人能承受多大的风险呢？

1. 主要看个人对风险的承受态度

这一点是从主观上来讲的，也就是平时人们所说的心理承受能力。个人或者家庭能够从心理上承受多大的风险和损失。在投资之前要对个人的态度进行一种分析和预测，保住那个底线，就不会显得不理智了。

2. 主抓个人对风险的承受能力

这就是从客观方面去看了，可以从职业的稳定性上去判别。一般情况下，事业单位编制的从业者、公务员等要比自营事业以及自由职业者的

"股神" 巴菲特

风险承受能力强得多。其原因十分简单，那些事业单位的人往往都会有稳定工作，稳定的收入，那么，投资的失败也不至于对个体和家庭带来多大的影响。家庭中每个人对风险的承受能力都不一样，这也就牵扯到了不同的年龄阶段。因为处在不同的生命周期阶段每个人承受风险的能力也不尽相同。如果一个家庭上有老下有小，那么这个家庭的承受能力要比单个人的承受能力还要更弱一些，同时，他们所做的投资也就会有所不同。

那么，为什么年龄不同投资的配置比例也不同呢？这个决定性因素就是风险。这里说的风险，包含了理财工具本身的波动风险与个人投资属性不同的结合。

1. 理财工具的风险

原则上，理财工具的报酬率是与风险呈现正比例关系的。通常情况下，所投资产品的报酬率越高，其隐含的风险也就越高。因此，在做投资的时候，我们绝对不可以只考虑投资的报酬高低，一定要评估一下，这些投资工具所附带的风险，它们一旦发生下跌，自己有没有能力承受。

2. 个人投资属性的风险

个人投资属性的评估条件包括年龄、净资产、生涯规划，甚至性别，等等，如果年龄小、负担轻、风险承受能力较强，就比较适合积极型的规划，这时就可以在投资中多配置一些中、高风险的投资工具；而如果是上有高堂，下有妻儿的上班族，就比

较适合稳健型的规划。但是，这并不是绝对的，它也需要依据自身的情况进行区别。如果投资人比较保守，那么应该尽量将资金集中在风险较低的投资产品较为合适；如果投资人收入稳定，家庭负担较轻，那他可以投入更多的风险较高的产品，以获取更高的回报。

要想达到财务自由，就要学会理财。而在理财投资的过程中，则处处充满着风险，并且越想获得高收益，就越会面对高风险。因此，对于投资者来说，必须掌握一定的应对风险的方法。投资者唯有掌握了应对风险的方法，构筑财富人生的"防火墙"，才能在投资中游刃有余，从而使自己的财富稳定增值。

一般来说，投资者在面对风险时可以采取规避和控制两种态度。

1. 规避

所谓规避是指，在投资时事先采取措施避开风险，如为避免损害的发生，可以事前消除损失或伤害的形成因素。

对于伴随着高风险的高收益投资产品，投资者应该在有效控制风险的条件下，适当冒险，因为巨大的收益值得投资者去做。但如果风险巨大，而报酬很小，甚至可以说是微乎其微时，投资者就应该采取规避的态度，不要去冒险。

2. 控制

如果风险已经不可避免，比如你的亲戚虽然说信誉不良，但你不得不借钱给他；或者不愿意规避风险，比如投资者愿意为股票、期货投资等所带来的高收益而冒险时，投资者就应该想方设法对风险进行控制。

投资者在面对风险时要有接受它的气度和胸襟。在理财投资过程中，投资者在积极地防范风险的同时，也应该认识到防范风险方法虽多，但它们不可能将风险全部化解。所以当损失已经成为既定事实时，投资者就应该坦然接受风险。这样，投资者才能有一个良好的心态，而不至于因为担心风险而畏首畏尾。

从哈佛走出的商业精英们似乎达成了一种共识："能保住本钱就是赚钱。"其实这句话并不是指他们没有预期收益率或者预期收益率很低，这只是一种单纯对待风险的态度。在他们的承受范围内，风险可以自由波动，这些都不会对他们造成影响，这样的投资才能堪称是安全的。一旦超出了所能承受的范围，连本钱都无法保住的投资是不明智的。所以，在投资之前，一定要仔细地衡量你究竟能够承担多大的风险。

风险是所有投资项目都具有的一个基本属性。没有不存在风险的收益，风险越大的投资项目，往往蕴含着更为广阔的收益源泉。可是，商业精英们从来不会高估自己的承受力。在他们的眼中，有预测的投资要比盲目的追逐更加理智。他们从来不做不切实际的投资。如果在事前无法预测那些最坏的投资结果，或是预测的结果自己无法承受，这种情况下都不要盲目去投资。不管什么情况下，对投资做最大的努力、最坏的打算，才是最正确的投资理念。

（四）不动产投资，做好长期规划

投资未来的人，是忠于现实的人。

——哈佛图书馆训言 20 条

所谓不动产，就是指因自然性质或法律规定不可移动的土地、土地定着物、与土地尚未脱离的土地生成物、因自然或者人力附于土地并且不能分离的其他物。而所谓不动产投资，则是指投资者为了获取预期不确定的效益而将一定的现金收入转为不动产的经营行为。这种投资具有 5 种特征：长期性、巨额性、较强的金融依赖性、不确定性以及高度关联性。

若从表现形式上看，不动产投资可以分为 4 种：机器、耕地、山林、房子。

随着社会的发展，不动产投资逐渐偏向房产方面。所以，大家现在耳熟能详的某不动产，其实就主要指房产。此外，不动产投资按不同方面划分还有几种投资形式：

1. 间接投资和直接投资（按投资方式不同）；

2. 地产投资、住宅房地产投资、工业房地产投资、商业房地产投资（按投资项目不同）；

3. 企业投资、个人投资、国家投资（按投资主体的不同）。

很多偏向不动产投资的人总是会认为，不动产是所有财富的基础。美国著名的投资者沃伦·巴菲特却说："不要多样化，要把所有的鸡蛋放在一个篮子里，然后再密切关注这个篮子。"巴菲特提出的迥异于当下"多元化"投资的投资理念，其根据就在"密切关注"四个字上。因此，作为热衷不动产投资的你，就务必学会热切地关注你的"篮子"。罗伯特也是美国著名的投资专家，他曾经说过："如果你有周密的计划并且坚持不懈，你将财源滚滚。"巴菲特还曾说过："我去市场的唯一目的，是看看有没有人做蠢事。"对此，他解释说，他从不会去关注电视上专家们的点评，也不可能会去通过了解股价的上涨以及下跌来指导他的投资。实际上，巴菲特的投资与所谓的投资参考消息不存在任何关系，他要做的，而且要做好的，仅仅只是一种有序的长期规划。这一点在不动产投资上尤其重要。

那些对不动产投资了解相对较多的人，总是能够对投资进行一种理智的长期规划，他们不会让自己的投资处于一种高风险的境地。哈佛商学院许多在不动产投资方面深有造诣的研究者认为："投资是执行计划的单调乏味的过程。"

谈到规划，不得不提到很多人进行不动产投资的追风问题。绝大多数的人不是看投资报酬率，而是看投资热不热。例如房价出现一路飙升的趋势，不少经济学家就会不停地鼓吹房地产有很大的投资空间，这就会在无形之中操纵了很大一批人的思想，让他们打乱甚至失去自己原有的规划。倘若某种多数人都看好的投资存在着很大的漏洞及风险，那么，投资者损失之惨重是可以预料到的。

因此，在面对不动产投资的时候，不仅要做好长期规划，还要不断地培养自己预测市场的能力，坚持自己的规划，不要轻易地让热潮吞噬了自己的理智。只有理智地规划好一片投资蓝图，才能在存在风险的不动产投资之路上稳步向前前进。

你拥有的数据的年代越久远，你对投资的判断就越精确。投资成功的必由之路是：用心关注和研究投资的远期结果，积极寻找一个或者一个系列的具有实际意义的投资方法或策略，然后在二者的指引下进行理性投资。切记，我们必须明确投资策略的重要性以及优越性，而不能仅仅关注投资本身，要学会做好长期规划，稳打稳扎地走好每一步。

（五）资产配置，让投资结构合理化

为了达到目标，首选是持有多样化的投资组合。

——沃伦·巴菲特

很多投资者一直想要解决如何进行资产配置的问题。但是，很多时候，投资者都不懂得如何去协调各个投资结构，而只是一味地追求局部利润。为了能够获取更多的局部利润，有些投资者甚至会吝啬对于投资结构的思考时间。就如美国著名的汽车大王亨利·福特曾经说过的那样，"思考是世上最艰苦的工作，所以很少有人愿意从事它"。投资大师罗伯特说："你的头脑是你最有用的资产，但如果使用不当，它会是你最大的负债。"因此，如果你想成为优秀的投资者，就不能够去盲目听从那些财经杂志或者电视节目的建议，你要有自己的主见，自己的思维模式，对自己的投资要有一种完善的规划，让其结果逐渐合理化，清晰明朗。

风险在投资活动中是无法回避的，但你可以让未来投资尽可能地都在你可以接受的风险范围内运行。纵观各种投资方式，收益和风险是此消彼长的关系，如果你追求安全，你获得的收益将会比较低，而在风险较高的投资中，你也会因为承担风险而获得更多的收益。因此，在投资中，要想获得收益，肯定无法回避风险，既然如此就不要去回避它，而是要巧妙地化解它，这就涉及了投资组合或者说资产配置的问题。

投资界有一条公认的铁律——不要把鸡蛋放在同一只篮子里。但是还是会有不少人认为，只有资产雄厚的人才需要进行配置。其实不然，资产配置的最初目的是为了规避投资风险，并且尽可能地使自己获取最高收益。它主要是根据不同资产的类别进行配比，从而有效抵消风险，享受平均收益。哈佛精英们都一致认同，要想对资源进行合理的配置，还需要看其所处的人生阶段，通常可以分成 3 个步骤。

1. 对资产进行分类

资产可以被分成两类：

（1）固定资产，也称为实务资产，例如艺术品、房产等；

（2）金融资产，比如说基金、债券、股票等。

在各类资产中，风险与收益率呈正相关性。以基金为例，股票型基金风格进取，预期收益高，但是存在着相当大的风险。货币市场基金以及债券型基金都有着风险较小、相对稳健的特点，但是它们的缺点是收益性略差。

2. 根据个人情况对资产进行不同程度的分配

资产配置也是要因人而异的，不同的人生阶段资产配置不同。投资属性、市场状况、年龄等都是十分重要的参照指标。例如，对于那些 35~45 岁的人来说，他们正处于财富增长期，能够赚钱的机会相当多，可是，他们同时还要准备购房款、子女教育金、养老金，等等。此时，一般可按照固定资产占 45%，信托类金融资产、基金、股票等占 30%，银行理财、债券、储蓄等占 20%，保险占 5% 来配置资产。与此同时，还需要知道当时经济所处的时期，是经济成长期还是繁荣期，是衰退期还是复苏期。了解了这些情况，然后就可以根据不同的经济周期，来规划不同的投资方向。

3. 对投资成绩单进行定期审核

对于那些风险较低的品种来说，投资时间越早收益就越高，复利是其最大投资价值（复利就是指在每经过一个计息期后，都要将所剩利息加入本金，以计算下期的利息）。而对于那些风险较大的品种来说，就需要考虑其最关键的因素——介入时间。譬如基金投资，股市表现不好的时候，不妨将股票型基金转换为债券类或货币类基金。反之，又可以转换回来。然后对资产配置效果进行及时的调整和评估，这样一来也就更容易把握住投资机会，提高资产收益率。

资产是企业创造价值的源泉，也是一个企业用来获取经济利益、弥补负债的载体。合理地进行资产配置，是十分有必要的。只有对投资结构进行合理化配置，才能利用杠杆效应创造出最大的价值，实现在风险最小的条件下获得最大收益的目标。

投资结构的最优化能够让投资者在相对较短的时间内获取最大的收益，而且面对的风险也会最小化。所以，当你把鸡蛋放到同一个篮子里的时候，不仅要想着多多益善，而且要想方设法地让这些"鸡蛋"和睦相处，不会互相磕碰。"鸡蛋"既不能太多，也不能太少，采取最合理的放置方式，这样才能让你提着一篮子"鸡蛋"健步如飞，早日走向成功。

（六）找到适合自己的投资理念

投资者持有什么样的投资理念，是由其思想、性格、阅历及学识所决定的。投资决策的很重要的一点就是，找到适合自己的投资理念。

——安德·F·佩若德　经济学教授，曾在哈佛任教

举世瞩目的哈佛商学院拥有"培养工商业巨头的商学院"这一盛誉。哈佛商学院的安德·F·佩若德教授的资本市场投资理念课程广受赞誉。他曾经说过："投资者持有什么样的投资理念，是由其思想、性格、阅历及学识所决定的。投资决策的很重要的一点就是，找到适合自己的投资理念。"

驰骋商界，每一个人的大脑中都会有一种属于自己独特的投资理念。然而，不管你坚持怎样的投资理念，都不能脱离客观事实，要做到主客观相符合，知和行统一，并且要保持一种惯性，不要频繁更换。投资者可以学习巴菲特的稳健投资，保持"闲看庭前花开花落，漫随天外云卷云舒"的良好心态；也可以学习索罗斯的激进投资，登上险峰领略无限风光。但是，投资者不能既学巴菲特又学索罗斯，他们二者是鱼和熊掌的关系，如果同时效仿会出现不兼容的情况。如果你比较善于长线投资，那就学

习巴菲特的价值投资理念，这会为你带来长期稳定的收益；如果你善于短线操作，那就去学习索罗斯的投机哲学，这会让你领略到资本市场的心跳刺激和一夜暴富的狂喜。

总之，不管怎么样，一定要找到一种适合自己的投资理念并且始终坚持下去，保持一贯性，万不可今天学做长线，明天又模仿短线，这样只能使自己左右摇摆，使自己的投资思维陷于一种混乱状态之中。

当今社会，投资者们往往最关心的是如何在股市中谋取最丰厚的收益，而其中最关键的是自己要针对现实去选择一种适合自己的投资渠道以及投资理念。那些世界顶尖级股票投资大师们独特的投资风格能够给我们带来很多启发。其实，尽管各位投资大师的投资风格不尽相同，但是他们总是能够获得长期的超额利润。这就说明他们的投资风格都比较适合他们自身的需求，只有最适合的投资理念，才能使投资更加顺利，避免更多的风险。根据哈佛大学商学院的教授史蒂文·C·威尔莱特的观点，股票投资风格按所选择股票的价格波动类型来划分，主要可以分为3种：

1. 价值型风格；

2. 增长型风格；

3. 势头型风格。

金融教父本杰明·葛兰姆、世界最富有的股票投资大师沃伦·巴菲特以及华尔街传奇人物米歇尔·布莱斯等人都是价值型投资风格的典型代表及大师。在他们眼中，选择什么样的股票并不像是在为自己挑选舞伴。通常情况下，一家企业的增长性如何并不是最重要的，重要的是在市场不充分有效的条件下，要对那些在市场困难时期股价出现下落甚至被无常的市场遗忘的冷门股进行有效的筛选。然后在这些股票中找出一些因客观因素存在而比其他股票更具光明未来的股票。投资这类股票之所以能够获利，其主要原因在于：其投资的成本非常低，所以会处于一种"安全边界"，一旦股价被重新发现，其股价必然会回归到其内在价值之上。

增长型投资风格的代表人物有传奇人物福斯特·弗利斯、彼得·林奇等世界级投资大师。这种投资风格的明显特征是：选择股票就像选择舞会皇后那样，一般要选择销售及收益增长势头强劲的公司，也就是说要选择那种高成长的绩优股票。然而，高成长公司股票虽然盈利率高，但是也会存在等同的风险。那么，在这种情况下，想要获利就要取决于两个方面：一方面是这些投资高手对公司的成长信息相当了解，他们甚至能够在第一时间掌控到公司人员的细微变化，这也是其进一步看高一线的信心所在；另一方面就是，在市场有效的条件下，公司盈利的消息还可以成为一种很好的催化剂，在推高股价的过程中起着极为重要的作用。如果想要成功地把握上述两个方面，那就需要那些投资者不断地提高自己的管理洞察能力以及对风险的预测、防御能力。

作为势头型投资风格的杰出代表，著名基金经理理查德·德利豪斯以及罗伯物·吉莱姆可谓是当仁不让。他们在追逐股票的过程中往往会将自己的眼光定格在那些创新高的股票上，他们几乎不会从表面上去关注那些股票业绩的好坏程度。从本质上讲，他们的投资思路就是跟势：只要某一项股票有上涨趋势，他们就会毫不犹豫地买进；但是一旦他们发现此势头将对他们造成损害的时候，他们就会迅速抛出。靠这种投资风格能够获利的机制在于牛顿第一运动定律——运动中的物体在其他力量作用之前，会保持原来的运动。简而言之就是，那些再创新高的股票会更加有购买的价值。具有势头型投资风格的经理们，他们深感兴趣的只是那些强势头的股票，而最终是否能够取得成功，还要取决于他们是否具备果断的性格以及娴熟的技术分析技巧。

以上三种不同投资风格，如果能够恰到好处地运用好其中一种，那么就很有可能长期获得丰厚的收益。不同的投资风格对投资者承担的风险以及条件要求都是不尽相同的。史蒂文·C·威尔莱特教授认为，投资者应当根据自己的偏好及性格，选择一种适合自己的投资理念作为自己的投资圣经，以便更好地指导自己今后的投资决策。

你是否能够成为一名十分优秀且成功的投资者，其主要问题就在于你能否根据多种投资风格的要求对自己的投资进行有效的调整，在不断地摸索当中找到一种最适合自己的投资理念和投资风格。事实上，投资之道并不存在好坏之分，主要还是看它是否能够适应市场的行情发展，如果能够与投资者自身条件相吻合，那么这种投资理念就是正确且值得更深一步研究的。

（七）时刻保持清醒，避开投资陷阱

轻率和疏忽所造成的祸患不相上下。有许多青年人之所以失败，就是败在做事轻率这一点上。

——比尔·盖茨

电影《国产凌凌漆》里面，周星驰有过这样一句台词："你看到的刮胡刀其实它是电风扇，这个电风扇其实是皮鞋，而皮鞋呢，则是刮胡刀。"这种情况有些类似于投资市场的变化莫测，往往会让人捉摸不透，深陷其中。投资是存在很大风险的，倘若你不能够保持一个清醒的头脑，那么就会很容易陷入投资的迷宫中，甚至落入陷阱中不能自拔。在投资市场上，人们都是踽踽独行的，没有人能够告诉你什么样的股票可以稳赚不赔，也没有人能够提前通知你这里是否有陷阱，这是一个没有铁律的市场，处处都是商机，也处处存在危机。

既然如此，我们不妨从反方向来看一看，尽量去避开那些很可能让投资者陷入幻象的投资陷阱吧，以下是5种很容易让投资者遭受损失的陷阱。

1. 内幕消息陷阱

大多数人一定遇过这种情况，有的时候宁愿相信街道上萍水相逢的一个推销者，也不愿意相信自己最亲近的人的劝告。人往往会越接近老年越出现这种倾向。其实在公司中也会存在这类的投资者，他宁愿去相信一些没有切实根据的小道消息，也不愿意去相信那些公开发布的公司经营数据。在他们眼中，那些道听途说来的小道消息能够给自己一种难得的投机机会。他们总是渴望能够在所有人都不得利益甚至遭受损失的时候自己却能够全身而退或者大获收益。这其实就是所谓的内幕消息的陷阱。

还有一种内幕消息，那种消息听上去似乎有根有据，甚至有的时候还是你的某个朋友专门打电话来通知你的，比如"是证监会××的秘书说的"，看到你震惊的反应后，你的朋友会获得一种宣告感的快乐。但是这种消息既然已经传了这么远，那肯定早已经在市场中有所反映了，就像我们以前常说的，"你知道的都是错的"。

2. 对那些创业期的公司提高警惕

对于一般投资者来说，在遇见那些还处于投资创业期的公司时，要保持高度的警惕以及谨慎的态度。尤其是对那些产品听起来就十分花哨的公司，你的神经就要绷得更紧一些了。因为如果你轻信了它们就好比是你要在一种不知对方是何方神圣的情况下将自己辛辛苦苦赚来的钱交给他，这种风险显而易见要比把钱交给熟人大得多。当然，投资创业期公司可能获得的利润也相当可观。但是对于上市公司，从历史统计的公司衰减率来看，大多数投资是不成功的，所以，你不妨再继续观察，待到它们真的做出不错的业绩之时再进行投资。

3. 市盈率陷阱

对于那些非周期性的高成长公司，它们的利润会随着公司的发展不断上升，所以市盈率也会因此不断升高。但在周期性公司中，市盈率则很可能是行业衰退的先兆，这种陷阱投资者一定要谨慎对待。

因为市场知道"好花不常开"的道理，所以在周期性公司业绩非凡的时候，很多有经验的投资者就开始预期是不是这个行业的冬天马上就要到来。他们会在短时间内大量抛售自己手中的股票。在这种时候具有强周期性公司的股票，从表面上来看，它们十分出色。而那些股票分析员从来都喜欢对这些周期性的公司给予乐观的预期，无论在什么时候，在他们的眼中，那些周期性的大公司的业绩总是会像大象爬坡一般，十分有规律地每年保持匀速上涨。尤其是在资本市场情况大好的情况下，一般周期性行业在景气周期中，资本市场都处在比较好的情况——这种公司太容易存在陷阱，诱惑投资商上钩。因为从表面看上去，它就像别的投资者没有发现的无价之宝一样。不过到了周期性行业的不景气时期，即使是再出色的周期性公司也很难做到独善其身。

4. 产品畅销的公司可能存在隐藏性陷阱

有的人对畅销产品的公司有很大的偏好，其实这里面也可能存在陷阱。虽然，多留心哪些大型商场或者大型超市的某种商品十分畅销，这对投资者的投资存在着一定的帮助。其实这种说法只不过是一家公司有价值的必要条件。换言之就是说那些产品好卖的公司其实并不一定就是好公司，而好公司的产品往往不需要推出那些打着幌子的促销，质量过关才是真正畅销的必要条件。因此，那些产品畅销的公司有时候就会存在一种隐藏性的陷阱，往往都是通过一些人们不易发觉的销售手段来谋取巨额的利润。而当一些问题出现的时候，损失也是巨大的。所以，在投资之前一定要清楚地了解它好卖的真正原因，保持清醒的头脑，避开投资的陷阱。

5. "便宜"的股票也危险

投资者往往要去关注那些"便宜"的股票，其实它"便宜"的背后隐藏着真正的含义，那就是"越便宜的，越贵"。很多低效上市公司都会进行股票合并，例如他们将十股合并为一股，减少上市总股数但是总市值却依然不变。这样一来就可以使每股价值升高，以逃避被退市的处罚。由于中国市场上并没有退市规则，所以总体看来，那些足够"便宜"的股票其实才是最危险的。

此外，投资市场还存在很多其他潜在的陷阱，如果人们不能够擦亮自己的双眼，去果断地避开这些陷阱，那么就很有可能遭到巨大的损失。因此，在面对投资的时候，不要被一些表象的东西所迷惑，参透其本质，时刻保持清醒，理智地避开那些投资陷阱吧。

哈佛的学子在接受授课的时候就已经能够将自己辨别陷阱与商机的能力充分展现。投资市场逐渐多元化，单项且狭隘的投资已经不能跟上时代发展的脚步，反而让你很容易陷入一些不易发觉的陷阱之中。所以，开阔你的视野，找准你的方向，擦亮你的双眼，这样才能在投资的道路上越走越远。

七、战略管理的疑问

（一）如何准确分析企业的现实情况?
——SWOT 分析法

SWOT 分析法又称为态势分析法，它是由旧金山大学的管理学教授于 20 世纪 80 年代初提出来的，是一种能够较客观而准确地分析和研究一个单位现实情况的方法。

SWOT 四个英文字母分别代表：

优势：Strength

劣势：Weakness

机会：Opportunity

威胁：Threat

从整体上看，SWOT 可以分为两部分：第一部分为 SW，主要用来分析内部条件；第二部分为 OT，主要用来分析外部条件。利用这种方法可以从中找出对自己有利的、值得发扬的因素，以及对自己不利的、要避开的东西，发现存在的问题，找出解决办法，并明确以后的发展方向。

根据这个分析，可以将问题按轻重缓急分类，明确哪些是目前急需解决的问题，哪些是可以稍微拖后一点的事情，哪些属于战略目标上的障碍，哪些属于战术上的问题，并将这些研究对象列举出来，按照矩阵形式排列，然后用系统分析的思想，把各种因素相互匹配起来加以分析，从中得出一系列相应的结论，而结论通常带有一定的决策性，有利于领导者和管理者做出较正确的决策和规划。

SWOT 分析法常常被用于制定集团发展战略和分析竞争对手情况，在战略分析中，它是最常用的方法之一。进行 SWOT 分析时，主要有以下几个方面的内容。

1. 分析环境因素

运用各种调查研究方法，分析公司所处的各种环境因素，即外部环境因素和内部能力因素。外部环境因素包括机会因素和威胁因素，它们是外部环境对公司的发展直接有影响的有利和不利因素，属于客观因素。内部环境因素包括优势因素和弱点因素，它们是公司在其发展中自身存在的积极和消极因素，属于主观因素，在调查分析这些因素时，不仅要考虑到历史与现状，而且更要考虑未来发展趋势。

2. 构造 SWOT 矩阵

将调查得出的各种因素根据轻重缓急或影响程度等排序方式，构造 SWOT 矩阵。在此过程中，将那些对公司发展有直接的、重要的、大量的、迫切的、久远的影响因素优先排列出来，而将那些间接的、次要的、少许的、不急的、短暂的影响因素排列在后面。

3. 制订行动计划

在完成环境因素分析和 SWOT 矩阵的构造后，便可以制定出相应的行动计划。制订计划的基本思路是：发挥优势因素，克服弱点因素，利用机会因素，化解威胁因素；考虑过去，立足当前，着眼未来。运用系统分析的综合分析方法，将考虑的各种环境因素相互匹配起来加以组合，得出一系列公司未来发展有关的可选择对策。

L 公司成立于 1979 年，只用了 10 年的时间就发展成美国最大的运动鞋生产商之一，年销售额达到 6 亿美元，股票售价从 1988 年的每股 10.94 美元上升到每股 40 美元，被《华尔街日报》《商业周刊》和《财富》杂志选为当年表现最突出的上市公司。但时隔 1 年，L 公司的经营出现问题，影响投资者信心，股价受挫。L 公司的市场份额从 1990 年至 1992 年连续 3 年下降，从 12% 降到 8%，又从 8% 再降到 5%。由于公司经营状况不好，融资出现问题，直接影响到公司的运营，L 公司设法从一家投资公司吸资 1 亿美元，条件是让出公司 34% 的股份，并且让该投资公司在 L 公司董事会拥有 3 个席位。这家投资公司的入股，带来了 L 公司的内部重组，公司高层易人，公司创办人 RG 离开公司。经过内部重组后的 L 公司，面临许多挑战，有许多迫切的问题需要公司拿出对策，其中包括 L 公司的运动鞋是否能吸引更多的少年男孩？如何改变消费者一直认为 L 公司是生产女用时装鞋的成见？如何制止市场份额继续下降？

下面运用 SWOT 分析法对 L 公司所处优势劣势进行分析。

1. 公司高层的优势

首先是董事会及公司高层主管：11 位董事中有 9 位来自其他行业，跟 L 公司没有其他关系，属于"外来人"，这不但给 L 公司带来了各种不同的经历、看法、建议，也使得董事会对公司高层主管的评定能比较客观。新任董事长兼 CEO 以及新任总裁都有将企业扭亏为盈的经验。

公司明确了近期及长远的发展目标。短期内公司继续调整产品结构，全面降低运营成本。长期目标是在 5 年内将市场份额增加 5%～10%。为达到这些目标，L 公司采取了三大策略：压缩开支、产品开发、精简整编。压缩开支包括减少员工和全面降低运营成本。产品开发包括采用新的生产技术。精简整编主要是放弃公司的服装生意。

2. 职能部门的优势

市场营销：公司聘请另一家运动鞋生产商的前雇员来负责市场营销，市场营销部门的负责人既有经验又了解其他生产商的内部情况，无疑会给 L 公司增加不少实力。L 公司还聘请了体育明星来推广自己的运动鞋。在海外市场，L 公司通过来料加工、合资合作在亚洲巩固了自己的地位。

销售渠道：重新制定了销售渠道的策略，将销售渠道划分为"形象""主流""高销售量""实惠"四大类，在不同的销售渠道推出不同的运动鞋产品。

产品开发：利用新技术开发新产品，使高质量运动鞋能以高价与其他厂商竞争。

公关：各种慈善捐献、公益活动树立公司形象，帮助促销产品。

3. 公司高层的弱点

董事会及公司高层主管均为新人，可能会在公司雇员里产生抵触情绪。新的企业文化与原来高层主管倡导的企业文化差别很大。

4. 职能部门的弱点

市场营销：几次邀请演艺界名流参加的促销活动花费很高但却不成功，不成功的原因是演艺界人士的参加更加深了消费者的成见，认为 L 公司是生产女用时装鞋的，不是生产高质量运动鞋的。L 公司仍无法摆脱女鞋生产商、质量差的形象。

产品开发：新产品的开发落后于其他主要生产商，引起零售商的不满。

法律事务：虚报利润，遭到持股人起诉。虚报进口发票，被海关罚款 130 万美元。另外，一家生产商告 L 公司专利侵权，被迫支付对方 100 万美元庭外和解费。

财务：公司毛利润连续 3 年下降，从 1990 年的 28 600 万美元下降到 1992 年的 10 900 万美元；公司净利润也下降，从 1990 年的 3 100 万美元下降到 1992 年净亏损 7 200

万美元。库存积压，被迫低价抛售，影响利润。

5. 机会与挑战

市场容量：美国鞋市场为 120 亿美元，L 公司大有发展余地。海外市场持续发展，也给 L 公司提供了发展的空间。在很大程度上，海外市场是 L 公司发展的希望所在。鞋市场，尤其是运动鞋市场，没有季节性变化，保证了生产商一年四季都有生意。昂贵的广告费用、产品研发费用及树立品牌的难度，对其他想进入运动鞋制造业的人来说都是很大的障碍，这使得：①不会有更多的竞争者进入本行业；②其他实力不强的竞争者不会对 L 公司造成很大的威胁。

消费者、文化、宏观经济、政治环境：人口增长、人们对健康的认识和要求越来越高、低利率使得融资较便宜、经济复苏使人们的消费提高。

对 L 公司来说，挑战主要来自行业本身和行业内部。鞋制造业是个很成熟的行业，业内竞争很激烈。冒牌货越来越多，既损害了 L 公司的形象，又影响了销售。实力很强的另外两家制造商，营销能力强，品牌效应好，在海外市场被认为质量好，这些对 L 公司来说都是很大的挑战。

在消费者方面，L 公司的产品始终不被认为是质量好、效果好、性能高的运动鞋。

在政府规定方面，国会拟增强对鞋类进口的配额管理，L 公司的产品全部都在东南亚国家生产，严格的进口配额管理无疑是又增加了一个挑战。另外，L 公司的国外制造商被认为采取了"不公平的贸易手段"，一旦证实，将会影响 L 公司的生产和供货成本。

基于对 L 公司的 SWOT 分析，紧缩开支、裁减员工、降低成本、处理库存、调整产品结构，是 L 公司必须采取的策略。同时，L 公司必须对其国外的制造商进行严格的质量管理，保留质量有保证的制造商，去除质量有问题的制造商。

在公司内部进行调整的同时，L 公司应该制定一个开拓亚洲市场的营销计划。亚洲市场潜力大，是 L 公司增加销售量、彻底改变其财务状况的最好的选择。

（由于篇幅有限，这里只提供了简单的分析，略去了 L 公司的详细资料，包括财务报表、媒体的报道等。有关美国鞋业、行业状况、竞争者情况、消费者特点、经济状况等的详细资料这里也没有详细列出。）

SWOT 分析法是一种能够较客观且准确地分析和研究一个企业现实情况的方法。利用这种方法可以从中找出对自己有利的、值得发扬的因素，以及对自己不利的、如何去避开的东西，发现存在的问题，找出解决办法，并明确以后的发展方向。根据这个分析，可以将问题按轻重缓急分类，明确哪些是目前急需解决的问题，哪些是可以稍微拖后一点的事情，哪些属于战略目标上的障碍，哪些属于战术上的问题。它很有针对性，有利于管理者在企业的发展上做出较正确的决策和规划。

（二）获得竞争优势的基本道路是什么？
——竞争战略

迈克尔·波特是哈佛大学商学院研究院的著名教授，是当今世界上少数最有影响的管理学家之一。他曾在 1983 年被任命为美国总统里根的产业竞争委员会主席，开创了企业竞争战略理论，并引发了美国乃至世界的竞争力讨论热潮。他还是世界各地很多企业领导和政府官员的顾问。他先后获得过威尔兹经济学奖、亚当·斯密奖和麦肯锡奖，拥有很多大学的名誉博士学位。

波特对于竞争战略理论做出了非常重要的贡献，"五种竞争力量"——分析产业环境的结构化方法就是他的杰出思想；他更具影响力的贡献是在《竞争战略》一书中明确了三种通用战略。

波特认为，在与五种竞争力量的抗争中，蕴涵着三类成功型战略思想，这三种思路是：

（1）总成本领先战略。

（2）差别化战略。

（3）专一化战略。

波特认为，这些战略类型的目标是使企业的经营在产业中技高一筹：在一些产业中，这意味着企业取得较高的利益；而在另一些产业中，一种战略的成功可能只是企业在绝对意义上能获取少些收益的必要条件。有时企业追逐的基本目标可能不止一个，但波特认为这种情况实现的可能性是较小的。因为要有效地贯彻任何一种战略，通常都要全力以赴，并且要有一个支持这一战略的组织安排（波特在这方面的思想与小钱得勒是一致的）。如果企业的基本目标不止一个，则这些方面的资源将被分散。

1. 总成本领先战略

总成本领先战略要求坚决地建立起高效规模的生产设施，在经验的基础上全力以赴降低成本，抓紧成本与管理费用的控制，以及最大限度地减少研究、开发、服务、推销、广告等方面的成本费用。为了达到这些目标，就要在管理方面对成本给予高度的重视。尽管质量、服务以及其他方面是不容忽视的，但贯穿于整个战略之中的是使成本低于竞争对手的成本。若公司成本较低，意味着当别的公司在竞争过程中已失去利润时，该公司依然可以获得利润。

赢得总成本最低的有利地位，通常要求具备较高的相对市场份额或其他优势，如与原材料供应方面的良好联系、产品的设计要便于制造生产、易于保持一个较宽的相关产品线以分散固定成本以及为建立起批量生产模式而对主要顾客群进行服务。

总成本领先地位非常吸引人。一旦公司赢得了这样的地位，所获得的较高的边际利润又可以重新对新设备、现代设施进行投资以维持成本上的领先地位，而这种再投资往往是保持成本领先状态的先决条件。

2. 差别化战略

差别化战略是将产品或公司提供的服务差别化，树立起一些在全产业范围中具有独特性的东西。实现差别化战略可以有许多方式：设计名牌形象、技术上的独特、性能特点、顾客服务、商业网络及其他方面的独特性。最理想的情况是公司在几个方面都有其差别化特点。例如，履带拖拉机公司不仅以商业网络和优良的零配件供应服务著称，而且以其优质耐用的产品质量享有盛誉。

如果差别化战略成功地实施了，它就会成为在一个产业中赢得高水平收益的积极战略，因为它能建立起防御阵地对付五种竞争力量，虽然其防御的形式与总成本领先战略有所不同。波特认为，推行差别化战略有时会与争取占有更大的市场份额的活动相矛盾。推行差别化战略往往要求公司对于这一战略的排他性有思想准备。这一战略与提高市场份额两者不可兼顾。在建立公司的差别化战略的活动中总是伴随着很高的成本代价，有时即便全产业范围的顾问都了解公司的独特优点，也并不是所有顾问都将愿意或有能力支付公司要求的高价格。

3. 专一化战略

专一化战略是主攻某个特殊的顾客群、某产品线的一个细分区段或某一地区市场的战略。正如差别化战略一样，专一化战略可以具有许多形式。低成本与差别化战略都是要在全产业范围内实现其目标，但专一化战略的思想却是围绕着很好地为某一特殊目标服务这一中心建立的，它所开发推行的每一项职能化方针都要考虑这一中心思想。这一战略依靠的前提思想是：公司业务的专一化能够以更高的效率、更好的效果为某一狭窄的战略对象服务，从而超过在较广阔范围内的竞争对手们。波特认为这样做的结果，是公司或者通过满足特殊对象的需要而实现了差别化，或者在为这一对象服务时实现了低成本，或者二者兼得。这样的公司具有的盈利的潜力超过产业的普遍水平，这些优势保护公司抵御各种竞争力量的威胁。

但专一化战略常常意味着限制了可以获取的整个市场份额。专一化战略必然地包含着利润率与销售额之间互以对方为代价的关系。

波特在《竞争战略》中还对三种通用战略实施的要求进行了详细的分析，并一一列举。波特认为，这三种战略是每一个公司必须明确的，因为徘徊在其间的公司处于极其糟糕的战略地位。这样的公司缺少市场占有率、缺少资本投资，从而削弱了"打低成本牌"的资本。全产业范围的差别化的必要条件是放弃对低成本的努力。而采用专一化战略，在更加有限的范围内建立起差别或低成本优势，更会有同样的问题。徘徊在其间的公司几乎注定是低利润的，所以它必须做出一种根本性战略决策，向三种通用战略靠拢。一旦公司处于徘徊状况，摆脱这种令人不快的状态往往要花费时间并要经过一段持续的努力；而相继采用三种战略的公司，波特认为注定会失败，因为它们要求的条件是不一致的。

波特的竞争战略研究开创了企业经营战略的崭新领域，对全球企业发展和管理理论研究的进步，都做出了重要的贡献。

（三）企业成功的"软件"和"硬件"是什么？
——麦肯锡 7S 模型

20 世纪七八十年代，美国人饱受了经济不景气、失业的苦恼，同时听够了有关日本企业成功经营的艺术等各种说法，也在努力寻找着适合本国企业发展振兴的法宝。

长期服务于美国著名的麦肯锡管理顾问公司的学者汤姆·彼得斯，访问了美国历史悠久且最优秀的 62 家大公司，又以获利能力和成长的速度为准则，挑出了 43 家杰出的模范公司，其中包括 IBM、德国仪器、惠普、麦当劳、柯达、杜邦等各行业中的翘楚，他们对这些企业进行了深入调查并与美国一些大学的管理学教授进行讨论，以麦肯锡顾问公司研究中心设计的企业组织七要素（简称 7S 模型）为研究的框架，总结了这些成功企业的一些共同特点，写出了《追求卓越——美国企业成功的秘诀》一书，使众多的美国企业重新找回了失去的信心。

7S 模型指出了企业在发展过程中应全面地考虑各方面的情况，包括结构、制度、风格、员工、技能、战略、共同的价值观，也就是说，企业仅具有明确的战略和深思熟虑的行动计划是远远不够的，因为企业还可能会在战略执行过程中失误。因此，战略只是其中的一个要素。

在模型中，战略、结构和制度被认为是企业成功的"硬件"，风格、人员、技能和共同的价值观被认为是企业成功的"软件"。麦肯锡的 7S 模型提醒世界各国的经理们，软件和硬件同样重要，两位学者指出，各公司长期以来忽略的人性，如非理性、固执、直觉、喜欢非正式的组织等，其实都可以加以管理，这与各公司的成败息息相关，绝不能被忽略。

1. 硬件要素分析

战略（Strategy）：战略是企业根据内外环境及可取得资源的情况，为求得企业生存作长期稳定的发展，对企业发展目标、达到目标的途径和手段的总体谋划，它是企业经营思想的集中体现，是一系列战略决策的结果，同时又是制定企业规划和计划的基础，企业战略这一管理理论是 20 世纪 50 年代到 60 年代由发达国家的企业经营者在社会经济、技术、产品和市场竞争的推动下，在总结自己的经营管理实践经验的基础上建立起来的。1947 年美国企业中制定发展战略的只有 20%，而 1970 年已经达到了100% 了。日本经济新闻社在 1967 年曾进行过专门调查，在 63 家给予问答的日本大公司中，99% 有战略规划。在美国进行的一项调查中，有 90% 以上的企业家认为战略企业取得成功的重要因素，企业的经营已经进入了"战略制胜"的时代。

结构（Structure）：战略需要健全的组织结构来保证实施，组织结构是企业的组织意义和组织机制赖以生存的基础，它是企业组织的构成形式，即企业的目标、协同、人员、职位、相互关系、信息等组织要素的有效排列组合方式。结构就是将企业的目标任务分解到职位，再把职位综合到部门，由众多的部门组成垂直的权利系统和水平分工协作系统的一个有机的整体，组织结构是为战略实施服务的，不同的战略需要不同的组织结构与之对应，组织结构必须与战略相协调。如通用电子公司，在 20 世纪 50 年代末，执行的是简单的事业部制，但那时企业已经开始从事大规模经营的战略，到了 60 年代，该公司的销售额大幅度提高，而行政管理却跟不上，造成多种经营失控，影响了利润的增长，在 70 年代初，企业重新设计了组织机构，采用战略经营单位结构，使行政管理滞后的问题得到了解决，妥善地控制了多种经营，利润也相应地得到了提高。由此看出，企业组织结构一定要适应实施企业战略的需要，它是企业战略贯彻实施的组织保证。另外，两位学者在研究中发现简单明了是美国成功企业的组织特点，这些企业中上层的管理人员尤其少，常常可以见到在某些公司，不到一百个管理人员经营着上百亿美元的事业。

制度（Systems）：企业的发展和战略的实施需要完善的制度作为保证，而实际上各项制度又是企业精神和战略思想的具体体现。所以，在战略实施过程中，应制定与战略思想相一致的制度体系，要防止制度的不配套、不协调，更要避免背离战略的制度出现。如，具有创新精神的 3M 公司的创新制度，在 3M 公司里，一个人只要参加新产品创新事业的开发工作，他在公司里的职位和薪酬自然会随着产品的业绩而改变，即使开始他只是一个生产线的工程师，如果产品打入市场，他就可以提升为产品工程师，如果产品的年销售额达到 500 万美元时，他就可以成为产品线经理，这种制度极大地激发了员工创新的积极性，促进了企业发展。

2. 软件要素分析

风格（Style）：两位学者发现，杰出企业都呈现出既中央集权又地方分权的宽严并济的管理风格。一方面，它们让生产部门和产品开发部门极端自主；另一方面，它们又固执地遵守着几项流传久远的价值观。

共同的价值观（Shared Values）：由于战略是企业发展的指导思想，只有企业的所有员工都领会了这种思想并用其指导实际行动，战略才能得到成功的实施。因此，战略研究不能只停留在企业高层管理者和战略研究人员这一层次上，而应该让执行战略的所有人员都能够了解企业的整个战略意图。企业成员共同的价值观念具有导向、约束、凝聚、激励及辐射作用，可以激发全体员工的热情，为实现企业的战略目标而努力。这就需要企业在准备战略实施时，要通过各种手段进行宣传，使企业的所有成员都能够理解它、掌握它，并用它来指导自己的行动，日本在经济管理方面的一个重要经验就是注重沟通领导层和执行层的思想，使得领导层制定的战略能够顺利地、迅速地付诸实施。

人员（Staff）：战略实施还需有充分的人力准备，有时战略实施的成败确系于有无适合的人员去实施，实践证明，人力准备是战略实施的关键。IBM 的一个重要原则就是尊重个人，并且花很多时间来执行这个原则。因为，他们坚信员工不论职位高低，都是产生效能的源泉。所以，企业在做好组织设计的同时，应注意配备符合战略思想需要的员工队伍，将他们培训好，分配给他们适当的工作，并加强宣传教育，使企业各层次人员都树立起与企业的战略相适应的思想观念和工作作风。如，麦当劳的员工都十分有礼貌地提供微笑服务；IBM 的销售工程师技术水平都很高，可以帮助顾客解决技术上的难题；迪斯尼的员工生活态度都十分乐观，他们为顾客带来了欢乐。人力配备和培训是一项庞大、复杂和艰巨的组织工作。

技能（Skills）：在执行公司战略时，需要员工掌握一定的技能，这有赖于严格、系统的培训。松下幸之助认为，每个人只有经过严格的训练，才能成为优秀的人才。如，在运动场上驰骋的健将们大显身手，但他们惊人的体质和技术，不是凭空而来

松下幸之助

的，是长期在生理和精神上严格训练的结果。如果不接受训练，一个人即使有非常好的天赋资质，也可能无从发挥。

因此，在企业发展过程中，要全面考虑企业的整体情况，只有在软硬两方面七个要素很好地沟通和协调的情况下，企业才能获得成功。

（四）如何多项业务间分配资源？
——波士顿矩阵

多数公司同时经营多项业务，有的业务如"明日黄花"，也有的如"明日之星"。为了使公司的发展能够与千变万化的市场机会取得切实可行的适应，就必须合理地在各项业务之间分配资源。在此过程中不能仅凭印象，认为哪项业务有前途，就将资源投向哪里，而是应该根据潜在利润分析各项业务在企业中所处的地位来决定，波士顿矩阵法就是一种著名的用于评估公司投资组合的有效模式。

波士顿咨询集团是世界著名的一流管理咨询公司，他们在 1970 年创立并推广了

"市场成长率——相对市场份额矩阵"的投资组合分析法。

波士顿矩阵法将一个公司的业务分成四种类型：问题、明星、金牛和瘦狗。

问题业务：是指高市场成长率、低相对市场份额的业务。这往往是一个公司的新业务，为发展问题业务，公司必须建立工厂、增加设备和人员，以便跟上迅速发展的市场，并超过竞争对手，这些意味着大量的资金投入。"问题"非常贴切地描述了公司对待这类业务的态度，因为这时公司必须慎重回答"是否继续投资发展该业务？"这个问题。只有那些符合企业发展长远目标、企业具有资源优势、能够增强企业核心竞争能力的业务才能得到肯定的回答。

明星业务：是指高市场成长率、高相对市场份额的业务，这是由问题业务继续投资发展起来的，可以视为高速成长市场中的领导者，它将成为公司未来的金牛业务。但这并不意味着明星业务一定可以给企业带来滚滚财源，因为市场还在高速成长，企业必须继续投资，以保持与市场同步增长，并击退竞争对手。没有明星业务，企业就失去了希望，但群星闪烁也可能会耀花了企业高层管理者的眼睛，导致做出错误的决策。这时必须具备识别行星和恒星的能力，将企业有限的资源投入能够发展成为金牛的恒星上。

金牛业务：是指低市场成长率、高相对市场份额的业务，是成熟市场中的领导者，它是企业现金的来源。由于市场已经成熟，企业不必大量投资来扩展市场规模，同时作为市场中的领导者，该业务享有规模经济和高边际利润的优势，因而给企业带来大量财源。企业往往用金牛业务来支付账款并支持其他三种需大量现金的业务。

瘦狗业务：是指低市场成长率、低相对市场份额的业务。一般情况下，这类业务常常是微利甚至是亏损的。瘦狗业务存在的原因更多是感情上的因素，虽然一直微利经营，但像人对养了多年的狗一样恋恋不舍而不忍心放弃。其实，瘦狗业务通常要占用很多资源，多数时候是得不偿失的。

波士顿矩阵法可以帮助我们分析一个公司的投资业务组合是否合理。如果一个公司没有：金牛业务，说明它当前的发展缺乏现金来源；如果没有明星业务，说明在未来的发展中缺乏希望。一个公司的业务投资组合必须是合理的，否则必须加以调整。如，巨人集团在将保健品业务发展成明星业务后，就迫不及待地开发房地产业务，可以说，在当时的市场环境下，保健品和房地产都是明星业务，但由于企业没有能够提供源源不断的现金支持的金牛业务，导致企业不得不从本身还需要大量投入的保健品业务中不断抽血来支援大厦的建设，最后导致两败俱伤，企业全面陷入困境。

在明确了各项业务单位在公司中的不同地位后，就需要进一步明确战略目标。通常有四种战略目标分别适用于不同的业务。

（1）发展：继续大量投资，目标是扩大战略业务单位的市场份额，主要针对有发展前途的问题业务和明星中的恒星业务。

（2）维持：投资维持现状，目标是保持业务单位现有的市场份额，主要针对强大稳定的金牛业务。

（3）收获：实质上是一种榨取，目标是在短期内尽可能地得到最大限度的现金收入，主要针对处境不佳的金牛业务及没有发展前途的问题业务和瘦狗业务。

（4）放弃：目标在于出售和清理某些业务，将资源转移到更有利的领域，主要针对无利可图的瘦狗和问题业务。

波士顿矩阵法的应用产生了许多收益，它提高了管理人员的分析和战略决策能力，帮助他们以前瞻性的眼光看问题，更深刻地理解公司各项业务活动的联系，加强了业务单位和企业管理人员之间的沟通，及时调整公司的业务投资组合，收获或放弃萎缩业务，加强在更有发展前景的业务中投资。

（五）怎样具体应用波士顿矩阵？
——通用电气公司矩阵

通用电气公司（GE）在波士顿矩阵的基础上，于20世纪70年代开发了吸引力/实力矩阵。该矩阵也提供了产业吸引力和业务实力之间的类似比较，但波士顿矩阵用市场增长率来衡量吸引力，用相对市场份额来衡量实力，而GE矩阵使用数量更多的因素来衡量这两个变量，由于该矩阵使用多个因素，可以通过增减某些因素或改变它们的重点所在，很容易地使矩阵适应经理的具体意向或某产业特殊性的要求。

GE矩阵可以用来根据事业单位在市场上的实力和所在地市场的吸引力对这些事业单位进行评估，也可以表述一个公司的事业单位组合判断其强项和弱点且需要对产业吸引力和业务实力作广义且灵活的定义时，可以以GE矩阵为基础进行战略规划。绘制GE矩阵，需要找出内部和外部因素，然后对各因素加权，得出衡量内部因素和市场吸引力外部因素的标准。当然，在开始搜集资料前仔细选择那些有意义的战略事业单位是十分重要的。

1. 定义各因素

选择要评估业务实力和市场吸引力所需的重要因素。在 GE 内部，分别称之为内部因素和外部因素。确定这些因素的方法可以采取头脑风暴法或专家小组法等，关键是不能遗漏重要因素，也不能将微不足道的因素纳入分析中。

2. 估测内部因素和外部因素的影响

从外部因素开始，纵览这张表，并根据每一因素的吸引力大小对其评分。若某一因素对所有竞争对手的影响相似，则对其影响作总体评估，若某一因素对不同竞争者有不同影响，可比较它对自己业务的影响和重要竞争对手的影响。在这里可以采取五级评分标准（1＝毫无吸引力，2＝没有吸引力，3＝中性影响，4＝有吸引力，5＝极有吸引力）。然后也使用五级标准对内部因素进行类似的评定（1＝极度竞争劣势，2＝竞争劣势，3＝同竞争对手持平，4＝竞争优势，5＝极度竞争优势），在这一部分应该选择一个总体上最强的竞争对手做对比的对象。

3. 对外部因素和内部因素的重要性进行估测，得出衡量实力和吸引力的简易标准

这里有定性、定量两种方法可以选择。

定性方法：审阅并讨论内外部因素，以在第二步中打的分数为基础，按强、中、弱三个等级来评定该战略事业单位的实力和产业吸引力。

定量方法：将内外部因素分列，分别对其进行加权，使所有因素的加权系数总和为 1，然后用其在第二步中的得分乘以其权重系数，再分别相加，就得到所评估的战略事业单位在实力和吸引力方面的得分（介于 1 和 5 之间，1 代表产业吸引力低或业务实力弱，而 5 代表产业吸引力高或业务实力强）。

4. 将该战略事业单位标在 GE 矩阵上

矩阵坐标横轴为产业吸引力，纵轴为业务实力。每条轴上用两条线将数轴划为三部分，这样坐标就成为网格图。两坐标轴刻度可以为高中低或 1~5。根据经理的战略利益关注，对其他战略事业单位或竞争对手也可作同样分析。另外，在图上标出一组业务组合中位于不同市场或产业的战略事业单位时，可以用圆来表示各企业单位，其中直径与相应单位的销售总额成比例，而阴影面积代表其市场份额。这样 GE 矩阵就可以提供更多的信息。

5. 对矩阵进行诠释

通过对战略事业单位在矩阵上的位置分析，公司就可以选择相应的战略举措。下表列出了矩阵表达的各种组合的战略意义，仅供参考。

GE 矩阵还可以用于预测战略事业单位业务组合的产业吸引力和业务实力，只要在因素评估中考虑未来某个时间每一因素的重要程度及其影响大小，就可以建立预测矩阵。由此我们可以看出，GE 矩阵比较全面地对战略事业单位的业务组合进行规划分析，而且可以针对企业实际和其特性。因此 GE 矩阵具有广泛的应用价值。

表　矩阵组合的战略选择

产业吸引力	业务实力	建议采取战略
高	高	成长战略：谋求居于主导地位，尽量扩大投资
中	高	找出适宜增长的细分市场大力投资，在其他方面保持地位
低	高	维持总体地位：谋求流动资金，维持基本水准投资
高	中	通过市场细分估测达到主导地位的潜力，找出弱点，巩固强项
中	中	找出适应增长的细分布市场，专门化，有选择地进行投资
低	中	削减产品系列，尽量减少投资，准备放弃
高	低	专门化，谋求占据合适的市场小板块，考虑收购
中	低	专门化，谋求占据合适的市场小板块，考虑退出
低	低	及时退出和放弃投资

（六）怎样找出企业的战略短板？
——木桶定律

众所周知，一个木桶能盛多少水，不是取决于桶壁上最长的那块木板，而是取决于桶壁上最短的那块木板，这就是我们所说的"木桶定律"。围绕着这个核心内容，木桶定律还拓展出三个推论：①只有构成木桶的所有木板都足够高，木桶才能盛满水；②所有木板比最低木板高出的部分都是没有意义的，高的越多，浪费越大；③要想增加木桶的容量，应该设法加高最低木板的高度，这是最有效也是最直接的途径。对于推论可以理解为：要想盛满水，不是去增高那些长木板，而是应该对最短的木板下功夫，依次补齐。

正是这样一个简单的生活常识，却被具有无限创造性的成功学家发展成为指导国家、企业和个人均衡发展的行动指南。而企业管理者最关注的就是如何将木桶定律与企业的发展管理联系起来，从而使得企业在原有的基础上获得实质性的超越。

1. 木桶定律指导企业的业务发展

其实我们很容易发现木桶定律与企业发展的相通之处。一个企业就好比木桶，企业不断发展来适应激烈的竞争社会就好比木桶的不断扩容来盛更多的水，而企业的各个职能部门就好比木桶各个长短不齐的桶板。

对于一个企业来说，想要在激烈的竞争中立于不败之地，不能仅仅依靠一两个方面的突出能力，而是需要凭借整体的实力赢得优势。也就是说，如果企业从产品研发、生产管理、市场销售到客户管理的每个阶段，有一个环节薄弱了，都可能导致企业在竞争中处于不利的位置，最终制约企业的发展。因此，企业如果想做大、做强，则需要木桶定律的指导：只有构成木桶的所有木板都足够高，木桶才能盛满水；只有企业的各个职能部门和各个方面均做到位，企业才能以雄厚的实力与竞争对手抗衡。

2. 木桶定律指导企业的团队建设

木桶定律可以启发我们对企业团队建设重要性的思考。要想增加木桶的容量，应该设法加高最低木板的高度，这是最有效也是最直接的途径。对于一个企业来说，决定团队战斗力强弱的不是能力最突出、表现最优异的人，而恰恰是能力最弱、表现最差的人。所以企业的团队建设就是设法让落后的人能够迎头赶上，让所有的人都能维持在一个"足够高"的相等高度，这样才能完全发挥团队作用。

木桶定律对于团队建设的指导性作用还表现在不仅要做到没有明显的短板，还要保证每块木板结实、整个系统坚固、各环节接合紧密无隙，这其中就涉及群体与团队的概念。例如，一根没有磁性的铁棒，每个分子都在按自身的目标旋转，各自的磁性相互抵消，铁棒整体不显磁性，如同乌合之众没有组织力量一样，这只能称为是一个群体；如果将铁棒置入一个磁场中，每个分子在磁场的作用下朝同一方向旋转，铁棒整体就显示出很强的磁性，这个时候才是一个具有核心力的团队。对于一个企业来说，要建设成为一个具有竞争力的团队，而不是一群各自为政的散沙，这不仅要做到没有明显的短板，还要保证每块木板都结实牢固。

在实际工作中，管理者往往更注重对"明星员工"的利用，而忽视对一般员工的利用和开发。如果企业将过多的精力关注于"明星员工"，而忽略了占公司多数的一般员工，会打击团队士气，从而使"明星员工"的才能与团队合作两者间失去平衡。而且实践证明，"明星员工"很难服从团队的决定。明星之所以是明星，是因为他们觉得自己和其他人的起点不同，他们需要的是不断提高标准，挑战自己。所以，虽然"明星员工"的光芒很容易看见，但占公司人数绝大多数的"非明星员工"也需要鼓励。三个臭皮匠，顶个诸葛亮。对"非明星员工"激励得好，效果可以大大胜过对"明星员工"的激励。

有一个华讯员工，由于与主管的关系不太好，工作时的一些想法不能被肯定，从而忧心忡忡、兴致不高。刚巧，摩托罗拉公司需要从华讯借调一名技术人员去协助他们搞市场服务。于是，华讯的总经理在经过深思熟虑后，决定派这位员工去。这位员工很高兴，觉得有了一个施展自己拳脚的机会。去之前，总经理只对那位员工简单交代了几句："出去工作，既代表公司，也代表我们个人。怎样做，不用我教。如果觉得顶不住了，打个电话回来。"一个月后，摩托罗拉公司打来电话："你派出的兵还真棒！""我还有更好的呢！"华讯的总经理在不忘推销公司的同时，着实松了一口气。这位员工回来后，部门主管也对他另眼相看，他自己也增添了自信。后来，这位员工对华讯的发展做出了不小的贡献。

华讯的例子表明，注意对"短木板"的激励，可以使"短木板"慢慢变长，从而提高企业的总体实力。人力资源管理不能局限于个体的能力和水平，更应把所有的人融合在团队里，科学配置，好钢才能够用在刀刃上。木板的高低与否有时候不是个人问题，而是组织的问题。

在家电的舞台上，百家争雄，然而海尔却一步一个脚印地跑在最前列。为什么？海尔的资本不比别人雄厚，引进的国际人才不比别人多，人才素质不比别人高……一句话，海尔的"高木板"并不多，但一方面，人家有一个好的团队，其整体绩效不比任何"高木板"差，另一方面，海尔凭借着从产品研发、生产管理、市场销售到客户管理，整体上的实力赢得优势。

所以，在加强木桶盛水能力的过程中，不能够把"高木板"和"低木板"简单地对立起来。每一个人都有自己的"高木板"，与其不分青红皂白地赶他出局，不如发挥他的长处，把他放在适合他的位置上。

除了在用人方面有效，木桶定律在企业的销售能力、市场开发能力、服务能力、生产管理能力等方面同样有效。进一步说，每个企业都有它的薄弱环节，正是这些环节使企业许多资源闲置甚至浪费，发挥不了应有的作用。如常见的互相扯皮、决策低效、实施不力等薄弱环节，都严重地影响并制约着企业的发展。因此，企业要想做好、做强，必须从产品设计、价格政策、渠道建设、品牌培植、技术开发、财务监控、队伍培育、文化理念、战略定位等方面一一做到位才行。任何一个环节太薄弱都有可能导致企业在竞争中处于不利位置，最终导致失败的恶果。

（七）为何赛跑时不一定快的赢？
——鲁尼恩定律

鲁尼恩定律是由奥地利经济学家 R·H·鲁尼恩提出的，是指赛跑时不一定快的赢，打架时不一定弱的输。无备，强不抵弱；出奇，弱可胜强。机会总是眷顾那些有准备的人，做好准备，成功就已经离你不远了。

竞争是一项长距离的赛跑，一时的领先并不能保证最后的胜利，阴沟里翻船的事并没少发生。同样，一时的落后并不代表会永远落后，奋起直追，你就会成为笑到最后的人。通用汽车公司与福特汽车公司对汽车行业主导权的纷争，就为我们提供了一个绝佳的案例。

20 世纪初，汽车还是富人专有的玩具。1903 年，亨利·福特建立了福特汽车公司。福特的目标非常明确，就是要制造工人们都买得起的汽车。经过多年的精心研制，亨利·福特终于制造出了自己梦想中的汽车。这种 T 型车坚固结实、容易操纵，售价是 825 美元。1908 年，T 型车推向市场，当年就卖出了 1 万多辆。接着，福特不断削减各种成本，到了 1912 年，T 型车的售价就降到了 575 美元，这也是汽车售价第一次低于人们的年均收入。到了 1913 年，福特汽车的年销量接近 25 万辆。

要为大众制造汽车，就必须让他们买得起，这就意味着必须要建立一种规模经济，进行大规模生产，这样才能降低成本。一次偶然的机会，福特参观了芝加哥的一家肉品包装厂。当时他看到肉品切割生产线上的电动车将屠宰后的肉品传送到每位工人面前，工人们只需切割事先指定部位的肉品。福特大受启发，回来就为自己的公司建立了汽车装配线。装配线的建立，让福特公司拥有了明显的效率优势，远远胜过了竞争对手。在 1908~1912 年间，装配线的建立让汽车售价降低了 30%。到了 1914 年，福特公司的 1.3 万名工人生产的汽车超过 26 万辆。那一年，其他所有汽车制造商总共才生产了 28.7 万辆汽车，仅仅比福特公司多出 10%。

1920 年，美国经济出现衰退，汽车的需求量也减少了。由于福特汽车的成本很低，因此他们能够将自己汽车的价格再降低 25%。这时的通用汽车公司就无法像福特汽车公司那样去做，则销售额急剧下滑。到了 1921 年，福特汽车的销量占据了整个市场份额的 55%，而通用汽车公司所有汽车的销量仅仅占了整个市场份额的 11%。

在与福特的竞争中败下阵来的通用汽车公司总裁斯隆明白，自己不能与福特汽车公司的低成本 T 型车展开竞争。经过权衡利弊，斯隆认为，福特汽车公司只制造一种类别的汽车，这虽是他们的优势，但也是他们的劣势。随着人们对汽车需求的改变，产品多样化、消费者分层化应该是汽车发展的一个方向。于是，斯隆为通用汽车公司制定了"满足各类钱袋、各种要求"的汽车新战略，参照人们经济状况的不同，提供不同价位和档次的产品。

在斯隆的领导下，通用汽车公司的业绩节节上升。1927 年 5 月，这逼迫亨利·福特不得不关闭了自己钟爱的 T 型车装配线，转而向产品多样化和分层化方向努力。1940 年，通用汽车公司的市场份额上升到了 45%，而福特汽车公司的市场份额则下跌到 16%。斯隆的战略取得了辉煌成就。

用我们今天的眼光，斯隆当年的改革稀松平常，实在普通不过。但在当时，这却是一个具有革命意义的变革。如果人们只想得到福特汽车公司生产的 T 型车，而且永远只想得到 T 型车，那么，福特汽车公司高度集中的管理体系或许就会长期占据主导地位，因为那是生产 T 型车的最佳途径。但是，福特汽车公司的管理体系只完全关注公司内部事务，也就是生产本身。斯隆的设计结构则让通用汽车公司更加贴近市场，适应性更强，也能够不断成长发展。

亨利·福特没有想到，一旦人们都拥有汽车，他们的生活就发生了彻底改变。某人购买一辆汽车，可能只是他购买的第一辆汽车。福特从来没有想到，人们还有可能购买第二辆、第三辆，更乐意购买更好的汽车，这种汽车会更加舒适、强劲、时尚。这一切真的发生了！伴随着美国经济的繁荣发展和分期付款购物方式的出现，越来越多的人买得起更好的汽车了。

一位曾经独自创造了未来的伟人，却无法忘怀自己昔日的辉煌。假如福特没有沉醉于自己过去的创造之中，他肯定能预见即将到来的变化。但是，他反应太慢，终于被自己的竞争对手远远甩在了后面。当然，亨利·福特的短视并没有使公司走向毁灭，他通过战略的调整，最终仍然使公司存活了下来。但有些人则没有这么幸运，他们付出了更加昂贵的代价。

鲁尼恩定律给人们的启示是：先动未必先赢，笑到最后的才是赢家。竞争是一项长距离的赛跑，一时的领先并不能保证以后的胜利，阴沟里翻船的事并没少发生。同样，一时的落后并不代表会永远落后，奋起直追，你就会成为笑到最后的人。

（八）联想成功的管理经验是什么？
——管理三要素

联想之所以能有今天的成功，是有深层次原因的。在别人生病的时候，联想却没事儿，这与联想一直十分注重完善的管理体制的建设是密不可分的。提到联想的管理，柳传志曾不无自豪地说："尽管我和集团其他创始人是中关村研究人员出身，但从1984年下海以后，我们把最大的力量投入到了企业管理及其规律的研究上，经过不懈的努力，实践证明我们的管理十分成功。"从创业至今，联想实践确立了联想管理的核心理念就是联想管理的三要素：搭班子、定战略、带队伍。

1. 搭班子

所谓"搭班子"是指联想建立以总裁为首的战略领导核心，最高层领导班子及各级领导班子。这个班子有集体智慧和德才兼备，能进行战略设计和科学决策；能发挥个人专长同时又能优势互补，形成集体的力量；能分工协作，快速实施，办成个人能力所做不到的事；能带队伍，培养出各级干部梯队，使联想的事业后继有人，保持事业的稳定和可持续发展，形成团结向上的管理文化；能不断地相互学习交流，取长补短，完善提高自我；有统一的意志和规范，有共同的行为准则，是联想发展的中坚力量。战略要靠班子来制定，队伍要靠班子来带，所以搭班子是三要素中的第一位，班子不和，什么事都做不成。

搭班子的主要内容包括："一把手是有战斗力的班子的核心，第一把手应该具备什么条件，应该如何进行自身修养？"第一把手应该如何选择班子的其他成员，其他成员不合标准怎么办？班子的成员如何进行考核？没有一个意志统一的、有战斗力的班子，什么定战略、带队伍都做不出来。宗派是形成团结班子的绝症，要杜绝一切可能产生宗派的因素。"

搭班子事实上就是要建立一套集团领导的机制来克服由于个人领导可能带来的弊

端。因为柳传志明白："自己再怎么能干，也比不上和李勤、杨元庆、郭为大家在一起能干。集体的智慧绝对是重要的。"柳传志把班子看成"一种制约"，"第一把手要能够知道建这个班子就是为了制约自己的。重要的事情，要人人都知道。小的民营公司的第一把手将财务控制在自己一个人手里，什么事都不对别人说，这很容易造成相互的猜忌与不团结。"

为了避免这种情况，联想规定：①公司的大事必须经过讨论，执委会的每一个人都要知道；②所有的话都摆在桌面上，为了贯彻这一点，认定之前说的话完全不算数；③坚决不允许宗派的出现，为了杜绝宗派，联想实行高层干部互相调换，避免拥兵自重、不知道老板是谁、不知道公司大的目标、只知道小部门的利益等情况的出现。另外，一旦发现宗派，不惜经济利益一定要把毒瘤砍掉，联想认为及早处理的只是一小块，若不忍痛切除，大了以后损失会更大，联想是要办成一个长久发展的企业，而不是企业家自己的企业。

对于联想班子的特点，柳传志认为联想这个中国企业的班子成员与美国的职业经理人是不同的。美国的职业经理人做到了高层，就有这样的认知："我能够从一个公司跳到另一个公司，到哪里都是这样的身价。"联想要求员工有"三心"：基层的普通员工要有责任心；中层员工要有上进心，去追求良好的工资待遇、广阔的个人发展空间；到了公司的高层领导，就应该具有事业心。柳传志说，杨元庆、郭为、朱立南这些人就等于卖给了联想，他们的认识是："联想的事业就是我的事业，联想的成

柳传志

功才是我的成功"，只有有了这样的感情，他们才能抵御得住其他公司来挖人。这是中国一种特殊的情况，也是与其他企业，甚至是国外大企业的不同之处。

联想认为，在管理三要素中，排在首位的是搭班子。不论在什么情况下，班子的团结永远是企业发展的首要条件。而宗派是形成团结班子的一个障碍。为杜绝一

切可能产生宗派的因素，联想确定第一把手是一个有战斗力的班子的核心，对第一把手应该具备的条件、自身修养、如何选择班子的其他人员、对其他成员不符合标准的处理办法、班子成员如何发挥作用、班子成员的考核标准等问题举办过高级干部研讨班进行过培训。只有有了一个意志统一、有战斗力的班子，才能谈定战略、带队伍。

2. 定战略

所谓"定战略"是指公司各级领导干部要有大局观念，要学会长远考虑，形成发展目标以后要学会分解成具体的战术步骤和实施策略，并在发展过程中不断调整。联想在学习西方企业的过程中，通过自己具体的实践，总结出了一套制定战略的方法，而且进一步把它们分解为一个个的具体步骤推进下去。

联想将定战略分为以下五个步骤：

第一步是确定公司远景。联想早期确定的公司远景就是：做大规模的、长久的、高科技的联想，将联想做成一个百年老店。在新的时代和环境下，新联想少帅杨元庆描绘未来的联想应该是：高科技的联想，服务化的联想，国际化的联想。

第二步是确定中远期发展战略目标。公司目标的长短各有不同，计算机领域的一些核心技术还掌握在别人手里，联想需要根据形势的发展不断调整自己的战略目标。2001 年，新联想成立时宣布：确定在 2010 年进军世界 500 强，希望联想能够率先为中国人圆这个梦。

第三步是制定发展战略的总体路线。这是制定战略比较重要的部分，有很多具体步骤：一是制定前的调查和分析。首先是外部的调查分析——世界和地区的政治、经济方面的调查分析，本行业的状况和前景的分析；其次内部资源能力的审视，包括对价值链各个环节的分析、核心业务流程的分析、核心竞争力的分析等。二是竞争对手的分析和比较。分析竞争对手的战略、实际情况等。三是制定路线。

第四步是确定当年的战略目标（总部和各子公司的），并分解成具体战略步骤操作实施。

第五步是检查调整，达到目标。

联想把制定战略分为五步，明确了要达到中长期的目标到底走什么路，进一步，怎么在中长期目标的指导下确定当前做什么或者不做什么。制定企业的这种战略路线很重要，柳传志带着中科院的 10 个技术人员和 20 万元资金创办联想时，像一只没头的苍蝇到处乱碰，在经历了沉痛的教训和痛苦的思索后，他意识到在一没有资金，二不懂市场不懂管理的条件下，企业要生存只有走"贸工技"的发展战略。外国企业好比是兔子，中国企业好比是乌龟。乌龟和兔子赛跑，兔子又不肯睡觉，那么乌龟要做两件事：第一件是如何向兔子学习，培养兔子基因；第二件是如何利用赛跑的环境，比如在沼泽地赛跑。于是，联想开始给IBM、AST做PC机的代理，给HP做激光打印机的代理，给TOSHIBA做笔记本电脑的代理等，通过做代理联想学会了解市场，学会企业管理，通过做代理积累了资金。在基本上学会做代理以后，联想才开发出自己的品牌，联想品牌的产品有自己的设计和生产，这就是"工"和"技"。

这条道路相对比较稳健，如果联想一开始就将仅有的一点资金投到技术开发中，在当时没有风险投资，得不到后续资金的支持，完全不懂开拓市场，完全不懂如何销售的情况下，企业会走上死路的。所以这条"贸工技"的路线对联想当时的情况来讲应该是很正确的。在做贸易的时候，联想向供应商学到了很多东西，特别是HP。从1988年起，联想一直是HP在中国区最大的代理，为HP在中国的业务开展起了很大的作用，但同时联想向HP学习到了很多东西：财务控制、销售渠道的管理等。

把战略分解成具体的战术步骤去实现是一个难度更大的问题。联想的具体计划一般只做一年，甚至更短，保持了"有所为，有所不为"的清醒。联想主要部门的骨干通过多次培训、研讨，都已习惯在战略目标制定以后，详细研究各个战术步骤，并认真地保证每个具体步骤的实施以求完成总目标。在制订计划时都考虑最恶劣的边际条件，将指标留有余地。因此，联想在全球PC业务低迷的背景下，步履坚定地走过来，一直保持着较高的业绩增长。

3. 带队伍

所谓"带队伍"是指塑造联想独具特色的企业文化，加强员工的凝聚力，形成爱岗敬业的氛围，培养领军人物，为未来发展奠定基础。有很多公司，能够制定战略，但就是实现不了。带队伍与定战略好比是知与行的关系。在中国，有句古语叫作"知易行难"，能制定战略就相当于"知"，知道应该怎么做，但为什么做不到呢？这主要是因为"带队伍"没做好。

在联想，带队伍有五项实际内容，包括：建立合适的组织架构、落实岗位责任制；制定令行禁止的严格的规章制度；采用充分调动积极性、发挥创造力的激励方式；加强企业文化建设，增强公司凝聚力；加强内部培训，培养骨干队伍和领军人物。

带队伍需要做好三件事：一是如何充分调动员工的积极性，让你的兵爱打仗；二是如何提高员工能力，让你的兵会打仗；三三是如何使组织有序、协调、效率高，让你的兵组织有序，有一个最好的队形，作战最有效率。这些都是组织、架构和规章制度要解决的事。

联想在带队伍方面是做得非常好的。联想对员工有很好的激励方式，激励的核心就是把员工的发展方向和追求与企业的目标融合在一起，这是联想最高的愿望。如果员工没有一个共同的利益，每个人都以己为本，就不成一个企业了。这一点联想叫入模子，不管是什么样的人进入到联想，都要熔化在这个模子里。你可以改造这个模子，比如，联想有些地方做得不好，大家提了以后联想可以修改，但进来之后就要按这个做。

入模子的意思是说联想要形成一个坚硬的模子，进入联想的职工必须进到联想的"模子"里来，符合联想的理想、目标、精神、情操、行为的特定要求。

对于联想的一般员工，入模子的基本要求就是按照联想的行为规范做事，联想的行为规范主要是指以岗位责任制为核心的一系列规章制度，包括财务制度、人事制度等。执行制度是对一个联想人的最基本要求。

对领军人物和骨干队伍的培养，这是最重要的。第一把手像阿拉伯数字的"1"，后面跟一个 0 就是 10，跟两个 0 就是 100，跟三个 0 就是 1 000。这些"0"虽然也很重要，但没有前面的"1"就什么都没有。联想对领军人物有"德""才"两方面的要求，"德"就是要把企业的利益放在最高地位，"才"就是一定是个学习型的人，要善于总结，善于学习，善于把理论的东西拿去实践，善于把实践加以总结。

搭班子、定战略、带队伍就构成了联想的管理三要素，联想每年都要对员工培训管理三要素的基本内容。在 PC 行业的竞争中，联想从 1996 年开始一直处于中国第一的位置，而从第二名到第十名的排名一直在不停地变更。这是为什么？这不是某一个业务策略形成的，而是由于管理三要素这种更深层次的原因在起作用。

联想成立 28 年了，应该说在 20 世纪 80 年代，也就是联想成立的初期，中国企业生存的环境是很困难的。而在 20 世纪 90 年代，环境逐渐变好，但企业竞争的程度大大加剧了。在这种复杂的情况下，联想之所以能一直高速发展，它的真正核心竞争力，就是因为有一个好的领导班子，有制定正确战略的能力，能培养出一支很好的队伍。

（九）为什么说竞争是造就强者的学校？
——犬獒效应

当年幼的藏犬长出牙齿并能撕咬时，主人就把它们放到一个没有食物和水的封闭环境里让这些幼犬自相撕咬，最后剩下一只活着的犬，这只犬称为獒。据说十只犬才能产生一只獒。犬獒效应的寓意是：竞争是造就强者的动力。

在电视剧《康熙大帝》中，康熙在执政六十年大庆中敬的第三杯酒，是鳌拜、吴三桂、朱三太子等人，这些人是他一生中遇到的死对头，然而也正是这些对手造就了康熙，内忧外患的困境铸就了康熙的雄才大略，铸就了当时的丰功伟绩，为康乾盛世奠定了内安外定的良好开端。因此，康熙被后人尊称为"千古一帝"。

我们生活在一个变革的时代。挑战和机遇同在，竞争是它最显著的特征。竞争是一种刺激，一种激励，也意味着新的选择和新的机遇。竞争出生产力，竞争出战斗力。

比斯高公司行政主管唐纳·肯杜尔认为：在生意上遇到强劲、精明的竞争对手，是用钱都买不到的"好事"。在他看来，竞争乃是重燃斗志、维持成功的真正力量。他说："有很多人苟且偷生，毫无竞争之志，最后终于白头以终。对于这类人，我只感到悲哀。打从做生意以来，我一直很感激生意竞争对手。这些人有的比我强，有的比我差；但不论其行与不行，他们虽令我跑得更累，但也跑得更快。脚踏实地的竞争，最足以保障一个企业的生存。"

在比斯高公司，接班人不论男女，都被要求重新去过竞争性的生活。他们不能只满足于与对手平起平坐，也不能满足于产品质量和生产设备不输他人，而是要超过对手。做不到这一点，这个接班人就是不合格的。在比斯高公司的公司文化中，竞争是最核心的内容。他们有一个信条：超过对手乃是此生中获得成功、幸福的唯一途径。正是在这种企业文化的熏陶下，比斯高公司的员工受到了更多的竞争力的训练，生产线也不断扩大，成了同类企业中的佼佼者。

美国企业十分重视为职工提供公平竞争环境和竞争规则，充分调动其积极性，发挥他们的才能。如，IBM对员工的评价是以其贡献来衡量，提倡高效率和卓越精神，鼓励所有管理人员成为电脑应用技术专家。

福特汽车公司在提升干部时，凭业绩取人，严格按照"贵以授爵，能以授职"的原则行事。福特汽车公司前总裁亨利·福特说："最高职位是不能遗传的，只能靠自己去争取。"

竞争是市场经济有效运行的必要条件，也是市场经济充满活力的杠杆。有竞争才会有压力，有压力才会有动力和活力。竞争会迫使企业经营者不得不发奋图强，不得不革故鼎新，不得不锐意进取。否则，就只有等着被兼并、被淘汰。有的人视竞争为坏事，还有的人把竞争对手看成是心腹大患，是异己，是眼中钉、肉中刺，恨不得马上除之而后快。其实只要反过来仔细一想，便会发现拥有一个强劲的对手，反而倒是一种福分、一种造化。因为一个强劲的对手会让人有一种危机四伏的感觉，它会激发起人们更加旺盛的精力和斗志。

加入 WTO 后，我国的一些产业将面临更加激烈的竞争，特别是那些成本高、技术水平低和管理落后的企业会遭受巨大的冲击和压力。这既是严峻的挑战也是重要的发展机遇。加入 WTO，本质上给我国经济搭起了一个更高的竞争平台，它要求我国企业必须向上"跳"，在不断提高自身素质中求发展。因此，加入 WTO，引入竞争与压力，将更有利于我国的社会主义现代化建设。正如智者所说："迎接挑战最好的办法就是将挑战引进来，如同鲨鱼来了别的鱼才游得快一样。"

（十）松下为什么强调"经营要留有余地"？
——水坝式经营法

松下幸之助，1894 年出生于日本和歌山县，1989 年去世。10 岁那年他没有上完小学四年级就退学当学徒。1918 年，23 岁的松下在大阪建立了"松下电气器具制作所"，并在其苦心经营下成了当今世界闻名的松下电器集团。1925 年，松下幸之助首次成为日本最高收入者，从那时起直到 1988 年的 63 年中，有 10 年他的收入居日本第一位，有 6 年居第二位，他的个人资产达到 3 500 亿日元。尽管松下幸之助取得了惊人的成功，但他的性格和为人依然是典型大阪商人的样子：腿短、身长，见到陌生人先低头哈腰，说起话来小声小气，生怕吓着对方。

松下幸之助在经营公司的同时，也关心政治、文化和国际问题，经常在各地举行演讲，并有许多著作。日本人民非常尊敬和崇拜他，称之为"经营之神""20 世纪最伟大的成功者"，他的思想被称为"松下哲学"。

松下幸之助认为维持企业的稳定成长是天经地义的事情，为了使企业确实能够稳定地发展，水坝式经营是很重要的观念。

水坝的目的是拦阻和储存河川的水，随着季节或气候的变化，经常保持必要的用水量。企业也需要有这种调节和运用的机制，这样才能稳定发展。如果公司的各部门都能像水坝那样，一旦外界情况发生变化，不会受到很大影响，反而能够维持稳定的发展，这就是"水坝式经营"的观念。在企业中，无论设备、资金、人员、库存、技术、企划或功能。换句话说，在经营各方面都要保留宽裕并运用弹性。

例如资金，假设经营一个需要10亿元资金的事业，如果只准备10亿元，万一发生事情，10亿元不够时，问题就不能得到解决。因此需要10亿元或12亿元的资金，这就是资金水坝。关于资金问题，松下幸之助还发表过他的特殊看法。日本在一段时期内流行过银行要求公司把从银行贷款中的一部分再存入银行的做法，许多企业指责银行的做法太过分了。松下幸之助却说："50多年来，我一直是这样做的，我从银行借钱的时候，只需借1万元就够了，可是我多借些，借了2万元，然后把剩余的1万元钱又原封不动地作为定期存款存入银行。看起来是赔钱的，但是我却把它当成保险金。有了这笔保险金，在需要的时候，随时都可以提出来使用，而且银行总是十分信任我。"实际上，这也是一种资金水坝的建立方法。

例如生产设备，如果只有生产设备的使用率达到100%才会赢利，那对企业来讲是非常危险的。换句话说，平时即使只运用80%或90%的生产设备，企业也应该有获利的能力。那么一旦市场需求量突然增加，因为设备有余，则可以立即提高生产量，达到市场的要求。这就是设备水坝发挥了作用。

另外，经常保持适当的库存，以应付需求的激增，不断开发新产品，永远要为下一次的新产品做准备，这些都应在制订企业的发展计划中有所考虑。如果公司能随时运用这种水坝式的经营法，即使外界有变化，也一定能够迅速且妥当地应付这种变化，维持稳定的经营与成长。这就好像水坝在干旱时能通过泄洪来解决水源短缺的问题一样。

但是，还有必须注意的一点是，"设备水坝"或"库存水坝"并不是设备闲置或库存过剩。如果一个企业预估销售量，并根据预测来购置设备和决定生产量，却因为卖不出去而有库存，设备也没有完全利用，这和水坝式经营没有关系。这只不过是估计错误所造成的，而这种剩余是不应该发生的。松下幸之助特别强调水坝式经营是基于正确的估计，事先保留 10% 或 20% 的准备。

松下幸之助同时认为，除了有形的经营水坝，还有更加重要的"心理水坝"，也就是企业经营者要具有水坝经营观念。如果能以水坝意识去经营，就会根据各个企业的具体情况而拟订不同的水坝式经营方法。

为了经营上有所发展，用任何方法都做到留有余地，而那种只顾眼前的做法是十分危险的。水坝式经营不是靠眼前的利益而获益的，因为资金水坝和设备水坝无法在短期内产生利润。但是从长远角度来看，采取水坝式经营则比较可靠，很少出现失败的结局。所以企业如果希望长期稳定地发展，就必须建筑经营中的水坝。

在我国，有许多的民营企业取得一时性成功之后，往往没过多长时间就走向衰退，使得企业的平均寿命只有 3 年左右，形成了"各领风骚三五载，你方唱罢我登台"的局面。造成这种局面的原因很复杂，但是不能克服过度扩张的风险是一个共同的原因。而松下幸之助就是通过水坝式经营方法克服这种风险的。这种被他自己称为经营秘诀之一的"经营要留有余地"的思想，或者叫作水坝式经营哲学，为企业的长远发展、永续经营提供了重要的保证，这种思想是值得我们的企业家特别是民营企业经营者借鉴和学习的。

（十一）为什么本田是技术和活力的代名词？
——本田管理模式

本田技术研究所是当今日本乃至世界汽车业的佼佼者。在日本企业界，本田是技术和活力的代名词，也是日本大学生毕业后非常向往的就业目标。这个创立于 1946 年的企业能够在短短几十年里内取得如此的成绩，与它的创立者本田宗一郎的性格有很大关系。

本田宗一郎于 1906 年出生在静冈县，1922 年从乡下来到东京进入汽车修理厂当学徒。他对机械技术非常热心，很快成为优秀的修理工，而且在 1928 年曾独立开办过汽车修理厂，经营得非常成功。1934 年他关闭了修理厂，成立了东海精密机械公司，并生产活塞环，产品的主要买主为丰田公司。由于本田宗一郎不愿永远为别人做嫁衣裳，1945 年他把公司出售给丰田公司。1946 年他创建本田技术研究所，并开始生产摩托车。1971 年辞去董事长职务，把公司的经营权交给了河岛喜好。本田宗一郎只有小学文化，但他能够在复杂的环境中，苦心经营，花费一生精力，创建出世界一流的企业，随后又毫不吝惜地把它交给与自己没有丝毫血缘关系的年轻人，自己过起恬淡的生活，这是没有胆识的人绝对做不到的。

本田宗一郎在经营中一直遵循着以下一些原则和规定，这些原则和规定已经渗透到企业的每个角落，成为人们所说的本田管理模式。

1. 充分尊重个人，公平合理授权

早在经营东海精密机械公司时，本田宗一郎就能很好地与性格完全不同的人一道工作，并以此作为自己的工作信念。他认为同类型的人固然好相处、易交往，但要把一个公司办下去必须有各种类型的人才行。在经营本田技术研究所的过程中，他与藤泽武夫的配合也体现了这一原则。本田宗一郎和藤泽武夫的性格完全不同，他们之间分工明确，本田宗一郎负责技术和产品，而销售和经营完全由藤泽武夫负责。1971 年他们两人同时退休。

为了保证权力确实能够交给有能力的人，在企业中担任领导人的亲属一律不得进入公司工作。本田变成大企业后，这个原则依然保留着，中途录用者占职工人数的一半，实施混血主义，以保持公司的创造力。

进入公司，无论是高级干部还是一般职工均以"先生"相称，而不是以职务相称。公司董事没有个人单独的办公室，而是采取同用一个大房间的"董事同室办公制度"。

本田宗一郎的语录"为自己工作"是这种尊重个人精神的高度概括。他告诫职工不要考虑向公司宣誓忠诚，而是要为自己工作；在本田，这种尊重人的精神到处可见，人员安排、调动，贯彻"自我申请制"是这种精神的体现之一。

本田宗一郎既无官僚色彩，也不存在派系和宗派主义，职工可以轻松愉快地工作。高级干部到 50 岁就为后来的年轻人让位，最大限度地尊重年轻职员。力戒害怕失败的谨小慎微作风，按照本田宗一郎的说法是不工作才不失误。在对本田职工进行的一项关于"本田精神的核心是什么"的问卷调查中，回答顺序分别是：独创性、要为自己工作、人尽其才、不要怕失败。

2. 一人一事，自由竞争

本田宗一郎的搭档藤泽武夫认为，在企业内使每个人的能力都得到最大限度的发挥，能够专心从事研究，在传统的金字塔形的组织结构中是很难实现的，因此废除这种结构、采取一人一事并进行自由竞争是非常重要的。

一人一事就是废除公司强迫一个人干一项他不能胜任的工作做法。保证每一个人都自由选择一个自己的主攻方向的权利。自由竞争则是主张进行不同性质的自由竞争。为了达到共同的目标，每一个人、每一个小集体都要有自己的设想，并通过它来找到开发领域，把竞争机制引进公司内部。

在本田研究所，由研究员个人提出课题开始，课题一旦被采纳，就以提出者为中心组成项目攻关组，课题研究工作的领导、筹划、管理全部交给提出课题者个人负责。在两人以上的研究人员分别提出类似课题且被同时采纳时，令他们各自组成独立项目攻关组，通过自由竞争夺取成果。因此本田在组织结构上实现了"镇纸型组织"的横向组织。顶端就像镇纸上的提钮，有几位高级领导，在它之下的研究人员全部处于对等关系，形式上虽分为设计室、试制室等部门，但是室长级人员也都是具体工作人员而非专职管理干部。

3. 造就独创型人才

要造出风格独特的产品，企业职工就必须具备独创性的头脑。横向型组织、项目攻关制度只是一种保证，归根到底，关键还取决于人。企业中能拥有多少独创性人才是本田创业以来一直给自己设置的课题。为此，本田采取了下列措施：

（1）引进合理化建议制度。1953年，本田率先引进了合理化建议制度。到20世纪70年代，一年所提建议总数突破10万，平均每4条中有3条被采纳。对于优秀的建议，本田给予免费出国旅游的奖励。

（2）建立"新设想工作室"。本田在其国内各工厂设有名为"新设想工作室"的实验工作室，室内备有机械设备。职工一旦产生好主意就可以到实验室中把设想具体化，当然原则上是利用业余时间。

（3）举办违反常规作品的展览会。展览会的宗旨是提出自由奔放的设想并给予实施的"头脑运动会"，是提供彻底的群众文娱活动。这与本田"不论工作、娱乐，只要心情舒畅就干到底"的理念相吻合，在大会上能看到许多异想天开的作品。

（4）技术面前人人平等。在本田，技术面前人人平等，没有上下级的区分，经常发生被称为"下克上"的事情。在汽车发动机由空冷改为水冷时，由于本田宗一郎是空冷的绝对拥护者，匀米等人采取"罢工"方式进行抗议。在看到水冷式的优点后，本田宗一郎发出了"今后是年轻人的时代了"的感叹，从而决心退役。在开发集成电路过程时，同样发生过对本田宗一郎抗议的事件。当时已经是顾问的本田宗一郎不喜欢电子技术，认为电子用眼睛看不到，技术是实实在在看得见的。但是机器人开发小组不顾本田宗一郎的反对，完全独立开发出第一流的焊接机器人和生产线系统，在事实面前本田宗一郎不得不低头。

4. 顾客满意第一的原则

在本田，人们强调娱乐，认为娱乐可以扩大人的视野，积累经验，密切关系。本田宗一郎甚至认为只要有一种尽情地去玩乐的期望，就会白天比别人干得起劲，同时又十分注意效率。如果通宵达旦工作而不休息，那么本田宗一郎也许不会有什么创新了，可能还会失去全面培养人的机会。

本田宗一郎指出，独特的发明创造，如果不能及时地提供给社会，它将毫无价值。在本田，研究人员认为他们不是在研究技术，而是在研究人们的心理，在想尽一切办法，用尽一切技术满足人们的心理。

本田历代的领导者们从来没有提出诸如"称霸世界市场""赶上丰田""超过日产"之类的口号，而是强调顾客满意第一，在使用户满意方面力争第一。

本田没有专门的市场调查研究机构，它依靠的是开发小组。开发部门的全体人员都是市场调研员，他们用自己的眼睛、耳朵探索市场动向，这比依靠市场调查部门得到的信息更有感性认识。

本田的管理模式是一个完整的系统，它是一系列原则和规定在一定的哲学思想下的和谐统一。我们只有理解了它的完整性，才能为我所用，只着眼于一点是不能发挥其功效的。

（十二） 制造业最理想、最具生命力的生产系统是什么？
——丰田模式

日本汽车工业从其起步到今天经历了"技术设备引进—国产化—建立规模生产体制—高度成长—工业巨大化—强化国际竞争力—出口增大—全球战略"这样一个过程。但是，从一开始技术设备引进阶段，日本汽车工业就没有照搬美国的汽车生产方式。这其中除了当时的日本国内市场环境、劳动力以及第二次世界大战之后资金短缺等原因以外，一个很重要的原因是，以丰田汽车公司副社长大野耐一等人为代表，他们从一开始就意识到了，美国汽车工业的生产方式虽然已很先进，但需采取一种更灵活、更能适应市场需求的能够提高产品竞争力的生产方式。

在 20 世纪后半期，整个汽车市场进入了一个市场需求多样化的新阶段，而且对质量的要求也越来越高，随之给制造业提出的新课题是，如何有效地组织多品种小批量生产，否则，生产过剩所引起的是设备、人员、库存费用等一系列的浪费，从而影响到企业的竞争能力以致生存。

在此历史背景下，1953 年，丰田汽车公司的副社长大野耐一综合了单件生产和批量生产的特点和优点，创造了一种在多品种、小批量混合生产条件下的高质量、低消耗的生产方式，即准时生产。

丰田生产方式的基本思想是"只在需要的时候，按需要的量，生产所需的产品"，也就是追求一种无库存，或库存达到最小的生产系统。这一思想被浓缩在三个英语单词"JUST IN TIME"里，因此被称为 JIT 生产方式。JIT 的基本思想是生产的计划和控制及库存的管理。

JIT 生产方式以准时生产为出发点，首先暴露出生产过量和其他方面的浪费，然后对设备、人员等进行淘汰、调整，达到降低成本、简化计划和提高控制的目的。在生产现场控制技术方面，JIT 的基本原则是在正确的时间，生产正确数量的零件或产品，即时生产。它将传统生产过程中前道工序向后道工序送货，改为后道工序根据"看板"向前道工序取货，看板系统是 JIT 生产现场控制技术的核心，但 JIT 不仅仅是看板管理。

JIT 的目标是彻底消除无效劳动和浪费，具体要达到以下目标：

（1）废品量最低。JIT 要求消除各种引起不合理的因素，在加工过程中每一道工序都要求达到最好水平。

（2）库存量最低。JIT 认为，库存是生产系统设计不合理、生产过程不协调、生产操作不良的证明。

（3）准备时间最短。准备时间长短与批量选择相关，如果准备时问趋于零，准备成本也趋于零，就有可能采用极小批量。

（4）生产提前期最短。短的生产提前期与小批量相结合的系统，应变能力强，柔性好。

（5）减少零件搬运，搬运量低。零件搬运是非增值操作，如果能使零件和装配件运送量减少，搬运次数减少，可以节约装配时间，减少装配中可能出现的问题。

（6）机器损坏低。

（7）批量小。

为了达到上述目标，JIT 对产品和生产系统设计考虑的主要原则有以下三个方面：

（1）在当今产品寿命周期已大大缩短的情况下，产品设计应与市场需求相一致，在产品设计方面，应考虑到产品设计完后要便于生产。

（2）尽量采用或组织技术与流程式生产。

（3）与原材料或外购件的供应者建立联系，以达到 JIT 供应原材料及采购零部件的目的。

在 JIT 方式中，试图通过产品的合理设计，使产品易生产、易装配，当产品范围扩大时，即使不能减少工艺过程，也要力求不增加工艺过程，具体方法有：

（1）模块化设计。

（2）设计的产品尽量使用通用件，标准件。

（3）设计时应考虑易实现生产自动化。

JIT 的基础之一是平均稀有化生产，即平均制造产品，使物流在各作业之间、生产线之间、工序之间、工厂之间平衡且均衡地流动。为达到均衡化，在 JIT 中采用月计划、日计划，并根据需求变化及时对计划进行调整。

JIT 提倡采用对象专业化布局，用以减少排队时间、运输时间和准备时间，在工厂一级采用基于对象专业化布局，以使各批工件能在各操作时间和工作间顺利流动，减少通过时间；在流水线和工作中心一级采用微观对象专业化布局和工作中心"U"型布局，可以减少通过时间。

JIT 可以使生产资源合理利用，包括劳动力柔性和设备柔性。当市场需求波动时，要求劳动力资源也做相应调整。如需求量增加不大时，可通过适当调整具有多种技能操作者的操作来完成；当需求量降低时，可采用减少生产班次、解雇临时工、分配多余的操作工去参加维护和维修设备，这就是劳动力柔性的含义。而设备柔性是指在产品设计时就考虑加工问题，发展多功能设备。

JIT 强调全面质量管理，目标是消除不合格品，消除可能引起不合格品的根源，并设法解决问题，JIT 中还包含许多有助于提高质量的因素，如批量小、零件很快移到下工序、质量问题可以及早发现等。

JIT 生产管理方式在 20 世纪 70 年代末从日本引入中国，长春第一汽车制造厂最先开始应用看板系统控制生产现场作业。到了 1982 年，第一汽车制造厂采用看板取货的零件数，已达其生产零件总数的 43%。20 世纪 80 年代初，中国企业管理协会组织推广现代管理方法，看板管理被视为现代管理方法之一，在全国范围内宣传推广，并为许多企业采用。

JIT 以订单驱动，通过看板，采用拉动方式把供、产、销紧密地衔接起来，使物资储备、成本库存和在制品大为减少，提高了生产效率，这一生产方式在推广应用过程中，经过不断地发展和完善，为日本汽车工业的腾飞插上了翅膀，提高了生产效率。这一生产方式亦为世界工业界所瞩目，被视为当今制造业中最理想且最具生命力的新型生产系统之一。

第十九章　决策管理

一、管理就是决策

（一）决策是企业的命脉所在

哈佛著名决策大师赫伯·西蒙说过这样一段名言："决策是管理的心脏；管理是由一系列决策组成的；管理就是决策。"

的确，决策是企业的命脉所在，在关键时刻，一个正确的决策能使公司起死回生，而一个错误、不切实际的决策会使公司濒于破产。很多情况下，决策者需要具有一种远见卓识的能力，而这种能力取决于决策者长期的经验积累。

1992 年，日本著名企业家盛田昭夫因中风而退出了索尼的经营决策与管理事务。而导致这个结果的原因，据说是因为他留给索尼的一笔被业界和媒体认为是荒唐透顶的并购。1989 年 9 月 25 日，索尼宣布斥资 48 亿美元，对哥伦比亚电影公司以及关联公司进行并购。哥伦比亚的股价为每股 12 美元，而索尼的出价却是每股 27 美元，很多人包括很有影响力的经济学家与管理学家都认为盛田昭夫肯定是疯了，并断定盛田昭夫的一意孤行，必将把索尼带向万劫不复的深渊。确实，以后发生的事也验证了专家们的预言，到 1994 年 9 月 30 日，哥伦比亚公司累计亏损 31 亿元，创下了日本公司公布的亏损之最，索尼公司也因此危在旦夕。

沧海横流方显英雄本色。进入 21 世纪之后，人们越来越发现，盛田昭夫巨大的"决策失误"，竟然是他留给索尼最有价值的一笔遗产。当很多人死抱着损益表在斤斤计较眼前经济利益的时候，几乎没有多少人能够理解盛田的良苦用心。他以管理者特有的眼光，洞见了 21 世纪索尼赖以存活的根基——视听娱乐，并以灵敏的商业直觉，深刻地觉察到了好莱坞的知识产权对索尼发展的巨大战略意义。

盛田昭夫以他的大管理者的魄力为未来索尼构建了以家庭视听娱乐为中心的从内容、渠道、网络到终端的产业链条和商业体系，回答了 50 年之后索尼靠什么吃饭、凭什么竞争的问题。

所谓魄力，就是管理者决策的胆略和果断力，就是一针见血地切中问题的要害，相信自己，力排众议，做出大胆和及时的决定的能力。就是在不确定的复杂局面中，敢于冒险并承担巨大的压力和责任，同时还包括承认决策失败和错误的勇气。

那么，管理者如何才能有效地做出正确决策呢？管理大师德鲁克为此提供了六大步骤，以此为辅助，管理者就有极大的把握做出有效的决策。这六大步骤依次为：

第一步，对问题进行分类

管理者一般会遇到四类问题。第一类是普遍性问题，管理者在工作中遇到的问题多数可以归入此类。这些问题常常通过诸多的表面事件表现出来，但如果只是去处理这些表面事件，不去追究问题的根源，不仅问题得不到根治，而且还将耗费大量的时间和金钱。要解决普遍性问题，管理者首先要制定规则，然后可根据实际情况来调整规则，从而达到解决问题的目的。第二类问题，对当事者来说可能是独一无二的，但是已经在很多企业中发生过，也具有普遍性，比如初次并购，这就要借助别人的经验来解决。第三类是真正独一无二的问题，这类问题必须个别处理，需要建立新的规则来解决，千万不要把它们当成意外事件。

第二步，对问题进行定义

这一步要搞清楚究竟发生了什么情况，哪些因素与此问题相关。美国汽车业以前认为，之所以会发生交通事故，是因为道路修建得不安全，以及驾驶员的技术不过关所致。因此，他们在加强公路安全和培训驾驶员方面做了大量工作。而实际问题却不仅限于以上两个方面，汽车设计方面也存在着极大的安全隐患。为了正确而全面地定义问题，唯一的办法就是：对照观察到的所有情况，不断对已有的定义进行检验，一旦发现该定义未能涵盖全部情况，就立即将它摒弃。

第三步，明确问题的限定条件

也就是说，要明确列出决策所要实现的目标。这一步最容易犯的错误是设定了几个本身就相互矛盾的目标，如果是这样，那么这种决策比赌博还没有理性。另外可能，决策虽然一开始是正确的，但是后续过程中前提条件却发生了改变，如果不随之调整决策的话，就必然导致失败。因此，决策者必须一直牢记决策所要实现的限定条件。一旦现实情况发生大的变化，就应该马上寻找新的办法。

第四步，判断哪些是"正确"决策，而不是先考虑决策可否被接受

一开始就考虑"什么样的决策才会被接受"对决策者毫无益处。因为在考虑这一问题的过程中，决策者往往会丢掉重点，根本无法做出有效的决策。正确的做法是，先判断出正确的决策，然后再采取折中的办法，让大家接受决策。

第五步，在制定决策时将实施行动考虑在内

决策不过是美好的愿望而已。在这个步骤中，管理者要确保任务和责任能够明确地落实到具体的个人，另外，还要确保任务执行者能够胜任工作。如有必要，还必须调整对执行者的考核方法、任务完成的衡量标准以及激励机制。将决策告知相关人员也很重要，否则，很可能产生严重后果。

第六步，对照实际执行情况检验决策的正确性和有效性

决策者需要报告和数据等系统化的反馈信息。但是，信息总是抽象的，并不能准确反映具体现实。因此，他们的反馈信息若不以亲眼所见的实际情况为核心，决策者若不经常走出去看看，就容易落入教条主义的桎梏中。

战略家要在索取信息的广度和深度之间做出某种权衡，这就像一只在捉兔子的鹰，鹰必须飞得足够高，才能以广阔的视野发现猎物，同时它又必须飞得足够低，以便看清细节，瞄准目标进行进攻。不断地进行这种权衡然后做出决策正是战略家的任务，这是一种不可由他人代替的任务。

（二）果断决策要克服的障碍有哪些

"一个成功的决策，等于90%的信息加上10%的直觉。"这是出自哈佛商学院的著名管理者沃尔森的一句名言。

有一家经营橡胶制品的公司，为了使自己的产品快速推向市场，营销公司总经理

认为要想把公司产品很快推广开来，占有市场，必须先到一些风水好的地方推广，这样可以图个吉利。没想到，事实正好与他们说的相反，因为这种营销策略缺乏科学依据，只是碰运气而已。碰运气式的营销不可能长久，这已经是不需要争论的事实。不久，公司总经理就撤换了这位营销公司总经理，换上了一位敢于大胆决策、懂得管理的年轻人，他立即制定了包括广告、促销、反馈等在内的营销决策，结果不到 1 年，就给公司创造了 8000 万元的价值。

实际上，决策是企业领导人责任心和胆量的表现，假如对公司没有责任感，任何决策都会可有可无，碰运气可能会使一次决策成功，但不能次次成功，更多的可能是大祸临头。

做决策除了要准备充分之外，还要该果断的时候就果断，千万别犹豫不决，要讲时效，不能拖延，即该拍板就拍板，万万不可磨蹭。

果断决策不但需要魄力和勇气，还需要高超的技巧。没有技巧的决策无法得到下属完全的信服，更不能得到真正的贯彻执行。身为公司管理者要想做到果断决策，必须克服下面五大障碍：

1. 要求永远正确

当你拒绝承认自己的错误时，通常都会把事情弄得更糟。承认你错了并不等于承认你愚蠢，可是，当你明知自己错了而又不想改变主意，顽固地坚持自己的错误，那就是愚蠢的表现了。

2. 混淆客观事实和主观意见

你的决策是建立在坚实的事实基础之上的，而不是建立在你的感觉之上的。如果你不能把客观事实和主观意见分离开，你就会遭受到各种各样的烦恼。

3. 不了解足够的情况就匆匆地做出决定

缺乏对情况的足够了解往往会做出错误的决定。诚然，有的时候你不可能得到你所需要的全部事实。但你必须运用你以往的经验、良好的判断力和常识性知识做出一个符合逻辑的决定。为图省事而不去收集可供参考的各种事实，那就会犯下不可原谅的错误。

4. 害怕别人有什么想法，更怕别人说三道四

有很多人不敢大胆地说出自己的心里话，这是因为他们害怕别人可能有什么想法，更怕遭到别人的议论。他们犹犹豫豫不敢宣布其决定的主要原因是害怕别人批评，这

就是说他们需要别人认为他们好、不能认为他们不好。

5. 害怕承担责任

对于有些人来说，一个决定不是一个选择而是道坚硬的壁墙，会使他做任何事情都会感到软弱无力。这种恐惧是紧密地与害怕失败相联系着的。多数的心理学家认为这是人们走向成功的最大障碍。

有些管理者总以为，决策是好是坏，是一件说不清的事情，关键还要看运气如何；假如碰到好运气，你的决策可能就会带来一些利益；假如你的运气不好，你的决策可能就失灵了。其实，这是非常荒谬的看法，是一种宿命论。公司决策是由人来制定和执行的，而不是由上帝赐予的。

（三）正确的决策来自集体的智慧

哈佛大学商学院终身教授乔治·戴维森说过这样一句名言："正确决策来自众人的智慧。"法国威望迪集团董事长玛丽·莫西尔也认为：战略的真正实施，要以决策来保证，而正确的决策要靠集体的群策群力。

一般来说，决策分为两个阶段：

第一阶段是决定把时间用在哪些地方。这是最重要的决策。在做出这类决策时，主要考虑以下四个方面：授权范围、难易程度、数据和期限。

授权是必要的，但更重要的是要看它是否给予下属提高业务水平的机会，能否给他指导以拓宽他的视野，能否让那些将要实施决策的人参与到决策工作中以产生更高的效率。

决策的难易程度也影响授权。这项决策的长期后果是什么？能否逆转？多少要依靠经验、直觉和其他无形的知识？如果确实要依靠这些无形知识，就不应该授权给下属。然后还要看一看数据，有没有一个明确的数据模型来帮助决策。如果有这样一个模型，决策的困难程度不高，决策的后果也并非不可逆转，就应考虑把决策授权给下属。最后，看一看期限，考虑一下延迟可能造成的损失。

在完成第一个阶段后，管理者就应该知道能否授权给下属来进行决策。如果不能授权，就必须由管理者自己亲自解决决策问题了。这就是第二阶段。这个阶段分为六个步骤：

（1）寻找类比。其他遇到过类似问题的公司和行业提供了最好的借鉴。经济学规律、生产规律、财务规律和人的行为方面的规律，并不会随公司和行业的不同而改变。通过研究其他公司可以得到大量的借鉴经验，使管理者能做出更好的决策。

（2）让数据和观念形象化。有些管理者常常轻易地做出某一种假设。这样容易忽略其他可能的结果。管理者要更多地掌握原始数据。视觉能够帮助思考。所以管理者要看图画、图表而不是表格和名单。

（3）建立可供选择的各种假设。在设计的可能的战略或进行的假设时，经常用条件句："如果 X 是对的，我们就应该做 Y。如果 A 成立，我们应该按 B 来行动。"这样的分析能帮助管理者理清决策的思路，也使得下属更容易理解。

（4）发挥潜意识。潜意识具有很大的力量。只要有足够的时间和自由进行深入的思考，它就能把印象、类比的可能性都理清。在这个步骤，管理者能够发挥在决策方面的经验和本能。

（5）做出分析，权衡利弊。在这个步骤，管理者要处理数据，进行比较，分析风险指数和发生的概率。特别重要的一点是要做最坏的打算，衡量一下自己能否承受最坏的后果。

（6）根据实际情况进行调整。最后检查一下实际情况，发现一些显而易见的问题：如果一件事看起来太好了，不大像是真的，结果可能的确不是真的。或者，如果真的是一件好事，那为什么别人不去做呢？天下没有免费的午餐。如果你认为你发现了的事，而别的聪明人都没有去做，那很有可能是因为他们发现了你没有发现的问题。

玛丽·莫西尔说：在实际工作中，决策最重要的方面是执行的质量。他还说，喇叭式的决策原则可以避免"盲点"的出现。喇叭式的决策原则又称为 DATPA 原则，即：收集资料 D→分析信息 A→思考对策 T→提出计划 P→付诸行动 A。这种决策原则能打开经理人的思路，洞察到决策的具体过程，减少"盲点"的出现。

以下是集体思考的一些建议：

（1）更多参与：让人人参与并不是从相邻的隔间或办公室里那个人开始的，它就从你开始。告诉你的上司，你愿意帮助他达到他的目标，问问他你能做些什么。

（2）保证让每个人都觉得可以自由表达意见：为了吸纳每一个人的智慧，必须让团队里的所有成员都感觉到，可以很舒服地大声讲出自己的见解。

（3）建议召开一个非正式的集思广益会议：有些人害怕正式会议。建议大家一起

"吃一顿自带饭菜的午餐"，告诉他们来的时候至少准备一个改进企业工作方式的构想。

成功的管理者是人而非神，即使修炼得再好，也会有盲点存在。所以成功管理者必须采取"众智思考，独立行动"的模式进行决策。

（四）做决策要学会优选法

任何决策，都不可能是绝对圆满的，总有利有弊，关键要做到两利取其重，两弊取其轻，这叫决策的优选法，也是管理者在做决策时必须注意的法则。记住哈佛人的这句忠告：绝不能在没有选择的情况下，做出重大决策。

决策是管理者确定目标和达到目标途径的选择过程，而目标和达到目标的途径就是决策方案。在决策过程中，常常存在多种决策方案而并不是只有一种方案存在。决策的制定过程，也就是决策方案的选择过程。

一般地讲，任何一项决策方案，都不能使人们达到百分之百的满意。满意是相对的，不满意是绝对的。满意中有不满意的方面，不满意中也有满意的方面，绝对的满意是不存在的。就一项决策而言，如能达到相对满意——利大于弊就算可以了。这是因为，从客观上讲，决策因素众多，而且相互联系相互制约，并且经常发生这样或那样的变化；从主观上讲，受决策者自身能力限制，对决策因素及其相互联系的认识不可能是全面的、彻底的，总会有一些联系及其运动规律没有被认识。这就决定了完全反映客观实际的决策方案是不存在的。另外，各种决策方案本身也都是有利有弊，利弊共存的。既有有利的一面，也有不利的一面；既有得，又有失。完全是利或完全是弊，完全是得或完全是失的方案都是没有的。

没有百分之百满意的决策方案，并不意味着我们可以选择那些不满意的决策方案。各种方案虽都各有利弊，但利弊大小却是不同的，有些方案利大弊小，有些方案弊大利小，有些方案利大弊也大，有些方案弊小利也小。这就需要决策者要善于运用综合分析方法，对各种方案进行综合分析、评价和比较，看一看哪种方案利最大，哪种方案弊最小，坚持"两利取其重，两弊取其轻"的原则，筛选出比较满意的决策方案。

在实践中，一些管理者在选择决策方案时，常常容易犯两种极端性错误：一是片面认为决策方案应是最佳方案，不是最佳方案就不能选择。当然，最佳决策方案是最理想方案，能选择这样的方案最好。但是，受主观和客观条件的制约，在一定时期一定条件下，选择出最佳方案总是困难的，甚至是不可能的。公司决策的及时性要求使管理者来不及在决策方案选择上兜圈子。那样的话，不仅选择不到最佳方案，甚至连比较满意的决策方案都可能失去。二是片面认为，既然难以选择出最佳方案来，那么，随意选择一个决策方案就算了，从而降低决策方案的科学性标准。这样，使得一些公司决策成本大大提高，而使决策效益降低，甚至导致决策失误。

在决策时，管理者既要看到没有百分之百满意的决策，又不能随意降低决策的科学标准。要善于对多种决策方案进行综合分析，比较评价，按照择优原则，选择出比较满意的决策方案来。

（五）令出如山，将决策贯彻到底

上面这句话是哈佛管理学家赫伯特·西蒙的名言。如果员工能够依照管理者的意愿顺利完成所承担的任务，就没有问题。但是在现实管理中，并非一切都如此顺利。几乎所有管理者都遇到过因遇到阻碍而无法完成工作目标的经历。

无法达到预期的营业额、经费超出预算、拿不到预约的原料、无法在约定期限内交货、无法回收成本，诸如此类的情况，相信管理者经常碰到。或许你也可能听过下属的埋怨："这很难办呀！""请再多宽限几天。""我已经尽力了。"这时，管理者应该如何处理呢？

基本的原则是，你不可轻易地向下属妥协。虽然达到目标并非易事，然而若每次皆延迟进度，重新修正，最后任务的内容就会变得含糊不清。

即使对下属有些过意不去，你仍须坚定地重复你的命令。你需要大声地激励对方："不要净说些丧气的话，努力去做看看！"做一个可以对下属说出不讲理的话的上司，这是高明的管理者必须掌握的言谈技巧。

公司里的工作包罗万象，并且各具特色，我们无法一概而论，但现今的上班族似乎缺乏工作时的最后冲刺力。

每个人都有能力把工作做好，公司里也有很多有能力的优秀员工，而且很多业务都已电脑化，所以大部分的任务皆能达到一定的成果。但也有许多任务，只因一点小差错便产生了天壤之别。或许你经常后悔，如果当时再多叮咛下属几句的话，他就能够和对方签约；或者你再唠叨一点，下属就能与想见的客户见面了。

下命令时，管理者必须大略预测一下未来的情势。遇到此种状况时要如此做，演变成那种情况时则需要那么做。在最后的阶段更需用心，详细地指示下属，如此就不容易出问题。

我们经常听到有人主张，下命令要简洁。若因此而产生错误，岂不是白忙了一场，故应该改为下命令要详尽，不要错过关键细节。

详细地说明命令的内容不会有任何坏处。虽然有人认为："一旦全部委托下属，就不要横加干涉。"但若拘泥于此，也可能会失败。

你必须在适当的时机，对下属不厌其烦地叮咛、确认、监督、激励，有时甚至需要伸出援手。或许下属会觉得厌烦，但你无须太在意。

管理者做决策另外需要注意的一点是，决策必须把为社会做贡献当作宗旨之一，简单地说，就是要注意对社会有所贡献。

（六）警惕决策时的陷阱

上面这句话是哈佛商学院的卡尔·安德森教授在分析一家著名企业的决策失误时总结的管理名言。

反思一下你过去所做的一个决策，那个让你付出很大的代价或者使你相当痛苦的决策，然后考虑一些更小的决策。在回忆时，你会意识到一个不同的选择会节省你的时间并避免事态的恶化。

如果你发现理智同自己开了个玩笑，该怎么办？你本会将一件事情考虑得更周到从而做出一个更明智的选择吗？当试图了解自己需要做什么时，你或许会信赖自己的"内在本能"，但是你总是被那些无意识的决策陷阱所愚弄。

根据哈佛管理专家霍华德的意见，如果人们没有预见到这些陷阱，他们注定就会失败。

那么，具体地说，管理者在做决策时应该警惕哪些陷阱呢？

1. 维持现状的陷阱

大多数人天生喜欢维持现状，他们试图寻找变化最小的稳健决策。例如，当一个全新的产品推出的时候，它被制造成像一个早就存在的常见的产品。第一辆汽车像没有马的马车，第一份电子报纸和杂志使用的是它们印刷版本的格式。

在商业领域中，更严厉的惩罚是针对因为做事而导致的过失，而不是针对不做事的懒惰。在生活的所有领域中，人们总想避免剧烈的变化。

那么，你能做什么？当你准备做决策的时候，应首先认清你的目标，然后比较一下是需要改变还是维持现状，哪一样更有利于实现目标。看看每一个可能的改变，一次看一个，这样，你就不会因为压力过大而只想保持现状不变。

如果你要改变现状，那就不要过分夸大你自己和别人已经做出的努力以及已付出的成本或担心一些情感上的反应。

随着时间的推移，维持现状的有效性往往会改变。当考虑到变革的必要性时，要设想一下将来可能发生的情形。如果将来的几个备选方案都比维持现状好，则要避免由于难以从中选择而最终决定维持现状。

2. 维护历史的陷阱

在一个选择或一个方向上考虑越多，要改变这个方向或做出不同的选择就越困难。特别是你已经投入时间、金钱或其他资源，或者你担心你个人的名誉可能会因为做出决策而受损，于是，选择起来就更困难。

假设你花费了大量的时间，付出了巨大的努力，针对一个新的空隙市场投放产品。由于你已经使用了资源，并在此市场上取得成功，那么，即便该市场后来清楚地表明你的产品没有前途，你也难以做出撤出市场的决定。

当你考虑是否改变方向时，要有意识地把过去的行动，包括感情、金钱或其他资源的投资，都放在一边。寻求并聆听那些没有参与早期决策的人的意见。检查一下，为什么承认过去的错误使你感到痛苦。如果问题出在你受伤的自尊心上，那就必须马上开始改变方向。

3. 确认证据的陷阱

此类陷阱是一种偏见，它导引你去寻找那些支持你现有观点的证据，而避免那些对它不利的信息。这一偏见，不仅影响你从哪里搜集信息来加强目前的立场或观点，而且会影响你如何解释所得到的证据，使你更重视支持你观点的证据，而忽视那些反对意见。

为了克服这一陷阱，需要不断地进行核对，看看你是否按照相同的严格标准考察所有的信息，避免不假思索就接受支持性证据的倾向。让一些你尊敬的人扮演不断提出反对意见的角色，或者自己提出反面意见，挑战现有观点。

要诚实地对待你的动机。你搜集信息的真正目的，是不是为了帮助自己做出明智的选择，或者只是在寻找一些证据来证明那些你想做的事情是正确的。在寻求别人的建议时，不要问诱导性的问题，因为这样会使你的决策有明显的倾向性。确保你想征求意见的人，不受你观点的片面影响，同时能够向你提供真正独立的见解和意见。

4. 过分谨慎的陷阱

在预测的时候，人们常常会过度警觉或慎重。当面对高风险的决策时，他们倾向于调整自己的估计或预测，使其"恰好处于安全线上"。一个极端的例子是"最坏情况下的事态分析法"，这个方法曾普遍用于武器系统的设计，现在仍然在某些工程和控制的场合中运用。工程师使用这种方法，针对可能的最恶劣的环境条件设计武器，即使这些条件出现的概率事实上非常微小，他们也是基于此设计。

决策中的陷阱，有许多并不是单独发挥作用的，而是彼此有关系，从而扩大了破坏的威力。所以，当你做一个快速的决策时，想一想，你是否正在依赖自己的内在本能，是否会因此而掉入一个决策陷阱中。

二、决策要符合经商的逻辑

（一）无论任何决策目标都要明确

决策的首要原则就是目标要明确，也就是说，管理者要回答下面这几个问题：这个决策要实现什么目的？要达到什么目标？这个决策的最低目标是什么？执行这个决策需要什么条件？决策目标明确与否，直接关系到决策效果的好坏。哈佛大学的教授在强调关于决策目标明确性时，总是引用下面的一个案例：

第二次世界大战的时候，美国是盟国的军火生产基地。美国为了把武器尽量多、尽量快地运往西欧前线，便让商船加入了运载军火的行列。但是，商船常常遭到德军的袭击。为了使这些商船免受德军飞机的封锁和攻击，美国海军指挥部决定在商船上安装高射炮。但是过了一段时间他们发现，这些高射炮的战绩很令人失望，竟然没有击毁一架敌机。

于是海军指挥部有人提出，没有必要在商船上安装高射炮，进而产生了是否还有必要在其他商船上继续安装高射炮的问题。针对这一问题，盟军海军运筹小组研究后发现，把在商船上安装高射炮这一决策的目标定为击毁敌机是不妥当的。这一决策的正确目标，应是尽量减少被击沉的商船数量，从而保证军火供给。虽然安装在商船上的高射炮没有击毁一架敌机，但实践证明，它在减少商船损失、保证军火供给方面却是卓有成效的。

因此，美国海军指挥部最终否决了"不在商船上继续安装高射炮"的错误意见，而实施了在商船上继续安装高射炮的正确决策，从而保证了盟军的军火运输。

由此我们可以看出，正确的决策目标具有重要意义；而决策目标不明确或失误，有时会造成难以弥补的损失。

确定目标是决策的前提，这是科学决策重要的一步。德鲁克提出了四个问题：这个决策要实现什么目的？要达到什么目标？这个决策的最低目标是什么？执行这个决策需要什么条件？这四个问题为决策目标的制定提供了四个考量维度：目标的明确度、目标的层次、目标的主次、目标的实现条件。

这就要求决策目标应当有确定的内涵，切忌笼统；要求决策目标、概念必须明确，表达应当是单义的，并使执行者能够明确地领会其含义。企业管理决策中的目标基本上都是有条件的，因此，在确定目标时还要求管理者必须明确地规定约束条件。另外，管理者要对目标的主次进行区分，并确立衡量目标实现程度的具体标准。只有这样，决策目标才能对控制和实施决策起到指导和依据的作用。

管理者确定决策目标，要遵循以下两条重要原则：

一是决策目标的价值性原则。管理者之所以把某一个目标确定为自己的决策目标，关键在于这一目标具有实现的价值。无价值的目标或价值量小的目标，对于管理者来说是无意义的。任何一个追求卓越成就的管理者，都不可能对无价值的目标做出决策。

二是决策目标的现实性原则。决策目标的现实性原则包含两层意思：一是决策目标要有实现的必要性，是现实中迫切需要解决的长远问题；二是决策目标要有实现的可能性，它必须是经过努力可以实现的目标，而不是可望而不可即的目标。目标定得太高，没有条件去实现，会使人们对实现目标丧失信心；目标定得太低，轻而易举就可以实现，也就没有进行决策的必要了。

（二）决策时应听到多种声音

美国著名管理学家赫伯特·西蒙说："决策是管理的心脏，管理是由一系列决策组成的，管理就是决策。"那么正确的决策来自哪里？答案是来自集体。

在千变万化的商业环境中，一个成功决策的制定，不但需要决策者个人的智慧，而且需要集思广益。同时，决策者还要善于对不同的决策意见进行比较与融合，取长补短，从而使群体智慧最大限度地发挥优势，保证决策的成功。

杰克·韦尔奇在任通用电气 CEO 期间，倡导"群策群力，沟通无边界"。下面是他 1990 年在家电业务部门参加一个 Work-Out 会议时的情景。

这次会议是在肯塔基州列克星敦的假日饭店举行的，参加会议的员工大概有 30 人。大家都在认真听一个工人做陈述报告，这个工人认为可以对电冰箱门的生产工艺进行改进。突然，工厂的车间主任跳起来打断了他的讲话，认为他的意见不合理。

这个工人毫不留情地对车间主任说："你讲的是什么……你都不知道你在说什么，你自己从来没有去过那里。"接着他拿了一支水笔，开始在写字板上演示自己的改进意见。很快，他讲完了，并得出了自己的结论；同时，他的解决方案也被接受了。

看到工人师傅和车间主任为改进生产工艺进行争论，韦尔奇非常高兴。他说："想象一下，那些刚刚从大学出来的毕业生如果面对这条生产线的话，恐怕做不到这一点。而现在，这些富有经验的工人师傅们可以帮助他们把问题迅速解决了。"

渐渐地，人们开始敢于表达自己的看法，提出合理的意见，在通用电气公司里流传着千百个像上面这样的故事。一个中年工人曾经对 Work-Out 这一计划评论说："25 年来，你们为我的双手支付工资，同时，你们还拥有了我的大脑，并且不用支付任何工钱。"

其实这种情形在任何公司都可以发生，但需要员工有勇气。没有哪个领导站在员工面前接受批评、倾听一系列要求变革的建议会感到很舒服；同样，也没有哪个员工会在跟老板叫板时，感到理直气壮。

群策群力说的是，每一项决策都要通过公司全体人员的商量讨论后才执行，这是通用团队精神的一种体现。通用公司通过这种形式打破了公司的重重壁垒，为与外界交流奠定了基础。

通用汽车公司的总裁艾弗雷德·斯隆更进一步提出："在没有出现不同意见之前，不做任何决策。"斯隆主持的决策会议气氛一般都非常热烈，在一次会议中，斯隆发现所有的人都对一个重要决策持认同态度。他强调说："对于这个问题，所有的不同意见都可以提出。"

大家都点了点头，表示知道有不同意见是可以提出来的。

斯隆接着说："先生们，我想我们大家对这项决定都一致同意，是吗？"在场的人都点头表示同意。于是，斯隆说："那么，我建议推迟到下次会议再对这项决定做进一步的讨论，以便我们有时间来提出不同意见，并对与这项决定有关的各个方面有所了解。"经过事实证明，斯隆避免了一次错误的决策。

斯隆知道，只得到掌声的决策不一定是好决策。意见一致是因为每一个人都没有认真地做好自己的工作，没有完成自己的准备工作。他想要的是不同的意见，他也积极鼓励不同意见的产生。

在决策时，不同的意见会产生良好的决策。一项正确的决策，往往是通过听取不同意见，集思广益、反复比较而获得的结果。作为决策者，应该善于听取不同意见，反复论证，这样做出的决策才具有科学性、可靠性和长远性。

（三）保证正确决策的"安全空间"

任何一个企业决策的失误，都是在决策人并没有感觉到有失误情况下发生的。自知是错的，仍坚持错误；明知是陷阱，仍往里面跳的决策者世界上少有。能让决策人自我察知错误、发现陷阱，也就可以大大减少决策失误，避免决策失误。

我们怎么能避免决策的失误呢？需要从以下几方面入手：

第一，我们应该从不同的角度来看问题，看看有没有其他选择，不要一味地依赖我们的第一个想法；向别人请教前，先自己考虑一下问题，有一个基本的想法，不要被别人的意见左右；寻求不同的意见、方法，以开拓自己的思维，打破原有的条框束缚；征求意见时，要客观公正地介绍情况，不要掺杂个人的倾向，以免影响对方的思路；假如"思维定式"影响正常思考的话，要问一问自己："实际情况是这样吗？数字可靠吗？"然后，就这个问题进行更广泛地搜集资料、剖析论证，直到彻底弄清为止。

第二，检查你的动机。

如果你正在考虑那些备选方案，那么你在做出决策之前，请停下来问问自己，是否因为情感上的原因和认识上的偏见而让自己的行为偏离正轨了。

为了克服这个弱点，你可以考虑找一个教练或指导者，来帮助你客观而又诚实地检查自己的动机。一个值得信赖且与你将要做出的决策没有利益关系的朋友或同行，也可以提供有价值的观点。

第三，学会放弃。

你在决策时要尽量慎重，如果还是不小心选错了，要懂得放弃，该退出的时候就要坚决退出。善于在撤退时把损失降到最低也是一种重要的能力。

第四，寻求可以合作的伙伴。

在寻求合作时，你要仔细了解合作方的能力与背景，查找更多的相关资料，并预测在实际的合作中可能会遇到的一些机会与挑战。从合作方的年度报告与手册，还有以往的相关资料中，你就可以了解到对方的资产状况、销售及背景、口碑等资料，这有助于你在了解对方的基础上，做出正确的决策。

到哪里去寻找利益相关者呢？这取决于决策的重要性。建议你考虑最高领导团队的成员、主要部门的领导者和技术专家。组织中有相关经验的个人、部门成员、供应商、顾客和竞争者也可以成为利益相关者。最后，激进的组织和大众成员在高层级的决策中也可能成为重要的利益相关者。

第五，研究过去的决策。

分析那些已经失败的决策案例，可以帮助一些经理避免犯类似的错误。如果采用这个方法，你就应将精力集中于探索决策失败的原因，而不是去嘲笑案例中那个倒霉的决策者。

第六，决策程序化。

决策程序化是对制定决策的行为过程所设定的标准。谁都明白，任何一个决策失误都可能会给企业的发展带来重大影响，甚至是生死攸关的影响。决策程序化是相对于随意性的直觉灵感决策而提出的要求。根据实践分析，决策失误大都是由于决策人过于情感化，制定决策没有科学分析，没有程序限制，仅仅凭拍脑袋发掘灵感进行决策所致。

程序化决策也并不是要求大大小小的决策，都要用一大串科学分析方法进行反复的分析论证后，撰写一大摞论证报告，并在此基础上拟订一组方案后选择。而是强调不论决策大小，都不能随心所欲，必须跳出决策人当时的情绪、情感，以及既定的思维方式对制定决策的思路限制和影响，在对决策目标、决策约束条件等进行分析的基础上，做出最优的选择。

你在做下一个决策之前，可以列一个清单，写出所有需要问的问题及所有需要咨询的人，以便选出最明智的备选方案。

（四）决策要"三要""七不要"

面临所要解决的问题，管理者必须敢于拍板、善于拍板。这种决策的时机千钧一发，最考验管理者的气魄和能力。管理者应该如何表现自己的决策艺术呢?

首先，管理者要果断。能果断处理问题的管理者有魄力，表现为他对信息的吸收、消化，对知识经验的综合运用，对未来的估计、推测，对处理问题的对策和结论性的意见，都可以较快地完成。果断与草率、鲁莽不同，前者是理智的行为，后者则是头脑一时兴奋，还未看清事物的本质，没认真考虑其行为的后果。在现实生活中，往往有许多良机稍纵即逝，果断型管理者常常能捕捉到这种良机，因而能取得突出的成绩。

其次，管理者要顽强。在决策过程中，无论出现什么情况，管理者都应该能保持其决策的坚定性和对决策实施的韧性。能正确地判断情况，善于驾驭复杂的环境；一时的干扰挫折，不会使他退却动摇。事业的成功，往往在管理者"坚持一下"的决心之中。但过度的顽强有时往往出现单径趋向，缺乏必要的机会性，回旋余地较小。

最后，管理者还要有深思熟虑的特征和沉着稳健的风格，要表现出"稳扎稳打，步步为营"的风格，并且有层次地逐渐形成正确的决策。这种决策还能打破常规性思路，朝着大家不敢想的地方去想。这样，往往能达到"柳暗花明"的效果。

管理者除了要果断、顽强，要稳扎稳打之外，不能有下列七大有害心理，要尽量避免出现偏离决策目标的不良后果。

一是保守心理。其特点是因循守旧、墨守成规、"怕"字当头、"稳"字开路、满足现状、不求进步、反对变化。

二是求全心理。其特点是要求任何方案、任何决策都必须十全十美。这种追求绝对优化的决策，是难以做到的。由于追求"十全十美"而优柔寡断、举棋不定，结果却坐失良机。

三是虚荣心理。虚荣心实质上是一种扭曲了的自尊心，他们往往缺乏自知之明，为了维护个人的名誉地位而不顾主客观条件，制定高指标，只顾眼前的局部利益，甚至吹牛皮放大炮、弄虚作假、欺上瞒下，最终招致决策的重大失误。

四是独断心理。其特点是自以为是、固执己见、傲慢专横，排斥科学决策和群体优化决策，听不进任何人的正确意见，总是毫无理由地拒绝考虑别人的建议。

五是逆反心理。有这种心理的人，或者感情上与别人不和，总是对着干；或者过于好胜，不从实际出发，思想浮躁、偏激，总是对别人的方案吹毛求疵，非要大大超过对方不可；或者预先在思想上就有了"定势"，无论别人提什么好的建议也容易被他当作耳旁风。

六是从众心理。有这种心理的人屈从于公众舆论或多数人的意见，或对权威的盲目崇拜。他们依赖性强而独立性、自觉性差，更谈不上创新性了。

七是自我辩解心理。有些人在选择方案、采取行动之前，一般比较谦虚理智，能听取不同的意见，一旦做出决定，其心理便发生了奇妙的变化。他们变得只乐意听取赞成的意见，而不愿意再听取反对的意见。即使许多意见确实有道理，确实证明认定的方案有缺陷、有失误，他们还是极力寻找支持自己的意见，极力为自己辩解。这种心理严重阻碍了决策方案的修正和完善。

（五）绝不能仅仅依靠先例

经验决策是指决策者对决策对象的认识与分析，以及对决策方案的选择，完全凭借决策者在长期工作中积累的经验和解决问题的惯性思维方式来决策。这是领导者经常用的决策类型，也是最传统、最常见的决策类型。

将当前决策建立在以往经验的基础上会导致很多缺陷。幸好，我们并不是注定要用历史上的经验来误导今天的决策。专家们也承认，我们需要历史经验，来帮助我们适应今天这种关键性商业决策中所涉及的那些难以想象的复杂性。只是需要我们有效地对其加以利用，而且，对过去经验的有效利用也并不复杂，不耗时费力。"你没有必要为了使决策更有序而去攻读决策科学的博士学位。"曾任哈佛商学院教授的约翰·哈蒙德这样说。

如何利用已积累的经验做出一个好的决策呢？

1. 练习做出完善的决策，让决策能力成为自己的第二天赋。经过这样反复的练习，到真正面临决策压力的时候，自然就知道该怎么做了。

2. 要不断地根据自己的工作状况和需求去修正决策流程，同时还要时时留意有没有新的工具，可以用来提升自己的决策能力。

3. 交叉核查每个经验。为了更好地做出决策，你应该拦截那些最先出现在脑海中的历史事件，对它们进行有效的考核。研究表明，最先显现的记忆更有可能将你导向一个坏决定。我们通常会无意识地记起一些往事，来巩固我们已经做出的某项决策。

4. 验证常识。金赛集团的总裁迈克尔·梅纳德（Michael Menard）说："我们杜撰或重新创造记忆使它们适应目前的需要。"因此，我们应该对那些广泛被接受、不再受到质疑的历史事件进行实际的研究。通常，那些被认为是常识的事情往往是"原始"大脑推论的结果——它们是思维进化的产物，因而有时候会受到情感和本能的支配。

5. 绝不仅仅依赖于先例。历史，它从来就不会精确地重复自己。回顾过去那些会限制你对未来机遇的感知，要跳出条条框框的思维，而那些条条框框就是过去所有的经验。

总之，过去的经历会对做出何种决策及如何制定决策产生影响。重要的一点是：不要让经历使制定决策这一最重要的目标变得模糊，应基于所要达到的预期效果做出合理决策，而不应为了尽快做决定而敷衍了事。

如果领导者能够灵活运用好决策技术，那么它将能为企业解决很多问题。然而在实际工作中，一些决策者不知道积累工作中的经验，总是机械地按照决策的流程做出决策，结果使决策的质量大打折扣。决策者只有不断积累经验，并加以运用，才能做出更好的决策。

（六）不要忽视有价值的警告

学者本尼斯说，让我们一起看一下莎士比亚笔下的恺撒大帝吧！一些证据明显强调了危险的存在，"妻子梦见他成了一尊血淋淋的塑像，身上有 100 个伤口在往外流血，那些强壮的罗马士兵正在用他的鲜血洗手，有只猫头鹰在他身旁哀鸣。在公元前 44 年的罗马，猫头鹰的叫声会有很多种含义，就好像一头狮子跑到了街道。"

但是恺撒忽略了这些信号，他甚至没有接受阿提米德罗不断向他提出的有关提防凯瑟斯、卡斯卡和布鲁图斯的警告。他为什么没有对这些警告产生注意呢？这部戏的悲剧意义就在于，领导者失去了大量的优秀人才，仅仅是由于他们自己不能听或不愿听这样一个事实。所以，我们要认清决策障碍。

不论从事什么行业，我们都必须凭借完善的管理才能使组织不断发展，避免决策出现问题。经理人必须知道并对一些潜伏的决策障碍加以防范，积极面对决策危险的警告。以下是一些容易被人们忽略的决策障碍：

1. 缺乏事业蓝图的规划。

随心所欲而不根据计划来经营，是事业的一大障碍。制定完善的、长期的事业计划虽然是件繁重的工作，但是有助于你预估公司的收支情况，预想未来 5 年的行销和发展计划，而且能迫使你深入了解你的产品市场和竞争形势。必须未雨绸缪，预想一下事与愿违的情况。

有了事业的蓝图，事情就好办得多了。可以定期地用它来衡量每个季度真正的运作情况，了解下一步与原先的预期是否有差异。

2. 空耗金钱。

大部分的小公司老板都在高估初始的销售，并低估获利所花费的时间，使得公司在财力不继的情况下提早关门。与其在一边感叹现金流失得飞快，不如赶快采取行动来避免发生这种情况，如争取较佳的付款条件、看紧存货、避免资金积压、绝不提前付款、抑制添购不必要的设备等。

3. 数字文盲。

刚开始创业的人不仅应该清楚业务是否逐渐接近损益两平点，并且要充分掌握损益表、资产负债表和其他的财务资料。不能只看表格上的数字，必须逐项比较各数据与过去或预算是否有差距，原因是什么。简便的方法是找一位财务管理人员，来解读分析这些数据的真正意义。

领导者应该在采取某项行动之前，再一次审核该行动的决策推理过程。举例来说，尽管通用公司（GE）董事会已经就提名杰夫·伊梅尔特接替杰克·韦尔奇出任公司总裁达成一致意见，但是在进行正式的官方投票并公布结果之前，董事会依然花了三个星期的时间来重新考察韦尔奇的建议。

4. 电脑狂。

假如你不十分熟悉电脑在组织里的应用，最好在创业之前或之后去实施电脑化，而不要挤在同一时间去处理。因为在开始的一段时间里，电脑化会阻碍公司的发展。人没有办法同时处理两件复杂的事。

联邦快递的首席信息官罗伯特·卡特经常会离开电脑，与他的下属召开"城镇会议"，并且通过每个月与八名员工共进晚餐来创造一种坦率真诚的沟通氛围。

5. 把时间等同于金钱。

越是把时间等同于金钱，越容易掉入决策的陷阱。

香港科技大学营销学教授迪利普·索曼在对一系列案例的研究中得出了结论。正如他在《行为决策期刊》上的一篇文章中写的，当人们更善于评估时间价值时，即他们能把投资所花费的时间转换为相应的金钱支出时，他们的决策更容易被沉没时间成本扭曲。

综上所述，我们要扫除这些阻碍决策的障碍，才能保证制定正确的决策，才能让我们的决策顺利实施。

（七）不良决策管理的成因

决策管理的 4 类活动能使你对影响公司决策的方式形成一个全局的看法。理解这一点是成为一名优秀的决策管理者的第一步。第二步就是要对不利于优秀决策管理的危险因素有一个清楚的认识，这样你才能避开它们。

首席厨师乔丹·林克斯成绩非凡，但是却经常在一道重要的菜——酒焖鸡仔上出问题。最后，由于无法忍受自己在这道菜上的失败，林克斯恳求好友——助理厨师特蕾西·摩尔帮忙，特蕾西的酒焖鸡仔曾经获过奖。摩尔告诉林克斯："好的，乔丹，首先让我们看一看你平常是怎么做这道菜的吧！"试验以后，摩尔说："这很容易，朋友。你的技术基础很好，但我还是看得出存在一些小问题，是这些小问题使结果变得大为不同了，让我们把这些小问题改正过来，好吗？"接着摩尔帮助林克斯改正了这些小毛病，很快林克斯成为酒焖鸡仔的获胜者。

本书的目标就是要帮助你成为一流的决策管理者，这就如同特蕾西·摩尔帮助林克斯做他的酒焖鸡仔一样。研究和经验都表明，在作为决策管理者时，经理们所显现出的不足往往是因为他们所做的或所没有做得很少的几个特殊事件。所以，我将给出造成决策管理困难的 4 个关键原因。

原因一：没有意识到职责

许多经理都很清楚他们的行动（有时是没有行动）对他们周围的人的影响，这些行动包括所有 4 类刚才讨论过的决策管理活动。事实上，这些经理们都没有意识到决策管理是他们的一个职责，换句话说，是为他们的公司（职业）提供无价服务的机会。难怪，他们在履行职责时工作不能胜任，或者他们甚至没有试着履行职责。如果你了解了决策管理是一个核心的管理职责，你就向前迈进了一步。

原因二：对决策问题和过程的模糊评价

在浅层次上，每个人都理解如何击中一个高尔夫球（"你挥动一下球杆就行了，对吧？"）。在同样层次上，每个人都知道什么是决策问题以及需要什么来解决这些问题。不幸的是，肤浅的理解无论是指导打高尔夫球还是管理决策都是无效的。同样，经理们通常都仅仅对决策问题和过程的本质有一个模糊的理解。本书通篇将详细分析决策问题是什么，以及需要什么来解决这些问题。

原因三：对正常决策制定的无知

当机械师开始修理你的汽车时，很明显，如果他知道你的汽车通常如何运转将会对修理有很大的帮助。如果他知道你这辆汽车为什么运转不正常，那么就可以真正对症下药了。同样道理，如果决策管理者不理解通常人们如何决定自己的做事方式，那么这将成为他工作的巨大障碍。如果他对本公司内人们的决策方式毫无了解，他将处于一个极为不利的境地。

本书观点认为，理解人们如何决策可以归结为理解他们如何解释 10 个重要决策问题。这 10 个问题将在下一节中详细叙述。这些问题是使制定决策的整个行为链概念化的途径。通读本书，你将会了解许多科学文献中关于人们解决这些问题方法的最新发现，并且你将可以对你的公司某职员处理问题的方式给出评价。

原因四：对有效原则的有限认识

与财务、会计、物流或某些市场部门不同，决策管理的专家不仅仅停留在掌握一套制定好的程序上。不同的是，他们需要在每天混乱多变的条件下进行创造性的和适应性的即席创作。

然而，这并不意味着成为一个决策管理专家没有技巧可以传授。对天真的观察者来说，戏剧性的即席创作（如实践过的芝加哥的第二城市戏剧团）显得混乱和危险。事实上，尽管如此，戏剧性的创作者总是不断学习，并且应用自己的想象力把多年来证明有价值的规则应用到创作中去。与此类似，决策管理者可以利用自己的想象力应用从研究以及实践经验中得来的规则。

三、果断地制定高效决策

身为管理者，每天都要做决策，每一个决策都会影响企业的发展。德鲁克说，策略可以将企业理论转换成行动，决策的目的是使组织在变化莫测的环境中达成希望的结果。

一项好的决策能救活一家企业，一项不好的决策也会为企业带来灭顶之灾。因此，决策的正确与否反映着管理者的水平高低。

（一）决策必须果断出击

德鲁克说，有效的管理者不做太多的决策。他们所做的，都是重大的决策。但是，不管多大的决策，有时候容不得你考虑，你必须当机立断，因为决策和机遇往往是联系在一起的，而机遇又是稍纵即逝的，在决策的过程中，如果拖泥带水就会错失良机。

鲁冠球是一位善于果断决策的企业家，这一点在他带领万向集团逐步摆脱制度束缚的战役中体现得尤为突出。

1978 年，中国实行改革开放，长期的计划经济开始向市场经济转变。但是，当时的万向节厂仍然在计划经济与有限的市场中缓缓前进，万向节厂名为乡镇全体人民集体所有，实为乡镇政府全权控制。在这种体制格局下，作为厂长的鲁冠球，深感行政干预太多，缺乏发展的自主权。当时的行政干预有多严重，连厂里搞绿化买几棵树、修一下工厂大门、添几台小设备，甚至给工人发几元加班费，都要请示报告，隔了多少日子批下来之后才能动，这么严重的行政干预在要求自主发展的鲁冠球心中越来越不满。为了争取企业自主权，让企业对市场变化做出积极的反应。鲁冠球果断决策，他与乡政府签订了抵押承包合同，用自己家价值 2 万多元的花木做抵押资本，果断地在抵押承包合同书上签了字。

由于脱离了政府的行政干预，万向节厂果然走上了一条高速发展的道路。但是鲁冠球知道，既然是承包，那么政府可以等承包合同到期的时候再把万向节厂收回去。为了避免这种情况的出现。鲁冠球又一次决定，他在全国率先搞起了股份制，鲁冠球在工厂的净资产 1500 万元中划出 750 万元，作为乡政府的投资，并折合为股份归乡政府持有，从而使乡政府从过去拥有行政干预权的直接管理者变成了"普通股东"。这又一次为万向节厂争得了自主权，而且是完全的自主权。

正是由于鲁冠球一次又一次的果断决策，才使万向萌发了全新的生命力。我们可以想象一下，假如当年的他稍有犹豫，万向绝不可能有今天的辉煌？

身为领导者，要敢为天下先，要敢于做第一个吃螃蟹的人，看准了机会，就要果断出击，要不然，只会与机会失之交臂。

2001 年 3 月 5 日，雅虎公司的传奇领导库格宣布辞职，雅虎元气大伤。两个月后，特瑞·塞梅尔接手雅虎，正式开始执掌雅虎的帅印。批评家曾嘲笑说这位时代华纳的前 CEO 会把好莱坞带到硅谷。但事实恰恰相反，塞梅尔彻底改变了雅虎的企业文化，过去雅虎引以为荣的自由理论和学院派气氛在塞梅尔的决策下已不复存在。

来到雅虎后，塞梅尔做出业务调整的决策，他用一种被公司员工评价为"野蛮"的方式把 44 个部门缩成了 6 个部门，即上市部、商务部、通讯部、媒体部、访问部和企业部，同时削减了包括生活方式频道和 B2B 市场在内的服务。在此基础上，塞梅尔还做出一系列并购的决议，使公司业务延伸到新的领域。2002 年，雅虎以 4.36 亿美元购买了网上招聘网站 HotJobs.com。同时，塞梅尔还把雅虎原来靠网上广告的盈利方式转变为有偿搜索、网上广告、收费预定、宽带接入和在线求职等方面。

特瑞·塞梅尔

在塞梅尔的一系列决策下，雅虎走出困境，在连续六个季度亏损之后，终于在 2002 年第二季度重新实现了盈利。塞梅尔之所以能成为雅虎的拯救英雄，这和他的一系列正确决策有莫大关系，不管是并购还是盈利方式的转变，这其中都隐含着塞梅尔果断的决策魄力。

俗话说，快刀斩乱麻。每一位英明的管理者都会在机会面前做出果断的决策，因为上帝给予机会是不会很多的。就像股神巴菲特一样，他每一次的投资都是一次果断的决策，正因为果断，他才处处有得意之作。

决策需要果敢，因为果敢才能把机会化为成效。成功的管理者都是一些对机会十分敏感的人，当机会来临时，就果断决策，把机会紧紧握在手中。

（二）有效决策不能凭空而出

德鲁克强调，任何没有必要的决策都是时间和资源的浪费，对于管理者来说，只有必要的决策才能做，没有必要的决策则要把它扔进垃圾桶。所以，区分必要和不必要的决策就显得异常重要。

现在是一个信息时代，可以说，谁最先掌握信息，谁就赢得了主动，也就赢得了财富。企业管理者要想做出科学的决策，必须以捕捉信息为基础。

肯德基是世界上继麦当劳快餐店之后的第二大快餐连锁店，它以其独特的肯德基家乡鸡风味和方便迅捷的服务享誉全球。但是肯德基能打入中国市场并获得成功，很重要的一个原因就是它在进入中国市场前在中国市场广泛收集信息，并在此基础上进行科学的决策。

为了了解中国市场，肯德基派出人员来中国北京实地考察。这位考察人员在北京的几条街道上用秒表测出人流量，大至估算出每日每条街道上的客流量。同时他还聘请一些大学生在北京各地设置品尝点，请不同年龄、不同职业的人免费品尝肯德基炸鸡，并在游人众多的北海公园广泛征求游人的各种意见。他们详细询问品尝者对炸鸡味道、价格和店堂设计方面的建议。除此之外，这位考察人员还对北京的鸡源、油、盐、茶及北京鸡饲料行业进行了调查，并将样品数据带回美国，逐一做化学分析。

在这一系列的调查基础上，肯德基分析这些信息，认为在北京开肯德基快餐店肯定会大获成功。1987 年，肯德基公司在北京前门正式开业，他们靠着鲜嫩香酥的炸鸡、一尘不染的餐具、纯朴洁雅的美国乡村风格的店容，加上悦耳动听的钢琴曲，赢得了来往客人的声声赞许。肯德基炸鸡店开张不到 300 天，盈利就高达 250 万元，原计划 5 年才能收回的投资，不到两年就收回了。

信息是市场的反映，只有懂得信息，才能分析市场，因为任何的决策都是为了一个目的：赢得市场，获得利润。获得利润是企业生存的目的，所以，企业的一切决策都是指向市场的，而市场透露出的信息只有被管理者掌握之后，才能做出符合市场需求的决策来。

1924 年，在莫斯科旅行的哈默走进了莫斯科一家文具商店，想买一支铅笔。售货员给他拿了一支德国制铅笔。在美国，同样的铅笔只值两三美分。而这支德国铅笔却要价 50 戈比，相当于 26 美分。

商人的嗅觉开始蠢蠢欲动，加之哈默又不是一般的商业天才，他想，一支铅笔能有这么可观的利润，为什么不在苏联建一座铅笔厂呢。于是他找到苏联当时的人民委员克拉辛。

"您的政府是不是已经制定了政策要求每个俄国公民都得学会读书和写字？"

"当然，我们认为这是我们的基本任务之一。"

"这样的话，我想获得一张生产铅笔的执照，我想在贵国生产铅笔，这样就可以为贵国提供大量的铅笔，那么贵国的要求每个公民学会读书和写字的任务也能完成。"

尽管哈默对铅笔的技术一点都不懂，但是几年后，他在苏联开办的铅笔厂成为世界上最大的铅笔厂，到 1926 年底，铅笔产量达到了 1 亿支，不仅满足了全苏联的需要，而且还出口到其他国家，给他带来了 400 万美元的盈利。

一支 50 戈比的铅笔就让哈默获得了一条生财的信息，可也正是这种有价值的信息，让哈默做出了进军铅笔市场的决策，以致后来他成了"铅笔大王"。

有效的决策能使一家企业发展壮大，不必要的决策则有可能把一家企业拖进深渊。其实，所有的商业机会都会有相对应的信息显示出来，只是很多管理者不能做出正确的决策，那是因为他们对于这些透露出的信息没有好好地把握住，或者根本就不在乎这些信息。但是有效的决策者是不会放过任何一条有价值的信息的，就像哈默一样，买一支铅笔就让他成了"铅笔大王"。

在现代，信息已经被称为"无形的财富"，管理者要是能从成千上万的信息中及时、准确地获得有用的信息，捕捉发展趋势，确定自己的经营方式，做出正确的决策，就可以给企业带来巨大的成功。

（三）决策是判断力与勇气的结合物

领导艺术其实就是一件事：面对现实，并依据现实果断、快速行事。这就是德鲁克所说的，管理者做决策不仅需要判断力，还需要勇气。

有判断力，管理者就能把握当前的形势该不该做出决策，做出决策之后是不是可行？但是，光有判断力还不行，因为有些决策涉及企业的生死存亡，这个时候，管理者除了判断力之外，还需要有足够的勇气。

2000年，早几年过于燥热的互联网进入寒冬。这让百度和李彦宏有点措手不及，2001年夏天，已经占据了80%市场份额的百度公司，也陷入财务的困境中，大批门户网站纷纷倒闭，即使勉强生存下来，也进行了大幅度裁员，对于门户网站来说，搜索引擎本来就是个锦上添花的玩意，现在经济拮据，网站需要的，已经从最好的搜索引擎转变为最便宜的搜索引擎，很多网站甚至自己开发了如玩具一般的搜索工具，只能搜索与本网站相关的若干信息。紧缩银根的互联网产业让李彦宏痛苦不已，百度正眼睁睁成批量地失去自己的客户。本来想为别人作嫁衣，现在人家穷得连衣服都买不起了，怎么办？

李彦宏告诉自己，好产品才有生命力，这是自古就颠扑不破的真理，不能因为一时的经济利益，去降低产品的品质。2001年6月，百度推出完全拥有自主知识产权的CDN网站加速技术，从而在根本上解决了当时困扰各界的互联网网络拥塞问题。

同时，经过百度创业者们的共同协商，李彦宏做出了两个重大决定。第一，不再仅仅局限于做他人嫁衣，要自己推出网站；第二，不再单纯依赖ASP商业模式，百度要从竞价排名上获取利润，拓宽收入渠道。"竞价排名"这种概念，尽管李彦宏在美国就已经提了出来，但是，由于Info seek公司对搜索技术的偏重，这种商业理念并未大范围地付诸实践，在美国都没试过的东西，中国人接受得了吗？李彦宏还是信心满满地坚持了自己的抉择。2001年8月，百度发布了独立搜索引擎Baidu. com，正式从后台服务转向提供独立搜索。谁也没有想到，李彦宏的这一决策，给全球的互联网行业带来了一个日后全球排名第四，中国排名第一的网络巨擘。

李彦宏和百度之所以能度过互联网的寒冬，这和李彦宏的判断力和勇气是分不开的，他的团队开发出的CDN网站加速技术以及竞价排名决策都饱含着李彦宏的判断力和勇气，在一个美国都没有试过的东西却拿到中国市场来试，在当时的互联网寒冬里可见要多大的勇气。

丰田的皇冠型小汽车打入美国市场的决策，也是判断力与勇气相结合的典范。

美国一直以来都是汽车生产大国，可以说是汽车业的鼻祖，它拥有福特、克莱斯勒这样世界排名第一、第二的汽车企业，并且美国精神让美国人对别国生产的汽车不屑一顾。

但是丰田公司的管理者看到德国的大众汽车公司制造的"甲壳虫"牌小汽车在美国的高速公路和大小街道上畅驰无阻，他认为既然"甲壳虫"小汽车可以进入美国市场，那就没有理由不让别的牌子的小汽车挤进去。尽管当时的丰田在福特、克莱斯勒这样的汽车企业面前显得太微不足道，但是丰田公司的管理者们还是根据自己的判断力加上勇气，大胆决定，一定要打入美国市场。于是，"打入美国市场"成为丰田生产部门和销售部门的首要目标。

在这一目标的指引下，尽管困难重重，但是经过 19 年的努力，丰田公司战胜了大众汽车公司，使丰田汽车在美国也可以骄傲地说："车到山前必有路，有路必有丰田车。"

企业要想发展，必定要做出常人不敢做的决策，这样才能抓住别人想象不到的机遇，进而为企业赢得别人难以企及的成就。

能否大胆做出决策，这是管理者是否具有胆识的试金石。在准确判断形势的基础上，能做出别人不敢做的决策，就能赢得机会。

（四）决策要有远见和洞察力

管理学者加里·胡佛曾提出，企业领导者必须培养独创性思维和与众不同的洞察力，这样才能做出正确的决策。而德鲁克也强调，只有具备可实施性和有效性的决策，才是真正该做的决策。怎样才知道某项决策具有可实施性和有效性，则要靠管理者的远见和洞察力，从市场变化以及各种信息中发现决策实施的可能性。

比尔·盖茨有关个人计算机的预见一直是微软公司在软件界成功的关键。可以说，比尔·盖茨的成功都是建立在其远见和洞察力的基础上的。早在 1975 年的时候，比尔·盖茨就预见个人电脑将进入每个家庭。据此，比尔·盖茨做出决策，微软要开发适用个人电脑的系统软件。正是这一决策，现在的个人电脑上装的大都是微软的操作系统。1998 年，比尔·盖茨根据市场信息，又预见在未来的新世纪里，网络会变得越来越重要，PC 不再只是孤立的存在，它将变成连贯网络的一系列设备的最重要的一种。从此，互联网时代来临。比尔·盖茨做出决策，组织人力、物力开发出与互联网兼容的操作系统。正是比尔·盖茨的种种远见和对事物的洞察力，使得微软一直都走在别人的前面，进而赢得了竞争优势。

李嘉诚的成功决策也是建立在其非凡的远见和洞察力之上的。20 世纪 50 年代中期，李嘉诚创办了"长江塑胶厂"来生产塑料玩具。结果由于玩具市场饱和，工厂面临倒闭。但是一次偶然的机会，他阅读英文版《塑料》杂志，发现有一家意大利公司开发出了一种新的塑料原料生产塑料花，产品即将投入市场。看到这条消息，李嘉诚眼前马上一亮，他想到了第二次世界大战之后，欧美生活水平虽有所提高，在经济上却还没有实力种植草皮和鲜花，因此，在一段时期里面，塑料花必将被大量使用，成为他们用于各种装饰场合的必需品。有需求就有市场。李嘉诚认为这是一个难得的机会，他于是亲自飞往意大利以进口商身份与这家公司打交道，参观生产流程取得塑料花瓣后，还走到当地图书馆搜寻资料，然后回港，在士美菲路分厂研制塑料花。正是靠着这些塑料花，几年后的李嘉诚成了香港大富翁之一。

对于第二次世界大战来说，诺曼底登陆是一次决定性的胜利。但是盟军和纳粹德国之所以在这次登陆战役中会有截然相反地结局，就是因为希特勒的错误和没有远见。

1944 年，以艾森豪威尔为总司令的盟军为了更好地打击纳粹德国，决定开辟欧洲第二战场。经过研究，制定出在诺曼底登陆的作战计划。但是正当要实施这一作战计划的时候，英吉利海峡连降暴雨，这种恶劣的天气对登陆作战是极为不利的。盟军司令部的气象专家预测在 6 月 6 日会有一段好天气，于是，艾森豪威尔毅然于登陆前一夜的 6 月 4 日晚 21 时 45 分决定，把登陆时间改在 6 月 6 日。

相反，德国却做出了一次错误的判断，他们认为恶劣的天气会持续一段时间，认为盟军不可能在这样的恶劣天气中登陆。于是决定官兵全体休假，海上与空中侦察取消，负责欧洲西部防线的隆美尔元帅回到柏林参加他妻子 50 岁的生日。

正当德国官兵还在睡梦之中的时候，盟军的飞机、火炮、空降师从天而降，4 个小时候就获得了登陆的胜利。

德鲁克强调，管理者要想做出正确的决策，必须分析决策形势，对形势具有远见和洞察力是管理者把握形势的必要条件，只有用自己的远见和洞察力为自己的决策做基础，才能让决策化为成效。

只有具有远见和洞察力，才能审时度势，由此做出的决策也就具有了可实施性。

（五）仓促做出的决策往往是不正确的

卡耐基给青年忠告第 42 条认为：做决策应当深思熟虑，需要从不同的角度去考虑。尽管说快刀斩乱麻的速度让人感觉起来很有魄力，但这是需要付出代价的。

德鲁克说，卓有成效的管理者知道按照正确的条理和顺序来解决问题，他们知道仓促决断只能导致忙中出错。所以洛克菲勒告诫他的儿子："每一刻都是关键，每一个决定都影响生命的过程，所以，我们要有下决心的策略。决心不宜下得太快，遇到重要问题时，如果没有想好最后一步，就永远不要迈出第一步，要相信总有时间思考问题，也总有时间付诸行动，要有促进计划成熟的耐心。但一旦做出决定，就要像斗士那样，忠实地去执行。"

据 1994 年 1 月 17 日《公共关系报》报道，四川某家企业生产的产品质量上乘，但是投放市场后，由于价格太高等原因，销售量不大。该厂为了扩大产品销路，决定以新奇的营销方式冲击成都市民的视听，以达到出奇制胜的目的。在发行量逾百万份的《成都晚报》《四川日报》上刊登广告声称：凭 12 月 7 日至 9 日的这两种报纸，即可在成都某商场等五个地点领取一瓶该厂生产的产品。

消息一出，到了 7 日那天的上午 9 点钟，商场门前便已聚集了一千多人。人们手里拿着报纸争先恐后地往前挤，你推我，我推你，不少人被挤伤，一些自行车被踩坏，连交通也为之堵塞。差不多在同一时间，其他四家商场也出现了类似情况。有些人拿着报纸领到了产品，很开心，但是也有一些拿着报纸而未领到产品的广大消费者不免有一种被戏弄的愤怒，纷纷向商场提出责问。

商场根本就没有想到会有这么多消费者来领取免费的产品，而厂家却只给了自己数量有限的产品，面对消费者的质问也感到很委屈，他们眼看着自家商场的货物和信誉都蒙受了不小的损失。于是，一场官司便不可避免地打到了成都市工商局。最后由于该厂及时登报向商场和消费者道歉，得到从轻处理，被罚款 3 万元了结了这场官司。

其实，该厂只是一个有职工 20 多人、固定资产仅 50 万元、流动资金不足 70 万元的小企业。这么小的一个企业却来个这么大的促销活动，报纸的发行量达到了上百万份，而成都市也有几百万的人口，如果人手一份来领取产品，会是一种怎样的场面？这是一次失败的决策，也是一次没有经过深思熟虑的决策。

斯隆被西方管理学界誉为"现代化组织的天才"。斯隆 1918 年担任通用汽车公司的副总经理，1923 年成为该公司的总裁和首席执行官，直到 1946 年。在他的领导下，通用汽车公司从一个面临垮台的企业成长为汽车工业的巨人和全球最大的公司，而且是美国经济的标志之一。斯隆的管理创新被公认是企业管理的典范。斯隆同时也是一个用人大师。

有一次，在选拔一位零件小部门里的技工师傅时，斯隆和他的决策层讨论了整整 4 个小时。德鲁克对此大为不解，一位技工师傅的任命决策居然要花费 4 个小时，这不是浪费时间吗，这么简单的一项决策要这么久才能产生出来。"如果我们不花上 4 个小时来考虑职位安排，并找到最合适的人来担任这个职位，我们以后就得花上 400 个小时来收拾烂摊子，我可没那个闲工夫。"看着疑惑不解的德鲁克，斯隆解释道。

仓促决断只能导致忙中出错，这是德鲁克再三强调在决策时应坚持的原则。管理者要想让决策有价值，并且能有效，那么就要像斯隆做人事决策一样，不能仓促为之。要不然，仓促决策的后果需要花加倍的时间来弥补。

仓促决策就算准确有效，也有一定的偶然性，有效的决策基本上都是在深思熟虑之后才形成的。

（六）决策要以问题为原点

美国通用汽车公司管理顾问查尔斯·吉德林认为，只有先认清问题，才能很好地解决问题。而德鲁克也强调，在做决策之前要仔细思考解决问题的正确方案是什么，以及这些方案必须满足哪些条件，然后再考虑必要的妥协、适应及让步事项，以期该决策能被接受。

可以说，所有的决策都是为了解决问题，是以问题为原点的，不能解决问题的决策就算再好也是无效的，无效的决策就是一种浪费。

奔驰、宝马一直是齐名的两种车型，这两种汽车诞生于同一个国家——德国，他们一"出生"就成了竞争对手。早在 20 世纪 80 年代初期，宝马公司已经从一家小型汽车厂发展成为实力雄厚的汽车公司。公司总裁埃伯哈德此时决定要在未来 10 年使宝马成为德国排名第一的汽车品牌，但这不是一件说到就能做到的事，因为宝马当时这项目标的实现遇到了两个方面的阻力：第一，企业创新能力停滞不前；第二，企业面临奔驰汽车的有力竞争。

这个时候，宝马还是依靠 20 多年前开发出的三个系列的原型发动机占据着市场的一席之地，也就是说，自从 20 世纪 60 年代以来，宝马在创新能力方面没有明显的进步。而就在宝马公司开发创新停滞不前时，奔驰公司却推出了一种小型车，并且在市场上反应良好，这对宝马公司造成了相当大的威胁。为了同奔驰公司相抗衡，宝马公司推出了最新的得意之作——宝马 5 系列车型，但是其在市场上的反应仍不敌奔驰汽车。

为了制定出正确的能战胜奔驰的决策，埃伯哈德开始寻找问题，他认为，公司业绩不振的最大原因在于有太多的人因为害怕犯错误而不敢果断地放手去干。找出这一问题的关键之后，他语气坚定地向各部门主管表示，只有抛弃故步自封的心态，公司才能突破停滞不前的难关。为了鼓励员工创新，他决定对宝马 7 系列车型进行改良。经过几个月的研究，这个系列的新车一面世，立刻获得了全面的胜利。埃伯哈德说："和奔驰的较量就好似一场长期战争。"在战斗了 17 年 5 个月之后，宝马公司终于在1987 年反败为胜，成为德国国内高级轿车的销售冠军。

埃伯哈德之所以能做出正确的决策，就是因为他先认清了宝马比不过奔驰的问题在于员工害怕犯错误而不敢果断去创新。认清了这一问题之后，埃伯哈德鼓励员工创新，对车型进行大胆改良，最后才赢得了这场胜利。

德鲁克说，有效的决策制定者常需花费不少时间来确定问题的属性，他所面临的到底是什么问题，要不然，决策必为错误的决策。埃哈伯德之所以叫各部门主管抛弃故步自封的心态，就是因为他认清了宝马落后奔驰的原因就是不敢果断放手去干这一问题。认清了这一问题之后，宝马于是果断出击，制定战略，终于开发出了能战胜奔驰的车型。

美国大陆航空公司成立于 1934 年，是美国第四、全球第五大航空公司。但是到了20 世纪 80 年代初期，公司的业绩连连下滑，年年亏损。到 1995 年时，公司有 18% 的飞行都是负债经营的。就算从得克萨斯州到纽约市的机票价格一度降到了 49 美元，仍然没有人坐这一趟飞机。

为了扭转这种局面，公司新任总裁戈登果断地停飞了这些负债飞行的航线。为找到解决的办法，他仔细分析了问题的症结在哪里。通过调查得知，公司之所以会卖出49 美元的票价，就是因为想以低价来吸引客户，但问题是出售最低价格的机票只是一种下策，并不能使公司的现状发生改变，更不可能让公司成为出类拔萃的航空公司。而为了保持低价，大陆航空不得不采用以增加座位的方式和每天无数次地奔波往返于城市之间的方法，但事实证明，这些城市其实并没有这么大的需要，飞的次数越多，亏损越多。

找到问题所在之后，戈登迅速把飞行航线改为人们想去的地方，砍掉了好几趟不需要往返数次的班机，为公司节省了大笔不必要的开支。同时，戈登通过调查，减少了一些并不合理的航线，开拓了一些有连锁效应的新航线。后来的事实证明，这样大陆航空的班次虽然减少了，但赚的钱却大大增加，而且即使将价格适当调高，也并不影响公司的盈利。通过戈登一系列的提出问题、分析问题、解决问题的过程，大陆航空很快扭亏为盈，成了一家颇有竞争力的航空公司。

不管是埃伯哈德，还是戈登，他们都是卓有成效的管理者，他们的成功和他们的决策是分不开的，但是他们的决策之所以正确并行之有效，都是因为把认清问题、分析问题作为了决策依据。

德鲁克说，找到你现在正面对的某个困境。问题出在哪里？找到答案后，全面正确地分析这个问题，而后再采取制定决策的步骤。只有这样，决策才有针对性，也才会有效。

从问题中来，到问题中去，这是决策的趋势，任何决策只有从分析问题入手，才能解决问题。

（七）决策在碰撞中产生

德鲁克认为，正确的决策应该常在多种不同而且互相冲突的见解中产生，常在多种旗鼓相当、优劣互见的方案中产生。思想只有碰撞才能产生火花，要不然，一言堂的决策只会是片面的，往往会顾此失彼。

抗日战争期间，美国工程师萨凡奇提出在三峡南津关河段修建三峡工程的方案，但由于当时的种种条件限制，这一方案一直都没有被采用，新中国成立后，长江流域规划办公室的同志仔细研究了这一方案后认为，上述河段石灰岩溶洞现象复杂，存在溶洞绕坝漏水的问题，地基不容建坝，便没有采纳萨凡奇方案，另选了南津关河段上游30多公里处的美人沱河段为三峡大坝坝址。

20 世纪 50 年代，我国邀请苏联专家和长江流域规划办公室的同志一起研究坝址方案。但是苏联专家不同意在美人沱河段建坝，因为在美人沱河段建坝会导致坝址上移 30 多公里，会损失 10 米水头，这等于损失了一座 300 万千瓦装机的大电站，此外，会使美人沱至南津关的峡谷河段成为碍航道。但是萨凡奇方案就不存在这些问题，因此他们主张采纳萨凡奇方案。

但是长江流域规划办公室的同志却坚持在美人沱河段建坝的方案。双方的意见针锋相对，谁也不肯妥协。可正是双方意见的这种尖锐对立，引起了对方的注意。苏联专家从长江流域规划办公室同志的否定意见中，认识到需要研究南津关河段坝址漏水的问题，长江流域规划办公室的同志从苏联专家的否定意见中，明确了需要深入研究美人沱河段坝址水头损失和碍航的问题。

于是苏联专家组织一些造诣较深的专家和院士，到现场勘查研究，大量的勘探和有关资料证明，南津关河段的地质情况比原来设想的复杂得多，确实不容许建坝。而通过勘查，长江流域规划办公室的同志发现在美人沱河段建坝确实存在水头损失和碍航问题。所以，双方的方案既有优点，也有缺点。

那怎么办呢？于是通过讨论，双方一致认为，提出了三峡工程—葛洲坝工程方案，即除建三峡大坝之外，再在下游葛洲坝修建一座大坝，这样，既可以多发电，又可以改善峡谷河段的航道。这一方案兼有长江流域规划办公室和萨凡奇方案的优点，又避开了这两个方案中的弊端，经过双方讨论，一致认为这一方案是可行的，合理的。

1970 年，国家批准这一方案，又经过初步设计，开始兴建葛洲坝工程。从 1981 年第一期工程通航、发电以来的实践证明，这一方案是正确的。

德鲁克说，除非有不同的见解，否则就不可能有决策。三峡工程—葛洲坝工程方案的提出，正是由于不同见解碰撞的结果，试想，要是当时苏联专家同意长江流域规划办公室同志的方案或者长江流域规划办公室同志同意苏联专家的方案，那么三峡工程—葛洲坝工程方案也就不可能出台，也就没有今天葛洲坝的成功。

德鲁克认为，管理者所制定的决策，如果是众口一词的决策，通常不一定是好的决策。好的决策，唯有靠冲突意见的碰撞，唯有靠不同观点的交锋，唯有靠不同判断的抉择，才能建立起来。因此，决策的第一条规则便是：没有反对意见，便没有好的决策。

决策者要有海纳百川的心胸，在面对决策过程中的不同意见时，要认真对待。根据不同意见，对决策进行优化，这样才能产生最好的决策。

（八）决策不执行，永远只是一种意愿

艾柯卡指出，一个好的企业领导人不能拖拖拉拉，迟滞决策。因为一个再正确的决策，如果做迟了，也会是错误的。而德鲁克说，一项决策如果不能付诸行动，就称不上是真正的决策，最多只是一种良好的意愿。

两者强调的都是执行的重要性。再正确的决策如果只是放在档案室里，这项决策永远也不能化为效益，就像德鲁克所说的，不去执行的决策最多只是一种良好的意愿。

第二次世界大战之后，世界还是一个"打孔卡计数器"和"电子计算机"这一老一新两大电子新品的并存时代。但是 IBM 的执行副总裁助理小沃森却敏锐地预见到电脑市场的前景。他向时任 IBM 总裁的父亲建议，迅速投入人力、物力，进行电脑的研究工作，将生产和销售电脑作为公司未来的发展战略。但老沃森看到公司当时打孔卡计数器及打字机等主导产品仍热销市场，对电脑的前景心存疑虑，因此，没有实施小沃森提出的策略。几年之后，随着科学的进步，老沃森才逐渐接受小沃森的建议，但仍行动缓慢，投入不足，因而收效也不大。到了 20 世纪 50 年代初期，IBM 的主要竞争对手兰德公司确立了在电脑产业的领先地位，而 IBM 只处于中等水平，老沃森才后悔当年没有听从儿子的建议。为了抢回市场，他马上决定让小沃森出任公司的执行副总裁，实施他的战略决策。小沃森经过 9 年的不懈努力，才为 IBM 抢回市场。

老沃森正是因为没有实行小沃森的决策，所以才让 IBM 与兰德公司的竞争中处于下风。后来小沃森把生产和销售电脑的决策付诸实施，才成就了今天 IBM 的辉煌。所以说，再好的决策如果不去执行，也只是一堆方案和数字。

在浙江吉利控股集团有限公司中流传着这样一句话："如果李书福是一个充满激情的决策者，那么徐刚就是他身边冷静的执行者。"

作为吉利控股集团有限公司的董事长，李书福做出了"造老百姓买得起的车"变为"造老百姓买得起的好车"的决策，为了实现这一战略，徐刚领导手下员工彻底理清了吉利的品牌结构思路和产品规划，他坚信吉利的核心竞争力之一在于其产品范围，坚持推出比对手更宽的产品线，连续推出了多种款式和型号的汽车，并重点向中高档汽车延伸。

为了保证这一决策的实现，徐刚采取了一系列措施，完善吉利的人才体系。他刚上任时没有做任何事，而是把公司的整个人事档案翻出来，因为他清楚，人才战略是企业长远战略的重要组成部分，在接下来的一年时间里，他根据员工的不同情况，将所有需要调动的岗位和员工全部调整到位。不仅如此，徐刚还在企业内推出了"吉利脊梁"人才工程，这一工程帮助徐刚迅速组织起了一批非常优秀的高层管理团队，其中包括：原万家乐集团董事张喆、原一汽大众商务公司总经理展万金，二人分别就任集团副总裁，分管财务和市场；吉利研究院院长、集团总工程师潘燕龙……同时，徐刚还十分注重中低层员工的引入，为此，他通过吉利大学和车展等途径，努力构建起一个开放、自由的人才培养体系。

有了这些人才，为实现李书福董事长的战略决策提供了有利条件，然后在一番人才争夺战、技术争夺战、成本争夺战和市场争夺战之后，徐刚成功地将吉利带到了一个前所未有的高度。仅仅两年，吉利便在国有汽车品牌中占据了重要地位，销售量连连突破，被评为"中国汽车工业 50 周年发展速度最快的企业"，完成了其他企业十年才能完成的历程。

可以说，李书福的决策是吉利的发展方向，而徐刚的执行则是这一决策带领吉利迅速发展的保证。所以说，管理者不管制定怎样的决策，如果不能坚定、果断、有步骤、迅速地实施，决策也只能是一种意愿。

德鲁克说，思考一下你所制定的决策：该决策必须要让谁知道？必须采取什么行动来贯彻落实？应由谁来采取行动？这一行动应该包括哪些内容，以便让执行决策的人有所遵循？这样，决策才能成为目标指导企业前进。

如果决策不能转化为行动，那就是空谈，毫无价值。

（九）决策正确与否应用成果来检测

德鲁克认为，管理者做出决策并得到执行之后，要利用反馈信息验证决策是否正确，是否有必要再制定其他决策。因为决策是人做出的，而人难免会犯错，加之再了不起的决策也不可能永远正确。所以，管理者应用成果来检测自己的决策是否正确。

2009 年 12 月 1 日，李彦宏做出了用凤巢取代竞价排名系统的决策。

众所周知，百度的成功，得益于其简单的赢利模式——对一些有明显商业需求的词汇搜索结果的首页排名进行竞价销售，竞拍客户对每点击一次所支付的费用竞拍。然而正当这种通俗易懂、深受中国中小企业欢迎的竞价排名模式推动搜索广告市场蓬勃发展并为百度带来滚滚财源的时候，百度CEO李彦宏却忽然决定以一种尚未被验证过的全新模式替换之，一脚将这辆全速行驶的跑车的刹车踩到了底。

面对这一决策，李彦宏遭受到下属的集体反对，不管是负责渠道的副总裁史有才，还是负责商业产品的高级总监王湛，对李彦宏的这一紧急刹车都持反对的态度，毕竟"凤巢"切换牵动着数百位技术人员、数千名客服人员、数十万客户和数百万的关键词，也直接影响着百度每年几十亿元的收入。

为此，百度也开了无数的会议。但是在由百度副总裁以上高管参加的2009年第四季度战略例会上。会议进行到一半时，李彦宏出乎预料地宣布了他的决定："凤巢一定要切换，切换的时间就定在12月1日！"这一消息让所有人震惊，但是这一消息也意味着所有人的反对李彦宏都没有采纳。作为百度的掌门人，李彦宏是一个不轻易做决策的人，但是一旦做了决策也就很难改变。这一次的模式转换也一样。

但可喜的是，百度切换模式获得了胜利。2010年2月10日，百度财报发布，Q4营收为12.61亿人民币，与2008年同期相比增长39.8%，不仅大大超过百度Q3做出的11.9亿元人民币的预期下限，也超过华尔街分析师12.3亿人民币的平均预期。股价很快冲上500美元，继而将600美元的关口也甩在身后。这些数字让久违惊喜的华尔街沸腾了。而百度的股价也在飞涨，历史性地突破了500、600、700美元的大关，创造了华尔街从未想到的历史新高。

经过成果检测，李彦宏的决策是正确的。

1925年，松下幸之助到东京办事处巡视，办事处里面摆着真空管，他第一次看到"真空管"。那时候它装置在收音机里，非常畅销。办事处主任对他说："这是最近东京最畅销的东西，大阪方面是不是要卖卖看？"

松下幸之助觉得这是一个市场，值得去投资，于是决定，派人和真空管制造厂交涉。结果发现那家工厂规模很小，资金也不雄厚，生产根本赶不上订货。松下幸之助只好把那家工厂所仅有的一千多个真空管购买回来，运到大阪出售。

由于真空管当时在大阪是稀缺产品，大家都急着赶快订货，于是几个月，这一千多个真空管销售一空。松下公司也获得一笔不小的利润。但是，随着真空管市场的扩大，制造真空管的厂家慢慢多了起来，各种品牌渐渐出现，价格自然也逐渐便宜。

看到这种情况，松下幸之助觉得再这样出售真空管也不会有多大的利润，于是决定从真空管收手，把自己的客户直接介绍给生产厂家。工厂方面因为可以无条件获得大阪地区的客户，心里当然高兴得不得了，而客户方面自然也不会有反对。于是，松下就从这个还没有创造可观利益的真空管贩卖事业上撤资了。

在可以获得利润的时候，松下幸之助却撤资，做出这样的决策是否正确呢？但是过了四五个月之后，收音机配件的售价急转而下，使一些获利还不错的工厂和贩卖店一起陷入困境。松下电器因为收手得快，因此并没有受到任何损失。这一结果表明，松下幸之助的决策是正确的。

成果是检验决策的试金石，如果不能有好的成果，决策也就不可能是有效的。

四、遵循科学的决策模式

（一）决策并非先从收集事实入手，而应以见解为先

决策是管理的心脏，是企业的命脉所在。在关键时刻，一个英明的决策可以让濒于破产的企业起死回生，而一个错误的决策则会把企业推向万丈深渊。

德鲁克对决策有着独到的见解，他认为决策是一种判断，是若干方案中的选择。

所谓选择，通常不是"是"与"非"间的选择，最多只是"大概是对的"与"也许是错的"之间的选择。换言之，绝大多数的选择，都是任何一项方案均不一定优于其他方案时的选择。

遗憾的是，很多人都认为决策的第一步是"先收集事实"，但是能做有效决策的管理者，都能了解他们决策时，并非先从收集事实入手，而是先从其本人的见解入手。

所谓见解，就是"尚待证实的假设"。如见解不能获得证实，则无价值可言。但要确定什么才是事实，必先确定事实的"适用性"原则，尤其是有关"衡量"的准则。

因此唯一严谨的方法，唯一可以印证某一见解是否符合实际的方法，应该以明确承认"见解为先"作为基础——这是必要的做法。有了这样的认识，我们才能知道决策的正确程序。

德鲁克认为，有效的决策，应以相互冲突的意见为基础，从不同的观点中与不同

的判断中选择。所以，除非有不同见解，否则就不可能有决策。这是决策的第一条原则。

不能先有结论，而后再去收集"事实"来支持结论。为此，正确而有效的决策，必须要从正反不同的意见中才能得到。

怎样才能做出最有效的决策呢？德鲁克认为，决策者应遵循以下几点。

（1）鼓励大家提出不同见解。

鼓励大家提建议的同时，也要让他们深思其见解，认清其见解经过实证后的结果。因此，有效的管理者会问"要验证某一假设是否真实可信，我们应该知道些什么"以及"要验证某一见解，应该有些什么样的事实"。

但管理者最应该问的关键问题却是："相关的标准是什么？"通过这一问题，很自然就会转到关于衡量的话题：问题本身的衡量和决策的衡量。只要分析一下一项真正有效的决策是如何达成的，一项真正适当的决策是如何达成的，我们就能发现我们为决定衡量方法所消耗的时间和精力极多。

（2）再假定传统的衡量方法并非适当的衡量方法。

德鲁克认为，有效的管理者通常会使用多种衡量方法。第一，衡量投入资金需要多久才能收回；第二，衡量投资的获利能力；第三，衡量投资收益的"现值"。此外还有其他方法。但有效的管理者不会以仅用其中一种方法为满足；即使会计部门夸称他们的方法极为合理，有效的管理者也必须知道，任何方法均能显示投资决策的某一种层面，而非全部。所以，除非管理者对每一角度都看得清清楚楚，否则不会轻易判断哪种方式最为合适。

（3）学会运用反面意见进行决策。

为什么做决策时要参考反面意见，理由有三：第一，唯有反面意见，才能保卫决策者不至于沦为组织的俘虏；第二，反面意见本身，正是决策所需的"另一种方案"；第三，反面意见能够激发想象力。

有效的管理者知道世上有蠢材，有爱搞恶作剧的人。但是，他决不会将持不同意见者轻易地视为蠢材或者捣蛋鬼，他总是假定任何人提出不同的意见，必是出于至诚。所以，即使某人的意见错了，也是由于此人所看到的现实不同，或者他所关切的是另一个不同的问题。因此，有效的管理者会问，"如果这个人的立场果真正当、果真合理、果真有见地的话，那么他的看法又将会如何呢？"有效的管理者关切的是"理解"。

只有在了解确切的理解之后，他才会研究谁是谁非。

作为一名管理者，不论他的求好之心多么迫切，也不论他如何自信看出了别人的错位，只要他打算作一项正确的决策，他都会将了解对方作为自己探求另一种方案的方法。见解上有冲突，正是他可以利用的工具，运用此种工具，他才能保证自己看清楚问题的方方面面，才能做出最有效的决策。

（二）思考要全球化，行动要本地化

企业制定战略决策首先要考虑的东西是，必须要以全世界同行业的顶尖标准来衡量自己，这也是当前企业必须遵守的基础原则。

当然，企业或机构的活动还是要维系本地市场，但信息传播的快速与灵活性，决定了今天的企业都要具备全球竞争力这一时代要素。

在信息时代，电子商务为全球的商务活动和财富分配创立了新的渠道，客户很容易通过互联网获取一种商品在不同地方的不同价格。

下面这个例子充分说明了这一点。

一个英国软件工程师创立了一家软件设计公司。由于他的卓越眼光，公司经营得令人刮目，然而他却抱怨最难做的工作就是要不停地去说服他的同事，告诉他们竞争不仅仅来自国内同行。对于全球物价和服务水准，客户们通过互联网等媒体都能了如指掌，所以即使没有看到实际存在的竞争对象，也同样要求这家软件设计公司能够提供相应的商品和服务。因为他们面对的不仅仅是英国本土同行业的挑战，而是全球同行业的竞争。因此，这位企业决策者必须使他的合伙人明白，公司的绩效必须经受得住全球竞争者的考验。

网络的发达，为那些有志者提供了很好的学习捷径。作为一名管理者，你不妨也到你的国际与国内竞争对手的网站去看看，将其与自己所在组织进行全方位的比较。如果发现自己的组织在某些方面做得不够好，就向你的竞争对手学习。

（三）遵循原则，减少错误决策

一家企业是靠一连串的决策来维持经营的，企业的管理者和员工每天都要面对各种工作，时时都要做出各种判断与决策。因此，适度授权给一线员工是很有必要的，这也是管理者应当注意的一个问题。

在一个组织机构里，越是高层管理者所做的决策，越要确保其正确性与可行性，因为这些决策将直接关系企业的命脉。

必须明白，管理者的任何一个错误的决策，都会给企业造成巨大的损失，即使采取补救措施也未必能挽回局面。

因此，如何做出正确有效的决策，对一位企业管理者来说至关重要。

而要做出正确的决策，就必须得遵循一定的原则，德鲁克说："只专注在重要的事上，不要让问题无谓地增加。好好分辨哪些是一般性的事情，哪些是需要特别处理的。我们应该在意决策是否周密，而非看起来是否高明。"

西谚说"日光之下并无新事"，有很多乍看起来很特殊的事物，经过分析发现其实已经有先例发生，并且有规则可循。会产生这是新事物的误判，多半是因为研究得不够彻底或是信息捕捉得不够具体造成的。而我们所说的决策，如果能够依据一些规则或参考先例来进行的话，自然能够避免一些错误的发生。

德鲁克还指出，企业的每一个改进和创新，都要进行小规模的测试，这是市场调查研究所不能替代的。测试的方法很简单，就是要找到一个真正想要这项新事物的人，这个人不一定是企业的内部员工，但必须在机构里享有盛誉。因为每一种新事物都需要有人打头阵，需要他坚定"我非把它做成不可"的信念，然后才能着手行动。

一个新产品或新服务的测试方法是，找到一个需要新产品并愿意与生产者合作的顾客，然后让他为这个新产品的成功而努力。

在测试的过程中，如果发现设计、市场及服务等其他人未曾预见到的问题，就取得了测试的成功，那么变革的风险就会大大降低。

总之，在做任何一项重大决策前，我们都必须进行测试，发现的问题越多越好，这样才能降低企业变革的风险，才能经得住市场的考验。

（四）容易做出的决策往往是不正确的

经营者必须时时把握住企业自身的经营原则，经过反复论证再进行决策。觉得理所当然很容易做出的决策，到最后都会发现其实是错误的。越是事关重大，所做出的决策越容易有所疏漏。

有些公司看到其他企业采取了某项决策而获得成功，便盲目效仿，根本不考虑自身的条件是否适合。另外，有的公司太注重由下而上的意见整合，一切以员工的意见为出发点，结果导致所进行的决策明显是在迎合员工。由此可见，企业决策很容易受到周围潮流的波及，没有依据原则认真考虑，而是采取了非必要的经营手段。

德鲁克说："在一个既定计划中，若没有明确指出具体实现的方法、执行顺序、执行负责人，以及实际执行人，那么这样的决策便不是真正的决策，而不过是个意图罢了。"有些企业，虽然决定了经营方针，但对于这一方针的落实，以及运作的时间表等，却都还没有决定。如此一来，只会让决策者有了"我做了一个重大的决定"的想法，到头来却是什么改变都没有。事实上，有了好的决策并不一定能获得最好的结果，在很多情况下只是做了一个"决定"而已，因为这个"决定"是空洞的、没有实质性的执行内容。

（五）区分必要和不必要的决策

德鲁克说："决策者在进行决策时必须自问'是否确实有必要做出这个决策'？进行决策并不意味着一定要做点什么事情才行，也可以选择'什么都不做'。因为，匆忙之中做出的决策往往没有什么效用。判断这个决策是否真的有必要，我们可以将其施行所带来的成效与风险做个比较分析，要做到'不要做不必要的决策'，而'一旦决策就不要犹豫'。"

对企业经营没有必要的决策完全是一种资源浪费，甚至还会影响到其他决策的正常执行。对管理者来说，必须要正确区分哪些是必须要实施的决策，哪些是完全没有必要的决策。外科医生几乎每天都要面对各种层面的决策，因为世界上就没有毫无风险的手术，所以外科医生决不会去做没有必要的手术。

德鲁克用外科医生是否手术的三个假设，对决策的必要性做了如下说明。

其一，如果患者可以在不承担任何风险和痛苦的情况，就能够使病情得以稳定，那么动手术显然是不必要的决策。医生只需花些时间，对患者进行定期检查和追踪治疗就可以了。

其二，如果患者病情已经恶化，如果不及时采取措施就可能有生命危险，那么医生就应该当机立断，立即对患者进行手术。在这种情况下，尽管存在一定风险，但手术是必须要进行的。

其三，如果病人的情况介于两者之间，其实这种情况更为常见，即病情既不会恶化危及生命也不会自愈。在这种情况下，外科医生就要权衡机会与风险，做出一个是否手术、何时手术的治疗方案。事实上，一个外科医生是一流的还是平庸的也就很容易区分出来了。

事实上，组织的现实状况都是很复杂的，由于企业文化及业务范围各有不同，所以各个组织对于成功与风险的理解也各不相同。比方说，企业的某个项目开发的成功率有六成，失败率有四成，一般企业是完全可以做的。但在一些特殊的产业，项目的开发事关重大，就必须确保其成功率达到百分百才能付诸行动。

（六）不要自作聪明地预测未来事件

德鲁克认为，要了解未来的出发点，就需要将下面两种不同但又具有互补性的方法运用到实践中。

第一，经济的非连续性与社会发展之间存在着"时间断层"，它影响着各个方面，你需要找出来并利用它。人们通常把这种方法叫作"对已经发生的未来的预期"。

第二，找到一种能影响未来的新的理念，这一理念致力于指明未来的方向与形态。人们通常把这种方法叫作"塑造未来"。

"已经发生的未来"并非企业内部可以掌控的，而是受制于企业外在的因素，包括社会变革、知识、文化、行业或是经济结构等。换句话说，它并不是企业内的改变，而是一种大潮流，一种模式的突破。通过探寻"已经发生的未来"并预期它的影响，管理者可以得到全新的理念。

德鲁克强调，管理者首先需要"审时度势"。通过"审时度势"，那些管理者才有能力去做也应该去做的工作，通常并不是太难找到。机遇既不遥远也不模糊，最重要的是要注重模式。

预测未来事件，只会给自己和企业带来麻烦。管理者的任务是去管理好既有事实，并开创出能够做也应该做的工作。

（七）正确对待可测度事件和不可测度事件

我们必须清楚一点，那就是组织的很多重要成果是无法测度的。

企业的管理者都明白，如果一家企业无法吸引并留住人才，那么到最后肯定会难以为继，这比企业全年的损益报表更为重要。

损益报表无法量化，也不能告诉我们什么，但这确实是一份"有形"的报表，只是无法测度而已。可测度的成效，没有十几年的时间是不可能显现出来的。

管理者要保持可测度事件和不可测度事件之间的平衡，是一个长期的核心的问题。如果组织内部的可测度事件，与不可测度事件所依据的假定不吻合的话，那么势必会误导企业的经营。假如是这样，那么很多测度都将成为不正确的信息。所以在企业的内部，我们的测度越多，就越容易判断失误。

我们往往会一厢情愿地认为自己的测度很准确，而自己的控制也变得更为优化。其实不然，这样做的结果只会使我们的企业沦落到无法控制，甚至无法管理的境地。

管理者必须抽出专门时间列出影响企业目标实现的可测度及不可测度的变数，对那些可测度的变数进行定量分析，并将你的分析结果记录下来，以指导你的管理行为。

（八）不要用过时的前提条件做决策依据

决策者必须看清"已经发生的未来"，并将其纳入当前的决策制定中。无论政府、大学、企业还是工会，其决策者都必须具备这样的素质，即有看得清事物发展态势的先见之明。

而要想做到这一点并不容易，对于那些已经出现但和他们当前的想法不一致的事件，他们要做到成竹在胸，因为正是这些事件形成了新的现实。

德鲁克说："一些知识分子和学者都认为应该'观念先行'，他们认为是观念造就了政治、社会、经济和心理学领域内的新现实。这种情形确实发生过，但仅仅是例外。"

事实上，理论并不是先于现实的。理论只不过是将已经被证明的现实构建为体系，将零星的事实和特例转化为规则，然后才能够将其转化为通用可行的知识和原则。

（九）不应在大家没有异议时才做决策

德鲁克说："不要以全员一致赞同的方式来决定事情。正确的决策来源于各种不同的意见，因此我们需要的不是意见完全一致，而是不一致，并且不应在大家没有异议时工作决策。"

当我们讨论一件事情是否要做时，若是产生了各种不同的意见，就表明有很多的做法可以选择。这时大家就要多花一些时间来讨论，这样做出的决策就会更加有效。因为讨论中的反对意见，可以使事实更清楚，从而加深人们对于问题的思考，那么做出决策的风险性就会大大降低。而一个没有异议、全员通过的议案，常常使人们妥协于表面现象，难以对问题进行深入的思考和剖析。

卓越的决策者在任何时候都能够保持清醒，他们永远不会认为众口一词的主意是个好决策。而恰恰相反，他们认为只有靠冲突意见的碰撞，靠不同观点的交锋和不同判断的抉择，才是一个好决策的基本前提。正如德鲁克所强调的：没有反对的意见，便没有好的决策。

通用汽车公司的管理者斯隆就以制定卓有成效的决策而著称，他经常在高层管理会议中这样讲道："如果大家都认为这个方案完全可以通过了，那我只能宣布散会，下次会议中我们将继续讨论这个问题。"

他会很认真地对同事们解释——我真诚地希望大家能够提出不同的甚至是反对的意见来，因为我们需要更深入全面地去了解问题，我们必须要制定来一个万无一失的决策来。

我们之所以强调不同意见的重要性，原因不外乎三点，而这三点看似简单明了，却往往不能受到重视。

第一，它保障了决策制定者不至于受制于组织，甚至是沦为组织的奴隶。每一个组织成员都有自己独到的主张，也都希望组织能够采纳他的主张，最终就会真正使组织受益。

第二，不同的意见和主张为决策本身提供了各种不同的选择方案。如果一项决策没有备选方案可以选择，那么它不亚于绝望赌徒手中的骰子，何时都可能面临失败的境地，除非运气好——而运气，往往又是最靠不住的东西。

第三，不同的主张总是能够激发人们的想象力，使问题的本质由单一的拓展为多面的，由肤浅的挖掘到深层意义的。

（十）决策的目的与基本特性

决策要达到一个什么目的，这在科学界被称为边界条件。

对于一项有效的决策而言，边界条件越是清晰明确，决策的有效性也就越大，实现预期目标的概率也就越高。否则，倘若未能对边界条件做出准确的界定，那么不管决策看着多么有前景，到头来也不会取得多大的成效。

探索边界条件一个最常用的方法就是，"解决这个问题，至少应该有哪些条件?"

1922 年，斯隆在通用汽车公司担任总裁的时候，就常常这样问自己"如果取消部门负责人的自主权，能否满足我们的需要"?

当然，答案是否定的。他所面临问题的边界条件，是使得业务部门的负责人担负起权力与责任。这种责任与权力几乎与总部的统一行动和管理一样重要，他所需要的边界条件不是从机构的人事上进行调整，而是在其结构上解决问题。这样一来，斯隆的解决方案就得到了顺利实施。

德鲁克还说："管理者应该站得足够'高'，从而才能有权限制定决策；同时，他也必须要站得足够'低'，这样才能够获得决策的详细资料。"

一般来说，组织的决策都具有如下四个基本特性。

第一，每个组织的决策都有某种程度的前瞻性，即决定和指引企业能走多远，同时告诉我们决策制定权最低"应该"下放到什么层次。

第二，每个组织的决策都会带来不同程度的冲击，即对其他职能和领域甚至整个企业所产生的冲击，同时告诉我们决策制定权最低"能够"下放到什么层次。

第三，组织决策的性质取决于行为准则、伦理价值和社会信念等因素。

第四，组织的决策可分为两种，即周期性的决策和偶然性的决策。

企业的决策，应该尽可能交给最下层的管理来制定，或者由"最接近事件发生现场"的管理者来决定。这个管理者的层次要做到能够统揽全局，同时兼顾可能会受到影响企业活动及目标。这是由决策的四个基本特性决定的。

对于任何决策，尽可能可以交由"最接近事件发生现场"的管理者来决定。但有一点要铭记在心：一项决策越是能够长期指引企业的发展方向，它对企业其他功能的影响就越大，而且它所涉及"质"的因素就越多。决策在企业中出现的频率越高，它的重要性就越突出。

（十一）制定一个可以化解危机的管制措施

德鲁克强调："管理者应该尽量设法将消除危机冲击的努力转变为企业的机遇，但这不是在任何时候都能奏效的。通常而言，消除一项危机冲击就意味着成本的增高，而危机不消除的话，则无异于将该成本转嫁给了社会大众。"

因此，除非是整个行业都做出同样的努力，如果只是一家公司这样做，那么势必会在竞争中处于被动状态。在这种情况下，通常只有通过干预管制的方式才能起作用，也就是说必须要采取某一形式的共同行动。

基于此，如果产生了某一冲击，如果不增加成本，危机将很难化解。这时候，管理者就应该从大处着想，制定一个可以化解危机的管制措施，以尽可能低的成本为大众和同行业带来尽可能大的收益。接下来，管理者要做的就是采取进一步的行动，使正确的干预管制措施成为法令。

（十二）为企业制订长久的战略性计划

德鲁克说："战略性计划关注的是当前决策的未来形态。"传统的计划会关注这样的问题："最可能发生的事情是什么？"在为不可确定的未来做计划时则会关注："过去发生的哪些事情会塑造未来？"

管理者要清楚，战略性计划并非组合起一堆的技巧，它不是魔术箱，而是将各项资源用于行动的承诺，是一种系统的理性思维。结合对企业未来的预测来系统化地制定组织当前的决策，系统化地组织执行这些决策所需的工作，并进行有组织、有系统的反馈这些决策的结果与预测相比的评价。

在制定决策时，管理者要关注的并非"企业将来要做些什么"的问题，而是"为了不可预测的将来，我们今天要做好哪些工作"。决策制定者不应该关注"未来会发生什么"的问题，而是"在我们当前的观念行为中，要构建怎样的未来？这个过程需要我们准备多长的时间？我们又该如何利用当前信息，做出合理有效的决策"。

（十三）企业必须建立自己的事业理论

德鲁克说："每一家企业或组织，都应该建立自己的事业理论。它包括三方面的假设：一是对企业所处外部环境的假设，包括企业对市场、客户的认知价值、社会和社会结构、技术、分销商、竞争等方面的假设；二是对企业使命的假设；三是对实现这个使命所需核心能力的假设。

为了说明这一点，德鲁克以 IBM 为例，强调了此观点的重要性。IBM 公司从计算机一开始出现就坚信，计算机有一个不可限量的未来。他们坚信未来的计算机能够与中央工作站和大型主机联结在一起，终端用户也会通过大型机联结为一体。20 世纪中叶，主要的计算机生产厂商尤尼瓦克公司推出了第一台通用计算机的机器原型。IBM 得知这一消息后，马上转变策略放弃了单一目的机器的开发，进而转变为对尤尼瓦克设计的研究，不久后就研发出来了第一台可供生产和服务的通用计算机。

这一先进战略的转变，使 IBM 在短短几年内成为世界计算机的主导厂商，并以此制定工业标准。20 世纪 70 年代，个人计算机出现了，同上次一样，IBM 迅速进入角色——投入最优秀的设计师开发设计更有前途的个人计算机。短短两年后，IBM 成为世界上最大的个人计算机制造商及计算机工业标准的制定者。

高科技产业环境的复杂多变，使得 IBM 在几年后又陷入了大型机和个人计算机之间的苦苦挣扎。2004 年，为了改变公司停滞不前的状态，IBM 做出了出售个人计算机事业部、回到大型机和服务器上来的决策。事实证明，IBM 做出的两次重大战略调整都是非常正确的，因为产业环境发生了巨大变化，所以公司的设想和事业理论也要随之改变。

事业理论不仅适用于大型企业，对中小企业和其他的组织机构也同样适用。要注意的是，在上述三个假设中对企业环境的假设是最为重要的，同时不要忽略客户和市场这两个因素。

怎样建立自己的事业理论呢？这需要根据企业的自身情况而定，但需要注意以下三点。

（1）鱼和熊掌不可兼得，企业领导者要审时度势，懂得放弃。

（2）确立自己的核心业务，不能贪大求全，什么都想干的企业往往什么都干不好。

（3）用自己的优势去和别人竞争，这样才会有胜算。

（十四）让你的企业健康地成长

管理层要清楚企业成长的最低限度，所谓最低限度，则意味着企业若连这样的成长都不具备，那么它丧失的将是实力、勇气和企业的绩效能力。倘若真是如此，企业的生存就成了最大的问题。企业必须维系它赖以生存的市场地位，否则它很快会被边缘化。

相反，如果企业的产品市场得以日益扩张，企业也必将随之成长。所以说，企业成长的最低限度，也可能是指幅度比较大的成长。

同时，管理者要能够区分对于企业来讲，哪些是健康的成长，哪些是不适当的成长。

其实，判断的方法很简单——能够使企业资源的总体生产率得到提高的成长，就是健康的成长。相反，如果成长只能带来产量的增加，且在相当短的一段时间内，并不能够使企业资源的全面生产率得到提高，那么这种成长便是不健康的。

所以，只要产量的增加导致的是生产率降低，那么企业必须要立刻采取措施将其彻底根除。

（十五）新世纪的战略联盟的五项法则

在 21 世纪的今天，企业正以一种全新的经营模式存在于社会中。管理也由此而不同，德鲁克强调：管理的实践必须建立在新的假设之上——管理的范围并非是法律界限，而是整个经济链。

全球企业的迅速成长与大范围的扩张，不再只是依靠收购和兼并，也不再仅仅凭借新的全资企业的建立。而是越来越倚重新的方式，即"与其他政治管辖权下的组织建立企业战略联盟、合伙制、合资企业以及其他形式的合作关系"。由此，它们也越来越倚重新的结构，这种结构并非法律层面上的，也并非政治意义上的，而是一种全新的经济单位。

至此之后，在多重因素的制约下，企业的发展将不再完全建立在所有权与控制的基础上，而大多是建立在多种合伙制的关系上。除此以外，还有一个更加严峻的挑战

——企业的经营与发展，必须要在经济全球化和政治多元化的格局中进行。然而，现在的状况是并没有一个完美的策略予以使用，合伙制也不能提供很好的解决办法。

我们知道，倘若经济实体是一种合伙制、企业战略联盟或合资企业，而并非所说的法律实体的话，那么经济与法律两个实体之间将不会存在太多的矛盾。因为，在这样的合作关系下，不管是政治实体还是法律实体都只是一种表象，最终都会从经济实体中剥离开来。

德鲁克认为，企业的战略联盟在取得成功之后，常常会遭遇更为严峻的威胁，因为在这种形势下，合作伙伴间的目标不相容性就会逐渐显现出来。

为了防止发生这样的问题，德鲁克提议参照如下法则：第一，在完成企业的战略联盟之前，各方要认真研究它们的目标，包括"新生联盟"的目标；第二，合作各方要对联合经营如何进行达成共识；第三，有效确认由谁来管理企业战略联盟；第四，各方要对自己的企业结构及实施联盟过程中的工作协调制定规范，最好将这些"危险的联姻"交给一位高层管理者；第五，事先对如何解决分歧达成共识，最好是在发生争执之前定好仲裁人，要确保该仲裁人是各方都尊重的人士，这样他的仲裁结果也较容易被各方接受。

（十六）不求最大，但求最优

在企业里，市场地位的决策是市场营销目标的关键决策。对市场地位目标的追求，不在于求其"最大化"，而在求其"最优化"。有两种观点我们并不陌生，一种观点表明：我们要做到市场占有率第一。另一种观点则表明：我们只要求产品销售量逐渐上升，不在乎市场占有率！这两种观点听着似乎都对，但事实上都是错的。

如果一种产品的市场占有率不断降低，那么销售量即使再增加也不见得会给企业带来多少效益；也就是说，如果这种产品的市场扩张得太快，而销售量远远跟不上，那么对企业来说也是没有多少好处的。因为，产品的市场占有率太低，表明它在市场已经被挤压到了边缘，实力由强到弱，命运岌岌可危。

相反，如果产品的市场占有率太高，也不见得一好百好。独占事业的危机并不在于公共大众的反对，而在于企业本身的自鸣得意。企业独占市场往往会使其决策者沉醉其中，使革新难以推动，使企业实力由强变弱。市场永远也不愿只依赖于一个供货商，没有人愿意看到只有一个供货商独霸市场，这会让他们觉得自己别无选择。

在谈及巴克公司的战略目标时，德鲁克讲道："他们的战略目标是在每个领域内都握有一小部分药品，且这些药品都是具有明显优势的，并对提高临床医学水平发挥着举足轻重的作用。"

巴克公司的实验室最为知名，它致力于各种领域的研究工作——它的研究总是建立在基本的科学理论成型之初。它所研发出的产品特点表现为，每十个产品中，投入到市场上交易的只有两三个。当一种新的特效药即将成型的时候，公司都会认真地审视产品，事实上也正是在审视整个产业。它会审视未来新产品是否具备成为某种新"标准"的优越性；该新产品是否能够对整个保健和临床医学领域产生重大影响；该新产品所设立的"标准"是否可以较长期地维持下去，至少不会在短期内被其他产品所替代。

倘若发现答案都是否定的，那么它们会将一研发成果转卖给其他公司，而不会将它直接上市。结果证明，研发成果所创造出来的转卖收入，相当于公司将它直接上市所获得的利润。

（十七）构建企业危机管理体系

要构建企业危机管理体系，首先就是要制订危机管理计划；其次就是要建立一套完善的预警系统，能够提供重要信息，帮助企业做出准确的危机预测和分析。

企业在日常经营中要保持高度的危机意识，要时刻对企业内外所有危机的征兆实施监控，并能够及时收集和整理相关信息，以便对危机的可能性与危害性做出合理预测。在企业内部承担着这些职能，并能够做出下一步决策的部门，被称之为"预警系统"，它是构成企业危机管理体系的一个重要环节。

有效的预警系统必须做好以下工作。

（1）定期分析企业弱点。企业在各个发展阶段都会遇到不同的难题，这是企业发展的"软肋"。当企业蒸蒸日上时，既要保证质量，又要保持规模的迅速扩大，这就是企业的弱项；当企业进入平稳发展期，应该如何提高企业知名度与维护企业形象又成了一个新的弱项。对于这些薄弱环节，如果不能予以重视，就极易给企业造成不利影响。因此，企业必须针对自身在当前阶段的弱点进行合理预测。

（2）在拓展业务时，要对资金的筹集与流转保持一个不间断的警觉状态，这些很有可能就是企业下一步的决策依据。

（3）在企业允许的条件下进行危机处理模拟训练，在实践中发现企业在物资、人员及管理操作上的漏洞，并能够及时弥补。

当然，实施这些完备的计划有一个基本前提，就是要付诸实践，要把危机管理体系的构建落到实处。相信采取了这一系列的措施，就能避免一些危机的发生，起码在危机来临时不会惊慌失措。

即使企业有很充分的准备，一些危机仍然难以避免。这就需要企业立即采取行动，不论遇到什么样的危机。以下几个原则是企业必须时刻牢记的。

首先，要在第一时间启动危机管理小组。其次，当机立断、行动迅速，赢得时间本身就意味着给企业赢得了更多的回旋余地。

再次，与外界进行有效的沟通。这种沟通最直接的目的是将正确的信息传递给社会公众，维护企业已经树立起来的形象与声誉，使之不至于因为一时的困境而受损。

最后，企业应在危机之后反省。这种"反省"至少包括两个部分：第一，企业必须对危机的成因进行反思，究竟是什么导致了危机的发生。第二，企业应对自己在整个应对危机过程中的表现进行重新审视和反思。

自己的危机处理体系是否完善，是否能在危机爆发的第一时间就投入运作并发挥良好的作用？自己是否真正做到了将危机造成的损失降到最低？还有哪些地方亟待改进？如果找到了这些问题的答案，企业就会对自己的应急能力有更全面的认识和把握，也会在以后的危机和困境面前更加从容、镇静。

（十八）管理者必须学会避免错误的妥协

在决策的实现过程中，由于对现实问题的考虑不到位，或是决策条件发生了即时变化，我们就不得不考虑做出适当的让步。倘若事情最终也难免做出妥协，管理者则需要在制定决策时就从是非标准出发，而不是持"凑合"的态度。这便要求管理者必须清楚妥协的边界是什么，如果他连正确的边界条件都不知道的话，自然也不知道什么是正确的妥协。

1944 年，德鲁克首次参与大型咨询项目的工作，在这个过程，他充分理解了正确の妥协是什么。该项目是要对通用汽车的管理结构，以及管理制度与方针做一次系统调查，当时斯隆在通用汽车公司担任董事长及总经理。调查之初，他把德鲁克叫进他的办公室，对他说：

"我不给你框死范围，需要研究什么、写什么、应该得出些什么结论，那都是你的事情。我的唯一指示是：把你认为正确的东西写下来，不要担心我们会有什么反应，也不必顾忌你的看法是否合我们的胃口。你只管提建议，不必为我们必须采取的妥协措施而操心。本公司的管理者个个都懂得要采取妥协措施。不过，他们都不知道如何采取'正确的'妥协措施，除非你先告诉他们什么才是'正确的'。"

多少年后，德鲁克依然对这段话记忆犹新，斯隆先生从较高的层次解析了什么是正确的妥协。每一位致力于决策制定的管理者，都应该深入分析斯隆先生的这段话，并把它当作自己的座右铭。

（十九）不良组织的常见症状

德鲁克说："不良组织的最常见和最严重的症状就是管理层次过多。"对于一个组织而言，一条基本规则就是管理层次能少则少，指挥线路能短则短。

原因在于，一个层次的增加往往会导致保持共同方向和互相理解更加困难。每一个层次的增加，都会导致目标歪曲而分散注意力。所以，在企业里，每增加一个层次，就使得管理人员的培养变得更难一些。

这是一个显而易见的道理，增加一个层次之后，我们发现管理人员从基层成长起来的时间更长了，那么相应的，由基层成长起来的员工就不容易成长为经理人，而往往成为专业人员。

还有另外一个常见的症状就是，在一个不良组织里不止一次地发生组织问题。一个被认为已经"解决"掉的问题，它马上会以另外一种完全不同的形式再次发生。

重复发生组织问题说明了一点，那就是把诸如"典型职能"或"参谋与直线"等"组织原则"应用其中，而且是完全不予考虑地加以应用。基于此，我们认为有效的方法是要做出正确的分析，即关键活动分析、贡献分析、决策分析及关系分析。假如，接二连三地发生同一个组织问题，就说明缺乏思考、缺乏理解、缺乏明确性，那么只凭在纸上改画组织图就未免显得太机械了，这样的处理方法显然是不科学的。

同时，我们也看到，不良组织往往会分散重要员工的注意力，使他们把注意力分散到次要的甚至是不相关的问题上，这样危险的症状普遍地存在于一些企业机构里。如果一个组织不能使关键人员集中精力投放到企业的重大决策、关键活动与业绩成果中去，而是使人们去关注举止、礼貌及程序是否恰当，那么组织就失去了其存在的最基本的作用和目的。也就是说，不能发挥正常作用的组织，只能沦为企业发展的绊脚石。

五、决定决策的方式

保罗·杰克逊，一位高级过程主管，讲述了以下的故事：

俊华公司（Superior）长期以来都遵循以下的资金使用签名权制度：

副主席：	高于 4 000 000 美元
生产经理：	高于 1 000 000 美元低于 4 000 000 美元
事业部经理：	高于 100 000 美元低于 1 000 000 美元
部门经理：	低于 100 000 美元

所以，假如一名事业部经理想支出 100 000~1 000 000 美元，他只需自己签字就行了，无须经过上级批准。

几个月前，吉姆·福瑞斯特来到俊华公司担任主管我们这个部门的副主席。吉姆来了以后所做的第一件事就是单方面决定凡是支出超过 100 000 美元的项目必须由他亲自签名。哇！从那以后事情完全变了。现在吉姆比他的任何一位前任都花费更多的时间来审查每项决策，并且达到了不可想象的细致程度。早上 5 点以前你就会在公司看到吉姆，而晚上 7 点以后他还在公司，周末也不例外。近日，生产经理和事业部经理们都为他们应该做什么而困惑不解。同时，我们大家都在担心，长此以往，大家将不再需要考虑本部门所面临的长期战略问题。

保罗·杰克逊的描述生动地说明了本节我们将讲述的重点。在解决了公司需要问题以后，某人或者某些人必须开始着手于解决满足公司需要的决策问题。这些人应该是谁？他们应该如何行动？什么做法对公司的需要来说太过繁杂因而没有必要？而什么样的做法又不能达到公司的要求？这些就是模式问题和投入问题要研究的核心内容。

（一）模式问题

模式问题决定了一项决策或一系列决策如何制定。俊华公司的案例中，吉姆·福瑞斯特选择了与以前不同的支出决策模式，显然该部门的经理们都怀疑他的新计划的正确性。作为决策管理者，当你试图解决这些问题的时候，哪些规则可以为你提供有益的指导呢？

选项一：职责分配

模式树的顶级是选项一，它指的是决策中的职责分配：也就是通常认为谁（或者什么，这一点以后将做解释）将制定决策。有时候，这些负责人是规定好的，比如：法律规定了法人职责，公司的议事程序或者部门工作程序规定了负责人等等。然而，更普遍的情况是负责人的决定是非正式的，是长久以来自然形成的。（"我们总是让杰拉尔丁来分配工作任务的。"）

在通常的工作中，你很少会听到人们讨论负责人的问题。什么事情由谁来负责已经成了公司日常活动中的一个确定部分，成了一种惯例，所以没有人关注。但是在两种情况下这种职责问题将会引起极大的关注：一种是因为某种原因现存的惯例改变了（如吉姆·福瑞斯特改变了公司的规则），另外一种是新商业结构的建立（比如，因为并购、联合或成立新公司而导致新实体的形成）。在这种情况下，决定由谁来决策的问题就显得尤为突出。

作为决策管理者，你应该既能在有明确的需要时，也能在还没有人意识到这种需要的时候引导大家关注职责问题。决策职责问题简单地说可以表述为"形成决策习惯"。如果像吉姆·福瑞斯特一样全权负责公司的某个部门，你也许可以按照自己的意愿培养某种惯例。通常，尽管惯例是通过许多人谈判建立起来的，你仍然可以通过说服他人来影响惯例的建立。

当你致力于建立良好的惯例的时候，你可以应用哪些原则呢？假设你是新公司的组建者之一，你们面临着这样的问题："是否开发某种产品的决策究竟应该由谁来做，是完全由产品开发部的副主席负责，还是由市场委员会的执行官来决定？"在你们商讨的时候，有一些问题就会像咒语一样在脑海中盘旋："如果我们这样决定负责人，决策的结果会有效吗？也就是说各个重要决策问题能被很好地解决吗?"

一个决策者还是多个决策者？

我们首先需要解决的问题就是应该把决策任务交给个人还是团队，是一个专门的委员会还是一群选出的员工。在任何情况下，我们都是通过比较个人和团队解决重要决策问题、制定决策结果的有效性来进行选择。下表总结了这些利益与损失。

团队决策较之个人决策获得的利益与受到的损失对比

利益	损失
利益一：集体智慧	损失一：工资成本
利益二：劳动和专长分工	损失二：协调成本
利益三：价值敏感度	损失三：信息共享效应
利益四：可接受性	损失四：逃避责任
利益五：成长	损失五：错误标准扩大化

首先是利益。

利益一：集体智慧。在某种程度上我们都认可这句话"两人的智慧要胜于一人"。调查研究已经证明了这一点，尽管有时候我们往往低估了集体智慧的作用。在一个研究中，研究者请人们为停车位危机提出解决方法，并且估计他们忽略了多少其他的问题，这其中包括其他实验者可能提出的问题。结果是大多数的实验者都低估了他们所遗漏的问题。

因此在考虑某一决策所涉及的因素方面，团队比个人更有潜能。而且，所考虑因素的范围要比我们想象得大。这一点也可以直接和可选方案问题联系起来（为了解决这一问题，我们可以采取哪些不同的行动，如果我们这么做了会发生什么事?）。

利益二：劳动和专长分工。对于一项有效决策，任何个人只能知道一定量的事情，也只能做一定量的工作。而团队通过劳动和专长分工，可以解决这个问题。这一点对于现代商业中涉及的许多需要专家们（比如：律师、工程师、医师）共同制定的复杂决策尤为有益。这一点对于判断问题也有重要的作用（"如果我们采取该行动，他们所关心的哪些事情会发生?"）。

利益三：价值敏感度。许多决策问题都需要我们估计人们对某事的感受，比如在公司养老金制度中提供一项新服务。在这种情况下，价值问题和可接受性问题就处于决策问题的核心位置（他们讨厌这一决策吗？他们会不会给我们带来许多麻烦？）。同样，人们在价值观和品味方面也有很大的差异。这样团队决策就比个人决策更有机会接触到这些不同的品味和看法，也更有可能制定出成功的决策。团队中决策相关方面的差异性越大，就越有利于决策。

利益四：可接受性。在可接受性问题方面，团队决策有直接的优势（我们如何才能让他们同意这一决策以及这一决策过程？），因此也有利于决策的实施（我们如何实施决策？），因为接受了决策的人们绝对不会破坏它的实施。例如，人们接受集体的拒绝要比接受个人的拒绝更加容易，因为一般大家都相信两个或多个人的智慧确实比一个人要多。如果约翰·威尔逊拒绝了你的建议，你很容易就会说："威尔逊总是这样充满偏见，孤陋寡闻。"如果拒绝是出自一个9人的委员会，而且委员会中还有你认为与你有相同立场的人，你就不会轻易做出这样的判断了。

利益五：成长。团队决策的最后一个优点是它可以帮助培养决策人才。因此，即使你在预算分配决策方面做得得心应手，适当地让你的下属参加到这个过程中来并使他们学会制定这些决策的方法仍然是一个明智的决定。

现在我们来讨论一下团队决策的缺点：

损失一：工资成本。显而易见，团队决策的成本要高于个人决策，因为你不是只给一个人报酬而是要给一组人报酬。很明显，这一点将在投入问题中考虑到（为了制定这个决策我们应该投入多少？）。

损失二：协调成本。你一定记得在许多会议上，忍不住悄悄抱怨："我自己15分钟就可以解决这个问题。"尽管让人们一块有效地工作并不是不可能的，但是这确实需要耗费大量的时间和精力。协调费用确实存在，而且它们还会或多或少地影响公司的财务成本。

损失三：信息共享效应。你经常希望人们通过合作制定复杂的决策，因为每个人都知道其他人所不知道的事情，他们可以提出不同的问题和观点。然而不幸的是，一系列调查研究表明，这些不同的问题或者观点很可能根本不会被提出。每个人都不会提出自己了解的而其他人不知道的问题，相反，大家将会谈论每个人都知道的事情。这就是信息共享效应。它很明显会影响准确判断。例如，让一些专家组成团队原则上将会给出对各种可能结果的精确预测，但是由于专家往往没有完全发挥作用，实际的精确度常常会下降。我们需要尽量减少这种信息共享效应，这就要求我们在集体讨论时不要说："既然我们大家都同意……"取而代之的是："我不太确信，查克。莎伦，作为价格专家，你怎么认为？"

损失四：逃避责任。你一定对这句话有亲身感受，"如果每个人都负责，那么就等于没有人负责，工作完成不了。"逃避责任是集体决策的一大缺陷。研究表明，团队中的个人对于集体成就或失败的责任感总小于个人完全负责某项工作时产生的责任感。团队决策时，个人的责任感会降低。

损失五：错误标准扩大化。假设团队中的所有人（或者大多数人）都遵循某特定的标准，比如，规避风险，因此，团队中每个人都赞同的规则就形成了标准。如果标准有益于有效决策；那很好，但是如果标准有问题，那么它在团队中的扩大化将会影响决策质量。以对风险的态度为例，假设某公司内员工遵循厌恶风险的标准，那么如果这家公司里的一些人要制定一项投资决策，这个决策一定比单个成员制定的投资决策都要保守，而且这种保守主义也许有悖于公司的利益。

因此，在特定的案例中，你会提倡把决策职责分配给某个团队还是个人？为了回答这个问题，你必须仔细评估所列出的各种因素，并且决定在这个特定案例中，选择个人决策还是集体决策会更有效。答案因问题的不同也不尽相同。比如，有关区分特定花费的决策需要财务专家来解决，把它分配给个人更加有意义。但是有关大量裁员的决策需要听取多方面的意见而且风险很大，这就需要团队决策。

抵制。你无须过分地担心某种新的决策职责（如成立新公司）确立以后来自其他人的抵制。但是当你试图改变已经存在的决策规则时，你将不得不考虑到这一点。吉姆·福瑞斯特改变了公司的支出签名规则而遭到怨恨就是很明显的例子。部分抵制来自被免除职责的人，他们觉得他们被降职了。但是抵制同样来自其他人，这些人已经适应了原来的规则，他们害怕新规则给他们带来的不确定性。此外，他们也可能会理智地考虑现行的规则。这些规则也会得益于"单纯曝光效应"：人们对重复出现在他们面前的事会越来越积极的。

所有这些都说明，在改变决策职责分配时，你应该三思而后行。问一问自己："考虑到所有将会遇到的麻烦，做出这种改变是不是值得？决策是否有效，因而值得我们争论呢？"如果回答是肯定的，那么就应该细致地开始完成这项任务，第一点就是你应该对变化做出基本的说明，而不是像吉姆·福瑞斯特那样，人们讨厌专横的沉默。第二点就是你应该准备和该变化影响到的人磋商，也许需要为给他们带来的麻烦做出一定的补偿。

文化。有时候我们需要在来自不同文化的人中间建立某种规则。这里的文化，首先是指公司文化，这种情况通常出现在合并、收购、联盟等活动中。因为新实体中至少有一些人需要改变他们的习惯，所以就需要应用一些方法使改革的道路畅通无阻。

文化的另外一层含义是世界某一特定地区人群的处世习惯和方式，比如，日本和法国就极为不同。在这种习俗和决策习惯中，如果你想了解更多的文化差异，这里可以提供一些资源。假设你的公司要和另外一个国家的公司或者是雇用了许多具有不同文化传统的员工的公司建立合资企业，以下一些建议将对你有益：首先要考虑到来自其他文化背景下的人们的习惯与你自己的习惯差异很大（尽管他们可能十分礼貌不敢公开告诉你）。其次，仔细观察并询问他们的习惯是什么，然后就你拟定的新惯例开始协商谈判。

应该选择哪个人？

如图所示，一旦你决定了把决策任务分配给个人或是集体，那么你的下一项工作就是决定应该选择哪个人或者哪个集体。我们首先看个人的情况。

假定你的公司要分配一些决策任务，公司将如何选择人选呢？当然，你将会根据该职位所要求的各项职责考虑候选人。但是在评价候选人的决策能力的时候，你需要问自己这样的问题："谁在这个方面最有决策经验？"如果你无法根据历史记录来回答这个问题，那么下一个问题就应该是："候选人决策成功的可能性有多大？"这个问题需要用候选人成功解决每个重要决策问题的概率来回答。

谁应该是团队中的领导者和成员？

假设公司已经决定由一个团队，比如委员会来做出某种决策。应该选择什么样的人来领导和组织团队呢？

在选择领导者的时候，尽管你所选择的人一定要能胜任相关领域的工作，但是选择一个擅长制定相关决策的人并不是关键。关键在于领导者应该具有良好的团队决策管理技巧。进一步讲就是说领导者应该明白有效决策必须恰当解决所有重要的决策问题，并且擅长组织团队做出能够解决每个决策问题的决策。

对领导者来说，团队中的其他成员并不一定都要是优秀的个人决策者。相反，它应该从整个团队职能的角度出发组织团队。和体育团队一样，为完成任务，商业团队也需要由拥有各种知识和技能的人组成。在决策团队中，这就意味着团队拥有能解决所有决策问题所需的一切资源。

选项二：工作分配

决策职责是一方面，决策工作是另外一方面。承担决策职责的人可以有两种选择：或者自己解决问题，或者把这些职责重新分配给其他人。前一种选择是决策的一级模式，后一种是决策的二级模式。

假想你的客户经理克拉克·蒙格负责处理产品的投诉问题。最近，有关你的公司的一个核心产品 XS75 的投诉如洪水般涌来。克拉克可以完全由自己来决定怎么做（通过谈到的一级模式），或者他也可以让其他的人或利用其他的资源来处理（通过二级模式）。他应该怎么办？作为决策管理者，通常情况下你应该如何帮助其他决策者有效地分配决策任务？

通常的情况下，授权决策者采用一种复杂的方法来分配决策任务，特别是当决策问题不同于常规的时候更是如此。也就是说，他们把问题细分，并且把细分出的某些方面交给其他人去解决，同时自己也解决问题的一部分。

授权决策者需要询问与回答的最基本的问题是："考虑到所有的因素，包括成本，谁可以更好地完成这项任务，我自己还是其他人，如果是其他人，那么应该是谁呢？"（注意："其他人"也可以是其他的东西，比如专家系统或者其他计算机程序）为了保证有效地回答这个问题，你应该在你的公司内的授权决策者中间培养两种习惯：自我评价和了解可选方案。

工作任务分配习惯一：自我评价。自我评价习惯就是问自己："我会不会不是最适合这项工作的人？"我们通常不习惯问自己这样的问题，因为这对于我们的地位是个威胁。但是当实际情况如此时，本着积极负责的态度，授权决策者应该对这个问题给出肯定的回答。例如，如果克拉克把这一史无前例的 XS75 的投诉问题报告给他的老板，他根本无须担心自己的能力受到怀疑。

当然，自我评价只有在准确的时候才有用（有关判断的问题将在第 6 章讨论）。这一点值得我们注意。大量研究表明，人们经常过于自信。许多情况下我们本不该说："我也许比其他人都更能胜任这项工作，当然也比那些愚蠢的机器强。所以，我还不如自己干。"这不仅仅是一种夸张自负的说法。在我们没有任何直接的证据证明我们不能很好地完成这项工作的情况下，充满自信是可以理解的，尽管有时候这种自信被错误地使用。所以我们假定自己能够处理。例如：克拉克原来从来没有遇到过像 XS75 这样的投诉危机，但是在其他的投诉情况下，他都解决得很恰当，那么他为什么要怀疑自己处理这个危机的能力呢？但是公司应该培养决策者避免高估自身能力的态度，特别是在一种新的决策条件下。

工作任务分配习惯二：了解可选方案。为了更好地完成任务，在把决策任务分配给某人或者某设备之前，决策者必须知道任务要分配给什么人以及他们是否有效。我们很可能对这二者一无所知。一个叫作伊温纶·西蒙的工程顾问给我讲的事情就是一个很好的案例。公司的某客户要求公司做一项腐蚀模拟，公司的地区部门在现有的程序下不能做出可接受的模拟，部门经理已经从工程学校毕业多年，对于领域以外的模拟技术的发展知之甚少。因此他没有意识到直接应用他人已有的程序就可以解决这个问题，同时，他因为害怕而没有咨询上级当前所用的程序是否合适，这些都使问题变得复杂。最后的结果是，提供给该顾客的劣质服务差点毁了该部门的声誉，实际上已经毁了伊温纶·西蒙的声誉。如果公司拥有该领域的先进工具与专家，并且经常咨询他们的意见："你的观点是什么？"那么发生这种事情的概率将会大大降低。

选项三：工作细节

图中选项三是决策任务执行的细节。这个选项与前两个选项不同，因为它与我们习惯上认为的选择方式不同。根据授权决策者是否自己完成工作，我们可以把决策模式分为两种：自己完成的——一级模式；他人完成的——二级模式。

一级模式

一级模式包括 3 种：分析性决策制定、基于规则的决策制定、自发的决策制定。以下我将首先定义这 3 种模式，然后再讨论它们所带来的决策管理机会。

分析性决策制定模式：想一想原来你参加会议中的某些重要的非常规决策的制定，比如有关公司是否放弃长久以来为客户提供的某项服务。不容置疑，过程一定是一片混乱甚至是痛苦的；一切看上去毫无规则。人们唇枪舌剑，尽他们的努力提出可以想到的论据，指出我们应该怎么做，并且尽力说服他人同意自己的观点。这就是分析性决策制定过程。

分析性决策制定就是通过没有限制的、有目的的、努力的推理来确定在某一特定条件下最有意义的方案。

一个重要的说明：无论是个人决策还是集体决策，分析性决策制定过程看上去杂乱无章，实际上这种表象具有欺骗性。作为决策管理者，你的一项重要任务就是保证从看上去杂乱无章的信息中得出有效的结论。实现任务的关键就是理解人们某行动的意图，了解这种意图是为了解决什么是决策要点，然后帮助他们做出好的结论。例如，我们经常遇到以下激烈的讨论："伊莱恩，你应该严肃一点，那不是这个市场的运行方式，这才是……"有时发言者也会这样下结论："这就是会发生的事……"或者更强烈一点："如果我们按你说的做，我敢保证6个月内……"通过了解哪一个决策要点是讨论的焦点，你可以帮助决策者成功地解决这个问题。

基于规则的决策制定模式：决策规则有以下的形式：

如果条件C满足，那么继续选项A。

零售仓储规则就是一个简单的例子："如果只剩下5箱了，那么就应该再订货。"在许多决策规则中，条件C包括许多要素。比如申请贷款，申请的第二阶段就包括许多要求，像"在该领域工作6个月以上""月收入在2 000元以上"等等。因此基于规则的决策制定表述如下：

基于规则的决策制定过程就是经过深思熟虑，使给定条件下的环境与已经制定的决策规则条件相符合，然后再继续该规则提出的活动。

自发的决策制定模式：设想一下员工乔治·布莱尔在你的公司的一家商店工作。一位生气的顾客突然开始辱骂布莱尔，而且满嘴污言秽语，布莱尔不加考虑，就同样回敬这位顾客，许多人都见证了这一幕。人们看到的就是自发决策的制定过程：

自发的决策制定是对某种行为的不加控制的自然的反应。

这一过程可以表示为由ST→A，ST代表正在被人们所讨论的事件的状态，这一状态会自动触发行动A。当乔治·布莱尔感觉到自己受到攻击的时候，他的报复自然就显露出来了（"真的很对不起。"事后他对老板说，"但事情自然就是那个样子了。"）。自发决策过程通常只出现在个人决策中，集体决策中一般不会出现这种情况，这也是为什么的模式树中集体决策的分支下没有出现自发决策的原因。

这些主要决策的具体模式之间的区别为什么重要？因为决策者常常在应该使用这

种决策模式的情况下使用了另外一种模式。作为决策管理者，你的工作就是帮助决策者避免类似的错误。其中关键的一点就是找出对这些模式的不恰当的应用，以下介绍两种形式：存在问题的基于规则的决策制定过程，存在问题的自发的决策制定过程。

存在问题的基于规则的决策制定过程：起初，诚信银行（Reliance Bank）的中级贷款市场的信贷员在决定发放贷款方面有很大的自由度，每个信贷员都可以通过自己的分析完成任务。然而，诚信银行的经理们发现了信贷员决策中的一些问题：

业绩：尽管一些信贷员的业绩相当出色，而另外一些信贷员的失误却给公司带来了巨大的损失。

一致性：正如对业绩的观察一样，他们同样担心信贷员决策的不一致性。

成本：至少有一些信贷员在贷款决策上反应很慢，这样将带来过高的成本。

这种考虑促使决策从分析性决策变成了基于规则的决策。考虑到业绩，诚信公司的经理们想："我们为什么不制定出最好的放贷规则，那样每个信贷员只需要按规则办事就行了。"考虑到一致性，他们又认为："如果每个人都遵循一样的规则，那么不一致的问题就自己解决了。"至于成本，他们认为："信贷员无须重新设计每一次信贷过程，在合理的规则下，他们可以提高工作效率，降低工作成本。"这些想法使得决策逐渐规则化。

那么，什么可能会出问题？什么确实出过问题？为什么？在这方面的主要问题如下：

规则业绩：通过新规则吸引的贷款平均水平并没有超过原来的业绩水平。

规则适应性：信贷员抱怨经常有一些情况适合放贷款却因为规则没有规定而无法开展业务。

抵制性：尽管规则可以帮助信贷员准确地解释发放或者不发放某笔贷款的原因，但是，信贷员大都讨厌规则，这是因为：按照本本决策死板且不自然；这迫使他们忽略一些他们认为相关的事情；规则使他们觉得自己的身份降低到了小职员的水平。

这些问题常常出现在基于规则的决策过程中，但这并不是说你就要对这种决策过程失去信心。仔细观察，你就可以发现决策规则在公司日常程序中的优点。基于规则的决策具有较高的有效性，它是必不可少的。我们需要注意的主要问题是经理们需要仔细判断出现危机的可能性，包括规则的弱点、不适应性以及受到的抵制。在一些情况下，也许根本就不存在可以取代已有分析性决策过程的规则。还有一些情况下，公司实际上具有处理危机的潜能。例如，诚信银行可以从第一天开始就使信贷员参与到这个提高的过程中来，并且努力使规则便于应用以减少来自信贷员的阻力。

存在问题的自发的决策过程：商业活动中对自发的决策的关注大都局限在操作环境中，在这种环境中，事情发展的速度很快。这里有一些例子：比如乔治·布莱尔事件中与客户的互动、商品市场的交易、灾难性事件随时可能发生的装配线或者能源间的产品设备控制等。在这种情况下，速度很重要。我们需要自发反应所能提供的决策速度，但是问题在于采取这些迅速的行动可能是错误的。

通过了解自发的决策的形成过程，你可以帮助公司减少失误的机会。通常自发的决策是这样形成的：

分析性的→基于规则的→自发的

我们以学开车为例说明这一过程。开始的时候，你必须决定什么时候开上高速公路，加入以每小时 80 英里行进的拥挤的车队里，这是痛苦的分析过程。如果你有一位驾驶教练的话，他会给你提供一些有用的规则，或者慢慢地你自己也找到了规则。最后，这些规则转变成了你的自发行为，你甚至不知道为什么自己就已经在这个车队中了。

这个过程的缺陷在于我们不能保证在人们脑海中根深蒂固逐渐自发化的规则是正确的。随着不断地重复，即使是错误规则也会逐渐自发化。因此就会出现不称职的司机、业务员、过程控制员等。因此对于培训者来说，从培训开始就仔细观察被培训者的重复行为是十分重要的。无论培训者重复做的事情是合理的还是不合理的，最后都会规则化。

以上过程总了重复决策是如何逐渐自发化的。以下的情节描述了一个决策活动中的模式是如何形成的：

如果意识到了诱因，按经验：自发的决策→

如果没有意识到诱因，试着：基于规则的决策→

如果没有可用规则：分析性决策

也就是说，如果决策者觉察到了某种导致自发行动序列的诱因，那么过程中所描述的自发行动就会开始，决策者没有任何意识与目的（回忆一下乔治·布莱尔对顾客的反击）。只有在自发的决策没有发生的情况下，其他的决策模式才会发生。出于简便的原因，通常决策者们试图找到可用的规则。只有在无规则可用的情况下，他们才会进行分析性决策。

这一过程非常重要。假设某个员工的决策是错误的，经理自然想到应该和他讲清道理，使他以后对此多加注意并加倍努力（"要正确思考，正确办事！"）。如果这位员工的错误来源于分析性决策，这种做法也许有用；但是如果错误来源于自发的决策，那么这种做法将毫无用处。想一下戒烟训练员在看到他的客户不自觉地把手伸到衬衣口袋里取香烟点燃时是怎么做的：在训练计划刚开始时，他们让受训者把香烟放到其他的口袋里以打断这种习惯行为。这种做法会激发分析性决策过程，受训者很可能就会想到："也许这次不应该吸烟。"作为决策管理者，你可以应用这种方法来修正你所看到的存在问题的自发的决策过程。

二级模式

如图所示，当授权决策者决定下放决策任务时，他有 3 个选项：模型的、代理的和顾问的。

模型模式：在这种模式下，决策者通过使用既定的模型来进行决策。如基准化模型。比如工业企业的负责人采用某种供应链软件，因为其他的工业企业负责人都使用这种软件。

代理模式：在这里，代理指的是授权决策者把决策的全过程都委托给当事人。所有决策代表都是代理的例子。我们通常认为决策代理是人，但是决策代理却不一定必须是人，在一定的价格目标下，可以自由买卖证券的计算机程序就是很好的非人类代理的例子。

顾问模式：在现在的环境下，顾问是为决策者的最后行动或者为决策过程中所需的重要元素提供建议的人。顾问具有一定的中立性，他们仅仅为决策制定提供所需的信息。这种模式与代理模式的主要区别在于，在顾问模式下最终的决策还是要由决策者来做。公司执行官对董事会来说就是顾问，他们为董事会决策提供事实信息和可选方案。在这种意义上，专家，比如产品等级方面的权威，也是顾问。在家里，如果你的洗衣机坏了，你翻阅《消费指南》查找如何申请退换，实际上，杂志的作者已经成了你的顾问。

假如你的公司应用了以上谈到的几种模式中的一种，并且发现这种模式不但没有达到预期的效果反而给你的公司带来了许多麻烦，使你的公司"疲惫不堪"，为什么会发生这样的事情？你应该如何做才能避免这种情况的发生？

首先我需要说明一下"疲惫不堪"是什么意思：这就是说如果通过其他方式制定决策也许会更加有效。显然，公司很少会注意他们是否真的"疲惫不堪"，因此，他们很可能被再次搞得疲惫。那么在评估某公司在应用二级模式时是否疲惫不堪应该考虑什么因素呢？

成本：有效决策的一个重要维度就是成本。模型模式没有成本，而代理和顾问模式成本很高，公司很可能就会付出大量的资金。有关成本限度的问题将在本章对投入问题的分析中介绍。

错误人选：二级模式中会出现的最严重的风险就是选择了错误的人选。例如，一个人选择了错误的模型。首先，模型建议的行动也许不能像设想的那样符合公司的利益。比如你选择了大多数工业企业负责人所用的供应链软件，因为你认为它是工业企业负责人成功的重要因素，而实际的情况根本不是这样，负责人甚至觉得用这个软件是一个错误的选择。其次，所选择的模型本身可能就是错误的，也就是说，适合于模型的决策并不适合于你的公司。比如供应链软件也许与公司现在用的其他软件无法兼容。所以在选择模型之前，一定要确信模型的建议适用于决策者自己的环境。

同样道理，我们很容易选错代理人和顾问。这其中的原因之一是，代理人和顾问总是把他们最好的一面展现在你的面前。他们强调顾客所关心的优点，而掩饰了其他方面。第二个原因是和第一个原因相联系的：在评估可选代理人和顾问时，决策者经常不知道他们应该知道什么。请注意以下"行为预计规则"：

过去的行为是对未来行为的最好的预测。

所以，如果公司想估计一下顾问是否可以很好地完成项目，就应该仔细查阅一下该顾问过去在类似项目上的表现。研究表明，人们不会自发地采取这种行动（也许是出于礼貌）。相反我们却过分地强调顾问的自信心以及他们的解释与说服能力，但实际上这些表现具有很大的欺骗性。

不良动机：最后的问题就是要考虑一下代理和顾问的动机。公司决策者必须经常问一问自己："他们推荐 X 而否决了 Y，如果我们选择了 X，顾问可以得到好处吗？"如果回答是肯定的，那么一定存在着不良动机的问题：顾问可能为了个人利益有意识地损害公司的利益。通常，这种情况发生的概率比决策者想象的要大。

（二）投入问题

工程师汉克·克林斯告诉我："我们最近不得不决定从 3 种不同的安全检测设备中选出一种安装到我们的实验室中去，最后，我们大约花了 50 000 美元做这个决策。" 50 000 美元对公司来说过多，不足，还是刚好？这个问题涉及重要决策问题三——投入问题：

在制定决策的过程中将投入何种以及多少资源？

这个问题解决不好将会从两方面影响决策的有效性。如果花费过多，那么这种影响是直接的，从有效决策的定义来看，这一决策的结果在成本标准上是无效的；如果花费过少，影响并不直接，决策者将不能保证决策结果满足其他有效决策的标准，比如这可能不能实现决策的目标。

资源类别

有两类重要的资源，第一类是物质资源，也就是最终都会直接或者间接地转变为货币的财富或者物质，比如决策者的时间。另外一类资源是以努力和精力为代表的（如你抱怨为某个决策问题绞尽脑汁，"我都要垮掉了！"）。

第二类资源是情感上的，是决策者忍受兴奋和忧伤的能力。以下的话正可以反映这一点：

"这真的很痛苦！"

"我不能忍受这种不确定性与紧张！"

"我们不能达成一致，现在办公室四分五裂。"

在许多情况下，决策制定所消耗的情感资源和物质资源一样重要。而且，这种消耗是无法逃避的。比如，高相关的决策问题中总是存在这种风险，大家的恐惧正说明了这一点：

"如果我做错了，这将会使公司损失几百万美元！"

"我会断送了人们的工作——我朋友的工作。"

"我会看上去很傻的。"

"我会被解雇的。"

大量研究已经表明危机所带来的长期忧虑与紧张将给人带来极大的损害。因此，你帮助你的公司处理投入问题的能力不仅体现在处理物质投入的问题上。

投入原则

不幸的是，没有现成的公式可以告诉我们到底应该在一个特定的决策上投入多少成本。许多商业决策都过于复杂，我们根本不能应用任何公式。以下我们给出了在制定某一特定决策时一些合理且有用的原则。

原则一：限制

投入不应该超过潜在的收益。

换句话说，即一个决策的可能获益至少应该超过制定这个决策的成本。你很容易就会明白为一个 5 美元的赌注而花 10 美元去买一条建议的做法是愚蠢的。无疑，你会想到许多决策者浪费时间以及金钱为一些收益根本弥补不了投入的小决策而烦恼的案例。

因为盲目，经理们经常忽视了限制原则，他们也承认："坦白地说，我们根本没有想到在这个决策上投入了多少。"因此，决策者们应该注意下面的话，"如果我们让考德威尔放下手头的一切工作来完成一项报告，考德威尔的报告对决策的改善功能超过他所放弃的工作功能的机会有多大？"研究表明，其他违反限制原则的原因是一些人本身就不具备决策的能力，制定决策使他们感到沮丧痛苦。因此，在任何可能的情况下，不具备决策能力的员工都不应该被强迫为公司制定有时间要求的决策。

原则二：可减少的决策风险

为可以减少决策风险的决策投入决策资源。

此处决策风险的意思是以某种方式制定决策而导致决策意外无效的机会。有时候，我们可以通过不同的决策方式来减少风险，而有时候却不能。原则二就是告诉我们只能为前一种决策投入资源。

以下是我们设计的但是却很有指导意义的例子。假设有两个可能的投资机会，机会一：你可以把 5 000 美元投入到一项计划中，该计划的收益有赖于从现在开始后 3 年的肥猪价格；机会二：你可以把 5 000 美元投入到你的妹夫新开业的餐馆中。如果有人告诉你今后 3 年的肥猪价格，那一点用都没有，所以付款请这样一位顾问的行为是很愚蠢的。但是相反，付款聘请一位餐饮业的专家来评估一下餐馆今后的前景将是很有意义的。专家的建议可以减少你的总损失程度，你应该根据这种程度的大小付给专家报酬。

原则三：决策计划和预算

为成功地解决决策问题制定计划，然后根据资源做预算，确保收入大于等于支出。

每一个分配过资源的人都应该很熟悉这一原则。它的核心思想与经理们在管理项目费用时所用的相同。项目被分成一些重要的元素，我们根据这些元素的成本建立预算。在我们所谈的情况下，这种计划决定了决策的制定，元素就是决策问题的解决方法。

原则四：最小化

寻求恰当决策的最低成本。

同样，这也是许多优秀的经理人考虑的问题。在决策的情况下，要考虑物质和感情两种因素。最小化决策成本有许多种方法，其中一个有效的策略就是改变决策模式。比如，通过规则制定贷款决策（或者通过计算机程序）来代替分析每个贷款申请。或者是使个人决策转变为集体决策，因为职责分散的原因，由集体制定决策比个人制定决策能更多地减少商业决策所带来的忧虑。比如，比较由一个人完全决定解雇谁和由一群人决定解雇谁带给决策者的不同感受就可以很好地说明这一点。

或者还可以考虑代理模式。显然，对于下级来说每个经理都可以被委以一定的决策权。还有一个明显的原则是"代理成本原则"：每个决策都应该下放到可以制定它的最底层。所以，例如，让生产经理制定一个普通雇员就可以决定的决策就是资源的浪费。然而，违反这项规则的现象却很普遍，比如本章开始谈到的吉姆·福瑞斯特的案例。

一旦决定了由谁（或者什么）来制定决策，而且决策资源也已经分配妥当，制定决策的过程就变得很重要了。决策者将会考虑采取什么行动或者不采取什么行动。这就是有关可选方案的问题，在下一章，我将详细讲述这个问题。

六、可能性问题和判断问题

安全储备银行（Secure Savings Bank）很晚才开展自动取款机业务。为了争取时间解决操作中的一些小问题，公司规定每张卡都将在 1999 年 12 月 31 日到期。后来考虑到计算机的 2000 年问题，公司又把到期日推迟到 2000 年 12 月 31 日。所有的持卡人都收到来自银行的信，通知要在 2000 年更换他们手中持有的卡。2001 年的新年是星期天，于是按照美国国家规定随后的星期一也成了法定节假日。新年这天（以及第二天），当许多急需现金的顾客使用他们的卡时，却发现卡已经到期不能使用了。1 月 3 日，星期二，公司挤满了愤怒的顾客，员工们都被吓呆了。

一旦决策者为决策问题选定了一个特定的决策方案，就可能产生各种各样的结果。一些结果可能符合受益人的利益，而另外一些，比如安全储备银行的自动取款机案例，却不能满足受益人的利益。显而易见，提前估计出一系列行为的特定结果可以使决策者做出更加明智的决策，从而避免出现类似于安全储备银行这样的危机。

估计结果涉及两方面：可能性问题以及判断问题。本章将说明作为决策管理者，在制定重要决策时，你应该如何协助决策者提高成功地解决这两个决策问题的机会。

（一）可能性问题

决策结果估计问题的第一个方面就是重要决策问题五——可能性问题：

如果我们采取这种行动将会有什么事情发生——他们关心的是什么？

这里的"他们"指的是决策的受益人和决策相关方。我们需要考虑的核心问题是：受益人可能会因为决策者没有考虑到的决策后果而遭受损失。我们并不是说决策者考虑到了这些可能，但是因为认为它们不可能发生，而没有重视这些问题，而是决策者从来就没有想到过这些可能的结果。正如在安全储备银行的自动取款机案例中，愤怒的顾客们使事情变得更加糟糕，因为当事人根本没有机会在危机出现的时候保护自己。

通常，如果决策者想到了这些可能的结果，他们很可能就会采取一系列不同的行动。这就是为什么决策者在失败地处理了可能性问题之后，会感觉自己很傻。（"如果我们考虑到了这一点，我们绝对不会做出这样的决策。我们怎么会忽略它呢？"）例如，在安全储备银行的自动取款机案例中，如果有人想到新年正好是周末，许多顾客都不会按要求提前换卡，银行很容易就会想到应该把到期日定为 2001 年 1 月 3 日。每一位决策者都可能有这样的疏忽，所以这些疏忽并不是无药可救的。为了保证你的公司不会因为不利决策而受损，你需要了解这些疏忽为什么会发生以及如何发生，你还需要知道应该采取什么办法来避免疏忽的发生。

暂时疏忽

在暂时疏忽的情况下，如果有充足的时间，决策者最终可以发现某种被他们忽视的可能性。在安全储备银行的自动取款机案例中，也许就会有人在危机出现前发现新年问题。但问题是在把到期日定到 2001 年 12 月 31 日以后，就没有人再仔细地考虑过这件事。

导致暂时疏忽的出现有以下几个主要原因，我们将分析每个原因的特点并给出应该采取的相应措施。

单纯满足目标

每个决策都开始于决策者想要达到一定的目标。不幸的是，通常一旦决策者发现了一个可以满足目标的方案时，他们就着手推行这个方案，而没有意识到这一行为往往还会导致许多符合或者不符合决策目标的其他结果的出现。有时，这些负效应的影响很大，它会使你选择的方案的实际效果比其他可选方案的效果都要差。

这种不成熟的、单纯满足目标的方案就是导致安全储备银行的自动取款机危机的核心问题。把自动取款机卡的到期日改到 2001 年 12 月 31 日满足了银行经理想要争取时间解决自动取款机运行问题的目标，然而在选择了满足自己需要的方案之后，经理们却没有考虑到实施这个方案的其他可能结果。

一个减少应用不成熟方案机会的有效方法就是应用 O-P-O 循环（Option-Possibilities-Option，方案—可能性—方案）。在 O-P-O 循环中，决策者首先提出一个可以满足所设定目标的方案 O，然后他们并不就此停步，相反他们要考虑这个方案会给受益人、决策相关方带来哪些可能的结果，也就是可能性 P。在这个过程中，可以应用第 5 章提到的产生可选方案的方法，如头脑风暴法。决策者应用先提出的方案的可能结果来拓宽决策的目标，比如，减小出现他们所考虑到的问题的可能性。然后他们再制定出可以满足拓宽以后的目标的方案O，同样也可以应用第5章的方法。决策者重复执行O-P-O循环，直到这一过程中不再出现值得担忧的可能性问题。这时，他们就得到了不仅满足了原来目标，同时也避免了不良后果的方案。

O-P-O循环显然可以使安全储备银行避免上述危机。也许在第一次循环中就会有人提出："我们不能指望所有的顾客在收到了我们的信之后，就会在一定的日期以前更换手中的卡。我们必须确保到期日是我们的营业日。"

自然突发事件

回忆一下你在取得公司的当前职位以前所参加的面试。如果你的经历和大多数人一样，面试就像是日常聊天（"一路上怎么样？""你为什么对我们公司感兴趣？""你也喜欢攀岩？""从现在开始工作5年，你觉得怎么样？"），那么你的老板能够雇用到你真是幸运，因为这种聊天式的面试在预测一个人的工作表现时极其不准确。通过可能性问题你很容易就可以理解这一点。

新员工在工作岗位上的一系列行为无论好坏都会影响公司的效益。经理们应该提前了解这种情况，但是经理们在面试员工的时候却没有问应试者在特定情形下将会怎么做，因此也就没有得到相关的信息。这是因为普通谈话过程是随机的，谈话的话题经常从这一个变为另一个，这样的面试就会导致面试官忽略了应试者是否适合该工作的关键信息（"我们并不知道他会那么做！"）。这就是由自然突发事件导致的注意力变向，就像日常谈话中我们经常遇到的很有意思的，但是却毫不相关的话题转移一样，这些话题的转移就像氛气灯一样，意味着在说："看这里！"

清单是解决这类暂时疏忽问题的好方法。这也是"结构性面试"的基本思想，在结构性面试中，面试官要按照事先准备好的问题来面试应试者，这些问题经过精心设计以确定应试者在特定的情况下将会如何行动（"你能不能给我讲一个你在……方面的例子？"）。研究表明，结构性面试比传统的谈话式面试更有效。

和谈话跑题不一样，一些导致自然突发事件的诱因具有一定的战略目标。例如：卖主为你的公司提供的建议书一定会有目地强调卖主的优势。如果文件中提到了卖主的劣势，那么很可能他们会被拒绝。因此，如果卖主的建议书被接受了，你的公司的经理很可能根本不会想到这样的劣势会给公司带来什么问题。原来我们提到的"3+

规则"要求经理在选定某种建议以前，一定要至少考虑过其他两种建议。其他的卖主也一定有自己的优势。他们的建议书可能会引起我们对可能影响公司利益的其他问题的考虑，因此减少暂时疏忽问题需要注意自然突发事件。

当前需要

决策者有时会忽略一些可能的结果，是因为这些结果必须经过一段时间以后才会浮出水面。例如一个个人问题的例子，一名年轻的经理找到了一份新工作以后马上买了一幢十分符合他现在需要的房子。3 年以后他发现，这套房子对于他和他的新婚妻子来说太小了，而且房子的设计不容许扩充。而且，他得知历史上邻近地区的房子升值的机会很少，所以如果搬家的话，将会损失一大笔钱。所有这些事情发生的可能性本来都可以提前预见到，但是这位年轻的经理在买房子的时候，却没有想到这些问题。

有两种决策习惯可以避免发生这种基于当前需要的暂时性疏忽问题。第一，就是向前看的习惯。例如，在公司内部建立起这样的习惯，也就是说在重要的非常规决策最后决定前，一定要有人问一问大家："在签署以前，让我们大家问一问自己这种做法1 年以后对我们来说意味着什么？5 年以后意味着什么？"第二，就是要有问一问自己"接下来会发生什么"的习惯，也就是搞清楚随着时间的推移有什么结果会逐渐浮出水面。比如你在一家规范化的公司工作，为什么在一个重要的非常规决策决定以前总会有人说："在决定以前，让我们问一下接下来会发生什么事情？如果这些可能的事情发生了，那么将会产生什么我们必须注意的问题？如果这些事情发生了，接下来又会发生什么事？"

能力限制

在不用纸和笔帮助的条件下完成以下的算术题：

$352.17 \times 731.5 + 823.7 - 15.6 \div 4.2 = \underline{\hspace{2cm}}$

除非你是一位数学专家，否则你不可能仅用心算就可以解答这个问题，即使你很清楚地知道每一个运算都应该怎么做。为什么？在你计算的时候，你把每步计算的结果都记在大脑中，然后开始计算下一步，但是当你开始下一步的时候，你已经忘了原来的结果。你已经达到了心理学家称之为"可用记忆"的能力限制。

我们都很明白这种效果，所以我们通常不会仅用大脑去解决复杂的数学问题。但是，我们却没有这样去对待严肃、复杂的公司决策问题。结果就产生了暂时性的疏忽问题。当我们说"好了，这就是我们要做的事"的时候，一些关键的因素也许已经从我们的意识中悄悄地溜走了。

解决能力限制问题的有效方法看上去过于简单，但是他们确实有效，你应该尽力避免公司的决策者轻视这些方法。第一种方法是协商。特别是在对问题不熟悉的情况下，不管个人对于能够考虑到所有的事情多么自信，仅仅由一个人来做出决策是很冒险的，因为我们没有怀疑的原因，疏忽本身就会导致过于自信。作为决策管理者遇到这种情况，你应该坚持由两个或者更多的人来讨论问题。正如我们原来讨论过的团队决策问题，尽管个人的力量是微小的，但集体的力量却是可观的。

解决能力限制问题的第二个方法是具体的显示和记录，这就像用纸和笔一样简单。如第7章所述，决策矩阵是解决决策问题的一种有用的显示工具。决策矩阵就是用以比较不同方案的一系列考虑因素的图表，就像你在诸如《消费指南》这样的杂志中看到的产品比较图表一样。比如，一张表格可能每列代表一个方案，每行代表一个因素。这样假设首席运营官的人选要在4个候选人中选出，那么雇用委员会就会把这4人的名字作为表格的列头，然后把需要考虑的相关因素，比如候选人领导有效团队的能力，作为表格的行标。这样，当委员会成员看到这个决策矩阵的时候，就可以很容易地想出某个候选人在某一项上的表现如何。

思维联系性

假设在首席运营官面试的时候，每个人都对候选人斯蒂芬·加尔所展现出的技术能力感到惊叹。那么，在一段时间内，作为雇佣委员会的一员你可能会很难想到技术能力以外的事情。如果你在这个时候做决定的话，那么这种单一的考虑将会影响你评价其他的候选人，也就是说，你将会忽略许多重要的因素。

形成这种暂时性疏忽问题有两种原因。第一个原因就是思维的联系性：我们对于大脑中已经存在的事情（如在可用记忆中存储的技术问题）十分敏感。因此，在斯蒂芬以后面试的人很可能会被仔细地盘问他的技术能力。第二个导致疏忽的原因是能力限制。当一些考虑因素（比如与技术能力有关的问题）吸引了我们的注意力的时候，它们就会挤掉一些和它不相关的考虑因素（比如社交技巧），这些因素最终就被忽视了。

帮助决策者解决基于联系的暂时性疏忽问题的一个简单的方法就是等待。当决策者取得了他们认为足够多的信息的时候，他们经常想马上制定决策，但是，作为一种规则，比较安全的策略是要抵制这种想法。决策者应该推迟决策，先去做一些其他的事情，这样可以使决策者的思维更加清晰，当他们再考虑这个问题的时候，也可以考虑得更周到。

压力

许多环境因素会给决策者带来压力：时间限制、高风险、人际冲突、疲劳等等。压力给思维功能造成的影响就是限制了注意力的范围。这将会降低决策者发现优秀方案的创造性，而且也会使决策者忽视一些重要的可能性。

下图是压力收缩习惯模型。该图说明了不同的压力水平对决策者考虑因素范围的影响。两张图的同心圆的中心点都被标以 H，它代表了决策者习惯性考虑的因素，也就是在放松的环境下最容易引起决策者注意的因素。随着压力的增加，决策者的注意力就会逐渐被限制在这些习惯性考虑的因素上，这种效果会发生在每个决策者、专家以及其他人身上。

专家总是可以在重要的事情上集中注意力，而忽略其他一些不重要的事情。因此，如图中的 A 图所示，专家习惯于考虑的因素也是在制定决策中最关键的因素（C，因此 H＝C）。因此，随着压力的增加，专家决策的有效性反而提高了，因为，他不像平常那样被一些不相关的事分散注意力。当注意力达到了图上标注的"基本的"范围的时候，有效性就达到了最高点，它包括了理想决策所需的所有考虑因素。超过这个压力点，即使专家也开始忽略一些他们本应该考虑的因素。

图 B 说明了非专家决策者的相应情形。如图中所示的 C 点的位置，关键的不同就是习惯的考虑因素和真正关键的考虑因素相差太远。实际上，决策者的考虑范围内包括了一些根本没用，甚至有害于决策的因素。随着压力的增加，决策者的注意力范围缩小，决策者会考虑到关键决策因素的机会就变得更小了。也就是说非专家决策者的决策质量随着压力的增加而不断地恶化。

压力影响注意力范围的第二个原因是个人价值。根据"压力增加的个人价值模型"，压力越大，决策者就越倾向于考虑对自己来说更重要的因素。这些因素不仅因人

A. 专家决策者

考虑范围

H: 习惯性的
C: 关键的

LS
MS
HS

基本的

H=C

LS: 低压力
MS: 中等压力
HS: 高压力

B. 非专家决策者

考虑领域

H: 习惯性的
C: 关键的

LS
MS
HS

基本的

H≠C

C

LS: 低压力
MS: 中等压力
HS: 高压力

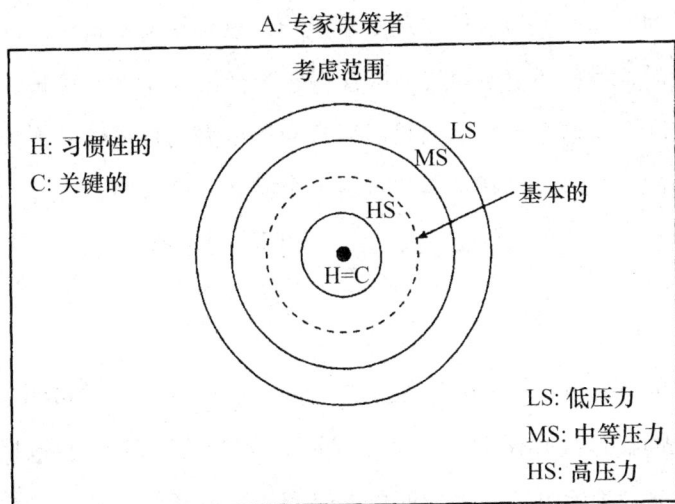

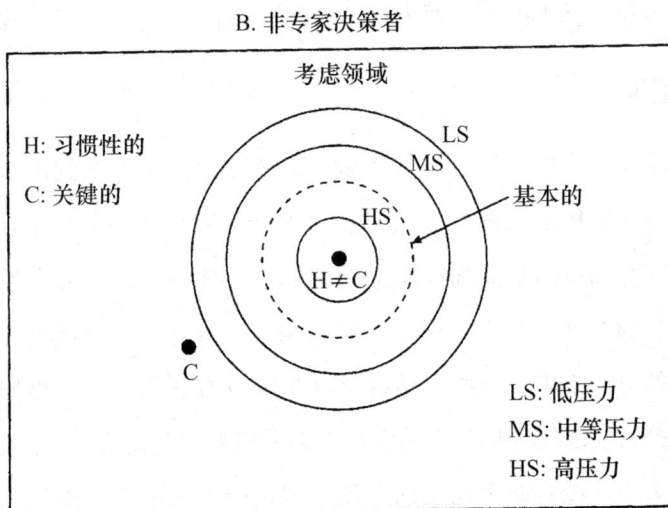

压力对决策相关考虑注意力的影响

而异，而且可能对公司来说也并不重要。一项研究全面概括了个人价值效果：随着压力的增加，大多数决策者都会越来越反对冒险。这是因为压力使潜在的损失更加突出，同时按照心理学的原则，和盈利相比普通人对损失更敏感。

有 3 种方法可以帮助你解决因为压力致使决策者忽略重要因素的问题：协商、依靠专家、依靠一些能够承受压力的人。在制定重要决策的情况下（这种艰难的过程可能类似于危机），你的公司的所有决策者都可能把注意力限制在一定的范围内，在这种情况下，没有一个人，甚至一位专家，可以单独做出决策。大家必须一起协商。同样，在类似于处理劳动事故这样的危机出现时，最好让你新提升的经理和专家一起去解决，观察专家如何处理问题，因为新任经理缺乏经验，很容易会把自己的注意力局限在错误的事情上。最后，我们还应该知道，尽管一些人会因为压力而垮掉，但还有一些人却不怕压力。实际上，这些人甚至把我们通常看作压力的环境条件看成是令人愉快的挑战。如果公司的某个部门（比如客户投诉办公室）需要负责人在压力下做决策，那么为这样的部门选择一些可以承受压力的人是你明智的选择。

固有疏忽

在暂时疏忽的情况下，如果决策者忽视了某个因素，他们可能会说："我把这一点忘了。"可是在固有疏忽的情况下，他们会说："给我一百万年，我也想不到这一点。"更通俗的说法就是无论给决策者多长的思考时间，决策者想到这一因素的可能性还是为零。导致固有疏忽的基本原因有两个——一是个人缺乏经验，二是全新的情况。

个人缺乏经验

有时候因为决策者没有经历过类似的事情，所以他们不能想到决策的某种可能结果，尽管也许有很多其他的人却对于这一点很熟悉。医疗就是一个很好的例子。假如有一个病人患了乳腺癌正面临着如何救治的问题，尽管有好几百万女性都不幸患过此病，但对于我们提到的这位病人来说，这却是她完全没有经历过的情况。她不得不面对各种治疗措施的可能结果，这些事情都是她从来没有遇到过的。再如在合并的例子中，两家公司的执行官或经理们当中的大部分人可能都没有经历过类似的事情。

解决由于个人缺乏经验而引起的固有疏忽问题的方法就是借助于他人的经验。这就意味着我们应该撒一张大网，因为对这些问题做过严肃思考的人毕竟还是少数。因此，癌症病人就需要依靠医生从成百上千的案例中获得的经验，同时她还应该多方听取他人的意见。一个大型生产企业的副总经理告诉我，在他的企业同意和另外一家企业合并以前，他们根据这一思想研究了历史上 300 个合并案例，目的就是找出在合并过程中可能出现的异乎寻常的事情，并且提前做好应对的准备。

全新的情况

一些决策条件对任何人来说都是新事物，比如新兴的基因工程或是像解除了管制的能源市场这样极端的商业环境。而且有一些事物表面上看起来很普通，可是仔细研究却发现它其实与众不同。例如，最近有研究者为谈判建立了一系列的规则，但是谈判者们却发现每一次谈判都有着独特之处（比如谈判者的个性以及他们的历史文化背景等等），这使得他们很难预计谈判的可能结果。这些全新的情况使得决策者在利用自己已有的工具和知识进行决策的时候，会不可避免地忽视一些重要的因素。

公司可以通过两种途径减少在全新条件下出现固有疏忽的机会：

理论顾问：普通顾问的价值在于他们在类似情形下的经验，而理论顾问不依赖于他们看到的和听到的适合于你的公司决策问题的东西。相反，他们的价值在于理解特定领域中事物的运作规律。例如，如果你的公司想进入一个新兴的解除管制的市场，那么雇用一位在解除管制市场方面的经济师将会起到很大的作用。

模拟：现存的理论总是存在着限制，这也是为什么一些明智的公司选择用模拟的技术估计他们在全新的条件下做决策时可能遇到的问题来弥补理论咨询的不足。在大学的实验经济实验室中的解除管制的能源市场模拟就是一个很好的例子。不像理论所讲的在这种条件下应该发生什么事情，这种模拟技术可以生动地演示在现实生活中的相应条件下可能会发生什么奇怪的事情。我个人最欣赏的模拟技术是斯科特·阿姆斯特朗（Scott Armstrong）在沃顿商学院所做的劳工谈判中的角色扮演技术，阿姆斯特朗的研究表明，这种技术应用在估计劳工谈判过程中时，可以得出很准确的结果，这些结果甚至比一些公认的专家给出的结果还要准确。

（二）判断问题

先锋制造公司（Vanguard Manufacturing）决定进行信息技术重组，并且要求在总部进行系统开发，在靠近于生产线的分部门进行系统分析。信息技术咨询师杰克·西尔德为管理层做出的估计是系统开发过程占用的时间和花费的成本将是系统分析过程的一半。董事会同意了重组，但是两年以后，开发过程并不如预料的那么快而且成本也比预计的要高。

先锋制造公司案例说明的核心问题是判断问题，重要决策问题六：

如果我们采取这种方案，那么他们所关心的哪些事情会发生呢？

可能性问题是要确定可能会发生的决策后果，而判断问题是判断这些可能的结果是否会真正发生。因此，杰克关于系统开发费用和成本减半的预测就是判断。在本文中更加正式的说法是判断是对于过去、现在和将来的与决策相关的事物状态的看法。在这种意义上，许多决策都不得不涉及判断问题。例如，在先锋制造公司的案例中，杰克所做出的时间和费用减半的估计使得重组建议看上去特别具有诱惑力。但是在决策过程中，还存在着这样一个不可避免的问题：判断的准确性决定了决策有效性的上限。也就是说，决策的结果不会像推动这些决策的判断那样好。在先锋的案例中，有效性的上限实际上很低。

决策管理和判断的前景

作为决策管理者，你的目标就是让公司的决策尽可能准确。你可以通过决策管理内容的所有4类活动来影响决策者判断的准确性（影响特定决策、监督决策过程、进行决策实践、提供决策资源）。但是最关键的活动还是第一类——影响特定决策。这对于决策自身来说很重要，你在决策过程中的行为还会影响你在其他领域的业绩。在做出重要决策时，人们做出的合理判断还会成为整个公司遵循的模式，而且决策自身也可以成为指导其他决策的规则（比如，选择公司投资的规则）。

所以在此我们讨论公司在面临决策时的判断问题。例如，假设你是先锋制造公司董事会的一员，在考虑这个IT重组计划。用第4章所讲的模式树的语言来说，你是在做工作分配。董事会可以完全依赖自己的判断做决策，同时他们也可以采取混合的方法。也就是说，尽管最后的决定还是要董事会做出，董事会也还是可以咨询一下其他人的意见。这样，他们就需要解决3个问题：是否要咨询其他人？如果需要，那么如何有效地咨询？决策者如何增加自己判断的准确性？

是否要咨询？向谁咨询？

是否要咨询其他人是一个"自制"还是"购买"的问题："我们是自己做出对于这个决策的判断，还是从其他人那里'购买'？"和许多的"自制"还是"购买"问题一样，我们需要考虑的关键问题就是质量和价格。在先锋的董事会中，你和你的同事也许会这么想：

为了做出一个好决策，我们必须判断一下这个IT重组计划需要的时间和费用。有没有人可以给出比我们自己的判断更加准确的判断，并且使得我们从中获得的收益远远大于我们付给他们的报酬？

如果答案是肯定的，那么咨询就会进行下去，否则，我们不会开始咨询。这个逻辑是毫无问题的，问题是公司很少应用，这也许是因为，公司很少能获得相应的事实。

过于自信

研究表明，在一定的条件下，决策者会对自己的判断过于自信，正如先锋的董事会对自己判断 IT 重组计划的时间及费用成本过于自信一样。自信就会使咨询的想法变得微不足道，即使切实可行，决策者也很可能会放弃这个途径："我们根本不需要这么做。"

正如我们前面所讨论过的，人们总是把自己想象得过于聪明。但是过于自信的问题不是一种夸耀和自负，研究表明这是因为人们不能找到怀疑自己能力的原因。如果彩色电视机坏了，我们当中很少有人会认为自己可以修好彩色电视机，因为只要看一看里面复杂的构造就知道自己做不到。然而在面对商业决策中看似非技术性的判断问题时，结果就不一样了，先锋的案例正是如此。

最理智的做法就是从最谨慎的出发点考虑问题：假设认为你们组内的决策者们，包括你自己，对自己的判断能力都过于自信了。更具体地讲，这意味着可以建立一个规则：当面临着新的、不确定的决策问题时，决策者们必须同时征求他人的意见，除非你有足够的理由才可以不这么做。

潜在的顾问

寻找和挑选顾问是另外一个决策问题。因此，原来我们讨论过的思想都可以应用，包括第 5 章所讲的选择可选方案的方法。公司的决策者自然想找一位在相关领域内名声不错的顾问，比如进行 IT 重组就要找信息技术领域的专家。决策者不可避免地要先利用人际关系（"我认识一个人……"）。我们完全可以按照这个方法开始选择，但是如果我们的选择就此停留在这个人身上，那么将有害无益。"3+规则"也是选择顾问的一个很有效的规则。坚持由 3 个想法不同的独立个人介绍 3 个不同的顾问，然后再从这些顾问中挑选最合适的。应用这种方法，公司内的决策者们就不会再问："我怎么才能判断她是不是够好呢？应该把她和谁做比较呢？"

准确认证

决策者们应该如何在他们判断出的顾问候选人中做出选择呢？研究表明，决策者经常根据一些有问题的标准来做出选择。不容置疑，名声是一个关键的考虑因素。但是什么东西会给人留下深刻的印象，因此会提高某人的声望呢？决定这种印象的主要因素包括自信且准确的表现（例如"我们的模型预计可以节省 52.8%"就比"我们估计大约可以节约一半"要好）。同时这还包括顾问有说服力的解释说明能力（"她说得很有道理。"）。印象驱动的缺陷在于它们很容易给人造成假象，并且顾问们有很强的动机去这么做。

你永远不可能说服公司的决策者不去用这种判断方式，你也不用去这么做。但是，你必须坚持使他们同样应用其他基本规则。行为预测法则：

对将来行为最好的预测就是过去的行为。

这一规则要求决策者应该检查一下候选人的判断记录，并且检查一下它们与实际发生情况的匹配程度。这样，在根据杰克的预测做出重要判断以前，先锋制造公司的管理层应该让一位专家系统地评估一下杰克过去的预测与实际情况的匹配程度。然后，就可以把这一评价与其他候选顾问的评价相比较（理想的情况下，也要与决策者自己的判断评价相比较）。

值得注意的一点是，我们要想得到这些记录是比较困难的。顾问们一般不愿意把这些信息交给你（通常，你能知道金融分析师的分析记录，并以此来判断他预测价格的准确性吗？）。所以，在询问的时候要十分礼貌，但是还应该坚持得到记录。

利用顾问

假设决策者已经决定依靠顾问的判断，那么如何确定顾问应该提供什么？考虑以下几个关键问题将有助于你解决这个问题。

选用多少顾问？通常的情况是公司对于任何决策问题都只雇用一个顾问，他们这样做的动机之一当然是降低成本。另外一个原因是决策者认为雇用更多的顾问没有意义。他们认为："如果我们选择的顾问不是最好的，也是最好的顾问之一。如果我们再雇用另外的顾问，那么这第二个顾问或者不够好或者是多余的，总之会浪费我们的资金。"有关这个论点的一个问题是，即使是最优秀的顾问做出的判断离完美也还很远。另外一个与此相关的问题是，即使是最有权威的专家之间也经常不同意彼此的观点（大多数公司都很少注意到这一点，因为他们很少会咨询一个以上的顾问）。

你应该鼓励公司的决策者打破传统，在可行的情况下为重要决策问题雇用至少两个独立的顾问。"独立"不仅意味着他们应该来自不同的公司，也意味着他们应该有不同的思考习惯，而且能够独立判断手头的问题。因此，先锋制造公司除了依靠杰克以外，还应该雇用其他的 IT 评估领域的专家，而且这些专家在评估过程中不应该和杰克交流。在许多因素的基础上，包括你如何合成不同顾问的判断，你会发现判断准确性的提高远远高于成本的提高。为什么？一个主要的原因就是集体决策的广泛覆盖性，也就是不同顾问的考虑因素只有小部分重叠，顾问们基于这些考虑因素做出判断，当把这些判断联合起来考虑的时候，你会发现这些判断几乎包括了应该考虑到的所有事情。

如何解决分歧？决策者从不同顾问处得到的判断经常存在着分歧。那该怎么办？你有两种选择，机械的或是协商的。

在机械的方法中，决策者运用某种规则来获得综合的判断，比如平均的方法。假设杰克认为时间减少 50%，而苏珊认为仅仅可以减少 20%，那么综合预测就简单地取平均数（50%+20%）/2＝35%。尽管取平均数的方法看上去过于简单，但研究表明它是提高准确性的有效方法。

在协商的方法中，我们需要对不同的观点予以思考和讨论，目的是分析为什么会存在歧义，然后在这个逻辑基础上进一步接近事物的本质。这种方法的其中一种就是"德尔菲方法"（Delphi method）。比如在先锋的案例中，杰克和苏珊依据自己的推理分别提出不同的预测，然后他们每个人都将阅读对方的预测，并且根据对方的预测修改自己的预测。这一过程一直进行到没有修改的可能为止。如果两个顾问还没有就此达成一致，那么就可以运用取平均数的方法。在传统的德尔菲方法中，顾问们不会面对面地接触，甚至始终不知道彼此的身份。但是，如果处理得恰当的话，面对面的讨论也会有益处。

如何询问？杰克在预测先锋的 IT 重组计划时说："时间和成本将会减半。"即使减半是杰克自己最好的预测，在杰克的心里也不免会觉得有 15% 的可能时间会增加。董事会的决策者们想知道这一点吗？当然。判断的真实性就在于顾问或其他人很少能绝对确信将会发生什么事情。然而，决策者们总是毫无例外地让顾问们给出坦白、绝对的断言："那么，销售情况将会怎么样？""他们能在 6 月完成吗？""她能胜任这项工作吗？"当然，顾问会肯定地回答，毕竟他们知道在顾客面前显露出不确定将使他们看上去不能胜任这项工作。

在公司里，培养顾问用表示可能性的语言来表达他们的判断习惯将会有益于你的公司。给出可能性判断是最好的，诸如"很大的可能""不可能"这类话比什么都没有要好。比如，董事会给杰克列出几个重组的时间范围选择：提高 50% 以上，提高到 50%，降低到 50%，降低了 50% 以上。杰克可能就会做出他认为可能的时间间隔的判断，比如分别是 10%、15%、50%、25%。使用可能性语言表述判断还有一个好处就是它为分析顾问的准确性提供了途径。

如何付给顾问报酬？通常的规则是公司给顾问的报酬与他们判断的准确性无关。然而为了激励顾问，报酬应该与准确性挂钩。假设苏珊和先锋制造公司签订了评估 IT 重组计划的合同，那么苏珊的一部分报酬应该根据她的预测与实际的相符程度以奖金的形式付给。

可不可以用其他手段？近年来，公司越来越多地依靠其他手段来作为判断的依据，比如计算机程序，这些手段可以像人一样帮助公司判断。在本书中，这些手段也是潜在的顾问。现在使用的这方面的程序主要有销售预测、坏账估计以及提供医疗诊断的程序等。公司应该尽可能地像利用人类顾问那样利用机器顾问，并且注意它们的准确性与成本。研究已经不止一次地表明了机器顾问在准确性方面的优势。例如，一项报告指出，医生在预计癌症方面的准确性不超过 50%，而计算机程序的有效性却高达 90%。病人和医疗系统的主管都对此深信不疑。而且他们也很清楚应用这样的程序比依靠医生的成本还要低。

既然我们可以使用有效的机器程序，那么我们为什么不能用机器程序来代替人类顾问呢？这其中有许多原因，也包括第 8 章将要讲的可接受性问题：完全依靠机器会让一些人感到不自在。人类顾问和机器顾问不同，他们各有优缺点。人类顾问最大的优点是他们视野的广阔性。计算机程序做出的判断完全建立在人们输入数据的基础上；相反，人类顾问会观察当时的情形，注意到所有的事情（比如，病人存活的可能性），然后再组织这些事实得出自己的判断。如果这些事实彼此系统地联系在一起，那么人类顾问相对于计算机程序来说则有很大的优势；但是如果这些事实是彼此独立的，那么就会极大地破坏其准确性。计算机程序的优势就在于它的一贯性。研究表明，人类在与机器的判断竞赛中失利的主要原因是人类没有一贯性。正如一位有名的学者所说的："人类需要有作息的时间，而机器并不需要。"

最明智地使用机器顾问的方法就是和人类顾问一块使用，在启用多个人类顾问之前，就要利用机器顾问寻找可能的策略。这样，公司的决策者就可以同时从机器顾问和人类顾问那里获得判断，然后把两者的判断机械地结合起来考虑，比如用求平均的方法。例如在一个商议的过程中，如果机器顾问和人类顾问做出的判断存在很大的差异，那么你就应该调查一下这样的问题："为什么会发生这种情况？什么东西机器考虑到了而我们没有考虑到，什么东西我们考虑到了而机器又没有考虑到？"作为决策管理者，你职责的一部分就是保证公司的决策者清楚地了解机器顾问的运行过程，并能够据此解决上面提到的问题。但是，情况经常是公司买来设备但是却不知道它是如何工作的。

增加决策者自己的准确性

即使公司的决策者向他人咨询对相关决策问题的判断，他们同时也不可避免地会自己做出判断。因此，先锋公司董事会的每个成员对于他们的 IT 重组项目的时间及费用成本都有自己的判断，杰克的判断不会完全取代他们自己的观点。因此，你还需要采取一定的措施，以保证决策者自己的判断比他们在通常情况下的判断要准确。找到影响准确性的因素是解决这个问题的一个实用的方法。研究者已经发现了许多此类影响因素，以下各小节将着重讨论几个在日常商业决策中十分重要的因素。

影响因素一：相关的人

对影响最后决策判断准确性的决策人的分析有以下 3 个重要方面：

人数：有时候，判断过程中的相关人数可能过少。大家都知道参与判断的人数越多，判断的准确性就越高，但是我们必须知道多少人才是最恰当的，增加决策的参与者能够增加判断有效性的效果究竟有多大。

冗余：有时候，判断参与者的观点也许没有太大的差异。实际上，只有在参与者的观点不冗余的情况下，判断的准确性才会有效地提高。如果克里斯和李的意见总是彼此一致，那么把他们二者的观点联合起来考虑也不会比单独考虑克里斯的观点更加准确。此外，冗余还可能麻痹决策者，使他们过于自信。毕竟，如果每个人都同意一件事，那么这件事一定是正确的。但实际上这件事正确吗？不一定。

技巧：毋庸置疑，技巧是影响准确性的另外一个首要因素。做判断的人首先自己必须是娴熟的判断者。通常，决策者不知道自己的准确性究竟有多高，更不用说知道其他人的准确性如何。

对这些问题的讨论又可以追溯到第4章模式问题：当你在公司内组织决策团队时，一定要保证决策团队中的成员有一定数量的不同的思考方式，但是都有着优秀的决策有效性记录。

影响因素二：社会动力学

当公司的决策团队在试图做出指导最后决策判断的时候，讨论中的社会动力可能会抑制准确性。这其中一个很明显的原因就是嘲笑和害怕嘲笑。在第5章中提到的头脑风暴法中要求不要在别人提出观点的时候予以批评，以及电子头脑风暴法中采用匿名的方法都可以解决这个问题。你可以把这种方法应用到判断过程中。另外一个原因就是前面提到的"信息共享效应"：团队成员不积极地提出自己认为对决策有益的看法，而只是讨论大家都知道的事情。概括地讲，解决这个问题的一个有效的方法就是在人们认为他们已经取得一致意见以后，仍然要求他们就判断问题多讲一些自己的观点。

影响因素三：错误指示

有时决策者和其他人一样，对那些对事实真相有指示性的因素持错误的观点。例如，他们可能认为有一些方面的工作经验将有助于人们完成服务经理的工作，因为这看上去十分符合逻辑。然而可观数据的调查显示，这二者之间没有任何联系。这些错误的观点会严重损坏判断的准确性。减少对错误认识依赖的一种技术叫作"唱反调"，也就是当一组决策者提出对某种事实效用的预测时，让另外一组人充当反对者，对他们的判断提出质疑。

对决策效果的有效预测也依赖于许多外部事件，比如任务完成的时间和成本，显然，这些外部事件对有效的决策来说也是至关重要的。但是，仅有这些也不够。本书余下的部分要讨论价值问题，比如一个受益人喜欢的可能是另外一个受益人所讨厌的。下一章将详细讨论这些问题。

七、用市场信息保决策

（一）掌握信息，避免效率损失

轻率和疏忽所造成的祸患不相上下。很多人总是容易错失很多有效的信息，迎接他们的只有损失与悔恨。

——比尔·盖茨

在飞速发展的信息时代，经商需要一种大智慧。这种所谓的大智慧其实就是指一个企业的领导者要能够有效地把握住信息这根商业命脉。掌握信息，就等同于将财富的密码牢记心中，这样一来，就能够避免那些无谓的投资损耗，以及效率低下问题的发生，进而使企业踏上大幅度盈利的轨道。

有一个专门从事制作地毯生意的比利时商人，叫作范德维格。一次，他到阿拉伯国家去兜售他的地毯。可是，一开始的时候，他的地毯根本就无人问津。他苦思冥想了好久，下定决心要找出他推销失败的原因。通过一段时间的实地考察，范德维格发现阿拉伯的穆斯林教徒每天都准时跪在地上，朝着圣城麦加的方向祷告。顿时，灵光闪现，范德维格眼前一亮，认定商机到了！

于是，范德维格很快乘飞机回到比利时。然后马上置身于新发明的研制中——一种特带指明方向功能的新型祈祷地毯。其实原理十分简单，就是在一块方便携带的地毯上，镶嵌一种类似指南针的针，使其能够指示方向。当然，它并不能像指南针那样指南指北，它会只指向一个地方——圣城麦加！范德维格的意图就在于，让那些每日都要祷告的穆斯林教徒购买他的新型地毯。对于那些穆斯林教徒来说，只要购买一块这样的地毯，就可以轻松地根据地毯上所指的方向，找到圣城麦加，然后跪下来祷告就可以了！

事实正如自信的范德维格所预料的那样，地毯一到阿拉伯国家，就被穆斯林教徒们抢购一空。他们甚至认为这是真主赐给他们的圣物！

就这样，一块普普通通的地毯，只是被范德维格稍微加工与修饰，就马上"飞上枝头变凤凰"，身价倍增了。

试想一下，倘若范德维格没有考虑到要去市场调查自己的失败原因，并敏感地抓住调查中发现的商业信息，那他可能就会稀里糊涂地自认倒霉，然后打道回府，带着他卖不出去的地毯返回比利时。但是范德维格没有轻言放弃，而是不断地去分析，掌握了目标市场的信息，接着就能够十分轻易地想到对策，来吸引消费者的购买欲望。因此，你只要能够掌握住这些信息，也就是说捕捉并妥善利用这些信息，从某种程度上来说其实就是掌握了财富。事实上，成功地掌握住信息，不仅有利于你抓住商机获得财富，还能让你未卜先知，成功化解那些迎面而来的危机。

1865 年 4 月，美国南北战争即将结束。历经几年的纷争，美国市场资源奇缺，猪肉价格飙涨，居高不下。经营猪肉生意的商人亚默尔想："一旦战争结束，市场上的情况就会发生极大的变化，所以我需要每天都关注战争的情况，以寻找对策，不至于损失惨重。"

于是，亚默尔每天都会关注战争消息，天天看报纸，听广播。通过仔细的分析，亚默尔确定南方败局已定。有一天，他看到一则新闻：一群饥饿的孩子在请求神父的帮助，问哪里可以买到面包。他们楚楚可怜地告诉神父自己已经好久都没东西吃了，父亲从战场上带回来的马肉实在是太难吃了！

得到这则消息后，亚默尔大吃一惊，南方军队都用战马充饥了，那这场仗就不可能再打了！既然战争马上就要结束，那么物价铁定是要下跌的。随后，亚默尔做出了一个惊人的举动，他将自己囤积的猪肉，以低于市场价 20%的价格卖出。同行知道后，都纷纷嘲笑亚默尔是个疯子，这样压低价格，无疑是将大把大把的美元塞进别人的口袋。那些同行们一边讽刺亚默尔一边疯狂地投机，都跑来购买他的廉价猪肉。不出几天，亚默尔的猪肉就抛售一空。

一个礼拜以后，美国的南北战争结束了。果然不出亚默尔所料，物价随着战争的结束开始呈大幅度下跌趋势，尤其是猪肉的价格，降得要比亚默尔卖的价格还低25%。面对这种情况，那些讽刺亚默尔又趁势投机的同行们个个目瞪口呆，悔不该当初。

亚默尔在物价暴跌、同行损失惨重的龙卷风中全身而退，还赚取了 100 万美元的利润！而这巨额的利润仅仅来自他手中的一笔交易。亚默尔得意地说："我就是看准了那条新闻反映出来的消息。要是我犹豫一天，那 100 万美元就到人家腰包里了！做生意，一要信息，二要快捷！"

正所谓"商场如战场"，就像亚默尔所说的那样，经商需要的不仅仅是能掌握信息，还要有雷厉风行的果断与快捷。只有能在市场反馈的信息中一针见血地找出商机或者潜在威胁，才能真正在避免企业遭受损失的同时攫取更多的利润，从而保证企业的稳定发展。

高效率、高回报率是商场的圣经。而可靠又有价值的信息则是高效率和高回报率的基础。甚至还可以说，在瞬息万变的信息时代，掌控信息就能够掌握世界！作为企业的管理者，要想在事业上取得成功就要不断地进行创新思考，打破思维定式。学会在信息中获取对攫取利益有用的精髓，成功地避免经营效率上不必要的损失。

（二）什么样的数据和信息对你有用

在商业命运的链条上，一次只能把握其中最重要的一个环节，对待信息也是如此。

——温斯顿·丘吉尔　英国前首相，曾在哈佛演讲

在信息纵横交错的世界里，掌握了信息就等于掌握了创造财富的机会。然而，有些不懂变通的生意人总是会认为信息越多越好。其实不然，有智慧的商界精英会懂得对商业信息进行筛选，择优利用。因为他们知道，那些不必要的信息往往只会占据大脑的"内存"，甚至会出现因"内存已满"而遗忘重要信息的情况，那就得不偿失了。在他们的潜意识里，仿佛有一个万能的筛选器。这种筛选器或许就是直觉或者是后天培养出来的敏锐感，能帮他们筛选出对自己最有价值的信息。在比尔·盖茨的大脑里，就有着这么一个信息筛选器。这来源于他敏锐的商业直觉。

比尔·盖茨的成功几乎是有目共睹的，他就是一位富有敏锐判断力的商业精英。从一开始，他就并不是像一般人那样仅仅将目光停留在电脑业的繁荣表象，而是赶上了科技浪潮的头班车，并且抢到了一个很好的位子！那时，还在哈佛大学法律系读书的比尔·盖茨一次无意间与自己的好朋友看到一张照片，而照片里就是现在的个人电脑。

这对比尔·盖茨而言，确实是一个重大的商机：个人电脑的问世其实就意味着办公室里那些笨重的电脑可以被取代，然后轻便的PC就可以出现在每一个人的办公桌上。这样一来，就会出现一个巨大的消费市场，而能够预见的利润也是相当可观的。

比尔·盖茨的朋友认为在计算机领域里有所发展就意味会踏上一条很有前途的光明大道。而此时的比尔·盖茨确实也已经意识到了个人电脑时代的到来，但是他没有

自己去做电脑，而是往更深层次去想：电脑市场广阔，也就意味着软件的畅销，甚至人们对软件的需求要比电脑更大。同时，软件还能够无限制地升级下去。因此，这个行业的前景简直是不可估量的。于是，比尔·盖茨便开始开发各种软件，继而成功地开创了 IT 界的神话。

事实确实如此，比尔·盖茨能够在大量的信息中筛选出对自己有用的数据，并且能够在趋势变化中捕捉良好的机遇，最后才能取得世人瞩目的成就。

在商海中穿梭，人们总是会面对纷繁复杂的信息与资讯。并不是所有人都懂得如何区别对自己有用的信息与数据，也并不是每个人的大脑中都有着那种筛选器。所以，要学会在信息面前做决断其实是一件十分困难的事情，但也存在着一些普遍性的技巧。

在筛选信息的时候，首先确认信息的 3 种特点。

1. 不完整性

所谓信息的不完整性，其实也就是说一般人根本无法掌握所有的有效信息。

2. 不充分性

人们常说"公说公有理、婆说婆有理"，对信息的决断就意味着多方面的比较及利弊权衡。

3. 牵涉到诸多感情因素

不少商人总是会在决断的时候显得患得患失，拿不定主意，然后就很有可能眼睁睁看着一些重要的信息从眼皮底下溜走。因此，当有些潜在的重要信息出现在你的视线中时，抓住它，全方位地分析，最后果断行事，你也就会离成功更近一些，因为至少你敢跨出这一步。

曾任英国首相的丘吉尔就是一个做事非常果断的人，在纷繁复杂的信息面前，他通常能够做到果断出击，迅速做出决断。那么，他是如何处理信息的呢？在探究其决断艺术时，他认为有 3 个最值得人们重视的积极因素：

1. 清晰掌握核心问题；

2. 懂得如何权衡决策正反两面的可能性；

3. 具备随机应变的能力。

总之，在众多信息面前，人们要保持高度的注意力，灵活地看待信息的优劣。尤其是在面对一些潜在信息的时候，一定要以更长远的目光去审视信息有可能带来的更大的优势。

在哈佛大学里，教授们常常会传导这样的信息观念：在信息爆炸的当今社会，可谓黄金遍地，但是，这并不意味所有人都能够获得拥有财富的机会。是否可以分辨出哪些信息与数据对自己有用，在时代不断发展的过程中显得越发重要。

人们常说："科技的进步，经济的发展，可以给人们带来无限商机。"其实，在很多时候，就连我们某些生活方式的改变都暗藏着难得的机会！往往我们离成功只有一步之遥。如果能够成功地筛选出对自己有用的信息，那么就能真正地把握住商机。因此，懂得筛选和分辨最有价值的信息，对于商人来说不只意味着难得的商机，更是获得成功的必要条件。

俗话说"世事洞明皆学问"，其实也是"世事洞明皆商机"。在商业领域中，机会就是这样，很多时候人们总是认为自己得不到机会，其实机会早就在你的身边。而你需要做的，只不过是要从无限多的信息中辨别出它，然后将它紧紧抓住！

（三）数据只是数据，你要得到消息

随着数字化时代的到来，未来的输赢取决于信息的收集和管理，面向未来才能赢得时间和市场优势。

——比尔·盖茨

很多人都知道，掌握了信息就意味着掌握了世界。于是，绝大多数商人便开始了搜集数据的情报堆砌工作。然而事实证明，在很多时候，他们所搜集到的数据其实并没有给他们带来什么商机资源。因为数据是死的，它缺乏指向性。真正含有巨大价值的应该是经过人们反复筛选和分析整理得到的资讯资源。所以，想要获取成功，不能单单只去关注那些冰冷的数字，你要得到的是那些"有营养"的消息，它们才是能勾起你灵感和商机洞察力的有效资源！

数字是最为直观和量化了的特定信息，也可以当作一种凭证依据。数字化逐渐发展成为企业重要的基础工作以及必要的管理手段。企业的各项工作都能够体现在数字上，没有数字的支撑，任何定性的结论都缺乏说服力作后盾。确实如此，无论人们从事什么样的工作，都应该从重视数字开始。无法量化也就意味着无法管理。人们要逐渐学会用数字来梳理自己的工作，靠数字说话。例如，产品研发要有数字、工程质量得有数字、产量安全管理也得有数字，等等。因此，可以说缺乏数据的管理不能够起到真正的管理作用，数字是人们各项管理工作的核心。于是，不少追求持续进步的企业都比较喜欢"用数字说话"。然而，量化了并不等于财富化，想要真正把握财富之源，还需要具备分析数据的洞察力以及挖掘商机的敏锐判断力。人们应该清醒地记住，数据永远只是数据，你要得到的是可以助你创造财富的可靠消息！

随着经济的不断发展，科技的不断进步，无限商机事实上就在我们身边。有的时候，一种社会问题就隐藏着巨大的商机。例如，社会上的家庭问题越来越严重，在很多人看来，这是十分令人惋惜的社会风气，那些针对家庭问题罗列出来的数据只会让人们越发地意识到社会风气的恶化。但是美国就有一个年轻人趁这个机会赚了10亿美元。他就是美国奥尔康公司最年轻的总裁——罗波尔。那个时候，年仅28岁的罗波尔就在人们无限惋惜的缝隙间掀起了美国玩具市场上的娃娃风潮！

在罗波尔的"椰菜娃娃"诞生之前，美国社会病可谓是相当严重。丁克家庭、单亲家庭数量在急剧增长，少无所管，老无所养的情况也越发地普遍。人们强烈地需要被爱，也需要学会去爱。这方面的很多问题连美国政府都无法解决。可是当时年仅28岁的罗波尔却聪明地利用了这一点，并成功地挖掘出了独特的商机。

罗波尔清晰地意识到，玩具业将掀起一场重大的变革风潮。曾经的"电子型"和"智能型"要向"感情型"和"温柔型"转型了！于是，他张罗着设计了一种新的玩具娃娃。所谓的"新"，是指罗波尔采用最先进的电脑技术，让每一个"椰菜娃娃"都各具特色，绝不重样，这打破了之前玩具从一个模子里出来的惯例。而且，每一个娃娃的诞生，都会伴随着一张"出生卡"，就跟现实生活中妈妈生小宝宝时一模一样，那张出生卡上包括出生证明、姓名、脚印……

同样，当这种"椰菜娃娃"在出售的时候，人们不会称之为"买卖"，只能说是"领养"。并且，人们在"领养"的时候还需要签一个"领养证"，以确定"领养者"与这个娃娃之间的关系！公司还会为那些"领养"娃娃的人设一份档案，逢年过节的时候就会给娃娃的"养父母"寄一些温馨卡片，搞得煞有其事。为了能够让这个相当富有人情味的"领养"活动更加逼真，罗波尔不惜重金在电视上大打广告，尤其是在儿童节目时间，为公司争取更多的小"父母"们！

此外，罗波尔还亲自到美国各大城市，举行"集体领养椰菜娃娃"的仪式，并且每一次活动场面都相当地热闹！据说，一位亚特兰大的妇女，由于生活十分孤寂，特别需要这种亲情来温暖自己，于是她一共领养了100个"椰菜娃娃"。还有的人为了能够做一回"养父母"不惜花费 14 个小时去排队。甚至连美国的总统夫人都心动了，她打算把这种娃娃作为圣诞礼物送给一些儿童们。借着"椰菜娃娃"，人们的心理都不同程度上得到了温情的满足，与此同时，奥尔康公司也获得了令人吃惊的高额利润——"椰菜娃娃"及其相关产品销售额突破了 10 亿美元！

由此可见，数据本身并没有价值，只是人们分析数据的头脑以及判断力让数据产生了应有的价值，并迸发出无限的生机。当这些数据经过人们的大脑分析后，便能够给人们更好地提供一些关于致富方法和手段的消息，人们只要利用好这种消息便可以朝着自己心目中的目标不断前进，并成功地将信息转化为财富。

事实上，如果把财富比作双手，那么智慧就是大脑，信息就是我们的耳目。如果耳目灵敏，却没有大脑参与，那么我们最终仍旧什么也做不成。而如果大脑、耳目和手脚的延伸能够平衡发展，并且越来越发达，那么人们的聚财能力也就会越来越强。

搜集数据是获取信息的必备工作，但还只是第一步。若能化硬性的数据为蕴含商机的资讯，便是走上通往成功的捷径。哈佛大学的商业精英都清楚地知道，数据本身并不能给自己带来经济价值，只有加入了脑力劳动以及体力劳动后的数据，才能让自己获取更多的资源，从而得到更多的利益！

（四）运用洞察力，识别虚假信息

最难的和最重要的就是识别虚假信息。

——保罗·巴克 哈佛前校长

当今社会已经被形形色色的各类信息充斥着，信息真假难辨，给人们带来太多的困扰。一旦人们将虚假信息当作真实的，就很有可能会滑向深不见底的失败深渊。因此，充分地运用洞察力来判断信息的真假，在逐渐发达的信息时代显得尤为重要。这就需要人们不断地拓宽自己的知识面，培养自己的洞察力与开放性创新思维。毫无疑问，一个想要获取成功的人，首先一定要在提升自己智慧和思维能力上下大功夫。而洞察力的培养则是提升智慧的基础，洞察力是一种超级力量，它就像火眼金睛一样能够帮助你识别真假信息，使你能够下决心对自己的思维能力进行进一步的改善。

著名的 IBM 公司被人们所熟知，它是世界上电脑制造业数一数二的企业。IBM 公司前总裁沃森的理念是："只有拥有好的思维习惯，我们才能真正知道自己要什么，清楚自己的方向，并懂得分辨、驾驭自己所掌握的信息，创造好的价值！"IBM 公司的企业文化简洁明了，就只有两个字："思考"。这两个字被牢牢记在公司所有人的心中，上至董事长，下至每个员工。在 IBM 公司每个人的办公桌前，最醒目的位置，都会贴着"思考"二字，用来提醒每个人，要时刻记住思考的重要性！

魏特利是美国的行为学博士，他说过这样一句名言："最伟大的力量不是统御别人或掌握财富，而是控制头脑的思考过程。这是一切力量的起源。"那么，如何才能培养你的洞察力和开阔的思维能力呢？爱因斯坦曾经说过："上大学的主要目的，不是为了获取知识，而是为了掌握好的思维方式。"然而，可惜的是，人们在大学时候，几乎不会接受任何关于如何改善思维方式的教育。于是，人们只有在日常的生活和工作中不断地培养自己的洞察力，试着改善自己的思维模式。大家都清楚，一台性能再好的机器，长时间不被使用的话也会有生锈的可能。即便是人脑，也是这样，越用就会越灵活，而不去用它，它就会生锈。因此可以说，思维能力来自思维意识的强化。只要人们经常进行有意识的思考，就能够培养出超凡的思维能力来。不少人用自己的成功经验证明了这一点！

1890 年，工程师杰拉德·菲利普收购了一家破产的工厂，开始了碳丝灯泡的生意。十分不幸的是，杰拉德根本不懂得管理，他只懂得技术。工厂运行到了第四年，就没有办法再经营下去。于是，杰拉德预备将公司清产出售，可是收购者都给出了极低的收价，这让杰拉德根本无法接受。这个时候，他 21 岁的弟弟安东·菲利普出山了，菲利普经过缜密的思考和分析，一来就做出了一个十分重要的决定：他要跳出狭小的荷兰，到俄国去。所幸，他的哥哥杰拉德没有在这个时候听取其他员工的建议，而是仅凭着自己的直觉和判断力相信了弟弟安东的决定，决心进军人口较多的俄国市场。

刚进军俄国市场，安东就发现了一个非常好的机会。俄国不仅市拥有广阔的市场，而且当时的沙皇也正着手国内现代化进程。所以，安东他们的新产品一进入市场就大大地吸引了俄国人的眼球。其中还有个十分有趣的插曲，当安东把预购 5 万个电灯泡的订单用电报发给他哥哥的时候，杰拉德根本不相信自己的耳朵，他再三确认："你确定是 5 万个灯泡无误？"就这样，安东·菲利普善于到人多的地方寻找机会，终于使濒临破产的公司又有了新的起色。并且随着发展，菲利普公司逐渐成为世界著名的企业集团。

可以说，正是安东通过不断思考得到的超凡的思维能力挽救了菲利普公司。因此，不管任何人，想要做什么，都需要不断地思考，因为思考是培养和提升洞察力的最便捷、最快速的办法。而要在无数虚假信息横行的时空中辨别真伪，也只能凭借思考造就的明锐洞察力来实现。

驰骋商场，只有真实可靠的信息才会对你的决策起到辅助作用。倘若你没有识别虚假信息的能力。那么置身于浩瀚如海的信息世界，你将很有可能会被滔滔信息所埋没。更不用说走向财富之门了。思维能够决定你的判断力以及洞察力，充分运用你的思维，能够培养你分辨真假信息的能力，并从中挑选出最有价值的信息，从而达到你化信息为财富的目的。

（五）信息不是目的，要挖掘其中蕴含的财富

人与人之间的区别，主要是脖子以上的区别——大脑决定一切！能够在获取的信息中挖掘属于你的财富，才是最终的成功。

——比尔·盖茨

世界著名的成功学家拿破仑·希尔说过这样一句话："思考创造财富。"只有立足于各种信息，通过思考筛选和鉴别，得到最有用的，并把它付诸行动，才能达到最终的目的——获得财富。哈佛人从来都是注重从信息中发掘财富的，不只他们，任何成功的商业精英，可以说都是善于从信息中挖掘财富的高手。

"酒店大王"希尔顿在建设一家新酒店的时候，出现了资金周转困难的局面，这使得整个工程都无法再继续下去。当时的希尔顿，在银行贷不到款，急得像是热锅上的蚂蚁，这个时候他开始搜集地产商的信息，了解地产商的经营渠道。几经思索后，希尔顿想出了一条妙计，就是要让那位地产商给自己"免费"盖酒店！

这条所谓的妙计，让所有人都狂笑不止，谁会笨到免费给他盖楼？然而就在人们的讥讽中，希尔顿却将这个不可能实现的无稽之谈变成了现实。他直接对那个地产商说，他已经没有资金再继续投资盖酒店了！那个地产商瞟了他一眼，然后漫不经心地说："那就停工呗！等有钱了再盖吧！"

希尔顿不慌不忙回答道："这个我自然知道，但是，假如我的酒店总拖着不盖，恐怕受损失的不只我一个吧！说不定你的损失比我的还要大呢！"地产商看着希尔顿，显得十分困惑："你盖酒店与我何干？"希尔顿接着说："你知道，自从我买你的地皮盖房

子以来，周围的地价已经涨了好几倍。假如现在我的酒店不盖了，那你的地皮价格也会受到影响！如果有人再宣传一下，我的酒店不盖了，是因为这个地方不好，准备另迁新址，那又会怎样呢？"

此时，地产商开始有点紧张了："那你想怎么样？""这个很简单，你将房子盖好再卖给我，当然，我会按价付钱给你，但是不是现在给，而是按照我的利润分期支付！"尽管地产商十分不情愿，但是从多方面考虑，以及对整体利益的思量，他还是决定做一回"傻子"，将楼盖好。

这件事情在很多人眼里，根本就是不可能实现的。让地产商帮自己盖酒店，还要等营业之后

希尔顿

有了利润再给钱，这简直就是典型的"借鸡生蛋"，但是希尔顿却能够做得天衣无缝并且又合情合理。

希尔顿的成功让我们目睹了他惊人的智慧，从中我们也能看出，他经营大师的称呼果然不是浪得虚名的。同样是身处危机之中，有的人只会惊慌失措，但是希尔顿却刚他的睿智将危机转化为致富的商机，这就是值得我们学习的地方。所以，商海中，得到信息并不是主要目的，要学会动用自己的头脑，在无数的信息中挖掘出蕴含的财富，为自己铺开一条通往成功的道路！

哈佛商学院的教授总是会不断地告诫学生，随着时代的进步，这个社会的资源会变得越来越多。也就是说，礼会上的钱有可能会多得赚不完，就看你愿不愿意将其变成属于自己的了！只要你能够充分地开发自己的智慧，让思维活跃起来，透过得到的信息去看潜藏的财富。这样一来，即便没有机会也可以挖掘到机会，没有财富也能够谋取到财富，甚至还能够用小钱办大事！

在平常人眼中，信息只会显现它的表象，平庸之人的平庸之处就在于他们不会透过表层看本质。拿破仑曾经说过："印象统治着世界。"人们的思想中储存着巨大的能量，你若能够用自己的智慧去打破印象，掌握信息中包含的财富，那么最后真正的赢家便非你莫属。

很多人总是想方设法地去获取更多的信息，却时常忽略这样做的最终目的及用途。

他们只会不知疲倦地获取信息和资讯，却从不会动用脑子去分析和整合信息中所隐藏着的商机。因此，那些被信息遮盖住的财富就无法得到最大限度的利用。那些真正的商界精英，从来都是从信息中看商机，从商机中挖掘更多的财富，而一切只是因为他们有一颗不知停歇，不断思考的大脑。

（六）耳聪目明，化解不对称信息

百分之九十的失败，都来自我们每个人的自我打击，这一点，很大程度来自信息的不对称性。

——霍华德·加德纳

所谓"信息的不对称"，是指在市场经济活动中，各类人员对有关信息的了解存在差异。掌握信息比较充分的人员，往往处于优势地位；而那些信息贫乏的人员，就只能处于十分不利的地位了。在市场上，通常卖方会比买方更了解有关商品的各种信息。那么，掌握更多信息的一方就能够通过向信息贫乏的一方传递可靠信息而在市场中获益。买卖双方中拥有信息较少的一方会努力从另一方获取信息。

在商业世界里，有时候信息的状态既不完整也不对称，如果作为领导者的你只会将信息信手拈来，那则是相当不明智的行为。消费者和生产者之间，投资者和被投资者之间，雇主与员工之间，往往都存在着某种程度的信息不对称性。然而，那些聪明的商人，都能够懂得将这种信息的不对称控制在最小范围内。因为只有这样，搜集到的信息才能够更加可靠、更加真实。

20世纪30年代，美国爆发了波及世界的经济危机，导致大面积的工厂出现倒闭现象，自然也就造成绝大多数的工人相继失业。美国有一个年轻人在大学毕业之后正巧赶上了这场经济危机。在那个时候，他十分渴望能够得到一份工作，可是，不管他有多努力去找都没有结果。那时，整个美国都沉浸在一种濒临绝望的气氛中。

这个年轻人在当时看到了一个消息，得知当时大部分的美国失业者都开始纷纷涌向首都华盛顿，举行抗议游行，要求政府解决自己的工作问题。此时，这个年轻人心动了，立刻整装出发。

但是，在途中，他看到一个地方正热火朝天地建厂房。于是，他又萌生了新的想法："有新的厂房，也许就有新的机会吧。我何必跑那么远呢？"然后他就下了车，跑到那里去打听，当地的人便告诉他："是的！我们这里正在建一个钢铁厂！"

之后，这个年轻人便去找这个钢铁厂的主管，问需不需要人来做事。在回答了一系列的专业问题后，主管同意用他，并且让他留下了电话号码，回家静待通知。

年轻人满怀着希望回到了家，开始憧憬着自己工作的大好前途。然而，他左等右等都没有等到那个让他牵肠挂肚的电话。又过了好久，电话依旧没有响起。这时，年轻人便认为这份工作没有希望了，沮丧了好久，年轻人却依然很不甘心，于是他背上了行囊，踏上了火车，决定再去一次那个钢铁厂。

当那个钢铁厂的主管再次见到年轻人的时候，他竟然欣喜若狂："哎呀！你终于来了，我当时就觉得你是个人才，我很想把你留住，可是我洗衣服的时候，不小心把你的电话号码弄丢了！"

就这样，这位年轻人终于进入了这家公司。在别人因为事业而痛苦不堪的时候，他已经拥有了一份不错的工作。不仅如此，在之后的发展中，他更是取得了出乎人们意料的成就——他最终成了美国钢铁公司的董事长。1958年，整个苏联的钢产量还敌不过他这一家公司的钢产量！这个让人赞叹不已的年轻人，就是美国著名的钢铁大王——费尔莱斯！

费尔莱斯常常会十分感慨发生在自己身上的奇迹，是的，他称之为奇迹。他认为自己之所以能成功，是因为他在前往华盛顿的途中下了车，并且在钢铁工厂的主管没有给自己打电话的时候重新返回去一次。正是因为他化解了雇主与员工之间的不对称信息，没有放弃希望，重新折回去确认那份工作是否可能还有转机。于是，他最终获得了一份十分理想的工作，尤其是在那样萧条的大背景下，那份难得的工作对他而言，实际上就是一次人生的转折，也是他在经商路上的里程碑。

在高速发展的当今社会，有多少人能够敢于像费尔莱斯那般主动去化解不对称的信息？人们往往都是被自己的自卑与猜忌打倒，他们选择了放弃对信息的解剖，也就是放弃了成功的可能，当人们不愿意尝试时，那就连可能都没有了。

信息的不对称性往往是那些搜集信息的人最头疼的问题之一。也正是因为这种不对称性，会让竞争出现各种难以预料的不确定性。哈佛大学提倡的思维方式是：尽可能地和你的竞争对手在信息资源方面处于同一起跑线，这样你才能得到成功的机会。耳聪目明，尽量化解那些不对称的信息，知己知彼，方可百战不殆！

世界上不会存在完全对等的信息，但大多数人都没有勇气去跨越这道鸿沟，化解信息的不对称性。尽管最好的机会就在眼前，人们也会因为自己的胆怯与自卑将其放过。甚至天上真的掉下了馅饼，很多人也无福消受。因此，当面对那些不对称的信息时，你必须有勇气迈出第一步，放手去化解他，或者仅仅这一小步，就意味着你将取得巨大的成功。

（七）信息共享，拿你的苹果换橘子

我最关心的就是，如何让世界更开放。

——马克·扎克伯格　美国社交网站 Face book 创办人，曾在哈佛读书

瞬息万变的当代社会，工作的时候如果仅凭一个人的力量很有可能会无法呈现出最佳效果，也很难达到预期的理想目标。很多时候，由于信息贫乏、资源稀缺，人们需要共享自己所拥有的东西，才能获得更广阔的天地。信息也不例外，在工作上，商界中，学会与合作伙伴共享信息，从中各取所需，就像是拿你的苹果去换别人的橘子一样，这样才能使自己有更大的发展空间。

飞利浦公司的创始人在创业之前，雄心勃勃地要占领一个市场空白，也就是中间件市场。（中间件是一种独立的系统软件或服务程序，分布式应用软件借助这种软件在不同的技术之间共享资源。）一般情况下，大企业都会面临这样一个问题——尽管用了大量的大型计算机系统，但是这些系统却无法相连，各自独立，也不能共享自己的资源。这个时候就需要一种软件将其所有应用联结在同一个平台上，以便企业能够达成资源共享。这种软件就是所谓的中间件（Mid Ware）。

在此之前，很多大型企业都已经开始着手生产中间件这种产品，如 IBM、Novell、DEC 等。然而，这些大企业都并没有预测到这一市场的巨大潜力，飞利浦的三位精明的创始人却看准了这个市场的前景，并估计在未来五年内，这一市场的总值将会有 80 亿甚至 100 亿美元。最终，Warburg Pincus——这个世界上最大的投资公司，一下就看中了该计划中的未来价值以及可操作性。同时，该公司还拿出了 5 000 万美元作为投资。这也是美国历史上对软件公司最大的一笔投资。

"中间件"的巨大市场潜力，从另一个角度表明了信息资源共享对于现代企业发展的重要性。而参与培养了这个庞大的信息共享市场的飞利浦，其本身也是非常重视与其他人的信息共享的。

随着科技的进步，飞利浦公司可谓是知识产权创造和管理的领头羊。它总共拥有基于2万项发明的10万项专利权、1.1万项外观设计、2000个域名和2.2万件商标。在过去的发展中，飞利浦公司向中国的伙伴进行数以百计的专利授权，并且通过技术转让以及帮助本地伙伴发展技术的方式，最大限度地将顶尖技术带到中国。

但凡能取得成功的商人，可以说没有人是不善于团结合作的。他们通常能够将对手变成朋友，甚至知己，更能够使竞争变成合作。他们善于信息共享，各取所需，将团结合作当作经商成功的途径。

想要使自己的事业取得成功，就要学会抢占先机。而抢占先机就得以最快的速度获取自己想要得到的信息和资源。那么，如何才能去创造一些意外的财富呢？其实技术与资本已经显得不是最重要的了，是否懂得用手中的苹果去换取别人手中的橘子则显得尤为重要。在信息资源逐渐泛滥的时代，资源共享已经渐渐走入人们的视线。想要拥有别人手中自己没有的却又需要的信息资源，就一定要懂得与对方各取所需。这就意味着企业的领导者要充分地了解竞争对手的情况，知己知彼百战百胜，在信息共享中获取自己所需的资源也就没什么难度了。

想要拥有良好的人际关系，你需要不断地与人分享，要创造有利的竞争环境，有时候，你则需要实现信息资源的共享。因为信息的不对称性会让很多决策面临风险，而共享信息虽然不能从根本上消除信息的不对称性，但是却能够最大限度地避免损失。

在当今社会这种残酷的竞争压力下，那些精明的商人就会渐渐明白，商场之上，单打独斗并非好的策略，如果能够适度地选择团结与合作，就有可能取得更大的发展空间。学会信息共享，就算是做好团结的第一步，这也是一种壮大自己的手段，同时也是一种为自己敛财的工具。

八、通过回顾过去展望未来

希勒尔·艾因霍恩　罗宾·霍格思

作者简介

希勒尔·艾因霍恩（Hillel J. Einhorn），是芝加哥商学院行为科学"华莱士·W·布什教授"（the Wallace W. Booth Professor），也是该学院决策研究中心的创建者和前任领导。

罗宾·霍格思（Robin M. Hogarth），是芝加哥商学院行为科学"华莱士·W·布什教授"。从 1979 年开始，他就在芝加哥商学院任教。他还在欧洲管理学院（INSEAD）和伦敦商学院任职。1983—1998 年，霍格思教授在芝加哥商学院任系副主任。他曾撰写过不少专著和论文，探讨与决策有关的主题，并在一些重要的跨国公司担任顾问。

内容提要

所有的决策都是指向未来的。但是，决定做什么以及如何做，自然要吸取以往的经验。展望未来需要回顾过去，对此毋庸置疑。更好地理解思维的轨迹，有助于避免导致糟糕决策的心理陷阱。

性行为会导致怀孕吗？太阳黑子能否解释股市的变化？有日光一定是因为太阳升起吗？回顾过去是直觉的和诊断性的。当你倒过来思考时，你是在寻找模型、进行判断，并探寻有助于解释因果的比喻和理论。

当你对变量加权进行计算和预测时，你是在展望未来。要做出可行的方案，你必须估计事情发生的可能性。比如，经济衰退是否有可能发生？如果发生了，你如何应对？

如果你能避免直线式的思维，从不同层面描绘情境，甚至从创新的角度解释某结果，你就能更好地回顾过去。

如果你超越自己的思维模型，采用电脑式的计算和模型，你就会更好地展望未来。即使模型出现错误，你仍然可以通过了解它们可能会犯的错误，采取弥补措施以更好地利用这一模型。

忙碌的管理人员每天要对许多情况进行分析，并做出上百个决定。例如，为什么一个城市的销售额上升，而另一个城市则下降？投资于新设备会带来更高的生产率还是会导致更大的混乱？现在就是寻找合资伙伴的最佳时机呢，还是最好再等一等？然而，我们极少会停下来关注一下自己是如何思考的。每个决定都是一个复杂过程的结果，该过程一般包括两种不同的思考：通过回顾了解过去，展望预测未来。

回顾过去大体上是直觉的和带有启发性的。它一般是诊断性的，需要做出判断，包括寻找模型，将看似没有联系的事件联系起来，检验可能的因果关系链，以便对某事件进行解释，寻找有助于了解未来的类比或理论。

展望未来就不同了，它依赖的不是直觉，而是数学模型：决策者收集变量进行加权，然后做出预测。通过一种战略或规则，估计每个因素的准确性，然后将所有的信息综合起来。这样，决策者就能对未来做出单一的一体化的预测。

尽管管理人员一直在运用两种思考方式，但对二者的区别他们却不甚明了。不了解二者的区别，会使决策者陷入心理陷阱，从而导致决策失当。通过回顾过去和展望未来，我们能发现这些陷阱，改善我们的决策。

（一）回顾过去

为了了解回顾过去是怎么一回事，让我们设想一下在穴居人时代，人们是如何做出因果判断的。设想你所属的部落在方法论上很发达，而在科学上却很原始。你的部落几乎没有任何生物学、物理学和化学方面的知识，却存在着这样一个大问题——出生率惊人地低。问题非常严重：部落统计员估计，除非能尽快改变这个趋势，否则部落将会灭绝。

为了应付危机，部落首领决定紧急实施一个项目，以确定出生率降低的原因。作为此项目组的成员，分配给你的任务是确定因果联系。而且你已经得到保证，可以进行任何形式的实验（包括利用你的族人），来解决关键问题。

当然，第一个问题是如何考虑实际相关的因果因素。寻找因果之间的联系时，多数人一般会首先看一下发生在此结果之前的一些不寻常事件或条件。在此案例中，你可以了解一下，在出生率降低之前是否有不寻常的事件发生。你可以寻找与导致这一结果类似的原因，这种相似性可以是具体的，也可以是比喻意义上的。然后，你估计一下这些证据说明问题的可能性有多大。

你可能注意到，你部落的孩子很像你周围的男人和女人。这种相似能使你的直觉产生飞跃：性行为会导致怀孕。你和研究小组成员们或许会认为这一理论不能得到证实，因为没有证据支持：（1）因果之间有很大的差距，确切地说是9个月。（2）你还不了解将性行为与怀孕联系起来的生物过程的顺序，不了解因果链。（3）原因和结果在规模和持续时间上有很大不同。（4）许多其他与性行为有关的因素可能很难被排除——例如，坐在棕榈树下和在月圆之夜握手［这是在给"亲爱的亚比（Dear Abby）"

的一封信中提出的一种解释]。

只有一种方法可以解决这个问题，并使部落避免灭绝：这就是进行实验。在 200 对夫妻中，分配 100 对来检验性行为是否会怀孕，另外 100 对检验非性行为是否会怀孕。一段时间后，结果出来了：在 100 对用来检验性行为是否会怀孕的夫妻中，20 对怀了孕，80 对没有怀孕；在 100 对用来检验非性行为是否会怀孕的夫妻中，5 对夫妻怀孕，95 对没有怀孕。（这 5 对怀孕的夫妻代表了此类数据中的典型测定误差，可以用记忆不准、撒谎和人性弱点来解释。）

运用上述数据计算性行为与怀孕之间的相关性，得到的结果是 0.34。由于相关性不大，你可以得出结论，认为性行为并非导致怀孕的主要因素。这就需要摒弃先前自己支持的理论，转而寻求其他的解决办法：究竟与"棕榈树理论"有无联系呢？

回顾过去的三个步骤

上述实例显示了回顾过去的三个相关步骤：找出相关变量；将它们在因果链中联系起来；评价该链的可信性。

通常是在发现有不寻常事件时，我们才开始寻找解释。换言之，一般需要有出乎意料的事件来激发我们的好奇心。在穴居人一例中，出生率不断下降既不寻常，又有威胁性，因而刺激我们采取行动。

下一步是寻找一些构成原因的相关要素，关注与不寻常后果在某一些方面相似的不正常事件：这种相似可以是规模、持续时间和发生时间的相似。多数人都持有这样的观点：相似的原因导致相似的结果。例如，根据早期西方医学的"特征学说"，疾病是由形体上相似的物质引起的，并可用该物质治愈，因此，治疗黄疸的药剂应当是黄色的。同样奇怪的是，如果不了解因果之间的相似性，还很难设想我们将如何找到变量。

对相似性进行的探究，常常会涉及类比和比喻。例如，在试图了解大脑如何运作时，我们可以将其想象成一台电脑、一块肌肉或一块海绵。每个比喻都提出了一种不同的方式来表现大脑的活动。电脑使人想起信息输入、存储、检索和计算。肌肉使人想起通过适当使用增加能量，因为萎缩或过度疲劳都会引起力量的丧失。海绵则使人想起对信息的被动吸收。我们用来描述大脑的比喻（或者用来理解因果联系的比喻）是至关重要的，因为它提醒我们注意某种思考方式。

对原因上相关的变量的探寻与对指示物或者"因果关系线索"的考虑，是同时进行的。因果关系线索显示原因和结果间的可能联系，共有四类线索：时间顺序（原因发生在结果之前）、接近（原因一般和结果在时间和空间上接近）、相关（原因往往会随结果发生变化）和相似性（通过类比和比喻，原因可能相似，或者原因和结果在长短和强度上相似）。

这些线索未必会证明因果关系，然而，它们的确提供了寻找相关变量的一些思路，并且减少了我们要设想的可能的因果关系的场景的数量。

例如，黑子是否导致股市价格的变化？在你视其为无稽之谈之前，先看看相信此类联系的著名经济学家威廉·斯坦利·杰文思（William Stanley Jevons）是如何阐述的吧。为了将二者联系起来，你必须建立能满足各种条件的因果关系链。为了便于讨论，让我们假定，在特定时间黑子的确在价格变化前出现（时间顺序是正确的）；在太阳有黑子活动时，有很多价格变化（相关性是正数）；这些价格变化在黑子活动6个月之后发生（时间上的相似性不强）。现在的任务是消除黑子与价格变化在时间和距离上的差距。如果你做不到这一点，你就不能证明这种因果关系。

现在考虑一下下面的链条：黑子影响天气状况，天气状况影响农业生产，农业生产影响经济状况，经济状况影响利润，利润又影响股票价格。因果关系的线索限制了你可以设想的链条。在评价时间顺序上尤其重要：导致其他结果的事件，一定是提前发生的。另外，因果间在时间和空间的类似性、一致性以及因果关系强弱方面的线索也限制着这种联系。消除时间和空间差距的方式，是寻找天气上的变化。

现在设想一下价格变化在黑子活动之后马上发生而非6个月之后发生。两件事情在时间上的接近，排除了天气与经济状况之间的联系。经济状况要求时间延迟。为了将黑子活动与经济状况联系起来，你不得不提出另外一个能满足时间上接近标准的预测。

因果关系线索所显示的另外一个检验是不一致性，即微不足道的原因导致重大结果，或重大原因引起微不足道的结果。为了解释这些明显的差异，在第一个案例中，因果关系链需要对原因进行充实；在第二个案例中，需要对原因进行缩减。例如，19世纪初，路易斯·帕斯特（Louis Pasteur）提出疾病的细菌理论时，对其同代人来说肯定是不可思议的，这仅仅是因为不一致性的检验。无法看到的小生物怎么能导致疾病、瘟疫和死亡呢？在缺少科学知识的情况下，人们无法找到那些能说明如此微小的原因扩大为如此巨大结果的因果关系。

更好地回顾过去

下面几种方法可以改善决策过程中的回顾工作：

1. 使用几个比喻。因为回顾是直觉性的，而且是迅速的，多数人能够很快提出一个比喻，并将其扩展成一个广泛的因果关系链。但是所有的比喻都是不完美的。在你运用这些比喻时，牢记"地图并非疆域"这样一句古老格言是十分重要的。

还应注意不要局限于一个比喻，而要用几个比喻进行实验。使用几个比喻能够避免过早地采用单一的模型。例如，思考一下你会如何考虑复杂的组织，比如商业研究生院。每个比喻显示了研究对象的一个方面。你可以将商学院看作是进修学校，学生在真正进入企业之前已技艺成熟；你可以将商学院看作是军事学院，学生在此为经济战争做准备；你可以将商学院看作是修道院，学生在此接受经济学说的教导；你也可以将商学院看作是文凭加工厂，学生在此拿到证书；你还可以将商学院看作是临时工工作室，学生在此接受培训，完成特定的工作。

每个比喻说明了不同的因素，提供了一种替代性的思考方式。没有一个比喻本身是充分的。考虑所有的因素能更完整地了解情况。

2. 不要依赖一条线索。仅仅从一个线索中就推断出因果相关性，通常会导致严重的错误。穴居人仅仅依靠一个衡量标准，使他们将注意力从怀孕的真正原因上移开。相关性并不总是意味着因果关系，因果关系也并不总是意味着相关性。

3. 有时违背线索。线索的好处在于它能为我们的感觉提供框架，但有时这种框架会妨碍创新。线索通常会使我们注意到明显的事情而忽略其他可能的原因，这时洞察力就会起到惊人的作用。所以，提高创造性思维的一种方式就是背离线索。在对复杂的结果寻求解释时，有时应当寻找简单或不相似的原因，而不是寻找复杂或相似的原因。

4. 评价因果关系链。检验潜在原因和结果的方式，是通过因果关系链。但是，每个关系链的强弱不同。比如，联系黑子和股票价格的关系链较弱，因为这种关系链有很多链条，而且每个都是不确定的。事实上，多数关系链的强度在于其最弱的环节，而且长关系链一般比短关系链弱。不过，调查表明，人们不能都有此共识。许多人认为有细节情景的复杂预测会更可靠（也比简单的预测更准确）。同时评价关系链的链条数量和强度是很重要的。

5. 提出并检验替代性解释。多数人都有诊断性思考的自然倾向。这种倾向的缺点之一是它会导致迷信，而迷信曾长期处于支配地位。医药的历史充满了形形色色的迷信观点。例如，有很多年，医生一直将放血作为一个科学而可靠的疗法。我们今天的经济学和商业理论，有一天是否也会像放血疗法一样过时呢？

进行实验会避免迷信。比如，为了评价广告的效果，你可以通过完全停止广告来进行实验。如果完全停止广告不可行，你可以进行一些局部实验。这些实验能够为你提供非常有用的信息，即只有在特定领域或者特定时期，你才能停止广告。

如果你不能进行此类实验，你可以设想一下结果发生的条件。在设想的情境中，你可以进行因果关系判断。考虑的问题可能是某种广告活动是否引起了销售额的上升。通过努力回答这一问题，你可以得到销售额与广告之间的一种适当联系。有价值的实验还包括另外一个问题：如果我们做广告，销售额是否会上升？通过有计划地提出这些问题，你就能得到与实际相符的有用和丰富的信息。

（二）展望未来

无论我们承认与否，在大多数时候，我们对未来的展望是很不确切的。来自婚姻咨询、银行贷款、经济预测和心理咨询等多个领域的证据表明，多数人类预测的准确程度甚至比不上最简单的统计模型。

可是多数人更相信人自身的判断，而非统计模型。与人的判断相比，统计模型的缺点很明显。真是这样吗？让我们来看一看。

1. 模型导致错误。使用正式的模型意味着折中。由于模型是个抽象的概念，不可能反映出变量之间的各种关系，因此模型可能造成错误，而人类的判断有时反而能够抓住模型无法反映的特征。

人的判断也能导致错误产生，但模型却完全是始终如一的；它们从未像人那样感到枯燥、变得疲劳或者被分心。模型从未出现不一致或随意性，事实上，它们可能坚持错误。现在的问题是，哪个方法出错较少。

或者我们换一种问法，即如果我们接受使用正式模型不可避免的一些错误，这些错误会比我们直接判断产生的错误少吗？根据心理实验的结果，答案是肯定的。

在这些研究中，让被调查者预测两盏灯（一盏红灯，一盏绿灯）哪个会亮。如果他们猜对了，被调查者将得到现金奖励；如果他们猜错了，他们就得不到奖励。控制灯亮的程序是随机的，但安排红灯亮的时间占60%，绿灯亮的时间占40%。被调查者不被告知这一百分比，但他们有机会通过实验来了解。

此类实验的结果被称为概率匹配：让被调查者学习如何对以同一比例发生的概率做出反应。在这一案例中，被调查者预计红灯亮的概率为60%，绿灯亮的概率为40%。由于他们不愿接受错误，因而没有做出能得到最大额现金奖励的预测。

如果预计红灯亮的概率为60%，绿灯亮的概率为40%，被调查者猜对的概率为52%：猜对红灯亮的概率为36%，猜对绿灯亮的概率为16%。但是，如果每次被调查者都乐意预测红灯亮，会发生什么情况呢？这种做法接受了错误，但它猜对的概率为60%，比试图每次都想猜对的预测高8%。

如果被调查者接受错误，并始终如一地采用一种简单模型，他们将得到更多的现金。但多数被调查者努力想使预测完全正确，并徒劳地想弄清决定哪盏灯会亮的规则和模型。很巧的是，这个实例与股市有些相似。

2. 模型是静态的。这种批评是不真实的。模型应该而且能够通过不断地吸取新信息而修正或更新。从预计的事件结果中吸取教训的模型正在开发之中。这项工作尽管还处于初级阶段，却表明模型可以从以往的经验中吸取教训。

就人的判断能力而言，还不清楚人们在预测时，是否真的能从反馈中学习。在人们进行预测并采取行动时，这种学习是有一定困难的，对预测质量的反馈也是模糊不清的。

现在设想，美国总统打算采取强有力的措施来抵制可能出现的经济放慢问题。让我们考虑一下从各种可能的结果中吸取教训的困难。假定没有出现经济衰退，这或者是由于预测不准而且没有采取什么行动，或者是由于预测准确而且迅速采取了有效的行动；假设出现了经济衰退，这或者是由于预测准确但没有采取行动，或者是由于预测不准确而且采取不当行动，导致发生了我们想要避免的情况。问题在于：要想了解我们的预测能力，需要将预测的质量与基于这些预测采取的行动所产生的效果分开。

3. 模型的成本过高。一般而言，我们不可能对下述论点进行评价，即使用模型所引起的准确度上的任何边际增长，都不能超过建立这些模型的成本。然而，如果用模型进行很多预测，准确度上很小的提高都可以带来大量利润。

例如，在本世纪 70 年代后期，美国电报电话公司为确定客户的信用风险进行了一项研究。管理人员根据这些结果制定了一系列规定，明确哪些客户应该提供定金。美国电报电话公司花了一段时间给原来的客户不同的信用期限，并把这些新规定用到整个客户群中，通过实行这些新规定，管理人员估计每年减少了 1.37 亿美元的坏账。但是，由于没有关于建造和维持模型的数据，人们很难相信省下这笔资金是合算的。

我们努力预测的很多现象是复杂的，而预测未来的规则不需要这么复杂。许多成功的应用只是涉及几个变量的简单组合。有时，规则是通过模仿专家过去的判断发展起来的；有时则是将过去的决定简单地加以平均，或者仅仅是把几个相关变量集中起来。

（三）回顾与展望

我们每天都要回顾过去并展望未来。我们不断综合运用各种推理模型，并且不断为这种努力而困惑。

明确的规则和模型是预测未来的最好手段，而直觉和看法常常会影响我们的预测。当人们在随意事件中采取行动时，有时会产生一切都在掌握之中的错觉。例如，他们可能认为，比起彩票管理员挑选的彩票来，自己所选的彩票更有可能中奖。

同样道理，在复杂的情况中，我们可能对计划和预测有极大的依赖性，从而低估随意性因素在环境中的重要性。这种依赖性也能产生一切尽在掌握之中的错觉。正确的态度是，对所有未得到证明的有关预测准确性的说法保持怀疑，不论这些说法来自专家还是模型，或者来自两者。记住预测的"泡泡纱"理论吧：每个预言家都有信徒。

一篇关于如何提高预测能力的重要论文曾经这样表述预测未来："全部的技巧就是确定应该考虑哪些变量，以及知道如何将其相加。"但是，"技巧"是很难的，需要进行复杂的回顾。那些正在编排利用人工智能增强理解力程序的计算机科学家，曾经在建立这一过程的模型上遇到极大的困难。最近的实例是他们正在开发用来增强对报纸标题理解的程序。他们为这一程序提供了背景知识和一系列改写标题的规则。有一个标题是"世界震惊，教皇遭枪击"；而计算机的解释却是："意大利地震，一人死亡"。

尽管对判断和决策的心理研究已经集中到回顾过去和展望未来的区别上，但二者是相互依存的。这就如同罗马神话中的杰纳斯头上有两张脸，一张向前、一张向后一样，每当我们进行决策时，我们也是在两个方向上进行思考的。

九、决策中的疑问

（一）为什么犹豫不决是决策的大忌？
——布里丹毛驴效应

法国哲学家布里丹养了一头小毛驴，每天向附近的农民买一堆草料来喂。这天，送草的农民出于对哲学家的景仰，额外多送了一堆草料，放在旁边。这下子，毛驴站在两堆数量、质量和与它的距离完全相等的干草之间，可是为难坏了。它虽然享有充分的选择自由，但由于两堆干草价值相等，客观上无法分辨优劣。于是它左看看，右瞅瞅，始终无法分清究竟选择哪一堆好。

于是，这头可怜的毛驴就这样站在原地，一会儿考虑数量，一会儿考虑质量，一会儿分析颜色，一会儿分析新鲜度，犹犹豫豫，来来回回，在无所适从中活活地饿死了。

有人把决策过程中这种犹豫不定、迟疑不决的现象称之为"布里丹毛驴效应"。

"布里丹毛驴效应"是决策之大忌。古人讲："用兵之害，犹豫最大；三军之灾，生于狐疑。"

企业的经营管理中，机会往往稍纵即逝，如果决策人员在机会面前犹豫不决，无所适从，则必将错过良机，后悔都来不及。邓小平同志曾经就提出"机会要抓好，决策要及时"的口号。

日本尼西奇公司的发展就是一个典型的例子。

第二次世界大战后初期，日本经济萧条，尼西奇公司仅有 30 余名职工，公司生产雨衣、游泳帽、卫生带、尿布等橡胶制品，订货不足，经营不稳，公司有朝不保夕之虑。公司董事长多川博从人口普查中得知，日本每年大约出生 250 万婴儿，如果每个婴儿用两条尿布，一年就需要 500 万条，这是一个相当可观的尿布市场。多川博抓住时机，当机立断，放弃尿布以外的产品，把尼西奇公司变成尿布专业公司，集中力量，创立名牌，成了"尿布大王"。资本仅 1 亿日元，年销售额却高达 70 亿日元。

在我们每一个人的生活中也经常面临着种种抉择，因而人们都希望做出最佳的抉择，常常在抉择之前反复权衡利弊，再三仔细斟酌，甚至犹豫不决，举棋不定。但是，在很多情况下，机会稍纵即逝，并没有留下足够的时间让我们去反复思考，反而要求我们当机立断，迅速决策。如果我们犹豫不决，就会两手空空，一无所获。

（二）为什么要比对手抢先一步?
——快鱼法则

当今市场竞争不是大鱼吃小鱼，而是快鱼吃慢鱼，这就是快鱼法则。

有两个人在树林里过夜。早上，树林里突然跑出一头大黑熊来，两个人中的一个忙着穿球鞋，另一个人对他说："你把球鞋穿上有什么用？我们反正跑不过熊啊!"忙着穿球鞋的人说："我不是要跑得快过熊，我是要跑得快过你。"

故事听起来有点无情，但竞争就是如此残酷。因为，我们面对的世界，是一个充满变数并且竞争非常激烈的世界，比跑得快不快，很可能成为决定成功与失败的关键。

当今市场竞争不是大鱼吃小鱼，而是快鱼吃慢鱼，这就是快鱼法则。这个法则是美国思科公司总裁约翰·钱伯斯深度概括出来的，他在谈到新经济的规律时说，现代竞争已"不是大鱼吃小鱼，而是快的吃慢的。"

以往，"大鱼吃小鱼"被视为常理，可是在信息社会的市场竞争中，有时不论大小，"快鱼吃慢鱼"的事时有发生。

它对于现代企业的启示有两个：一个是要学会快，另一个就是要学会吃。

"在社会进入信息时代的重要历史时期，市场反应速度决定着企业的命运，只有能够迅速应对市场者，才能成为市场逐鹿的佼佼者。"Modell 体育用品公司的 CEO 默德在一次圆桌会议上重复了钱伯斯的这句话，他对与会的 CEO 们说："想要在以变制胜的竞赛中脱颖而出，速度是关键。"

正如非洲大草原上的动物们一样，当他们一开始迎着太阳奔跑的时候，狮子知道如果它跑不过速度比它慢的羚羊，它就会饿死；而羚羊也知道，如果自己跑不过速度最快的狮子，它就必然会被吃掉。

加拿大将枫叶旗定为国旗的决议通过的第三天，日本厂商赶制的枫叶小国旗及带有枫叶标志的玩具就出现在加拿大市场，销售火爆。作为"近水楼台"的加拿大厂商则坐失良机。有人曾形容说，美国人第一天宣布某项新发明，第二天投入生产，第三天日本人就把该项发明的产品投入了市场。

如今市场竞争异常激烈，市场风云瞬息万变，市场信息流的传播速度大大加快。谁能抢先一步获得信息、抢先一步做出应对，谁就能捷足先登，独占商机。因此，在这"快者为王"的时代，速度已成为企业的基本生存法则。企业必须突出一个"快"字，追求以快制胜，努力迅速应对市场变化。

众所周知，作为市场战略，时间对于资金、生产效率、产品质量、创新观念等，更具有紧迫性和实效性。因此，"快鱼吃慢鱼"亦即"抢先战略"，是赢得市场竞争最后胜利的首要条件。实施"抢先战略"，意在"先"，贵在"抢"，因为"商机"是短暂的、有限的，是稍纵即逝的。正所谓"机不可失，时不再来"。

某报载：某地一企业的一名年轻大学生，翻阅国内大量资料，长期蹲在市场调查研究，最后拿出一份周密而可行的调查报告，建议开发某项新产品，拓宽市场，拯救企业濒危之命运。企业领导慎之又慎，邀请有关专家40余人，展开讨论30余次。但众说纷纭、争论不休，几个月下来才达成一致意见，却闻讯邻厂早已捷足先登推出了同一系列产品，并获得国家专利，深受广大消费者青睐。

在市场上，人们往往将企业间的兼并收购比喻为"吃鱼"。有时是"大鱼吃小鱼"，这是指大企业兼并小企业，有时是"小鱼吃大鱼"，通过资本动作等方法实现小企业吞并大企业。

青岛海尔集团的老总张瑞敏认为，在市场经济发达的国家，企业的兼并经过三个阶段：①大鱼吃小鱼，亦即弱肉强食；②"快鱼吃慢鱼"，技术先进的企业吃掉技术落后的企业；③鲨鱼吃鲨鱼，亦即强强联合。而在目前的中国，国企之间的兼并却不会出现这三种情况，因为是国有的，企业只要有一口气，就不会被吃掉，且"小鱼不觉其小，慢鱼不觉其慢，各得其所"。"死鱼"就根本不能吃。这是由中国的国情决定的。张瑞敏认为，既不能吃活鱼，又不能吃死鱼，唯有吃"休克鱼"，也就是处于休克状态的鱼，即企业的表面死了，但是肌体还没有坏，企业的管理有严重问题，停滞不前，只是处于休克状态。

张瑞敏所说的"休克鱼"，事实上也就是对带有中国国情的"慢鱼"的更传神称呼。中国市场经济中的"快鱼"——海尔，迄今已经进行了近20起兼并案，这些被收购的企业的亏损总额超过5亿元人民币，但是重组之后盘活的资本总额超过15亿元人民币，可以说是吃得其所，吃得其法！

对于传统产品来说，当"快鱼"的企业才能生存；而在新经济时代，企业之间的竞争就更为激烈，突出的就是"不快则死"。

有一段时间，北京前门外一家商店的经理发现，有许多顾客到店里来打听有无某种畅销商品，于是他马上决定亲自到广州进货，可到了广州才发现，已经有多家北京商店的采购人员都已经捷足先登，前来进这种货。

这位经理当机立断，马上采购，即刻用飞机抢运回京。果然，产品供不应求，当这家商店的产品销售已经进入尾声时，其他商家的货才通过铁路姗姗而来。这便是"快鱼吃慢鱼"的最好诠释，正所谓"领先一步，海阔天空；落后一步，寸步难行"。

由此可见，企业是不是"快鱼"，厂长、经理能否对市场信息做出快速反应是关键。然而，面对惊涛骇浪、瞬息万变的现代市场，企业家要具有快速反应这根神经，并非易事，应当从以下三个方面加以训练：

（1）培养事事关心、处处留意的观察能力，使自己耳聪目明，为做出快速反应奠定基础。"若将天地常揣摩，妙理终有一日开"，这句话很有道理。

（2）注重预测、分析、判断能力的提高，为加快决策速度提供必要的保证。企业家应是运用预测、判断能力解决复杂问题的专家，在没有现成的模式规律可循的时候，或者在有关信息不可靠、不全面的情况下，判断力是制定决策的一种能力。

（3）建立"灵活生产体系"，这是对快速反应、快速决断、进而付诸实施的必然途径。灵活的生产体系可以适应市场需求，改变大批量生产单一型号产品的做法，迅速将新产品发展计划变成现实，在最短时间内满足消费者的需求。

（三）为什么"最佳"方案未必令人满意？
——决策学派

赫伯特·西蒙是美国管理学家和社会科学家，在管理学、经济学、组织行为学、心理学、政治学、社会学、计算机科学等方面都有较深的造诣。他早年就读于芝加哥大学，于1943年获得博士学位。自1949年担任美国卡内基梅隆大学计算机与心理学教授，他因"对经济组织内的决策程序所进行的开创性研究"获得1978年诺贝尔经济学奖。

西蒙认为，绝大多数的人类决策，不管是个人的还是组织机构的决策，都是属于寻找和选择合乎要求的措施的过程，这是因为寻找最大化措施的过程比寻找前一个过程要复杂得多。后者首要的条件是存在完全的理性，而现实中的人或组织都只是具有有限度的理性。西蒙的管理理论所关注的焦点是，人的社会行为的理性与非理性方面的界线。他的管理理论是关于意向理性和有限理性的一种独特理论，是关于那些因缺乏寻求最优的才智而转向寻求满意的人类行为的理论。

作为管理决策者的经理，其决策制定包括四个主要阶段：

（1）情报活动：找出制定决策的理由，即探寻环境，寻求要求决策的条件。

（2）设计活动：找出可能的行动方案，即创造、制定和分析采取的行动方案。

（3）抉择活动：在各种行动方案中进行抉择。

（4）审查活动：对已进行的抉择进行评价。

决策可以区分为性质相反的两种决策：一种是程序化决策，即结构良好的决策；另一种是非程序化决策，即结构不良的决策。区分它们的主要依据是这两种决策所采用的技术是不同的。

制定常规性程序化决策的传统方式，由于运筹学和电子数据处理等新的数字技术的研制和广泛的应用而发生了革命，而制定非程序化决策的传统方式包括大量的人工判断、洞察和直觉观察还未经历过任何较大的革命，但在某些基础研究方面正在形成某种革命，如探索式解决问题、人类思维的模拟等。自动化方面的进步和人类决策方面的进步会把组织中人的部分和电子的部分结合起来构成一种先进的人机系统。

西蒙的组织设计思想认为，一个组织可分为三个层次：

最下层是基本工作过程，在生产性组织中，指取得原材料、生产产品、储存和运输的过程；中间一层是程序化决策制定过程，指控制日常生产操作和分配系统；最上一层是非程序化决策制定过程，指对整个系统进行设计和再设计，为系统提供基础的目标，并监控其活动。

赫伯特·西蒙

自动化通过对整个系统进行较为清晰而正规的说明，将使各层次之间的关系更为清楚明确。大型组织不仅分有层次，而且其结构几乎都是等级结构。

在最现代的组织中，西蒙的三层次理论已经不太适用，一方面，组织结构正在崩溃；另一方面，非程序性工作日益成为基层工作的特征，因此决策的重心正在由高层向底层转移。尽管如此，西蒙的决策理论仍然是我们理解人类行为的钥匙。

（四）怎样激发有创意的方案？
——头脑风暴法

在群体决策中，由于群体成员心理相互作用影响，易屈于权威或大多数人意见，形成所谓的"群体思维"，群体思维削弱了群体的批判精神和创造力，损害了决策的质量。为了保证群体决策的创造性、决策质量的提高，管理上发展了一系列改善群体决策的方法，头脑风暴法是较为典型的一个。

头脑风暴法又可分直接头脑风暴法和质疑头脑风暴法。前者是在专家群体决策尽可能激发创造性，产生尽可能多的设想的方法，后者则是对前者提出的设想、方案逐一质疑，分析其现实可行性的方法。

采用头脑风暴法组织群体决策时，要集中有关专家召开专题会议，主持者以明确的方式向所有参与者阐明问题，说明会议的规则，尽力创造融洽轻松的气氛。主持者一般不发表意见，以免影响会议的自由气氛，由专家们自由提出尽可能多的方案。

头脑风暴法应遵守如下原则：

（1）无错判决原则。对每种意见、方案的评价必须放到最后阶段，此前不能对别人的意见提出批评和评价。认真对待任何一种设想，而不管其是否适当和可行。

（2）欢迎各抒己见，自由鸣放。创造一种自由的气氛，甚至容许参加者提出各种荒诞的想法。

（3）追求数量。意见越多，产生好意见的可能性越大。

（4）探索取长补短和改进方法。除提出自己的意见外，鼓励参加者对他人已经提出的设想进行补充、改进和综合。

为便于提供一个良好的创造性思维环境，应该确定专家会议的最佳人数和会议进行的时间。经验证明，专家小组规模以 10～15 人为宜，会议时间一般以 20～60 分钟效果最佳。

专家的人选应严格限制，便于参加者把注意力集中于所涉及的问题上；具体应按照下述三个原则选取：

（1）如果参加者相互认识，要从同一职位（职称或级别）的人员中选取，领导人员不应参加，否则可能对参加者造成某种压力。

（2）如果参加者互不认识，可从不同职位（职称或级别）的人员中选取。这时不应宣布参加人员职称，不论成员的职称或级别的高低，都应同等对待。

（3）参加者的专业应力求与所论及的决策问题相一致，这并不是专家组成员的必要条件，但是，专家中最好包括一些学识渊博、对所论及问题有较深理解的其他领域的专家。

头脑风暴法的主持工作，最好由对决策问题的背景比较了解并熟悉头脑风暴法的处理程序和处理方法的人担任。

头脑风暴法专家小组应由下列人员组成：

方法论学者：专家会议的主持者；

设想产生者：专业领域的专家；

分析者：专业领域的高级专家；

演绎者：具有较高逻辑思维能力的专家。

头脑风暴法的所有参加者，都应具备较高的联想思维能力。在进行"头脑风暴"（即"思维共振"）时，应尽可能提供一个有助于把注意力高度集中于所讨论问题的环境。有时候某个人提出的设想，可能正是其他准备发言的人已经思考过的设想。其中一些最有价值的设想，往往是在已提出设想的基础之上，经过"思维共振"的"头脑风暴"，迅速发展起来的设想，或是对两个或多个设想的综合设想。因此，头脑风暴法产生的结果，应当是专家成员集体创造的成果，是专家组这个宏观智能结构互相感染的总体效应。

头脑风暴主持者的发言应能激起参加者的思维"灵感"，促使参加者急需回答会议提出的问题。通常在"头脑风暴"开始时，主持者需要采取询问的做法，因为主持者很少有可能在会议开始前5~10分钟内创造一种自由交换意见的气氛，并调动参加者踊跃发言。

主持者的主动活动也只局限于会议开始之时，一旦参加者被鼓励起来以后，新的设想就会源源不断地涌现出来。这时，主持者只需根据"头脑风暴"的原则进行适当引导即可。应当指出，发言量越大，意见越多种多样，所论问题越广越深，出现有价值设想的概率就越大，会议提出的设想应由专人简要记载下来或存储在光盘中，以便由分析组对会议产生的设想进行系统化处理，供下一阶段使用。系统化处理程序如下：

（1）对所有提出的设想编制名称一览表。

（2）用所有参会者都理解的术语说明每个设想的要点。

（3）找出重复的和互为补充的设想，并在此基础上形成综合设想。

在决策过程中，对上述直接头脑风暴法提出的系统化的方案和设想，还经常采用"质疑头脑风暴法"进行质疑和完善。这是头脑风暴法中对设想或方案的现实可行性进行估价的一个专门程序。"质疑头脑风暴法"包括四个阶段：

（1）要求参加者对每一个提出的设想都要提出质疑，并进行全面评论。评论的重点，是研究有碍设想实现的所有限制性因素。在质疑过程中，可能会产生一些可行的新设想。这些新设想，包括对已提出的设想无法实现的原因的论证、存在的限制因素以及排除限制因素的建议。其结果通常是："××设想是不可行的。因为……如要使其可行，必须……"

（2）是对每一组或每一个设想，编制一张评论一览表以及可行性设想一览表。

质疑头脑风暴法应遵守的原则与直接头脑风暴法一样，只是禁止对已有的设想提出肯定意见，而是鼓励提出批评和新的可行设想。

在进行质疑头脑风暴法时，主持者应首先简明介绍所讨论问题的内容，扼要介绍各种系统化的设想和方案，以便把参加者的注意力集中于所讨论问题的全面评价上。质疑过程一直进行到没有问题可以质疑为止。质疑中提出的所有评价意见和可行设想，应专门记录或录音。

（3）是对质疑过程中提出的评价意见进行估价，以便形成一张对解决所讨论问题实际可行的最终设想一览表。对于评价意见的估价，与对所讨论设想质疑一样重要。因为在质疑阶段，重点是研究有碍设想实施的所有限制因素，而这些限制因素即使在设想产生阶段也是放在重要地位予以考虑的。

（4）由分析组负责处理和分析质疑结果。分析组要吸取一些有能力对设想实施做出较准确判断的专家参加。如果须在很短时间就重大问题做出决策时，吸取这些专家参加尤为重要。

实践经验表明，头脑风暴法可以排除折中方案，对所讨论问题通过客观、连续的分析，找到一组切实可行的方案，因而头脑风暴法在军事决策和民用决策中得到了较广泛的应用。例如，在美国国防部制订长远科技规划中，曾邀请50名专家采取头脑风暴法开了两周会议。参加者的任务是对事先提出的长远规划提出异议。通过讨论，得到一个使原规划文件变为协调一致的报告，在原规划文件中，只有25%~30%的意见得到保留，由此可以看出头脑风暴法的价值。

当然，头脑风暴法实施的成本（时间、费用等）是很高的，另外，头脑风暴法要求参与者有很好的素质。这些因素是否满足会影响头脑风暴法实施的效果。

（五）怎样充分发挥专家集思广益的作用？
——德尔菲法

德尔菲法是借用 Delphi（即古希腊遗址中预卜未来的阿波罗神殿的名字）来命名的一种政策行动预测方法。据有关资料介绍，德尔菲法最先是由兰德公司与道格拉斯在20世纪60年代（1969年）首先创立出来的一种专家咨询预测法。从一定意义上说，德尔菲法也是一种专家分析方法，但不是直接性的专家分析，而是间接性的专家分析。

德尔菲法依据系统的程序，采用匿名发表意见的方式，即专家之间不得互相讨论，不发生横向联系，只能与调查人员发生关系，通过多次调查专家对问卷所提问题的看法，经过反复征询、归纳、修改，最后汇总成专家基本一致的看法，作为预测的结果。这种方法具有广泛的代表陛，较为可靠。

德尔菲法的具体实施步骤如下：

（1）组成专家小组。按照课题所需要的知识范围，确定专家，德尔菲法成功的关键，是专家组的每位成员，不再是该领域的学有专长的专家。专家人数的多少，可根据预测课题的大小和涉及面的宽窄而定，一般不超过20人。

（2）向所有专家提出所要预测的问题及有关要求，并附上有关这个问题的所有背景材料，同时请专家提出还需要什么材料。然后，由专家做出书面答复。

（3）各个专家根据他们所收到的材料，提出自己的预测意见，并说明自己是怎样利用这些材料并提出预测值的。

（4）将各位专家第一次判断意见汇总，列成图表，进行对比，再分发给各位专家，让专家比较自己同他人的不同意见，以便修改自己的意见和判断。也可以把各位专家的意见加以整理，或请身份更高的其他专家加以评论，然后把这些意见再分送给各位专家，以便他们参考后修正自己的意见。

（5）将所有专家的修改意见收集起来，汇总，再次分发给各位专家，以便做出第二次修改。逐轮收集意见并为专家反馈信息是德尔菲法的主要环节。收集意见和信息反馈一般要经过三四轮，在向专家进行反馈的时候，只给出各种意见，但并不说明发表各种意见的专家的具体姓名。这一过程重复进行，直到每一个专家不再改变自己的意见为止。

（6）对专家的意见进行综合处理。

书刊经销商采用德尔菲法对某一专著销售量进行预测。该经销商首先选择若干书店经理、书评家、读者、编审、销售代表和海外公司经理组成专家小组。该经销商将该专著和一些相应的背景材料发给各位专家，要求大家给出专著最低销售量、最可能销售量和最高销售量三个数字，同时说明自己做出判断的主要理由。该经销商将专家们的意见收集起来，归纳整理后返回给各位专家，然后要求专家们参考他人的意见对自己的预测重新考虑。从中我们可以看出，专家们完成第一次预测并得到第一次预测的汇总结果以后，书店经理除外，其他专家在第二次预测中都作了不同程度的修正。重复进行，在第三次预测中，大多数专家又一次修改了自己的看法。第四次预测时，所有专家都不再修改自己的意见。因此，专家意见收集过程在第四次以后停止，最终结果为最低销售量 26 万册，最高销售量 60 万册，最终可能销售量 46 万册。

德尔菲法作为一种主观、定性的方法，不仅可以用于预测领域，而且可以广泛应用于各种评价指标体系的建立和具体指标的确定过程。

我们在考虑一项投资项目时，要对该项目的市场吸引力做出评价。我们可以列出同市场吸引力有关的若干因素，包括整体市场规模、年市场增长率、历史毛利率、竞争强度、对技术要求、对能源的要求、对环境的影响等。市场吸引力的这一综合指标就等于上述因素的加权求和数。每一因素在构成市场吸引力时的重要性即权重和该因素的得分，需要由管理人员的主观判断来确定，这时，我们同样可以采用德尔菲法。

德尔菲法与常见的召集专家开会、通过集体讨论得出一致预测意见的专家会议法既有联系又有区别。

德尔菲法能发挥专家会议法的优点：

（1）能充分发挥各位专家的作用，集思广益，准确性高。

（2）能把各位专家意见的分歧点表达出来，取各家之长，避各家之短。

德尔菲法又能避免专家会议法的缺点：

（1）权威人士的意见影响他人的意见。

（2）有些专家碍于情面，不愿意发表与其他人不同的意见。

（3）出于自尊心而不愿意修改自己原来不全面的意见。

德尔菲法的主要缺点是过程比较复杂，花费时间较长。

（六）如何识别管理的关键因素？
——ABC 分类法

帕累托分析法，它是根据在技术或经济方面的主要特征，进行分类排队，分清重点和一般，从而有区别地确定管理方式的一种分析方法。由于它把被分析的对象分成 A、B、C 三类，所以又称为 ABC 分类法。

ABC 分类法由意大利经济学家帕累托首创的，1879 年，帕累托在研究个人的分布状态时，发现少数人的收入占全部人口收入的大部分，而多数人的收入却只占一小部分，他将这一关系用图表示出来，就是著名的帕累托图，该分析方法的核心思想是在决定一个事物的众多因素中分清主次。识别出少数的但对事物起决定作用的关键因素和多数的但对事物影响较少的次要因素。后来帕累托法被不断应用于管理的各个方面，1951 年，管理学家戴克将其应用于库存管理，命名为 ABC 分类法。1951 年至 1956 年，朱兰将 ABC 分类法引入质量管理，用于质量问题的分析，被称为排列图。1963 年，德鲁克将这一方法推广到全部社会现象，使 ABC 分类法成为企业提高效益的普遍应用的管理方法。

ABC 分类法大致可以分五个步骤：

（1）收集数据。针对不同的对象和分析内容，收集有关数据。

（2）统计汇总。

（3）编制 ABC 分析表。

（4）绘制 ABC 分析图。

（5）确定重点管理方式。

我们以库存管理为例来说明 ABC 分类法的具体应用，如果我们打算对库存商品进行年销售额分析，那么：

（1）收集各个品目商品的年销售量、商品单价等数据。

（2）对原始数据进行整理并按要求进行计算。如计算销售额、品目数、累计品目数、累计品目百分数、累计销售额、累计销售百分数等。

（3）作 ABC 分类表。在总品目数不太多的情况下，可以用大排队的方法将全部品目逐个列表。按销售额的大小，由高到低对所有品目顺序排列；将必要的原始数据和经过统计汇总的数据，如销售量、销售额、销售额百分数填入、计算累计品目数、累计品目百分数、累计销售额、累计销售额百分数；将累计销售额为 60%~80% 的前若干品目定为 A 类；将销售额为 20%~30% 的若干品目定为 B 类；将其余的品目定为 C 类。如果品目数很多，无法全部排列在表中或没有必要全部排列出来，可以采用分层的方法，即先按销售额进行分层，以减少品目栏内的项数，再根据分层的结果将关键的 A 类品目逐个列出来进行重点管理。

（4）以累计品目百分数为横坐标，累计销售额百分数为纵坐标，根据 ABC 分析表中的相关数据，绘 ABC 分析图。

（5）根据 ABC 分析的结果，对 ABC 三类商品采取不同的管理策略。

ABC 分类法还可以应用到质量管理、成本管理和营销管理等管理的各个方面。

在质量管理中，我们可以利用 ABC 分类法分析影响产品质量的主要因素，并采取相应的对策。例如，我们列出影响产品质量的因素包括外购件的质量、设备的状况、工艺设计、生产计划变更、工人的技术水平、工人对操作规程的执行情况等。我们以纵轴表示由于前几项因素造成的不合格产品占不合格产品总数的累计百分数，横轴按造成不合格数量的多少，从大到小顺序排列影响产品质量的各个因素。这样，我们就可以很容易地将影响产品质量的因素分为 A 类、B 类和 C 类因素。假设通过分析发现外购件的质量和设备的维修状况造成产品质量问题的 A 类因素，那么我们就应该采取相应措施，对外购件的采购过程严格控制，并加强对设备的维修，解决好这两个问题，就可以把质量不合格产品的数量减少 80%。

ABC 分类法还可以应用在营销管理中，例如企业在对某一产品的顾客进行分析和管理时，可以根据用户的购买数量将用户分成 A 类、B 类和 C 类用户。由于 A 类用户数量较少，购买量却占公司产品销售的 80%，企业一般会为 A 类用户建立专门的档案，指派专门的销售人员负责对 A 类用户的销售业务，提供销售折扣，定期派人走访，采用直接销售的渠道方式。而对数量众多、购买量很小、分布不均的 C 类用户则可以采取利用中间商，间接销售的渠道方式。

应当说明的是，应用 ABC 分类法，一般是将分析对象分成 A、B、C 三类。但我们也可以根据分析对象重要性分布的特性和对象的数量的大小分成两类或三类以上。

（七）怎样判断你的公司是不是太大了？
——艾奇布恩定理

艾奇布恩定理是指，如果你遇见员工而不认得，或忘了他的名字，那你的公司就太大了点。摊子一旦铺得过大，你就很难把它照顾周全。该定理的提出者是英国史蒂芬·约瑟剧院导演亚伦·艾奇布恩。

2002 年年末法国时装设计大师皮尔·卡丹，邀请文化艺术界名流 1 000 人，在卡丹艺术中心举办慈善音乐会，随后在马克西姆餐厅举办大型招待晚宴。法国《费加罗报》认为，在某种意义上，这是卡丹的告别活动，因为第二天他就着手处理出售其部分企业。

卡丹在时装界拼搏了半个世纪，靠勤奋和天赋在竞争激烈的时装之都——巴黎站稳了脚跟，成为时装设计的一代宗师。借助在时装业取得的成功，卡丹迅速扩展事业，建立起一个由 24 个公司组成的"帝国"。"帝国"的结构是金字塔形的，以时装业和香水业为基础，还包括旅馆业、餐饮业、房地产业等众多公司。卡丹以他的名字作为产品的牌子，这产生了神奇的效应，财富滚滚而来。据法国经济杂志《挑战》报道，卡丹的资产达 6 亿欧元，居法国富人排行榜第 44 位。卡丹的私宅和总统府爱丽舍宫相邻，他曾说："我的卧室朝着希拉克的卧室，早晨我们可以隔着窗户打招呼。"

年满 80 岁的卡丹未能在功成名就之时安享晚年，反而加倍操劳，因为他的一些公司经营不佳，卡丹"帝国"出现了裂缝。2001 年，卡丹艺术中心亏损 10 万欧元，卡丹出版社亏损 19 万欧元，马克西姆连锁餐厅亏损 600 万欧元……这一年，公司的总负债额达 6 900 万欧元，卡丹的自有资产减少了 2 870 万欧元。

除了负债额上升外，卡丹内心还有更深的忧虑，那就是以其名字命名的品牌效应在下降。欧洲研究市场营销的权威机构的一项研究表明，从 1999 年到 2001 年，卡丹品牌的信誉度下降了 7 个百分点，从 62% 下降到 55%。法国媒体认为这种情况出现的主要原因是他的名字过于商业化。卡丹大量出售生产和经营许可证，借此收费。以服装生产为例，每出售一张许可证，他可以从该转包商的营业额中提取 8%～12% 的品牌使用费。卡丹也许是世界上最充分发掘自己名字价值的企业家。世界上有 900 个转包商在生产"皮尔·卡丹牌"产品，越南、中国、白俄罗斯等全世界 150 个国家都设有"卡丹工厂"。

卡丹深知卖出了牌子就要保住品牌的声誉，他一年四季不停地到各国的"卡丹工厂"进行监控，他时常组织转包

皮尔·卡丹

商聚会，联络感情，也曾为某些产品的不达标而大发雷霆。但卡丹的摊子铺得太大、太分散了，900 个转包商中难免会掺杂少数素质较差、不善于经营的人，卡丹经常会留下鞭长莫及的遗憾。

经营管理企业，小有小的好处，大有大的难处。企业在做大过程中，难免会出现管理瓶颈。艾奇布恩定理正是反映了这一问题。企业在实现规模经济时，一定要提防"大企业病"。在做大过程中，要注意：

（1）不能为了做大而做大。

（2）对做大后的管理难题要有充分认识，做好应对准备。

（3）谨慎行事，缓图发展，不可一口吃个胖子。

（八）为什么细节决定成败？
——蝴蝶效应

蝴蝶效应是指在一个动力系统中，初始条件下微小的变化能带动整个系统的长期的巨大的连锁反应。

美国气象学家爱德华·罗伦兹（Edward Lorenz）1963 年在一篇提交纽约科学院的论文中分析了这个效应。"一个气象学家提及，如果这个理论被证明正确，一个海鸥扇动翅膀足以永远改变天气变化。"在以后的演讲和论文中他用了更加有诗意的蝴蝶。对于这个效应最常见的阐述是"一个蝴蝶在巴西轻拍翅膀，可以导致一个月后德克萨斯州的一场龙卷风。"

蝴蝶效应通常用于天气、股票市场等在一定时段难于预测的比较复杂的系统中。

此效应说明，事物发展的结果，对初始条件具有极为敏感的依赖性，初始条件的极小偏差，将会引起结果的极大差异。正如西方谚语所说：

丢失一个钉子，坏了一只蹄铁；

坏了一只蹄铁，折了一匹战马；

折了一匹战马，伤了一位骑士；

伤了一位骑士，输了一场战斗；

输了一场战斗，亡了一个帝国。

从科学的角度来看，"蝴蝶效应"反映了系统的长期行为对初始条件的敏感依赖性。在系统中，初始条件的十分微小的变化经过不断放大，会使其未来状态产生极其巨大的差别。

1986 年 1 月 28 日，当美国"挑战者"号航天飞机载着人类征服宇宙的希望腾空升起时，就因为一块小小的价值仅 7 美元的橡胶垫片出现问题，73 秒后，在数十亿电视观众的众目睽睽之下，5 亿美元的航天飞机连同 7 名宇航员的生命灰飞烟灭了。

这就是蝴蝶效应在工作中带给我们的启示：任何一个小小的失误，都可能酿成一场大的悲剧。

一个明智的领导人一定要防微杜渐，看似一些极微小的事情却有可能造成集体内部的分崩离析，那时岂不是悔之晚矣？

一个微不足道的动作，或许会改变人的一生，这绝不是夸大其词，可以作为佐证的事例也能随手拈来，美国福特公司名扬天下，不仅使美国汽车产业在世界独占鳌头，而且改变了整个美国的国民经济状况，谁又能想到该奇迹的创造者福特当初进入公司的"敲门砖"竟是"捡废纸"这个简单的动作？

的确，"蝴蝶效应"存在于我们的人生历程中：一次大胆的尝试，一个灿烂的微笑，一个习惯性的动作，一种积极的态度和一次真诚的服务，都可以击发生命中意想不到的起点，它能带来的不仅仅是一点点喜悦和表面上的报酬。

今天的企业，其命运同样受"蝴蝶效应"的影响，因为消费者越来越相信感觉，品牌消费、购物环境、服务态度……这些无形的价值都成为他们选择的因素。所以，只要稍加留意，我们不难看到一些管理规范、运作良好的公司在理念中出现这样的句子：

"在你的统计中，你的 100 名客户里只有一位不满意，因此你骄称只有 1% 的不合格，但是，对于该客户而言，他得到的却是 100% 的不满意。"

"你一朝对客户不善，公司需要 10 倍甚至更多的努力去补救。"

"在客户眼里，你代表公司。"

今天，能够让企业命运发生改变的"蝴蝶"已远不止"计划之手"，随着企业坐而无忧的垄断地位的日渐式微，开放式的竞争让企业不得不考虑各种影响发展的潜在因素。而企业选择的结果就是：谁能捕捉到对生命有益的"蝴蝶"，谁就不会被社会抛弃。最后让我们记住一句话：横过深谷的吊桥，常从一根细线拴个小石头开始。

附：决策管理的 31 条经验

1. 做决策之前必须小心审视每一个方案。

2. 如果发现以前的决策仍旧有效，可以好好利用。

3. 做长期决策时，同时将短期选择铭记在心。

4. 改变那些不再适用的决策。

5. 问一下自己，你的决策可能会发生什么错误。

6. 做决策时，要考虑所有可能的结果。

7. 可以沿用有效的前例，但若已失效，则应避免使用。

8. 了解决策背后的权术。

9. 衡量决策对所有部属的影响。

10. 永远不要在强大的时间压力下做决定。

11. 不要拖延一个重要的决策，而应快速地做决定。

12. 如果你在决策时遇到困扰，试着改变一下观点。

13. 要明了谁会受到决策影响。

14. 避免因为有人在等待这个决定，而草率做出重要的决策。

15. 做决策时，尽量让你所需要的人都参与。

16. 如果你已经要求大家提供意见，就要准备接受他们的意见。

17. 尽可能从不同角度考虑决策。

18. 如果决策无法发挥作用，则需重新审查。

19. 激发想法时不需要太有章法，但进一步发展这些想法就要有系统。

20. 以赞美而不是责难，鼓励大家说出新的想法。

21. 在脑力激荡的过程中，要将一切个人情绪置于一旁。

22. 要设定取得信息的时间表。

23. 指派最聪明的人去搜集信息。

24. 不要把资料源遗失，也许以后还会用到。

25. 定期研究市场，对结果采取行动。

26. 随时注意对手的举动。

27. 了解游戏规则，将它们变成你的优势。

28. 将你决策之前的所有恐惧写在纸上，然后将其丢进垃圾桶。

29. 预测前要质疑每一个假设，然后再检查一次。

30. 将你所做的交易列出一张清单。

31. 做好准备以应付意外事件的发生。

第二十章　危机管理

一、警惕温水煮蛙

（一）企业要时刻警惕身边的危机

"温水煮蛙"现象值得企业管理者深思。当造成危机的许多因素早已潜伏在企业日常的经营管理之中的时候，由于企业管理者麻痹大意，缺乏危机意识，对此没有足够的重视，因而放松警惕，没有对危机进行有效的防范。看起来很小的事，经过"连锁反应""滚雪球效应""恶性循环"，最终会演变成摧毁企业的危机。在企业取得了一定成绩或达到了一定的发展阶段的时候，管理者常常会沾沾自喜，对危机丧失警惕，造成巨大的损失。

有这样一个实验：将一只青蛙放进沸水中，它会立刻跳出来；如果将这只青蛙放入温水中，再慢慢加热，它就会安稳地呆在水中，直到被煮熟。因为青蛙内部感应生存威胁的器官只能感应出环境中激烈的变化，而感应不到缓慢、渐进的变化。所以，当温度慢慢上升时，青蛙的身体将越来越虚弱，最后无法动弹。

因此，企业应树立危机意识。在经营形势不佳的时候，要看到企业危机的存在；在企业发展如日中天的时候，也要居安思危，未雨绸缪，因为危机往往在不经意的时候到来。

企业要避免"温水煮蛙"现象的发生，首先要求其最高管理层具备危机意识，这样，才能使企业从战略上不致迷失方向，避免在不经意之间滑入危机的泥潭之中。

掌握危机管理技能，还要使员工具备较强的心理承受能力和应变能力，对于新员工而言，危机教育更为重要。

危机事件的发生多半与企业自身行为不当有关，如违反法令、管理失当、产品或服务出现缺陷等。危机防范教育首先要求企业加强安全教育，强化内部管理，减少人为失误。

　　许多危机发生前都有不同程度的征兆，企业应教育员工学会识别和捕捉这些征兆。比如在经营环境方面，政府有关的管制政策发生变化；业内出现新的强有力的竞争对手；自然灾害导致供应链管理脱节；在社会舆论方面，企业受到政府、媒体、行业协会等机构的特别"关注"，损害企业或企业管理层形象的舆论越来越多；在市场销售方面，顾客抱怨越来越多，市场销售量渐趋饱和，价格呈现下降的趋势；在生产运作方面，生产计划得不到有效执行，设备老化，生产线经常处于闲置状态，三废排放严重，废品率居高不下；在内部管理上，对环境变化的反应迟缓，管理层相互猜忌，职能部门之间相互扯皮，员工情绪低落；在财务状况方面，各项财务指标不断恶化，盈利能力下降，亏损增加，负债严重等。这就要求员工们掌握与自己岗位有关的危机管理专业知识，明确在危机发生时应采取的具体措施。

　　日本的企业管理顾问腾井定美认为，所谓危机管理就是针对那些事先无法预想何时发生，然而一旦发生却对企业经营造成极端危险的各种事件的事前事后的管理。美国著名咨询顾问史蒂文·芬克认为，危机管理就是最大限度地减少危机对企业的潜在伤害，帮助企业控制危机局面，尽最大可能地保护企业声誉。

　　2004年7月8日，美国环保署表示，由于杜邦公司20年来均未通报制造特氟隆的一种关键原料（全氟辛酸铵）可能会给人类健康带来潜在危害，拟对其处以数亿美元的重罚。随后，全球消费者谈"不粘锅而色变"。7月13日，中国国家质检总局正式就特氟隆事件发表声明，表示将迅速组织专家展开相关研究论证。直至10月13日，国家质检总局宣布调查结果：通过对占市场份额90%的18个品牌、28个品种不粘锅产品的检测，市场上销售的主要使用特氟隆涂料的不粘锅产品中，均未检出全氟辛酸及其盐类残留，"百日疑案"终于水落石出。

　　美国环境保护署的一项指控让杜邦在中国遭遇滑铁卢，不过，危机管理经验丰富的杜邦公司并未因此而身败名裂。在备受质疑的三个多月里，杜邦中国的相关人士在所有对外信息发布活动中均坚称"特氟隆"产品安全可靠。对核心立场的坚持让外界有关杜邦产品的质疑指责之声逐渐平息，同时企业贯穿危机始终的坚决态度也令部分消费者感觉放心。

任何一家企业，无论成功与否，在发展的道路上都可能遇到危机。美国《财富》杂志 500 强企业中，89% 的管理者都认为企业危机不可避免。但是，另外一项调查表明，50% 的企业没有处理危机的计划和准备。遇到危机就要处理，处理得好，企业不仅能够化险为夷，而且还能够跨上一个新高度；处理不好，企业就可能一蹶不振，甚至垮掉。这种现象在国内外企业界举不胜举。

所以，任何一家企业都要有忧患意识，才能在突发危机的时候将其消灭在萌芽中。企业应在获悉危机发生后的 24 小时内启动危机管理机制，并做好准备工作，如各方言论的搜集、基本立场的确认、"官方"声明的拟定等，相关资源亦应协调到位。

危机一旦爆发，企业便应在最短的时间内针对事件的起因、可能趋向及影响（显性和隐性）做出评估，并参照企业一贯秉承的价值观，明确自己的"核心立场"。而在危机事件管理的过程中，各发展阶段、各工作部门均不可偏离初期确定的这一立场。换句话说，对"核心立场"的坚持应贯穿危机事件处理的始终。

要让员工认识到任何一个企业在成长过程中不可避免会遇到各种危机，这些危机是破坏企业健康成长的根源。企业最大的危机便是没有危机意识，是企业的盲目满足。

（二）墨菲定律：危机无处不在

墨菲定律源于美国空军 1949 年进行的关于"急剧减速对飞行员的影响"的研究。参加实验的志愿者们被绑在火箭驱动的雪橇上，当飞速行驶的雪橇突然停止时，实验人员会监控他们的状况。监控器具是一种由空军上尉工程师爱德华·墨菲所设计的甲胄，甲胄里面装有电极。有一天，在通常认为无误的测试过程中，甲胄却没有记录任何数据，技术人员感到非常吃惊。墨菲后来发现甲胄里面的电极每一个都放错了，于是他即席说道：如果一件事情可以有两种或者两种以上的方法来实现，而其中有一种会导致灾难性的错误，而这一错误往往就会发生。

墨菲的这一说法后来得到广泛流传并被总结成墨菲定律：如果坏事有可能发生，不管这种可能性多么小，它总会发生，并可能引起更大的损失。

人的认识会存在很多盲点，这些盲点是管理者在做出决策的时候应当克服的，如盲目乐观、过度自信、错误估计未来等。而墨菲定律就是要矫正人们的观念，提醒人们不要忽略了认识上的盲点。在激烈的市场竞争中，企业犹如在大海上航行。要保持前行途中的安全，企业管理人员就必须对各种问题保持清晰的洞察力，发现问题，及时防范。不要等到危机出现的时候再抱怨，此时处理问题的代价是高昂的，甚至往往会带来毁灭性的结果。

现代社会，技术革新的速度远远超出了人们的想象，一个新技术的诞生往往就有可能预示着一个新时代的来临和一些缺乏远见的企业即将退出历史的舞台。

来看看数码技术对宝丽来意味着什么。在美国消费者的心中，宝丽来的地位并不次于可口可乐和福特汽车。对普通的美术教师来说，用宝丽来相机创作的许多经典作品具有极大的艺术价值；同时，科学家因为其对科学研究的贡献而尊敬宝丽来。1926年，对光偏振现象充满了极大兴趣的哈佛大学物理系学生爱德温·赫伯特·兰德离开了学校，并最终于1932年发明了被他命名为polaroid的光偏振片。到了20世纪60年代，宝丽来的发展速度更是惊人。这一时期，宝丽来在海外建立了许多分支机构，并且推出了彩色的拍立得胶卷。公司收益从1965年的2.04亿美元跃升至1969年的5.36亿美元。1971年，兰德制成了更具创新性的sx-70型相机，它可以让拍摄者亲眼见到彩色相片在相机内的洗印过程。其后，宝丽来新推出的one-step型相机和好莱坞演员一同出现在电视广告中，其拍立得相机成了20世纪70年代美国家庭的必备品。1978年，宝丽来的销售收入飙升到14亿美元。

到了20世纪90年代初，宝丽来却犯下了一个战略错误。面对渐渐发展起来的数字技术，宝丽来从未加以正确应对。在打印机大张旗鼓地进入家庭时，宝丽来也无动于衷。这时的宝丽来将大量的资金投入至到了一项被称为"太阳神"的医用成像技术中。但是问题多多的"太阳神"计划犹如泥潭一样，宝丽来的大量人力和财力被深陷其中。等到宝丽来丢掉幻想，从"太阳神"中抽身而出时，柯达公司的成熟技术已占据了医用成像市场，宝丽来最终忍痛割弃了这一业务。然而，即时成像的市场却在一天天地萎缩下去，一小时洗印店的兴起夺走了宝丽来的不少消费者，后来的数字相机又加剧了宝丽来的衰败势头。

2001年上半年，宝丽来的销售额是6.64亿美元，比上年同期下滑了25%，但宝丽来却从上年的2520万美元的收益一路降到2001年上半年的2亿美元亏损。2001年10月12日，宝丽来及其美国子公司因举债过多而申请破产保护。曾经因新技术而给世人留下美好记忆的宝丽来同样因为新技术而从人们眼中消失。

墨菲定律让我们看到了一个不可避免的现实——"危机"无处不在。事实就是这样的，任何人都不能避免。因此，企业必须建立自己的危机预警系统，不断地对自身的生存环境进行预测与警报，密切关注其具体状况及变化趋势，并及时做出反应。

应该让各级管理人员切实加强具体的管理，改善对危机的监测和预控功能，从根本上遏制危机的产生，最大限度地减少危机所产生的危害。

（三）需要裁员时千万不能手软

哈佛管理专家认为：当公司面临重大危机时，管理者必须压缩开支和精简机构，这时，进行裁员是难免的，对于公司一些碌碌无为的人只有让他们另寻高就。

路易斯·郭士纳曾经是世界企业霸主——IBM 公司总裁，也是毕业于哈佛大学商学院最顶尖的管理者之一。

郭士纳于 1993 年 4 月 1 日就任 IBM 首席执行官时，IBM 正面临着巨大的危机，亏损十分严重。他知道雇员们心里最急迫的问题就是：我一个月后还会在公司干吗？半年之后呢？为了使雇员们不致惶恐不安，郭士纳刚上任五天就竭力向雇员们保证，虽然他的扭亏为盈计划难免会伤害一些人，但他会尽力缓解痛苦。他知道每个首席执行官在动手裁员前都说这话，可是他在 4 月 6 目的一份备忘录中说的却是肺腑之言，备忘录中说："你们中有些人多年效忠公司，到头来反被宣布为'冗员'，报刊上也登载了一些业绩评分的报道，当然会让你们伤心愤怒。我深切地感到自己是在要大量裁员的痛苦之时上任。我知道这对大家都是痛苦的。但大家都知道这也是必要的。我只能向你们保证，我将尽一切可能尽快地度过这个痛苦时期，好让我们开始向未来看，并期待着重建我们的企业。"

他用电子邮件把这份备忘录发给 IBM 的所有员工。这和 IBM 以前的领导人与雇员沟通的方式大相径庭，不再用前首席执行官约翰·阿克斯的正式电视讲话这一办法了，因为雇员们都知道不必理睬他的讲话。而现在第一次有位 IBM 的首席执行官把电子邮件发给全公司的人。这是非正式的、个人间的和前所未闻的——而且很难避免。有谁能不打开公司的新首席执行官写给自己的电子邮件呢？从一开始，郭士纳就试图突破传统，想表明 IBM 不必要那么一本正经，随和的方式也是很好的。

听了郭士纳的话，IBM 的员工中很少有人会完全放心。但是郭士纳知道自己真的别无选择。正如他所说："90 年代的启迪就是，世界上任何地区的公司都不能保证一个员工都不辞退。那是空头支票。"

但是，他知道要开通与员工交流的渠道，他希望大部分人都会理解他的坦诚态度。当然，会裁减更多人员，但是他也希望，那些有幸留下的员工会开始感觉到过了一关。因为他向留下的员工许诺，一旦裁员结束，就不再裁员了。留下的人会觉得他们的工作在长期内是有保障的，他们能毫无忧虑地重新工作。他何时行动呢？在这个关头他还不知道。但是他决心已定，在不可避免的一次性裁员结束后，他要说："我们可以对客户、雇员和股东说，我们公司不是一味裁员。裁员工作已经过去了。"

当郭士纳下定决心重组 IBM 公司时，没有什么能够阻挡他的进程。公司的创始人老托马斯·沃森和他的儿子早已去世，但他们的影响，尤其是老沃森的影响仍然根深蒂固。这父子俩创立并设计的企业文化是 IBM 鼎盛时期的支柱；但也正是这种日益变形、扭曲了原意的企业文化使 IBM 最近几年日渐衰弱。郭士纳知道改变企业文化并非易事，因为它已经如强力胶一般使公司与员工紧紧团结在一起，但他同时也知道，要想使 IBM 重整旗鼓，就得打破这种旧的企业文化。

7 月 27 日，IBM 宣布，裁减 35000 名雇员。

IBM 的人数从 1986 年顶峰时的 406000 人下降到 1993 年元月的 301000 人。而且当时预计到 1994 年底会降到 225000 人。

在郭士纳大刀阔斧进行裁员的过程中甚至连他自己的兄弟也未能幸免。长久以来，IBM 的管理人员一直在研究关于重组、降低成本的提议，启动了一个又一个计划，直到媒介和金融分析家们得出结论，公司的问题是解决不了的了。郭士纳对此表示不屑。从一开始他就知道这些问题不是解决不了的；问题之所以存在，是因为没人愿意正面解决这些问题。他在 RJR 纳贝斯克公司的时候就已经解决了如何转变一个大公司的问题，他自信对 IBM 可以采取同样的办法。

郭士纳执意摧毁那些已在公司建立起来的势力范围和地盘。"不能有政治家，"他说，"应解雇政治家。"为了贯彻他的观点，郭士纳采用了另一种战术："我们公开处理了不愿执行新计划的几个人。这是为了告诉每个人，我们是动真格的。"其中一位公开的靶子与这位新的首席执行官的关系很近，就是他的兄弟，迪克·郭士纳。迪克·郭士纳亲切、和善，人缘也好，是老 IBM 的缩影。人们一度以为也许该是迪克·郭士纳成为代替约翰·阿克斯的人。迪克由一名工程师起家，而后升至 IBM 亚太集团的负责人，1988 年被任命管理有诸多麻烦的个人电脑业务。任职以前，他生了一种怪病，3

年没有工作。做了两次脊柱手术后，他被诊断为患了莱姆关节炎。迪克1992年11月离开IBM，第二年春季回来参加一个历时90天的咨询项目。这使他能比较靠近他的兄弟。

兄弟俩都觉得处境尴尬：郭士纳领导着公司，而迪克有可能让IBM其他人知道这位新老板是什么样的人。郭士纳不喜欢他的兄弟在身边——不是因为迪克过分谈论这位新老板。郭士纳爱他的兄弟，但是他想有一个好的、没有障碍的开端，而迪克挡了他的路。新官上任，郭士纳计划让IBM赶快行动起来。像迪克一样的人必须离开，可他们是兄弟。

尽管他决定裁掉成千上万的员工，但郭士纳或许可以让迪克成为例外，他或许可以让迪克继续在IBM做咨询工作。可郭士纳觉得一边使员工们相信IBM就要发生巨大的变化，同时又把自己的兄弟留在身边，他会良心不安的。

迪克记起他们在IBM第一次遇见时，"我们俩都有点儿不安"，他承认，"郭士纳和我都觉得我再呆下去是不合适的。我身体不好，3年来，我没做过什么事情，那个团队把事情办砸了，我也是其中一员。郭士纳最不愿意看到老班子中的一员恰好是他兄弟。"不只因为这些，迪克说，他已准备离开IBM了。"每个人都问我，郭士纳是什么样的人，他们该如何讨好他。这太让人受不了。我非常高兴地看到自己3个月的任务就要结束了。"类似的话只出现在公开场合。尽管这样，郭士纳的做法仍使很多员工感到他至少是大公无私的。

即使让他亲兄弟离开的决定是痛苦的，郭士纳也丝毫不动声色。他真正表现出一种给IBM带来新生命的决心。别人认为他铁石心肠，是个顽固的人，是个为达到自己目的出卖亲兄弟的混蛋。没错，他们是对的——这也是郭士纳要达到的目的。他在备战，希望人们严肃对待这场战争。否则，会有更多的人作为靶子被推出来示众。

显然，通过郭士纳的事例不难看出，解雇员工是痛苦的，但又是非常必要的，若是解雇背叛公司的人还好说，怕就怕解雇那些不是太称职的人或者一些老职员，这就需要勇气和谨慎。

机会要选择适当。如果想解雇他，应该选择对公司最为有利的时机。以便更大限度地减少解雇他给公司职工带来的震动和对公司带来的伤害。

对任何公司的管理者来说，开除或解雇员工，总是一件令人不快的事，因为这或多或少地反映了公司存在着某些缺陷或不足之处。但是如果解雇的是一个存在一天对公司就为害无穷的"捣乱分子"，则没有一点值得留恋的。

公司面临危机时，裁员是提高效率、降低成本的最佳方法，裁员不一定能渡过危机，但至少可以减轻公司的负担，同时也可以避免造成不必要的浪费。

（四）危机时有所为也要有所不为

日本汽车制造商日产汽车公司的前行政总裁卡洛斯·戈恩被尊称为环球汽车业之神，他的成功是哈佛商学院个案研究的经典事例。

戈恩的绰号很多：成本杀手、破冰者、破坏者。

他是美国《商业周刊》2000年全球排名第四的十佳管理奇才、《时代周刊》2001年全球排名第一的25位商界领袖之一。是他，使倒在死亡边缘的日产公司活了过来，并在2000年一举赢利27亿美元。

1999年的日产公司，经营趋势已经连续26年下滑，背负着2兆5000亿日元的巨额负债，当时的社长塙义一拖着几近崩溃的身体几度赴海外磋商，最后与法国雷诺公司达成合作协议，雷诺以54亿美元的价格收购日产36.8%的股权。在谈判过程中辅助雷诺总裁谈判的，就是时任雷诺第二把手的卡洛斯·戈恩。

戈恩上任后，在对日产的海外分部巡访后，开始了对国内各分部的巡查，他来到生产车间、职工食堂、代销商办公室，听取每一位职员对日产复兴的建议，据说同戈恩谈话的人超过2000人。

1999年10月18日，戈恩上任后的第7个月，复兴计划全盘发表。其内容的严酷震惊了全日本。复兴计划准备在3年内裁员2.1万人，关闭5家工厂，卖掉非汽车制造部门，将13000多家零部件、原材料供应商，压缩为600家，将占尼桑汽车成本60%的采购成本降低20%。

"日产复兴计划让许多人感到疼痛，这是一种伴随着牺牲的阵痛，但是为了日产的再生，我们别无选择。"戈恩用很不流利但充满感情的日语对人们说。

当然，戈恩和他的伙伴并不仅仅是处处大砍大杀，在到处裁员、压缩开支的同时，新产品研究的开发费用却增加了，技术部门也未裁过人。

日本企业集团是一个大金字塔，内部有一套严密的组织机构、严格的办事程序、严肃的上下级服从习性、复杂的决策程序，一旦决定，下级不得更改，即使错了也要错到底。对此，戈恩批评说，日产的组织僵化，已经坏死。他雷厉风行，快刀斩乱麻，减少决策人数，建立信息信箱，提高了办事效率。

此前连续 7 年，日产公司都一直处于亏损状态，但是，令人吃惊的是，2000 年一年，它的盈利却大大地突破了历史记录，高达 27 亿美元。

戈恩使企业扭亏为盈的经营策略对我们有什么启示呢？

戈恩认为：日产复兴的第一步是制订一份长期利润计划。戈恩认为这是一个重要的开始。为了这个 2000 年至 2005 年的日产复兴计划，他动用 200 人，组成 9 个跨功能的工作组，采取自上而下和自下而上两种途径，参考了 2000 条建议。

但管理依旧是最重要的。戈恩说，制订计划只是任务的 5%，剩余的 95% 在于计划的执行上。而真正困难的是推进计划。

戈恩说，公司要复兴，应该加速与刹车并行，像一级方程式赛车手所做的那样。这就是"有所为有所不为"，遵循变革规律的日产恢复的过程，就是一边削减成本一边积极扩张。

戈恩认为，合作是日产汽车恢复活力的开端。1999 年 3 月，日产汽车与法国雷诺汽车公司签订全面联盟协议，得到雷诺公司的资金支持，从而形成了有效互补，提高了竞争力。

在励精图治、大力改革之后，由于削减成本政策得宜，加上美国市场需求剧增，日产创造了历史新纪录。

由戈恩的事例不难看出，变革就是加速与刹车并行，就是要有所为有所不为，下面是有所为和有所不为的几点建议，管理者不妨用心体会一番：

（1）认识到危机有危险更有机遇，要直面现实，认识到危机的存在，做好有为的打算。

（2）建议召开一次非正式的会议，管理者和公司的员工一起坐下来讨论危机时变革的话会面临哪些问题。

（3）考虑短期变化和长期变化，制订出一年计划和三年计划。

（4）对企业原来好的文化精粹要保存，要知道变革只是变革陈旧的、不适应时代发展的落后的东西，而好的企业文化则永远都不能丢。

对管理者来说，当企业陷入危机的时候，如果不能充分发现危机，而是盲目跟进，不懂及时刹车，那只能是越陷越深。所以必须面对现实，做到有所为和有所不为。刹车是退出，是不为，是抛弃沉重的负担；变革是挺进，是有为，是发展新的方向战略。

这就是遵循变革规律的过程。

（五）管理者要时刻保持危机意识和应变心理

1935 年，日本索尼公司成功试制了第一代晶体管收音机。这种收音机体积虽小，但与原来社会上通用的笨重的真空管收音机相比，性能却大大提高了，而且也非常实用。考虑到日本是个资源小国，而且市场容量也不大，所以产品只有出口才能有所作为。公司创始人盛田昭夫决定把新产品首攻地选在美国这个大市场。经过艰难的推销工作，新产品在美国的订单渐渐多了起来。

让人大为惊喜的是，有一天突然冒出一位客商，居然一次要订 10 万台晶体管收音机。10 万，这在当时近似天文数字。10 万台订货的利润足以维持索尼公司好几年的正常生产。全公司的职员无不为此欢欣鼓舞，都希望给这位客商以优惠，尽快订下合同。

不料公司总部突然宣布了一条几乎是拒绝大客商订货的奇异价格"曲线"：订货5000 台者，按原定价格；订货 1 万台者，价格最低，订货过 1 万台者，价格逐渐升高，如果订货 10 万台，那么只能按照打算为此而破产的人才肯出的价格来订合同。

如此奇异的价格"曲线"令公司职员及客商大为不解。因为按照常规，总是订货越多，价格也就越低。

这里面有什么原因呢？

盛田昭夫后来向公司高级职员们透露了他"着眼将来，力避后患"之计，当时索尼公司的年产量还远远不及 10 万台这个数字。如果接受这批订货，那么生产规模就必须成倍地扩大。可是如果公司筹款扩大生产规模以后，再也没有现在这样突然降临的大批量订货，那么结局只能是使刚刚起步的公司马上破产。

订货越多，单价就越低，就一般情况而言是成功的、完善的方案。以此方案订下10 万台合同也足以使索尼公司在短时间内再大踏步地前进一步。但从公司的长远发展而言，由于盲目投资、盲目扩大生产规模而造成的生产不稳定、忽上忽下甚至公司倒闭的后患也就在不知不觉中埋下了。公司所制定的价格"曲线"，旨在引导订户接受对双方都有利的 1 万台计货数量。为避免将来后患，公司目前最需要的就是订 1 万台左右的客户。

由此可见，管理者要预防危机，首先就是要建立危机意识。

若是没有危机意识，就会难以控制公司的发展，易于跌跟斗，而公司当然更不会进步。

另外，管理者在时刻保持危机意识的同时，还要做到善于应变，一般而言，要注意以下几点：

（1）针对与发生危机有关的各种可能因素，拟定一份周详的切实可行的防范危机的措施计划。

（2）按照防范措施计划进行周密的布置和安排，对每一个环节进行逐一落实，明确具体防范办法。

（3）要建立早期预警系统，及时发现出现危机的苗头并高度重视，宁可"小题大做"，也要彻底灭绝那些易引进危机之火的小火星。

（4）把防范危机的注意力向那些易被遗忘的角落里延伸，因为很多危机的出现都是在不引人注意的地方萌发的。

（5）防范措施要切实可行，不能做表面文章、摆花架子，否则，危机一旦来临就会招架不住。所以，对防范措施的贯彻要深入，要有严格的要求。

（6）危机的发生，有的是因为客观原因酿成的，有的是主观原因。如果只顾眼前利益，就会发生决策上的失误，一步走错，满盘皆输。最好建立科学的决策系统，防止由于最高决策者的失误而造成的危机。这种对自身失误的防范是很明智的做法。

（7）要留有预备队，作为补救危机的机动力量。公司要有防范危机的物质准备，比如，要留有一定的机动资金等，以应急于危难之际。

在公司巩固成果、继续发展的过程中，再周密完善的防范也不能完全杜绝危机的发生，只能够尽量降低其发生的可能性。因为在商业领域所涉及的变数太多，有政治上的突发事件、经济中的政策调整、法律上的变动，还有自然界的风险、市场需求风险、财务风险等，举不胜举。而这些复杂的情况也不是一个人、一个企业甚至一个国家能面面俱到地考虑到的，更不可能事事都能未雨绸缪，预先做好准备。所以，公司不可避免失败，要顺利地继续发展就必须有应变的能力。

多数人只是看到了危机才相信，而不是相信了才看到，只有少数的拥有危机意识的人才能预见危机、预防危机。

（六）危机时更要加强对资金的管理

整个行业都不景气的时候，公司经营不成功，也需要从自身找原因，寻找突破口。推行的改革应该是全方位的，但必须确定好顺序。首先必须摆脱"经济危机"，缓解资金压力。

出身哈佛商学院的林·麦克唐纳在 1991 年接管诺兰达林业公司的时候，知道这家公司有了麻烦。"整个行业都遇到了危机。"他说，但当时他不知道危机有多大。

麦克唐纳来自阿毕特毕公司，这也是一家林业产品公司，但不是诺兰达的直接竞争者。他来到诺兰达林业公司的时候，这家公司每年亏损近 2 亿美元。数额很大，但问题还不止于此。整个纸浆和纸制品行业在当时都在走下坡路，全世界的需求量在减少，又有好几家价值 5 亿美元的新设备投产，使生产能力过剩，产品价格剧减。诺兰达林业公司经营的其他生意——纸浆和建筑材料产品也在走下坡路。在这三重打击下，公司的运作达到了有史以来的最低点。

麦克唐纳就是在这种情况下进入公司的。他本希望经济复苏会帮其摆脱困境，可是，他很快就发现，公司的问题要比不景气深刻得多、广泛得多。问题出在公司以前的战略上——或者说就根本没有战略，并且同态度和经营作风有关。

"我的前任是一个甩手掌柜。他喜欢充当行业发言人，而且干得还不错。他在公司经营上花的时间不多，"麦克唐纳说，"公司各部分的经营各自为政，自己挣钱自己花。整个公司的资本支出总的来说没有明确的长远计划，也没有拨款程序。"

这还不算，麦克唐纳很快发现诺兰达林业公司还欠着加拿大好几家银行其 3 亿美元的活期贷款。"我们很担心，很快会有某家银行发现我们的现金周转不灵，而对我们说：'时间到了，该还账了。'"麦克唐纳回忆说，"只要有一家这样做，其他各家都会紧随其后。"

"所以，我不敢说我们比同行业其他企业管理更好或更糟，"他补充说，"可是我们的财务管理肯定有问题。"

麦克唐纳迅速采取了措施。战略可以以后再说，首先要做的是摆脱银行催账的威胁。

他设法同各家银行改善关系。头一年主要由他亲自同银行贷款部的官员们打交道，解决诺兰达林业公司的问题（公司从 1992 年起就没有专管财务的主管了）。他们更经常、更坦率地向银行介绍情况。他们对各银行说："瞧，这是我们本季度的业绩。这是我们的说明。这是我们取得进步的地方。这是我们下一季度的打算。"他们的意图是要银行觉得公司的情况起码不比同行业其他公司更糟。他们展现出一种希望——他们正在改善，即将摆脱困境。

与此同时，麦克唐纳集中力量改善资金状况，削减一切不必要的资本支出，出售亏损的企业，如三家小锯木厂。他还减少了流向各下属企业的现金，规定所有的现金都要上交公司中心，由中心再分配。

各下属企业并不反对这一新程序，因为大家也知道不改变不行了。经营单位的总经理知道，如果自己不改，那就要由别人来替他们改了。所以大家都报以合作态度。

有一年半时间，麦克唐纳对诺兰达林业公司采取尽量维持的态度，不断地同银行谈，削减开支，等等，然后他终于明白了光是这些不足以使公司摆脱庞大的债务。

"后来事情越来越清楚，我们唯一的出路是把我们在麦克米兰·布罗黛公司的股份卖掉。"这可不是小事。许多人认为麦克米兰·布罗黛公司——加拿大最大的林产品公司——是诺兰达林业公司皇冠上的珍珠。诺兰达林业公司拥有它 49% 的股份，每年得到红利约 500 万美元，但是，同时为支撑控股这家公司而欠的 10 亿美元贷款，每年需付 1 亿美元利息。"麦克米兰·布罗黛是一个好公司，前景也不错。可是它并不打算把它的现金同我们分享，"麦克唐纳说，"我们要么卖掉它，要么卖掉别的分公司。"

下一步麦克唐纳要做的是说服诺兰达公司董事会同意卖掉麦克米兰·布罗黛的股份。他说，这并不困难，否则他就会提出别的选择。不久，一家保险商集团以"现付"的方式购买了诺兰达公司在麦克米兰·布罗黛公司的所有股份，诺兰达森林公司在两年内得到了 9.3 亿美元。

这大大减轻了麦克唐纳的压力，它立即堵住了一个大窟窿。他们可以开始还债了。他们终于摆脱了银行逼债的阴影。

取得了财务自由之后，麦克唐纳觉得有了信心，可以着手进行经营方式上的其他彻底改革了。

他的第一步是让高管们对公司总部的作用达成明确的共识，确保负责经营的每一个人都参与。他明确地重申他就职后的头几个月所提出的要求，即各单位挣得的所有现金必须上缴中心，由中心按整个公司的需要进行分配。各个经营单位在销售与制造方面有自主权，能够支配自己的成果，但其战略计划必须与公司的整体战略观念相一致。当然，制订计划的程序也要变。各单位的计划不再只是由中心马马虎虎地一看了事。麦克唐纳对经营计划审查很严，随时提出问题并修改，并要求得到落实。他把公司赢利目标定位在居同行业比较靠前的位置。他要求经理拿出业绩来，不许找借口搪塞。

在情况有所改善、现金有所增加之后，麦克唐纳便开始要求最高层经理们参与彻底改革。为此目的，他要求他们提出通过兼并、销售或制造新产品来实现增长的计划。他原想，即使十个里头挑一个，也总可以得到一些可取的建议。可是结果一个也没有得到。

这一失败促使麦克唐纳转而另采别法。他首先聘请了一家战略咨询公司。"我们向各单位要策略计划时，没有人能跳出自己的本单位，他们都只愿意把钱花在自己原有的天地里。那么我们就决定采取自上而下的办法来决定哪些产品有前途，哪个企业有余力，哪些东西将来看好。这就需要来自外部的眼光，以了解全貌。"

与此同时，麦克唐纳改变了最高层经理们的奖励制度，不仅看他们单位的业绩，还同样要看本人的表现和公司整体的成绩。他每年把各部门总经理请到外地开两天会，以促进相互之间的关系。最后，他撤换了四个部门总经理中的两个，以及最高管理层中的一些人。

在有周期性的行业里，确切说出麦克唐纳的种种努力究竟取得了多大效果是不容易的。不过1994年对诺兰达林业公司来说是个好年头，营业额13亿美元，收入1.06亿美元。这时整个公司在复苏，经营周期进入了上升阶段。

拯救危机中的公司，首先必须止血——控制住资金流失，然后再考虑重建公司的战略、文化和经营程序。

（七）任何细小的错误都不要轻视

临近黄河岸边有一个村庄，为了防止水患，农民们筑起了坚固的长堤。一天，有个老农偶尔发现蚂蚁窝一下子猛增了许多。老农心想：这些蚂蚁窝究竟会不会影响长堤的安全呢？他要回村去报告，路上遇见了他的儿子。老农的儿子听后不以为然地说："那么坚固的长堤，还害怕几只小小蚂蚁吗？"随即拉着老农一起下田了。当天晚上风雨交加，黄河水暴涨。咆哮的河水从蚂蚁窝始而渗透，继而喷射，终于冲决长堤，淹没了沿岸的大片村庄和田野。

这就是"千里之堤，溃于蚁穴"这句成语的来历。

公司中的各种"小问题"其实就是公司管理中的一个个小的蚁穴。

这是哈佛商学院关于危机管理的一个经典个案：

1994 年，美国可口可乐公司总部收到一位妇女的投诉电话。这位妇女怒气冲冲地说："在我买的可门可乐里发现了一支别针！如果你们不能给我一个令人信服的解释，我将向联邦法院起诉你们，并将这件事向媒体公布！"

天啊，可乐里面发现了别针！可口可乐公司一时如丈二和尚摸不着头脑：可乐里面怎么会有别针呢？谁也说不明白。

但是，可口可乐高层对此事非常重视。因为谁都知道，这样的事若被张扬出去，经媒体炒作一番，可口可乐百年清誉必然毁于一旦。可口可乐高层特别成立了一支调查组，连夜奔赴出事地点——位于科罗拉多州的一个名为布瑞英克的小镇。

调查组根据那位妇女的介绍，找到零售可乐的小店，又顺藤摸瓜地找到批发商，最后确定这瓶内有别针的可乐由位于科罗拉多州乔治城的可口可乐分厂制造。调查组带着那位妇女对这家分厂进行了突击检查，结果发现这家工厂生产条件极佳，干净卫生，工人也极为负责，根本不可能将别针放进可乐里。问题出在哪里呢？查出来是不可能的了。调查组向那位妇道歉，请她原谅，并且真诚地说："您看，我们的生产条件极好，工作纪律非常严格，尤其是各位员工对顾客绝对负责，发生这样的事肯定是个意外。遗憾的是，我们不能查出其中的缘故。但是，请您相信，我们将会进一步加强管理，保证类似的事绝不再发生。作为对您所受的惊吓的补偿，我们将赔偿您 10000 美元的精神损失费。同时，为了感谢您对可口可乐的信任和忠诚，我们邀请您到可口可乐公司总部免费参观旅游。如果您对我们还有什么不满意的地方，请您尽管说，我们一定竭力满足。"

那位妇女见可口可乐公司如此真诚，怒意全消，最后高高兴兴地去可口可乐公司总部参观去了。

面对突发的危机，可口可乐公司显示了自己的勇气和坦诚。公司高层主动与投诉的妇女联络，沉着而灵活地化解了一场可能引起巨大灾难的危机。

比尔·盖茨常常说，微软距离破产永远只有 18 个月。其实，从公司需要强调和重视管理细节的角度来看，企业稍大一点就存在此类风险。韩国的大宇公司是身价700亿美元的大企业，但说倒闭也就倒闭了。因为企业大，所以小事没有人做；因为事情不大，所以小事做不透。有人把工作中小事的失误比作一只有危害的老鼠，老鼠多了，破坏力自然巨大。

我们工作中一系列的麻烦频频出现，一连串的失误势必在某一天酿成大祸，所以管理者千万不能轻视任何细小的错误。

（八）创新是走出危机的有效武器

在管理公司时，管理者可能会陷入一个从未遇过的绝境，这个时候，有的人埋怨懊悔，有的人束手无策，坐以待毙，而只有很少一部分人能挺身而出，运用自己的创新能力在绝境中开拓出一条光明大道来，这些人无疑是能做成大事的人。

来看看哈佛商学院最经典也最出名的一个依靠创新走出危机的经典案例：

我们都知道，奥运会是当今体坛最重大的体育赛事，也是最能吸引广告商投入的体育盛会。可是在上个世纪后半期，投资奥运会却是让人害怕和担心的事。

为什么呢？

1972年，第20届奥运会在联邦德国的慕尼黑举行，最后欠下了36亿美元的债务，很久都没有还清；1976年，第21届奥运会在加拿大的蒙特利尔举行，最后亏损多达十多亿美元之巨，成了当地政府的一个大包袱，直到今天，蒙特利尔人还在缴纳"奥运特别税"；1980年第22届奥运会在苏联的莫斯科举行，苏联的确财大气粗，比上两届举办城市耗费的资金更多，一共花掉了90多亿美元，造成了空前的亏损。

面对这种情况，1984年的奥运会几乎到了无人问津的地步，还是美国的洛杉矶看到没有人敢接这个"烫手的山芋"，就以唯一申办城市"获此殊荣"，企图通过这种方式来显示其泱泱大国的实力。可是等拿到了举办奥运会的权利之后不久，美国政府就公开宣布对本届奥运会不给予经济上的支持，接着洛杉矶市政府也说，不反对举办奥运会，但是举办奥运会不能花市政府的一分一厘……

谁能够站出来挽救这场危机呢？最后是杰出管理者彼得·尤伯罗斯化解了这场危机，并让举办奥运会成为新的生产力，大幅度拉动了经济的增长。那么彼得·尤伯罗斯是何许人呢？

1937 年，彼得·尤伯罗斯出生在美国伊利诺斯州文斯顿的一个房地产主家庭。大学毕业后在奥克兰机场工作，后来又到夏威夷联合航空公司任职，半年后担任洛杉矶航空服务公司副总经理。1972 年，他收购了福梅斯特旅游服务公司，改行经营旅游服务行业。1974 年，他创办了第一旅游服务公司，经过短短四年的努力，他的公司就在全世界拥有了 200 多个办事处，手下员工 1500 多人，一跃成为北美的第三大旅游公司，每年的收入达 2 亿美元。他的这些业绩不能不说是惊天动地的，他非凡的管理才能由此可见一斑。彼得·尤伯罗斯因此担起了这副重担，担任起了奥运会组委会主席。举办奥运会的难处是他所始料不及的。一个堂堂的奥运会组委会，居然连一个银行账户都没有，他只好自己拿出 100 美元，设立了一个银行账户。他拿着别人给他的钥匙去开组委会办公室的门，可是手里的钥匙居然打不开门上的锁。原来房地产商在最后签约的时候，受到了一些反对举办奥运会的人的影响把房子卖给了其他人。事已至此，尤伯罗斯只好临时租用房子——在一个由厂房改建的建筑物里开始办公。尤伯罗斯激动人心的"五环乐章"开始了，他下出了惊人的三招妙棋。

第一招：拍卖电视转播权。彼得·尤伯罗斯是这样分析的：全世界有几十亿人，对体育没有兴趣的人恐怕找不到几个。很多人不惜花掉多年积蓄，不远万里去异国他乡观看体育比赛，但是更多的人是通过电视来观看体育比赛的。事实证明，在奥运会期间，电视成了他们不可缺少的"精神粮食"。很显然，电视收视率大大提高，广告公司也因此大发其财。彼得·尤伯罗斯看准了，这就是举办奥运会的第一桶金子。他决定拍卖奥运会电视转播权，这在奥运会的历史上可是破天荒的。要拍卖就要有一个价格，于是有人就向他提出最高拍卖价格 1. 52 亿美元。

尤伯罗斯微微一笑："这个数字太保守了！"

大多数人都认为，1. 52 亿美元已经是天文数字了，那些嗜钱如命的生意人能够拿出这样一大笔钱就已经不错了。大家都用怀疑的眼光看着他，觉得他的胃口也太大了。精明的尤伯罗斯早就看出了这一点，不过只是微微一笑，没有做过多的解释。他知道，这一仗关系重大。于是，他决定亲自出马，来到了美国最大的两家广播公司进行游说，一家是美国广播公司（ABC），一家是全国广播公司（NBC）。同时。他又策划了几家公司参与竞争。一时间报价不断上涨，出乎人们的意料，就这一笔电视转播权的拍卖就获得资金 2. 8 亿美元。真可以说是旗开得胜！

第二招：拉赞助单位。

在奥运会上，不仅是运动员之间的激烈竞争，还是各个大公司之间的竞争，因为很多大公司都企图通过奥运会宣传自己的产品。从某种程度上说，这种竞争常常会超出运动场上的竞争。

为了获得更多的资金，尤伯罗斯想方设法加剧这种竞争，于是奥运会组委会做出了这样的规定：

本届奥运会只接受30家赞助商，每一个行业选择一家，每家至少赞助400万美元，赞助者可以取得在本届奥运会上获得某项产品的专卖权。鱼饵放出去之后，各大公司纷纷抬高自己的赞助金，希望在奥运会上取得一席之地。在饮料行业中，可口可乐与百事可乐是两家竞争十分激烈的对头，两家的竞争异常激烈。在1980年的冬季奥运会上，百事可乐获得了赞助权，出尽了风头，此后百事可乐销量不断上升，由此尝到了甜头。可口可乐对此耿耿于怀，一定要夺取洛杉矶奥运会的饮料专卖权。他们采取的战术是先发制人，一开口就喊出了1250万美元的赞助标码。百事可乐根本没有这个心理准备，眼巴巴地看着对手拿走了奥运会的专卖权。

照片胶卷行业比较具有戏剧性。在美国，乃至在全世界，柯达公司都认为自己是"老大"，摆出来"大哥"的架子，与组委会讨价还价，不愿意出400万美元的高价，拖了半年的时间也没有达成协议。最后，日本的富士公司乘虚而入，拿出了700万美元的赞助费买下了奥运会的胶卷专卖权。消息传出之后，柯达公司十分后悔，把广告部主任给撤了。

不用细细叙述，经过多家公司的激烈竞争，尤伯罗斯获得了3.85亿美元的赞助费。他的这一招的确比较狠，要知道，1980年的冬季奥运会的赞助商是381家，总共才筹集到了900万美元。

第三招："卖东西"。

尤伯罗斯的手中拿着奥运会的大旗，在各个环节都"逼"着亿万富翁、千万富翁、百万富翁及有钱的人掏腰包。火炬传递是奥运会的一个传统项目，每次奥运会都要把火炬从希腊的奥林匹克村传递到主办国和主办城市。1984年美国洛杉矶奥运会的传递路线是：用飞机把奥运火种从希腊运到美国的纽约，然后再进行地面传递，蜿蜒绕行美国的32个州和哥伦比亚特区，沿途要经过41个城市和将近1000个城镇，全程长达15000千米，最后传到主办城市洛杉矶，在开幕式上点燃火炬。尤伯罗斯为首的奥运会组委会规定：凡是参加火炬接力的人，每个人要交3000美元。很多人都认为，参加奥运会火炬接力传递是一件人生难逢的事情，拿 3000 美元参加火炬接力——"值"。就是这一项，他就又筹集了 3000 万美元。奥运会组委会规定：凡是愿意赞助 25000 美元的人，可以保证在奥运会期间每天获得两人最佳看台的座位，这就是 1984 年美国洛杉矶奥运会的"赞助人票"。

奥运会组委会规定：每个厂家必须赞助 50 万美元才能到奥运会做生意，结果有 50 家杂货店或废品公司也出了 50 万美元的赞助费，获得了在奥运会上做生意的权利。组委会还制作了各种纪念品、纪念币等，到处高价出售……

尤伯罗斯就是凭着手中的指挥棒，使全世界的富翁都为奥运会出钱，他则不断地把钱扫进奥运会组委会的腰包里……

现在我们来看洛杉矶奥运会的结果：美国政府和洛杉矶市政府没有掏一分钱，最后盈利 2.5 亿美元，创造了一个世界奇迹。从此，奥运会的举办权成了各个国家争夺的对象，竞争越来越激烈。尤伯罗斯之所以受命于危难之际而最后创造了奇迹，关键就是他运用了创新的武器，以创新思维突破发展的瓶颈，最后在竞争中脱颖而出。

在创新活动中，只有知识广博、信息灵敏、理论功底深厚、实践经验丰富的人，才易于在多学科、多专业的结合创新和跳跃性的创造性思维中求得较大的突破。

（九）危机时要注意对员工的情绪管理

2010 全球经济危机爆发时，哈佛商业学院的管理学家约翰·科特曾专门走访了一些受到金融危机影响的公司，在这些公司，他发现很多人都在讨论公司正面临困难时期。"有人将其表述为温和的飓风，有人则认为是凶猛的海啸。但让人出乎意外的是，很大一部分人把问题，或者说把解决问题需要采取的行动，视为'他人之事'。"约翰·科特说。他们——市场部、高管层、工程师、政府——应该立即采取行动。而当问及他们自己的时候，他们做出的反应往往带有一丝辩解的味道，或者感到沮丧，或者感到诧异。当人们把问题和解决办法视为"他人之事"时，通常很少会认为自己需要改变。

问题是很少有管理者意识到问题的严重性，不知道员工的压力到底是什么，它是怎样影响他们的雇员的，更不知道如何处理它。当然，他们自己也就遇到了前所未有的压力。

约翰·科特发现：当高管层被问及他们的员工面对新的、有潜在危险的挑战是否有紧迫感时，回答从"有些"到"很多"不等，却"几乎没有人认为我提出的问题值得讨论，哪怕讨论几分钟也不值"。

管理者面对的另一个难题是：并非所有影响员工表现的职场压力都来自办公场所。在很多情况下，压力产生的原因是一种混杂着职场和非职场的复杂关系。比如：债务和糟糕的人际关系，都会威胁到一个人的工作表现。

那么，在危机到来时，管理者该如何管理好员工的情绪、降低员工的压力呢？这个时候，管理者的责任，比以往任何时候都要更高。他们的行为对员工的影响比以往更强烈。比如：当一个管理者对达成目标感到极大压力又没有和他的团队积极沟通时，团队成员就会感到很茫然，不知道自己的表现是否足够好，或者凭空担心自己的工作不保。

用实际行动解决。事实上，这些负面影响可以避免，哈佛商学院的管理精英们经过四年的调查，发现了以下四个重要的解决之道。

1. 尊敬和负责任

这主要是指对员工的尊敬和负责。包括行为上的坦诚、情绪上的管理以及对员工态度的周到体贴。比如说，当情势紧张的时候，管理者必须行为镇静，应该比以往更坚定而非表现得摇摆不定。另一个关键是，制定合理的考核标准，对员工的表现给予正面而非负面的反馈，对员工的生活、工作的平衡表现出应有的理解。调查发现：真诚和恳切的态度，在危机时比平常更加重要。

2. 积极的管理和沟通

这包括积极工作管理——比如：清晰的沟通工作目标，检查工作量，改进工作方法。这跟合理地解决问题和果断地做出决定一样重要。管理者还应该保持信息的透明，即时告诉员工公司的进展状况，并鼓励员工参与。通过团队开会和个人交流让员工感到受关注从而减轻他们的压力。当工作压力来自实现目标，而很多员工对此表现得没有信心时，积极的沟通和合理的绩效管理就变得至关重要。

3. 关注团队中的个人

这一点在平时可能不那么重要，但在面临危机的特殊时期，个体的感受会变得异常敏感，所以，管理者应该更重视面对面的谈话，而非通过电子邮件或者电话来交流。一旦员工提出需要单独谈话时，管理者应该尽可能给予积极的回应。再强调一次，这个技巧在面临危机的时候尤为重要，因为此时的员工需要得到不同方式的支持。

4. 控制和管理冲突局面

管理者必须学会更理性地处理冲突，而一旦有员工陷入这种冲突，一定要解决掉，不能不了了之。管理者必须明白：不管错在谁，最终他们自己才是为错误埋单的人。在外部压力增加的时候，职场争端或者以大压小的情况会增加，管理者必须将它们扼杀在摇篮里，否则很容易酿成大错。

做到以上几点的同时，管理者自己对压力的理解，也应该受到重视。约翰·科特指出：高层管理者认为不需要讨论压力的一个原因是，压力是显而易见的。但是当他们面对压力时，表现出的只是在焦虑或愤怒驱使下做出的反应一种没有产出、没有成效的反应。"仅仅是一些行为表现而已。我确实看到有人在大厅里几乎是跑步前进，但他们似乎只是在兜圈子。PPT 文件演示量迅速增加，可会议正在达成什么？我实在看不明白。"约翰·科特说。

这是对压力的错误反应，真正的紧迫感是坚信巨大的危险和巨大的机会并存，而不仅仅只是前者。对于这一点，约翰·科特也有自己的看法，"真正的紧迫感是一系列的情感涌动，一种发自内心的感觉，认为我们必须在每天起床的时候就下定决心以实际行动应对危险和机会，并取得进步——不管进步多么微小，都要马上付之于行动。"

在危机中，员工往往会出现不稳定心态和情绪，管理者如何管理和对待危机中的员工，消除员工的种种不稳定心态和情绪，对于企业顺利渡过危机是至关重要的。

（十）危机处理的关键有哪些

社会是一个复杂的综合体，企业所面临的环境不可能总是称心如意，企业与外界的关系也绝不是温文尔雅的软接触。在许多情况下，不管企业如何充满善意，如何协调各方关系，但客观环境和主观愿望间总存在矛盾，有时甚至出现不可逾越的障碍，导致一些突发事件的出现。这些事件不仅影响企业生产经营活动，而且会给企业造成形象危机，有时甚至威胁企业的生存和发展。这时，就需要用适当的公关活动去调解危机。

危机处理的成败与否，以下因素至关重要：

1. 要建立快捷、高效的危机管理组织

在危机发生时，以最快的速度建立"战时"机制或危机控制中心，调配经受过训练的高级人员，配备必要的危机处理设备工具，以便迅速调查分析危机产生的原因及其影响程度，全面落实危机控制和管理计划。这一点十分重要，它是保证统一指挥、果断决策和迅速采取行动的前提，直接关系到危机管理的成败。解决危机，要求人们迅速决策，快速行动。为此，从总体上看，组织机构必须精简，统一协调，规章齐全，职责明确。从参与人员上看，根据危机的程度和类型不同，参与者也有所区别。对于关系企业整体的重大危机，参与人员要包括企业的最高领导人，以保证危机决策和落实的权威性；要包括企业主要管理部门的负责人，原因在于企业的各个组成部分是一个有机整体，牵一发而动全身；此外，还要包括相关外部专家，以提供专业咨询意见。

2. 要对危机进行确认和评估

这是一项富有挑战性的工作。管理人员要听取公司中各种人的看法，并与自己的看法相互印证，错误的估计形势将会给危机处理带来灾难性的后果。企业的最高领导人面对危机，应考虑到最坏的可能，必须对危机所造成或者可能造成的危害以及影响有一个整体的把握，如是否导致破产，是否危及企业的生存，影响是短期还是长期等等，以此为基础快速形成危机处理的主攻方向和重点。在危机状态下，管理者必须果断。在对情报分析的基础上，迅速做出决策，以高压强制政策保证决策的落实，将事态迅速控制住。否则，就可能势如决堤，一溃千里。

3. 要迅速隔离危机

危机爆发往往是在企业的某一方面或者某一部门出现，然后扩大到整个企业系统。此外，危机发生还具有涟漪效应，一种危机处理不当，往往会引发另一种危机。因此，当某一危机产生之后，企业应迅速采取措施，切断这一危机与企业其他经营方面的联系，及时将爆发的危机予以隔离，以防扩散，造成更大的损失。

4. 要合法转嫁和分散危机

在企业内部，可以根据危机发展的趋势，独立承担某种危机损失，如关闭亏损部门，停止生产滞销产品，主动撤出某一投资领域等，或者由合作者、股东来共同分担企业危机。

在企业外部，可以采取的分担措施包括：其一，通过资本运营，将危机承受主体由企业单一承受变为由多个主体共同承受，如采用合资经营、合作经营、发行股票、资产重组等办法；其二，如果是下游企业，可以通过提高价格等合法方式转嫁风险；

其三，如果已经投保，及时向保险公司索赔，尽快取得流动资金。

5. 要维护企业形象，做好危机公关。

一般情况下，企业危机的发生会使公众产生种种猜测和怀疑，有时新闻媒介也会有夸大事实的报道。因此，危机企业要想取得公众和新闻媒体的信任，必须采取真诚、坦率的态度。越是隐瞒真相，越会引起更大的怀疑。

在与新闻媒体沟通时，企业要掌握舆论的主导权，尽力以组织发布的消息为唯一的权威性来源。在危机发生而事故真相尚未查明前，可向媒体提供背景材料，介绍发生危机的初步情况、企业采取的措施以及与事件相关的资料来占领舆论阵地。企业需要慎选对外发言人，发言人应当具备足够的权威，对企业的各个方面和危机事件十分清楚，同时应当头脑清晰、思维敏捷。企业在处理危机时，应当以社会公众利益为重。企业可以邀请公正权威性的机构来帮助解决危机，以协助保护企业在社会公众中的信任度。

在危机处理上，速度是关键。危机不等人，而主动出击是最好的防御。企业在遭遇危机时主动迅速出击，果断承担责任，这样往往能够得到公众的谅解，尽可能地维护企业的形象。

（十一）防止危机中的"多米诺效应"

"多米诺效应"源于一项普及全球的体育运动，这项运动是由一位意大利传教士多米诺从中国传到欧洲的，它就是全世界人们都喜欢的多米诺骨牌游戏。这种游戏的规则是按点数的大小以相接的方式把骨牌连接起来，其难点在于骨牌一倒则俱倒，一不小心就会前功尽弃。后来，"多米诺"成为一种全球各界通用的术语，无论各行各业，只要出现一例俱倒的连锁反应，人们就会想到"多米诺效应"或"多米诺现象"。

企业经营管理中的各个环节都是相通的，任何一个环节出了错都有可能波及其他环节，这种扩散只能使企业和经营毁于一旦，这就是企业中的"多米诺现象"。

美国安然公司在《财富》500强中名列第七，拥有近500亿美元资产。所以当安然公司在2001年12月3日申请破产保护时，它无疑成为美国有史以来最大的破产案。刚开始，人们根本预见不到这个大家伙的猝死会造成什么后果，媒体仅是津津乐道于安然的难逃一死。然而，随后在安然公司发现的财务漏洞却引发了美国商业史上最大的一次"多米诺效应"。

2001年12月12日，宝丽来公司申请破产保护；2002年1月22日，凯马特公司申请破产保护；2002年1月28日，环球电讯公司申请破产保护。而在德国，同样弥漫着不乐观的气氛，因为在2002年4月8日、2002年5月8日、2002年6月12日，德国最大私营传媒公司基尔希集团的四大支柱先后破产。

然而，事情远未结束，安然的财务问题牵出了其独立审计师安达信。随后，经过了2002年上半年的风风雨雨，由于妨碍了司法公正，安达信终于在6月15日被休斯敦联邦法院判为"死刑"。

2001年6月25日，世界通信——安达信的另一个客户——紧接着爆出了38亿美元的财务漏洞。三天之后，施乐在其重新公布的近年收入报告中，承认虚报了14亿美元的利润。

综观这些不可一世的商界巨头，它们倒下的或即将倒下不外乎三种原因：过度扩张、策略失误以及最恶劣的财务欺诈。

环球电讯于1997年由加里·温尼克成立于免税天堂百慕大，是世界上第一家自行筹资铺设海底光缆的私营公司。从运作理念上看，环球电讯更像是一家互联网公司。

环球电讯将赌注压在互联网上，然后举债大笔投入。随着互联网的兴盛和衰落，也就有了环球电讯这颗电信新星的升起和坠落。1997年成立，2002年破产的环球电讯几乎是和互联网公司同生共死。

如果撇开环球电讯涉嫌的财务欺诈，至少我们可以说，温尼克是一个极端理想化的商人，他提出的企业目标是"一个星球，一个网络，一百万种可能性"，而且他的确成功地连接起了大西洋和太平洋两岸的27个国家和地区。温尼克的宏伟计划并不可笑，只是他对通信容量的预期出现了重大失误。

加里·温尼克

换言之，他以为市场上会对某种产品出现大量需求，于是他造出了大量的产品，但是却只有一两个卖了出去，其余的全砸在了手里。其后果就是，海底光缆使用率低下，使得巨额投入无法收回，高达124亿美元的债务无法偿付。

与环球电讯高估了市场需求相比，德国人莱奥·基尔希对回报的预期显然是有根据的。基尔希集团以16.7亿美元的天价买断了世界杯转播权，而通常，世界杯转播权都以3亿美元卖出。基尔希认为这种垄断性资源根本不愁买主，任何一个国家，包括足球事业尚处普及阶段的美国，都会心甘情愿地掏高价成为自己倒手的下家。

但问题在于，基尔希显然过高地估计了下家的接受能力。因为，对每一个市场而言，基尔希实际上只有一个谈判对象。也就是说，一旦某个谈判破裂，基尔希就会损失掉这一部分市场，而不会有别的竞争者补上。

不过，在收费电视市场的投入上，基尔希犯了和环球电讯一样的错误：高估预期。基尔希以为收费电视在德国会得到长足发展，然而，事实恰恰相反，其24075订户远远无法让公司爬上收支平衡线。收费电视公司每运作一天就会损失13075美元，经过一段时间的运转，超过100亿美元的巨额债务最终让基尔希集团分崩离析。

危机的"多米诺效应"从来没有受到人们的欢迎，然而这位不速之客却总是不期而至，使企业陷入困境。如何有效地将其拒之门外呢？具备敏感的防范意识是一个重要条件。

1975年的一天，美国一家报纸登了一则小消息：在墨西哥发现了一种疑似瘟疫的病例。这条消息没有引起世人的注意，但亚默尔公司老板见了这条消息后认为机会来临：墨西哥真的发生瘟疫，一定会从加利福尼亚或得克萨斯州边境传到美国，而这两个州是美国肉食供应的主要基地。到时肉食供应一紧张，肉价就飞涨，这正是自己大做肉食生意的良机。于是，老板集中了公司所有资金，派人去加利福尼亚州、得克萨斯州采购了大量牛肉和生猪，并迅速运到美国东部，储藏起来，公司掌握了大量的冻类食品。正如亚默尔公司老板预料的那样，墨西哥的瘟疫很快便蔓延到美国西部边境。为了防止瘟疫扩散，美国政府下令禁止从这几个州外运食品。于是，美国国内肉类奇缺，价格上涨。亚默尔公司不但没有受到损失，反而由于事先加工储备了大量肉食，短短几个月内就净赚了900多万美元。

树立敏感的防范意识，可以有效地防止危机的发生，这是从根源上控制危机扩大的办法。

预防危机必须建立高度灵敏、准确的信息监测系统，随时搜集各方面的信息，及时加以分析和处理，把隐患消灭在萌芽状态。

不漠视公共关系的重要性。任何企业都不可能永远不遇到危机。在对全球500强企业的调查中，发现企业被危机困扰时间平均为 8 周半，一些来自企业外部、内部的大大小小的突发事件，诸如某企业高层突然离职、诉讼或媒体的一篇负面报道等都会给企业带来危机，面对一次不大的危机，有的企业像多米诺骨牌一样垮掉了，有些企业反而更加壮大了。因此，企业经营者、管理者不仅要具备危机意识和一套科学的危机管理机制，同时也要重视与媒体搞好关系，重视媒体的巨大作用。否则，当危机来临时，企业就很难取得公众的信任和支持。

一旦发现了企业外部发生与本企业相关联的危机情况，要坚决与之划清界限，防止公众的猜疑，避免危机扩大化。

（十二）变化未必是坏事，用不着太惊慌

刚才还是晴空万里，转眼间阴云密布下起了雨。走在大街上的人们，有的慌乱不已，到处寻找一个可以遮风避雨的地方；而有的人却从背包里拿出了早已准备好的雨伞。

一些人由于天气变化而导致惊慌失措，而另外一些人面对天气的变化却泰然自若，这是因为他们早已为自己准备好了遮风避雨的工具。如果你也能及早准备一把伞，把它带在身边，在风雨突袭的时候也就不必那么惊慌了。

变化永不休止，这是每一个人都明白的道理，但是，在变化面前，我们如何才能做到泰然自若呢？你首先要具备应对变化的定力，即能够抓住中心。

对于一个企业的管理者来说，市场变化让你琢磨不透，尤其是现在的信息时代，更会让你感到束手无策。如果你抓不住中心，你就很难适应这种变化，一旦你不能应时变化，你就会被淘汰。

说到中心，有些人可能对其了解一二，大部分的人对"中心"这两个字却有些漠然。实际上，中心就是重点目标。比如说，你有许多目标，但哪个目标是你很难实现的？哪一个目标容易实现？也就是说，哪一个目标对你更有利呢？这些都是你在实目现标之前必须想到的事情，也是你应该想到的。只要你能认识到这一点，你也许就可以管理好你的企业，从而成为一名高效能管理者。

说到底，变化是一种必然现象，也是无可回避的，能否做到在变化中顺水行舟，关键是看你能否掌握住这个中心。

哈里是一家大型企业的老总，他同时经营着十几家分公司，有的是机械加工，有的是零部件销售，这些公司个个都是企业的顶梁柱，每年都能按总公司下达的指标完成任务，并完全可以按任务上交足额的利润。

除去一些管理费开支外，哈里把这些利润全部存入银行。有些人曾劝说哈里把这些钱存入银行不合算，不如把这些钱投资再办一个企业，可哈里总是笑着回答："现在我已基本上满足了自己的要求，再说我一个人能管理得了那么多吗？现在的这些企业已足够我忙乎的了，就维持现状吧！"有人认为哈里是一个不求进取的人。

可是让这些劝说哈里的人没有想到的是，在世界经济十分萧条的时期，许多靠银行贷款经营的企业，被迫停产，而哈里却完全可以靠银行存款来进行生产加工。有人开玩笑说，银行好像你的家，你可以随便从家里取钱来弥补生产资金的不足。可哈里的回答却让他们目瞪口呆："谁让你们不把钱存入银行呢？"

为什么哈里能够从银行拿到钱来弥补生产资金不足呢？为什么很多企业都面对经济萧条却没有足够资金来为维持生产呢？这就说明了一个问题，因为哈里不但积累了大量资金，而且也同银行搞好了关系，得到银行的认可。也就是说，哈里抓住了银行这个中心，它不但可以满足自己的要求，而且在关键时刻能为自己出力解难，不至于在变化来临时显得惊慌失措。

假如哈里听从别人的话，把分公司上的利润都用于投资兴办企业，难道说还能在经济萧条中泰然自若地应对变化吗？

变化是自然的，也是难免的。可如何能应对这些变化呢？

这个问题一直困扰着很多人，有的人在这方面吃了大亏，受到很大损失，但就是找不到解决问题的根本，他们往往把这些原因归纳为自己解决问题的能力不够，力度不够，甚至是根本没有能力应对变化。

实际上，正确的应对方法很简单，就是以重点为中心。只要你抓住这个重点，不论怎样变化你都可以沉着应对，也不用着慌了。

每一件事都有个重点，都有一个中心。假如你是一个学生，学习就是你的重点；假如你是一个工人，那么你的重点就是做好领导安排你干的每一项工作。这样只要你围绕这个中心，哪怕是千变万化，你都可以沉着应对。

那么你的管理怎样才能做好呢？你的目标又怎样才能实现呢？

搞好管理是任何人树立自我形象的关键。对一个企业管理者来说，你的自身形象如何，会直接影响着员工的工作积极性。

塔比拉是一家银行的行长，他从不对任何人做出承诺。

一次，一位银行职员的太太哭哭啼啼地找到塔比拉，说她的小孩在学校玩耍时，不慎把左腿摔成骨折，送到医院，医院非要先交纳 2500 美元的住院费。可是自己拿不出这些钱，现在只有请银行先替她垫付，然后从自己丈夫的每月工资中扣除。

正在忙于工作的塔比拉被她的一顿哭闹吵得一塌糊涂，要是换一个人肯定会把这位哭闹的太太大骂一顿，可塔比拉并没有这样做。他一边劝那位太太不要哭，一边让秘书从公司的账上取出 2500 美元，并把这位太太一同送往医院。

塔比拉的一举一动感动了职员们。他们认为，塔比拉的这一举动不仅帮助了他人，更树立了他在员工们心目中的美好形象。

从不做出承诺的塔比拉为什么这时却慷慨地帮助下属解决困难呢？你可能会认为这只是一种善于帮助人的行为。但是，作为一个老总来说，帮助他人的时候，同时也在提高自己的形象。

能够在职员中提高自己的形象，更透彻地说，就是在维护自己的利益，也就是说抓住了重点。

一年秋天，塔比拉突然发现账目上的资金数额不对劲，为了弄清楚这是怎么回事，他让秘书对这些账目进行全面核查。可核查的结果是虽然账目资金与实存资金不符，但无法落实到究竟是哪一个环节出现了错误。

就在这时，他那位受到塔比拉帮助过的职员主动请求担当这些账目的核查工作。经过近一个星期没日没夜的工作，终于查清有人在账目上做了手脚，提走了一笔存款。

果然不出所料，在不惊动警察的情况下，塔比拉自己便把这件事处理了，原来是一位叫博边的职员自以为自己手段很高明，没有人能查出来，就在账目上做手脚，取走了 50 万美元。

塔比拉在没有惊动警察的情况下，能够把做了手脚的人查出来，这究竟是依靠什么呢？是依靠自己的力量吗？不是，准确地讲，这就是善抓重点的结果。

作为一个企业管理者，树立自身形象来让员工感动，让员工认同你，这比你通过强硬的命令去约束员工要强得多，同时也能调动员工的主动性，让他们主动为你分忧解难，做到了这一点，你就能管理好你的企业了。

善抓重点的管理者总能因势利导，不但能变被动为主动，而且还提高了自身的影响力。所以说，变化未必是坏事，用不着太惊慌。

（十三）任凭树梢拂动，树干仍可岿然不动

任何一棵树，都是由树干和树梢组成，树干是树的重要组成部分，可以这么说，整个大树的水分、养分全是靠树干吸收后再供给树梢的。因此，在对树的管理中，你只要把树干作为自己的管理中心，把养分、水分全部给予树干，这样就会使它长成一棵参天大树。而如果你只管树梢，树干就会因缺乏适当的供给而干枯，最后树梢因树干的死亡也归于死亡。

在企业管理中，同样可以运用对树的管理方法来管理好你的企业。为什么说这种方法很有效呢？你可以想象一下，在你的管理中，是将重要的管理好呢？还是管理好那些微不足道的小事呢？假如你把企业的所有事情分列出来，先拣重点的做，这样就不会因小事而耽误了大事。既节省时间，又能使你的管理高效能。准确地说，就是抓住中心，重点管理，这样才能应对变化。

麦尔大学毕业后被分到一家公司任生产主管，他自以为自己是管理学院出身，在这方面一定能得到老总的赞赏，可万万没有想到的是，不到三个月就被辞退。麦尔莫名其妙地问老总为什么开除他，得到的答复很简单："无管理能力，给公司带来严重损失。"

原来，麦尔在管理上总是将注意力放在一些小事纠纷上，而将大事忽略。一次，一位车间勤杂工在清理车间的废料时，把一颗螺丝钉随手扔在了废料堆中，正好被巡视的麦尔看到，他当即将勤杂工辞退。

说来也巧，正在这个时候，公司签订了一份合同，客户要求在5天时间里必须交货。所有员工每天加班加点生产，哪里还有时间清理废料，一时间，各种废料堆积如山，车间过往通道上也堆满了废料，这给员工带来极大的不便。

更严重的是，一天，一位员工因脚下的废料太多，走路时不小心被废料绊倒，正好碰到了转动的机器上，当场死亡。为此，公司赔偿死者的抚恤金11万元。

麦尔为了一个小小的螺丝钉把一位勤杂工给辞退了，而恰在这时却遇到了突如其来的变化，这与螺丝钉相比，你说哪一个重要呢？当然是生产任务重要。所以说，麦尔没有把握中心，面对变化不能应对，最后导致严重的后果。

很多人认为小事能为大事服务，因此，总是在小事上斤斤计较。实际上，这样不但浪费时间，而且也耽误了大事，致使自己在管理中无法应对突如其来的危机。

所谓中心，说得准确一点就是重点要害。比如说，一本书中很多自然段，但这本书讲的究竟是什么，也就是说主题是什么，你只要把这个中心读懂，那么你就可以了解整本书的意思，其余的部分完全可以忽略掉。这对你来说既节省了时间和精力，又抓住了中心。

可有些人总是抓不住中心，浪费了不少的时间和精力。可以这么说，他们根本就没有去动脑筋想想自己要做的事，究竟是哪一件重要，哪一件次要，哪件应该不去理会或者说放弃，因此他们往往都在做一些无用功。在树梢上浇水施肥，树干却无法吸收养分而干枯，结果是树干枯死了，树梢也跟着枯死。

珀龙是一家公司的老板，他需要一名能为自己分忧解难的主管。于是他在报刊登招聘广告，广告登出后，应聘的人络绎不绝。珀龙认为，每天都有前来应聘的人，这样我什么也干不成，只顾应付他们了。为此，在公事门口贴出一张告示，让前来应聘的 25 日再来面试。

25 日那天，在珀龙的办公室门口排成一条长队，第一个应聘者来到珀龙面前，刚进门这位应聘者便自我介绍，我叫科克，毕业于管理学院，今年 22 岁，未婚，并把毕业证书放在珀龙面前。

听完介绍，珀龙开始提问，他说："假如说，在你的办公桌上有很多文件和信函，你是先批阅文件呢，还是先阅读信函呢？"科克不加思考地回答："先批阅文件。"珀龙对他说你可以走了。

对第二个应聘者珀龙也提出同样的问题，可第二个应聘者说："请给我三分钟时间，让我想一想。"结果回答是先读信函，珀龙又一次让他出去。

第三个应聘者，第四个应聘者，第五个应聘者……同样遭到珀龙的拒绝。当最后一个进来后，珀龙把同样的问题讲给他，让他回答。他当即回答说："我要把所有的文件和信函大体看一下，然后，把他们进行分类，把一些急着要办的文件和信函先办理。如果时间允许的话，再翻阅剩下的文件和信函，或者是拿回家再翻阅。"珀龙高兴地说："你正是我要找的人，明天就可以来上班了。"

为什么珀龙把所有的应聘者都拒绝，而只留下最后一个呢？让我们来分析一下，他们回答都是先批阅文件或先阅读信函，难道说这些文件和信函都重要吗？如果说文件重要，但也有些不需要去办理的；信函不重要，但有些是客户反馈的信息。所以说，他们都忽略了急着办理与需要办理这两个不同概念，这些人往往会造成时间上的浪费，造成工作效率低下。

能符合珀龙要求的就是最后一位，因为他可以分清主次。也就是说，能分清主要的和次要的，知道应该先做哪些事，所以能够应聘成功。

实际上，不光是珀龙需要这样的人才，每一个管理者，都应该注意到这一点。树梢相对于树干是从属部分，它只能因树干的茂盛而茂盛，而树干却是整个树的重要部分。

企业就是树干，只要把树干保养好就完全可以了，树干得到了大量的营养，就可以应付狂风的袭击，树梢拂动，树干大可岿然不动。也只有抓住树干这个中心，不管你树梢如何变化，都不会对树干造成太大的影响。

（十四）大数是由无数个小数整合起来的

我问你，你的财富是一下子就拥有的吗？你的知识是一天或一年就学到的吗？

我猜到了，你肯定会说："就是再愚笨的人也会说'不是'的。"

好了！要是给你的答案打一个分的话，你只能得 2 分。为什么呢？因为你只回答了问题的三分之一，而后面最重要的却没能回答出来。我认为你是个不爱动脑筋的人，因为这从你回答问题的角度就可以看出。你只说出两个字"不是"，而究竟为什么不是，你却不动脑筋思考。

那么后面的主要部分是什么呢？还是让我来替你补充吧。"你的财富、你的知识，完全是一点一点积累起来的。"说到底，就是大数是由无数个小整合起来的。它不仅可以使你拥有更多的知识和财富，而且这些"大数"还可以规避风险。为什么这样说呢？

麦当劳你一定吃过吧，但是你知道麦当劳在全世界有多少家餐馆吗？它是怎样经久不衰的？麦当劳陕餐店在世界上数不胜数，每一个国家，每一个城市，都至少有十几家。

20 世纪 90 年代，一场亚洲金融风暴席卷东南亚地区。这场金融风暴影响着全世界的经济增长，同时也影响着各行各业的发展，尤其是餐饮业受到的打击更大。一些经营者不得不关闭店门——有的改行，有的等待风暴过后再作决定，麦当劳餐馆也被迫关闭。可是，麦当劳的经济收入仍然不低于往年。这是为什么呢？

原因就是麦当劳的"大数"在起着重要的作用。麦当劳餐馆不仅在欧美一些地区有，亚洲地区也有。虽然东南地区出现麦当劳餐馆停业的情况，但是，世界各地的麦当劳餐馆仍然在热火朝天地营业着，在东南亚地区受到了一些损失，但是别的国家和地区的收入仍然可以弥补损失。

麦当劳餐馆不但没有因金融风暴受到影响，而且经济增长速度也并没有停止不前，这充分说明大数（集团公司）在起着不可估量的作用。假如麦当劳只在美国当地发展，或者说是只在东南亚地区发展，就未必能禁受得住金融风暴地冲击了。但是，很多人却认为小的目标，不足以促进自己的发展，还是大的来得快。可他们并没有想到大数是由无数小数而整合起来的。因此，他们错误的原因就在于忽视了"小"的东西。

卡尔和瑞特同时毕业于计算机专科学校，卡尔自以为自己学到了真本领，便开了一家计算机软件开发公司。

当时卡尔同瑞特商量，希望瑞特与他共同经营这家公司，可遭到了瑞特的婉言谢绝。因为瑞特认为自己所学到的只是理论性的东西，缺乏实践经验。

卡尔信心十足地开起了自己的公司，可不到半年的工夫，卡尔沮丧地找到瑞特，要求瑞特帮助。这时的瑞特正在一家报社担任排版录入人员，在这半年多的时间里，瑞特学到了很多有关计算机的方面的知识，并从操作中积累了很多经验，报社的领导正准备提拔瑞特担任编辑，可对于卡尔的苦苦相求，瑞特只好放弃自己很有前途的工作，去帮助他搞软件开发。

瑞特来到卡尔的软件开发公司，看到这里一片杂乱无章。不仅管理松散，而且员工素质极低。瑞特征得卡尔的同意，马上拟订了一整套改革措施。

首先从管理入手，瑞特亲自编写了各种规章制度及奖惩措施；其次是对员工队伍的培训。根据自己在报社总结出的经验，瑞特非常清楚，计算机软件的开发，不仅需要高素质的员工队伍，同时也需要有一定的专业知识，像目前这种状况很难得以发展。于是，他利用业余时间，每天对员工授课2小时，所讲的内容是与计算机软件开发有关的内容。经过两个月的学习，员工队伍的整体水平有了一个大幅度的提高。

由于瑞特一系列措施的落实，卡尔的计算机软件开发公司很快进入了发展的快车道，半年后，卡尔的计算机软件终于以高质量的优势畅销美国。

卡尔为什么没有成功地开发出计算机软件？原因就是他太急于求成，想一口吃个胖子。说白了就是没有重视大数是由无数个小数整合起来的。为什么瑞特却成功地为卡尔完成了计算机软件的开发呢？因为瑞特的做法完全与之相反，就是说，瑞特从"小"开始，逐步积累起来，从而形成"大数"。

哪一个人的成功不是由小到大的呢？社会、家庭及个人，每一个目标的实现，每一笔财富的积累，都是从小开始的。也可以这么说，没有小数的整合就没有大数。这在你实现高效管理的目标中十分重要，而且也是你的管理中不可缺少的重要内容。

同样，在你的生活中，小的东西也特别多，如果你管理不好这些小的事务，就会因小失大。所有的失败与成功跟其有关，很多企业管理已开始认识到了大数的意义。

无数的事实证明，小事情管理不好同样会惹出大问题。因为所有的"大"都是由"小"整合而成的。恰恰是这些小知识、小经验、小技术的整合，才形成了推动企业发展的强大动力。

二、企业危机产生的根源

（一）管理不善

人们普遍认为企业危机的发生主要是由于管理问题和决策失误，其实管理问题的诱发因素很多，而且又极其复杂。这就为企业的危机管理带来了难度，为危机根源的挖掘设置了障碍。人们经过多年的研究，发现和总结出了引发危机的管理问题的诱导因素。

1. 管理者扮演的角色不够、技能不佳

管理者在开展管理工作时，会因环境不同、管理任务不同而扮演不同的角色，也因此要求管理者具有多项管理技能。

（1）管理者的角色

20 世纪 60 年代后期，亨利·明茨伯格（Henry Mintzberg）对五位总经理的工作进行了仔细的现场观察和研究，提出了管理者究竟在做什么的分类纲要，即"管理者角色理论"。他认为管理者扮演着十种不同却高度相关的角色。这十种角色分为三个基本大类：人际角色、信息角色和决策角色。

①人际角色

管理者在处理组织成员与其他利益相关者的关系时扮演人际角色。这种人际关系方面的角色包括代表人角色、领导者角色和联络者角色。

代表人角色。管理者是本单位的领导，有时必须履行社会性和象征性的责任。例如，管理者必须接待来访参观者，宴请重要的客户，以及必须出现在社区集会上，参加社会活动等。

领导者角色。由于管理者对其所在单位的成败负重要责任，他们必须在工作单位内扮演领导者的角色。例如，管理者激励员工为实现组织目标努力工作。

联络者角色。管理者有时在人群中要充当联络员的角色。管理者无论是与内部员工发生联系或共同工作，还是与外部利益相关者发生联系时，都起着联络者的作用。

②信息角色

当管理者为确保与其一起工作的人员具有足够的信息，从而为能够顺利完成工作而负责时，他们就扮演着信息角色。

监督者角色。管理者关注组织内外部环境的变化，通过各种方式获取对组织有用的信息，这些信息有助于管理者识别机会和威胁。

传播者角色。管理者把作为监督者角色时获取的大量信息传递给有关员工，保证员工具有必要的信息，以便切实有效地完成工作。

发言人角色。管理者向外部发布有关组织的计划、政策、行动、结果等信息。例如，向媒体发布信息，代表组织向外界表态等。

③决策角色

管理者在处理信息、解决问题时即扮演着决策角色。管理者密切关注组织内外部环境的变化，以便发现机会，提出改革的新思路、新方法；企业的高层管理者还有责任确定组织的发展方向、制定组织的战略。

冲突管理者。即使是成功管理的组织，它在运行过程中也会不可避免地遇到冲突或问题。管理者必须善于处理冲突或解决问题，如调节员工之间的纠纷，平息客户的怒气，同不合作的供应商进行谈判等。

资源分配角色。管理者负有分配人力、物资和金融资源的责任，也可以分配组织的信息资源和时间资源。

谈判者角色。为了组织的利益，管理者要花费大量时间进行谈判活动。管理者的谈判对象包括员工、供应商、客户和其他工作小组。

企业家角色。在监督者角色中，管理者密切关注组织内外环境的变化和事态的发展，以便发现机会和企业面对的威胁。作为企业家，要知道如何利用机会，如何削弱威胁，做出重大的战略决策，使企业可持续发展。

（2）管理者的技能

管理者开展管理活动，要求其具备一定的技能。根据罗伯特·卡茨（Robert Katz）的研究，作为一名管理者应该具备三类技能，即技术技能、人际技能和概念技能。

①技术技能

技术技能又可称为专业技能，是指使用某一专业领域内有关的工作程序、技术和知识来完成组织专业任务的能力，即与特定的工作岗位有关的专业知识与技能。例如，技术人员、财务人员、营销人员、广告设计人员、医护人员等，皆需掌握相应领域的专业技术技能。管理者无须成为精通某一领域技能的专家，但需要了解并掌握与其管理的专业相关的基本知识与基本技能，以便能够与他所主管的组织内的专业技术人员进行有效的沟通，并对所管辖的业务范围内的各项管理工作进行具体的指导。对于不同层次的管理者，要求其掌握技术技能的程度也不同。一般基层管理者需要较多的技术技能，而高层管理者有一般性了解即可。

②人际技能

人际技能是指与处理人际关系有关的技能，即理解、激励他人并与他人共事的能力。这种能力首先包括领导能力，因为管理者必须学会同下属沟通并影响下属的行为。但人际技能的内涵远比领导技能广泛，因为管理者除了领导下属外，还得与上级领导和同级同事打交道，同时还要联络组织外部的人员和单位，以求得各方面力量的配合。正如一位专家所评论的："在许多公司，一个管理者失败的原因不是他没有技术技能，而是其缺乏人际关系的技能。"可见人际技能对管理者的重要性。

③概念技能

概念技能是指综观全局、认清为什么要做某事的认知方面的能力，也就是调查组织与环境相互影响和相互作用的复杂性的能力。具体而言，概念技能是把组织作为一个整体进行考察，包括理解事物的相互关系从而找出关键影响因素的能力、确定和协调各方面关系的能力以及权衡不同方案优劣及内在风险的能力等等。任何管理者都会面临一些复杂而混乱的环境，需要认清各种因素之间的相互关系，以便抓住问题的实质，果断做出正确的决策。该技能通常体现了管理者用广阔而长远的眼光进行战略思考的能力。

一般而言，要想成为有效的管理者，就必须具备上述三种技能，缺乏其中任何一种都有可能导致管理工作的失败。但这些技能在不同管理层次，其重要性也不同。就基层管理者而言，技术技能显得尤为重要；而对于高层管理者来说，因其面临复杂多变的环境，其面对的问题越无先例可循，就越需要概念技能；人际技能对于高层、中层和基层管理者有效地开展管理工作都是非常重要的，因为各层次管理者都必须要在有效沟通的基础上相互合作，共同完成组织的目标。

2. 过度集权或分权过大

集权型的企业组织的优点是有利于集中领导、统一指挥，提高职能部门的管理专业化水平和工作效率；缺点是限制了中下层人员的积极性的发挥，延长了信息沟通的渠道，使企业组织缺乏对环境的灵活应变性。

集权和分权是相对而言的，两者是一对矛盾的统一体，绝对集权的组织和绝对分权的组织均不存在。集权是指决策权掌控在组织的最高决策层中，下层员工很少有参与决策的机会，集权程度越大，下层员工拥有的权力越小。分权正好与之相反。

企业的分权与集权的程度受很多要素的影响，而这些要素又是不断变化的，所以集、分权的程度很难确定。在实际应用中应综合考虑以下变量：

①决策的代价

企业的决策越重要，决策失误的损失越大，企业越趋向集权。

②政策的一致性

企业的政策越趋向一致，管理越简单，企业越趋向集权。反之越趋向分权。

③组织的规模

企业规模小时，分工简单，便于协调，企业会趋向集权。随着企业规模的扩大，分工会越来越细，企业内协调频率上升，增加了管理的复杂程度，这时企业趋向分权。

④组织的生命周期

在组织的创业期，由于企业规模小而趋向集权；在组织的成长期，企业的规模会扩大，组织会从集权向分权过渡；在成熟期，企业制度健全，规模庞大，开始实施国际化战略，企业趋向分权；在衰退期，由于产品所处行业开始进入夕阳产业阶段，企业又会趋向集权。

⑤管理者的理念

企业的集、分权程度会随管理者的意愿不同而不同。

⑥培理人员的数量与素质

如果管理人员数量多，由于受管理层级数量的限制，只能拓宽管理幅度，采用分权模式。企业管理者的素质越高，管理者越希望自律，同时管理者素质高，会增加领导对下属的信任感，从而采用分权的管理模式。

⑦组织的可控性

组织的可控性越强，越趋向集权，如组织内的财务部和人事部；组织的可控性越弱，越趋向分权，如组织内的研发部和销售部。

⑧织的变化速度

组织变化越快，不确定性影响越大，如果决策容易，组织会趋向集权；如果决策困难，决策层会给下属一些权力，分担决策风险，企业就会趋向分权。

（1）过度集权

过度集权也就是权力过于集中，会带来各种弊端，主要弊端如下：

①降低决策的质量

高度集权的好处是决策速度快，但其有很大的弊端：高度集权无法发挥员工的聪明才智；决策的信息来源减少，会增加决策的不确定性，降低决策的质量。

②降低组织的适应能力

企业所处的环境不断变化，对于变化首先有感知的是员工，而不是最高决策层。由于员工没有决策权，无法做出决策，因此会削弱企业对环境的适应力。

③不利于调动下属的积极性

高度集权，员工没有参与决策的机会，企业就无法培养员工以企业为家的责任感，无法调动员工的积极性和主观能动性。长此以往，企业会养成这种惯性，员工的积极性和创造性会被慢慢磨灭。

④阻碍信息交流

高度集权的组织受有效管理幅度的限制，不得不增加组织的层级数量；增加了管理层次，会使组织内纵向信息传递的路径增加，出现信息的失真，从而阻碍信息的交流，降低信息交流的有效性。

（2）分权过大

所谓分权，就是现代企业组织为发挥下层组织的主动性和创造性，而把生产管理决策权分给下层组织，最高领导层只集中少数关系全局利益和重大问题的决策权。分权管理通常适用于规模较大、产品品种多、市场变化快、地区分布较分散的企业。

分权管理的企业将一定的日常管理决策权下放给下属单位。在分权管理的条件下，企业把生产经营决策权在不同层次的管理人员之间进行适当的划分，并将决策权随同相应的经济责任下放给不同层次的管理人员，使其能对日常的经营活动及时做出有效的决策，以迅速适应市场变化的需求。

企业通过分权，极大地调动了业务部门经营管理和核心技术人员的积极性，从而促进了业务量的增长。但相应地，这种增长本质上是建立在对资源的粗放消耗基础上的，而且人员积极性的释放终归有其上限。所以，在虚假繁荣的背后隐藏着深深的危机。而且，这样的消极影响是以一种逐渐累积的方式慢慢表现出来的。因此，企业一旦感受到它们表现出来的消极影响，实际上其已到了比较严重的程度。每每这时，类似的发展困境问题——"业务部门或子公司做不大，总部或总公司又成了空壳子"——就严峻地表现了出来。因此，采取分权的企业，一定要注意操作上的简单化陷阱，否则，在分享分权化管理模式带来的好处的同时，简单化陷阱正隐身在背后，一点一点，向你逼近。

3. 缺乏管理深度

深度指纵向的层次。管理深度就是不仅要对表面现象进行有效的管理，还要对引起表面现象的深层原因进行分析研究，制定相应的措施进行更深入的管理。例如某企业制定了一套纪律：不准迟到、不准早退。它还同时制定了一套配套措施：上班前提醒，职工提前应答制度；下班前特殊情况预警制度。这种深度的管理有效地配合了表面上的管理，使企业的工作在任何情况下都能正常运转。

缺乏有效管理的深层原因有：

一是企业经营发展的战略不明确。企业经营的战略目标不明晰，企业就会失去方向，没有方向的企业是没有合力的，从而导致管理的职能不能有效地发挥出来，使企业处于混乱状态。

二是缺乏有效的市场营销模式。企业的营销活动是直接面对消费者的行为，而消费者具有自己的主观意识和判断标准。这就要求企业的营销活动要具有灵活性和适用性，企业应以顾客为导向来设计营销活动。

三是缺乏公司治理结构。公司治理结构能够解决所有权与经营权分离所引起的代理风险，解决公司的所有者和经营者的矛盾。缺乏公司治理结构，公司很难对经营者进行监督和激励，股东的利益就会受到损害。

四是缺乏人力资本管理。很多企业把人力资源看成企业的成本，而没有把其上升到资本的高度。把人力资源看成成本的企业，容易出现压榨人才的现象，很难建立和健全人力资源的管理体系，无法调动员工的积极性和主观能动性，企业就会形成一潭死水，没有活力。而把人力资源看成资本的企业，他们看到的是人力资源给企业不断带来的利益，看到的是人力资源的价值和潜在价值，其结果会大不相同。

五是缺乏核心竞争力。核心竞争力会实现企业产品或服务的差异化，能给企业带来持久性的竞争优势。企业缺乏核心竞争力，在激烈的市场竞争中容易处于劣势，成为企业发展的巨大障碍。

六是缺乏创新能力。企业创新能力的形成需要一定的氛围，也就是要构建创新型企业文化。这种文化的构建需要得到企业最高决策层的重视，企业的中高层管理者首先要具备创新意识和观念，进而影响员工的行为。

七是缺乏协同的供应链管理体系。企业的供应链管理是一个系统工程，价值链的优化不只是追求上下游的优化，而是追求整体的优化。如海尔强调：我们购买的不只是一个产品，而是一个设计，因此我们要帮助供应商设计出我们需要的产品。

八是缺乏科学的绩效评价体系。企业的绩效评价体系是企业人力资源管理中重要的内容之一，是企业的控制活动和绩效考评的依据。但是现在多数企业都没有绩效评价体系，这会造成控制的随意性，产生混乱局面。

九是缺乏全员培训教育。社会在发展，企业在进步，员工的素质和技能也要进一步提高，否则它会成为企业发展的巨大障碍。员工素质和技能提高的最佳方式就是培训，缺乏培训的企业会停滞不前，甚至是倒退。

巴林银行事件

银行历史：1763 年，弗朗西斯·巴林爵士在伦敦创建了巴林银行，它是世界首家"商业银行"，既为客户提供资金和有关建议，也自己做买卖。当然它也得像其他商人一样承担买卖股票、土地或咖啡的风险。由于经营灵活变通、富于创新，巴林银行很快就在国际金融领域获得了巨大的成功。其业务范围也相当广泛，无论是到刚果提炼铜矿，到澳大利亚贩运羊毛，还是开掘巴拿马运河，巴林银行都可以为之提供贷款。但巴林银行有别于普通的商业银行，它不开发普通客户的存款业务，故其资金来源比较有限，只能靠自身的力量来谋求生存和发展。

在1803年，刚刚诞生的美国从法国手中购买南部的路易斯安那州时，所有资金就出自巴林银行。尽管当时巴林银行有一个强劲的竞争对手——一家犹太人开办的罗斯切尔特银行，但巴林银行还是各国政府、各大公司和许多客户的首选银行。1886年，巴林银行发行"吉尼士"证券，购买者手持申请表如潮水一样涌进银行，后来银行不得不动用警力来维持。很多人排上几个小时后，买下少量股票，然后伺机抛出。等到第二天抛出时，股票价格已涨了一倍。

事件起因：20世纪初，巴林银行荣幸地获得了一个特殊客户——英国皇室。由于巴林银行的卓越贡献，巴林家族先后获得了五个世袭的爵位。这可算得上一个世界纪录，从而奠定了巴林银行显赫地位的基础。

巴林银行总部

里森于1989年7月10日正式到巴林银行工作。在这之前，他是摩根·斯坦利银行清算部的一名职员。进入巴林银行后，他很快争取到了到印尼分部工作的机会。由于他富有耐心和毅力，善于逻辑推理，能很快地解决以前未能解决的许多问题，使那里的工作有了很大起色。因此，他被视为期货与期权结算方面的专家，伦敦总部对里森在印尼的工作相当满意，并允许可以在海外给他安排一个合适的职务。1992年，巴林总部决定派他到新加坡分行成立期货与期权交易部门，并出任总经理。

无论做什么交易，错误都在所难免，关键是看你怎样处理这些错误。在期货交易中更是如此。有人会将"买进"手势误读为"卖出"手势；有人可能不够谨慎；有人可能本该购买六月份期货却买进了三月份期货；等等。一旦失误，就会给银行造成损失。在出现这些错误之后，银行必须迅速妥善处理，如果错误无法挽回，唯一可行的办法，就是将该项错误转入电脑中一个被称为"错误账户"的账户中，然后向银行总部报告。

里森于 1992 年在新加坡任期货交易员时，巴林银行原本有一个账号为"99905"的错误账户，专门处理交易过程中因疏忽所造成的错误。这原是一个金融体系运作过程中正常的错误账户。1992 年夏天，伦敦总部负责全面清算工作的哥顿·鲍塞给里森打了一个电话，要求里森另设立一个错误账户，记录较小的错误，并自行在新加坡处理，以免麻烦伦敦的工作。于是里森马上找来了负责办公室清算的利塞尔，向她咨询是否可以另立一个档案。很快，利塞尔就在电脑里键入了一些命令，问他需要什么账号。在中国文化里"8"是一个非常吉利的数字，因此里森以此作为他的吉祥数字，由于账号必须是五位数，这样账号为"88888"的错误账户便诞生了。

事件过程：几周之后，伦敦总部又打来电话，总部配置了新的电脑，要求新加坡分行还是按老规矩行事，所有的错误记录仍由"99905"账户直接向伦敦报告。"88888"错误账户刚刚建立就被搁置不用了，但它却成为一个真正的"错误账户"存于电脑之中。而且总部这时已经注意到了新加坡分行出现的错误很多，但里森都巧妙地搪塞而过。"88888"这个被人忽略的账户，为里森日后制造假账提供了机会。如果当时取消这一账户，巴林的历史则可能会重写了。

1992 年 7 月 17 日，里森手下一名加入巴林仅一个星期的交易员金·王犯了一个错误：当客户（富士银行）要求买进 20 口日经指数期货合约时，此交易员误操作为卖出 20 口，这个错误在里森当天晚上进行清算工作时被发现。欲纠正此项错误，需买回 40 口合约，表示至当日的收盘价计算，其损失为 2 万英镑，并应报告伦敦总公司。但在种种考虑下，里森决定利用错误账户"88888"，承接了 40 口日经指数期货空头合约，以掩盖这个失误。然而，如此一来，里森所进行的交易便成了"业主交易"，使巴林银行在这个账户下，暴露在风险部位。数天之后，更由于日经指数上升 200 点，此空头部位的损失便由 2 万英镑增为 6 万英镑了（注：里森当时年薪还不到 5 万英镑）。此时里森更不敢将此失误向上呈报了。

另一个与此如出一辙的错误是里森的好友及委托执行人乔治犯的。乔治与妻子离婚了，整日沉浸在痛苦之中，并开始自暴自弃。里森喜欢他，因为乔治是他最好的朋友，乔治也是最棒的交易员之一。但很快乔治开始出错了。里森示意他卖出的 100 份九月的期货全被他买进，价值高达 800 万英镑，而且好几份交易的凭证根本没有填写。

如果乔治的错误泄露出去，里森不得不告别他已很如意的生活。将乔治出现的几次错误记入"88888"账户对里森来说是举手之劳。但至少有三个问题困扰着他：一是如何弥补这些错误；二是将错误记入"88888"账户后如何躲过伦敦总部月底的内部审计；三是 SIMEX 每天都要他们追加保证金，他们会计算出新加坡分行每天赔进多少。"88888"账户也可以被显示在 SIMEX 的大屏幕上。

为了弥补手下员工的失误，里森将自己赚的佣金转入账户，但其前提当然是这些失误不能太大，所引起的损失金额也不是太大，但乔治造成的错误确实太大了。为了赚回足够的钱来补偿所有损失，里森承担着愈来愈大的风险。他当时从事着大量跨式部位交易，因为当时日经指数稳定，里森便从此交易中赚取期权权利金。若运气不好，日经指数变动剧烈，此交易将使巴林承受极大损失。里森在一段时日内做得还极顺手。到 1993 年 7 月，他已将"88888"账户亏损的 600 万英镑转为略有盈余。当时他的年薪为 5 万英镑，年终奖金则将近 10 万英镑。如果里森就此打住，那么，巴林的历史也会改变。

除了为交易员遮掩错误，里森另一个严重的失误是为了争取日经市场上最大的客户波尼弗伊。在 1993 年下半年，接连几天，每天市场价格破纪录地飞涨 1000 多点，用于清算记录的电脑屏幕故障频繁，无数笔的交易入账工作都积压起来。因为系统无法正常工作，交易记录都靠人力，等到里森发现各种错误时，他在一天之内的损失便已高达 170 万美元。在无路可走的情况下，里森决定继续隐瞒这些失误。

1994 年，里森对损失的金额已经麻木了，"88888"号账户的损失，由 2000 万、3000 万英镑，到 7 月时已达 5000 万英镑。事实上，里森当时所做的许多交易是在被市场走势牵着鼻子走，并非出于他对市场的预测。他已成为被其风险部位操纵的傀儡。他当时能做的，是哪一种方向的市场变动会使他反败为胜，能补足"88888"号账户中的亏损，便试着影响市场往哪个方向变动。

里森在自传中描述："我为自己变成这样一个骗子而感到羞愧——开始是比较小的错误，但这些错误现已整个包围着我，像是癌症一样……我的母亲绝对不是要把我抚养成这个样子的。"

从制度上看，巴林最根本的问题在于交易与清算角色的混淆。里森在1992年去新加坡后，担任巴林新加坡期货交易部兼清算部经理。作为一名交易员，里森本来应有的工作是代巴林客户买卖衍生性商品，并替巴林从事套利这两种工作，基本上是没有太大的风险的。因为代客操作，风险由客户自己承担，交易员只是赚取佣金，而套利行为亦只赚取市场间的差价。例如里森利用新加坡及大阪市场极短时间内的不同价格，替巴林赚取利润。一般银行对于其交易员持有一定额度的风险部位表示许可。但为防止交易员使其所属银行暴露在过多的风险中，这种许可额度通常定得相当有限。而通过清算部门每天的结算工作，银行对其交易员和风险部位的情况也可有效了解并掌握。但不幸的是，里森却一人身兼交易与清算二职。

事实上，在里森抵达新加坡前的一个星期，巴林内部曾有一个内部通讯，对此问题可能引起的大灾难提出关切。但此关切却被忽略，里森到职后，还是同时兼做交易与清算部门的工作。如果里森只负责清算部门，如同他本来被赋予的职责一样，那么他便没有必要也没有机会为其他交易员的失误行为瞒天过海，也就不会造成最后不可收拾的局面。

在损失达到5000万英镑时，巴林银行曾派人调查里森的账目。事实上，每天都有一张资产负债表，每天都有明显的记录，可看出里森的问题。即使是月底，里森为掩盖问题所制造的假账，也极易被发现——如果巴林真有严格的审查制度。里森假称花旗银行有5000万英镑存款，但这5000万已被挪用来补偿"88888"号账户中的损失了。查了一个月的账，却没有人去查花旗银行的账目，以致没有人发现花旗银行账户中并没有5000万英镑的存款。

关于资产负债表，巴林银行的董事长彼得·巴林还曾经在1994年3月有过一段评语，他认为资产负债表没有什么用，因为它的组成在短期内就可能发生重大的变化，因此，彼得·巴林说："若以为揭露更多资产负债表的数据，就能增加对一个集团的了解，那真是幼稚无知。"对资产负债表不重视的巴林董事长付出的代价之大，也实在没有人能想象得到吧！

最后崩溃：另外，在1995年1月11日，新加坡期货交易所的审计与税务部致函巴林，提出他们对维持"88888"号账户所需资金问题的一些疑虑。而且此时里森已需每天要求伦敦汇入1000万英镑，以支付其追加保证金。事实上，从1993年到1994，年，巴林银行在 SIMEX 及日本市场投入的资金已超过 11 000 万英镑，超出了英格兰银行规定的英国银行的海外总资金不应超过 25% 的限制。为此，巴林银行曾与英格兰银行进行多次会谈。在 1994 年 5 月，其得到英格兰银行主管商业银行监察的高级官员之"默许"，但此默许并未留下任何证明文件，因为没有请示英格兰银行有关部门的最高负责人，违反了英格兰银行的内部规定。

最令人难以置信的，便是巴林在 1994 年底发现资产负债表上显示 5000 万英镑的差额后，仍然没有警惕其内部控管的松散及疏忽。在发现问题至其后巴林倒闭的两个月时间里，有很多巴林的高级及资深人员曾对此问题加以关切，更有巴林总部的审计部门正式加以调查。但是这些调查都被里森以极轻易地方式蒙骗过去。里森对这段时期的描述为："对于没有人来制止我做这件事，我觉得不可思议。伦敦的人应该知道我的数字都是假造的，这些人都应该知道我每天向伦敦总部要求的现金是不对的，但他们仍旧支付这些钱。"

从金融伦理角度而言，如果对以上所有参与"巴林事件"的金融从业人员评分，都应给不及格的分数。尤其是巴林的许多高层管理者，完全不去深究可能出现的问题，而一味相信里森，并期待他为巴林套利赚钱。尤其具有讽刺意味的是，在巴林破产的两个月前，即 1994 年 12 月，于纽约举行的一个巴林金融成果会议上，250 名在世界各地的巴林银行工作者，还将里森当成巴林的英雄，对其报以长时间热烈的掌声。

1995 年 1 月 18 日，日本神户大地震，其后数日东京日经指数大幅度下跌，里森一方面遭受更大的损失，另一方面购买数量更庞大的日经指数期货合约，希望日经指数会上涨到理想的价格范围。1 月 30 日，里森以每天 1000 万英镑的速度从伦敦获得资金，已买进了 3 万口日经指数期货，并卖空日本政府债券。2 月 10 日，里森以新加坡期货交易所交易史上创纪录的数量，已握有 5.5 万口日经期货及 2 万口日本政府债券合约。交易数量愈大，损失愈大。

所有这些交易，均进入"88888"账户。账户上的交易，以其兼任清查之职权予以隐瞒，但追加保证金所需的资金却是无法隐瞒的。里森以各种借口继续转账。这种松散的程度，实在令人难以置信。2 月中旬，巴林银行全部的股份资金只有 47 000 万英镑。

1995 年 2 月 23 日，在巴林期货的最后一日，里森对影响市场走向的努力彻底失败。日经股价收盘降到 17885 点，而里森的日经期货多头风险部位已达 6 万余口合约；

其日本政府债券在价格一路上扬之际，其空头风险部位亦已达 2.6 万口合约。里森为巴林所带来的损失，在巴林的高级主管仍做着次日分红的美梦时，终于达到了 86 000 万英镑的高点，造成了世界上最老牌的巴林银行终结的命运。

新加坡在 1995 年 10 月 17 日公布的有关巴林银行破产的报告及里森自传中的一个感慨，也最能表达我们对巴林事件的遗憾。报告结论中的一段写道："巴林集团如果在 1995 年 2 月之前能够及时采取行动，那么他们还有可能避免崩溃。截至 1995 年 1 月底，即使已发生重大损失，这些损失毕竟也只是最终损失的 1/4。如果说巴林的管理阶层直到破产之前仍然对 '88888' 账户的事一无所知，我们只能说他们一直在逃避事实。"

里森说："有一群人本来可以揭穿并阻止我的把戏，但他们没有这么做。我不知道他们的疏忽与罪犯级的疏忽之间界限何在，也不清楚他们是否对我负有什么责任。但如果是在其他任何一家银行，我是不会有机会开始这项犯罪的。"

4. 管理方法落后

这主要表现为管理者观念落后和方法不合理，导致管理层效率低下，致使决策迟迟制定不出来，或是执行效率低，失去市场机会。管理的任务并不是维持现状，而许多企业之所以陷入困境，就是因为管理者没有尽到管理责任，有的企业甚至缺少完整的计划，出现管理上的随意性。管理的任务就是变革，在当今的社会环境中，企业要想生存就必须变革，不愿或不能接受这一观点的管理者难免会导致企业的衰退。有时候，这是态度问题，还有些时候是管理者缺乏处理问题的才智和能力。能力的缺失使企业无法做出科学及时的决策，错过市场机会，给企业带来风险。

（二）组织混乱

组织混乱的根本原因有两个：一是职能问题，二是制度问题。

1. 职能问题

在组织设计和组织管理规划中，"职能"是一个最常见的词，它也是组织管理中最重要的因素之一，但很多管理者却对它的含义理解不深，在管理中经常会出现职责不清的现象。在以往对企业的调查中，提到"职能"这个词的企业仅有一家，绝大多数人不理解职能，甚至将它与岗位职责混为一谈。由于管理者对职能认识的不足和专业能力的欠缺，很少有企业会对具体职能进行规划，"错位""越位""缺位"和"不到位"的现象普遍，从而导致了组织管理的混乱，这是组织混乱的重要根源。

职能实际上是指人、事物、部门所担负的功能和作用，它强调责任和义务。组织中最为基础的管理事务就是职能管理。职能与职责的关系是，职能包含职责，是职责的集合；职责是职能的分解。职能是面上的规划，其范围要宽；职责是点上的落实，具有针对性。

有一家民营企业，其员工总数有 500 多人，但其职能部门却达到了 18 个，管理人员多达 200 多人。该企业 200 多位管理者管理 500 多人，平均每人管理 2.5 人。同时，该企业没有明确的组织结构图，更没有职位说明书对各部门的职能进行界定，企业职责不清，各自为政。即便如此，人力资源部还是天天去招聘；行政部天天在仓库清查物资和进行售后维护；财务部整天在计算工资和统计仓库数据；等等。各部门只是忙于各自的事务，很少进行必要的沟通和协调，更有近一半的部门明确表示不知道自己该做什么和能做什么。企业高层忙于政策和制度的频繁制定和修正上，很多管理者抱怨"朝令夕改、人浮于事、老板越位"等现象。

其实，这家企业是典型的职能错位。在企业管理中，职能错位是一大忌，管理者会产生对职能的错误理解，出现不该你管的事情，你却管了，一方面会增加管理者的负担，另一方面又会使被错位管理者怨声载道，因为你抢了他的任务，下面的员工又不知听谁的，出现多头领导的现象。同时，错位还会出现管理上的真空，也就是缺位或空位，该管的却没人来管。错位会造成管理上的随意性，同时又缺乏必要的监督和控制，使企业处于混乱之中。企业就会机构臃肿，人浮于事，效率低下，从而失去竞争力，战略目标就无法实现。

对一个组织而言，职能设计是组织设计全过程的前提和基础，也是开展组织结构设计的首要工作。职能设计在组织设计中起着承上启下的桥梁作用。企业职能设计要充分体现企业的战略目标，依据战略目标来设计企业的职能结构，使企业形成横向智能体系和纵向智能体系，形成有效的职能系统。企业要充实其职位说明书，确定每一个岗位的责任和义务，确定各部门的协调关系，使企业在有序的状态下运行。

2. 制度问题

（1）制度缺失的表现

制度既是一种约束，也是一种引导，制度规定了人们该做什么和不该做什么。企业制度是一个内涵丰富以及外延广泛的概念，其基本内容主要由三个方面构成：企业产权制度，即公司法人产权制度，这是企业的根本；企业组织制度，即公司组织制度，其范围广，内容丰富；企业管理制度，即公司管理制度，这是企业的灵魂。企业组织制度是企业组织中全体成员必须遵守的行为准则，是企业管理的准绳，是员工的行动指南，是企业管理的基础。企业组织制度包括企业组织机构的各种章程、守则、程序、办法、标准等。企业组织制度是企业组织的基本规范，它规定了企业的组织指挥系统，是企业员工的行动纲领，明确了人与人之间、部门与部门之间的分工和协调关系，并规定了各部门及其成员的职责和权限。

①制度制定存在的管理制度缺失

制度短缺。这是企业制度缺失的表现，企业制度不健全，出现问题将无法管理。如果找不到合适的制度来作为衡量问题的准绳，会使企业处于混乱状态。

制度缺陷。也就是制度设计不合理、不适用，企业制度无法指导企业员工的行为，使制度形同虚设，不能起到应有的作用。同时，企业制度不严谨，存在漏洞，也是制度缺陷的重要表现，使制度缺乏科学性、合理性和实用性。

制度体系之间不配套。企业制度不配套很容易引起冲突和矛盾。例如企业有完善的流程指导企业的生产经营活动，但缺乏必要的企业制度与之相配合，这样一来，流程再完美也无法达到其预定目标，因为缺乏制度保障的流程是执行不下去的。企业制度纷繁复杂，各种制度虽然各自存在，但彼此之间的关系密切，一个独立的制度，没有其他制度的配合就无法发挥其作用。我们经常讲制度系统的构建，说的就是制度和制度之间的关系。制度体系配套，使各种制度有机结合，彼此相互作用、相互制约，才能真正发挥各个制度的真正价值，才能使企业的各项活动在有序的状态下进行。

②制度执行存在的管理制度缺失

制度执行失范。这主要指制度执行中的不规范，包括制度执行主体不规范，甚至是缺乏约束，执行主体在执行制度时存在随意性，出现越权、滥用权力、不作为等现象；执行制度的条文内容适用不规范，执行条文与被执行制度不够配套，容易造成执行中歪曲理解制度内容的现象，甚至出现钻制度的空子等现象。

制度执行中过于强调人性化。企业制度一旦确定，就应严格按制度行事，制度的执行是刚性的，而不是感性的。我们有些管理者在执行制度时过于感性，使制度在执行中存在着弹性，常会出现同一问题，由于不同的人处理结果会有不同。这样一来就会造成员工对制度缺乏最基本的信任，制度失去了严肃性，员工就不会再尊重制度，管理就会失去基础，导致员工缺乏积极性，成为企业发展的巨大障碍。

（2）管理制度缺失的原因分析

①从决策的视角分析

按照决策理论的观点，决策需要预测，预测需要市场调研，整个过程都离不开管理，所以管理就是决策。因此，在对企业进行有效的管理过程中，管理制度为管理者提供了依据和保证，为管理工作和目标的实现提供了指南。企业决策是管理者发现问题和解决问题的过程，或是管理者发现机会和利用机会的过程。管理者在决策过程中受很多因素的影响，其主要因素有：决策者的特点、决策者所面对问题的类型、决策的结果和决策的内外环境。这些因素的存在直接影响管理者的决策行为和决策的效果。

决策中管理者面对的内外环境比较复杂，环境构成要素多变，为决策设置了障碍，严重影响决策的效果。在这里，内外环境主要是指信息环境和文化环境。

②从价值链角度分析

迈克尔·波特教授提出了价值链分析模型。根据波特的价值链理论，企业创造价值的活动可以分为基本活动和辅助活动两部分。基本活动包括内部后勤、生产作业、外部后勤、营销和销售、服务；辅助活动包括企业基础设施、人力资源管理、技术研发和采购。价值链反映的是这些活动之间的关系，这种关系的形成依赖企业的各种制度。组织中创造价值的活动包括生产作业活动和管理活动，生产作业活动实现了产品的增值，而有效的管理活动是保证正常生产作业活动有效开展的方法和手段。企业通过有效的管理才能消除障碍和壁垒，才能实现有效的沟通和协调，才能实现企业内部的资源优化配置，提高企业的整体运营效率，增强企业的竞争能力。通过对价值链的分析，我们会对企业的各种活动有个深刻的了解，把握各种活动之间的关系，为各种活动的有效开展制定各种相关的制度，让这些活动在有序的状态下进行。但由于各种活动之间的差别性较强，这就会对制度的制定提出更高的要求。企业技术越先进，分工越细，活动越复杂，制度越难以制定，容易出现制度制定的缺陷。

③从战略管理过程分析

任何企业要想健康有序地发展，就要制订合理的战略发展规划，制定出科学的战略目标，来指导企业的发展。根据战略管理理论，战略管理过程可以分为三个阶段：战略分析，主要对企业的内外环境进行分析，寻找企业面对的机会和威胁，挖掘企业的优势和劣势；战略选择及评价，在对企业内外环境分析的基础上确定企业的战略目标，并进行企业战略的评价和选择，也就是战略定位；战略实施及控制，战略选择后就是如何落实问题，以及在实施中的控制。企业面对的外部环境具有变化性和复杂性的特点，尤其是外部环境的变化性，对企业战略会产生重大影响。外部环境的改变，直接影响企业的战略目标，进而影响企业已经制定的战略方法和手段。企业为了适应环境的变化会对战略目标和战略方法进行调整，这种调整会使原有的制度和规范失去效用。但企业的管理制度存在一定的惯性，若没能及时地进行更新，会使企业制度出现缺陷。所以，企业在战略实施过程中，一旦外部环境出现了变化，企业就要调整战略目标和战略方法，此时企业的相关制度和规范也要进行调整，以适应新的战略方法，高效实现企业的战略目标。

企业面对的环境越来越复杂，管理问题多种多样，所以，管理的制度缺失难以避免。这就要求企业的管理者要用发展的眼光来看问题，经常扫描环境，快速做出决策，及时调整管理制度，以适应环境的变化。

四种企业制度类型

模式1：资本逻辑的企业制度

在这种类型的企业制度中，权力派生于资本的供应，利益归属于资本所有者。资本的供应是行使权力、占有成果的唯一依据。劳动者被资本所有者所雇用，直接被后者或其代理所支配，其工资报酬在企业最终成果形成以前作为成本而支付。提供专门经营管理服务的经营者在这种制度中具有双重身份：一方面，他们受雇于资本所有者，因而要接受其支配；另一方面，作为资本所有者的代理，要根据资本所有者的委托对劳动者的服务进行指挥。经营者虽然有时也可能根据资本所有者的恩赐分得一定比例的经营成果，但他们所得报酬的主要方面还是相对固定的工资，其利益实现方式在本质上与劳动者相同，具有成本费用的性质。

模式2：劳动逻辑的企业制度

权力派生于劳动，利益归属于劳动者是这种企业制度的基本特征。作为权力的主体，劳动者直接或者间接地通过选举代表平等地行使企业经营方向和规模的选择等战略决策权力，而把与经营过程组织有关的日常经营权力交给经过一定程序选聘的具有一定专门知识和技能的人来行使。作为企业的利益主体，不同劳动者共同决定如何根据他们的劳动贡献公平地分配企业经营收入扣除物质耗费后的剩余。经营者根据劳动者集体的委托，提供组织日常经营所需的服务，并以这种服务为依据参与经营成果的分配。资本作为企业经营中必须利用的一种要素，其报酬在经营成果形成以前作为成本列支，因此资本供应者的利益实现与企业经营成果的高低没有任何直接联系，他们对影响这个成果形成的各种权力的运用也就无权过问。在这种企业制度下，由于劳动者既是权力和利益的主体，又是经营者组织生产活动所需利用的一种要素，因此这两种参与者类群之间的权力关系是非常微妙的。在决策权力系统中，经营者必须服从劳动者集体的意志和决定。而在执行权力系统中，作为生产要素的劳动者个人则必须接受经营者的具体指挥。

模式3：知识逻辑的企业制度

权力派生于知识，经营成果的分配服从经营者的意愿。在企业制度的这种理论模式中，资本与劳动的供给不再是经营权力的来源或经营成果占有的依据，而只是拥有专门知识、提供专门服务的经营者在组织企业生产经营活动中需要借助的手段。经营者的知识是这种企业制度的基本特征。经营者因为拥有专门知识而实际掌握和行使着组织企业活动所需的各种权力，其不仅实际控制着投入这个过程中的各种要素的运用，而且实际决定着这些要素的组合方式和服务方向；不仅同时成为企业两大权力系统的实际支配者，而且实际控制着在各种要素服务的共同作用下形成的最终经营成果的分配，决定着如何将其用于组织发展，以实现其权力范围和规模的扩张。在实现其权与利的同时，资本成为知识的工具，劳动者必须服从经营者的指挥。不论是劳动还是资本的供应者，他们从企业获得的与其服务相应的报酬，相对于一定时期的经营活动结束后形成的归经营者实际支配的最终成果来说，都是具有成本性质的支出。

模式4：综合逻辑的企业制度

这是各参与者类群在权力以及利益关系中均处于平等地位的企业制度。权力共使、利益分享、风险同担是这种企业制度的基本原则。现代企业的财产特点为作为企业集合体构成基础的各类参与者平等地行使经营权力提供了客观的物质基础。企业经营过程的进行、经营目标的达到必须借助的各类要素贡献相互作用、相互依存的性质，为这些参与者公平地分享经营成果提供了客观的依据。由于各类参与者的利益都只有在这个成果形成后才能实现，其实现程度都随成果的大小而变化，都需承担因经营不善而带来的绩效低下的风险，因而他们都可能对影响成果水平的活动方向的选择或组织手段的运用表现出极大关注，并将把这种关注表现为参与决策过程中的权力的积极利用。

（三）营销问题

无论什么性质的企业，其提供的产品或服务都要在市场上销售，这样一来，企业营销渠道的构建就显得至关重要。一旦营销出现问题，产品就会出现积压的现象，影响企业利润，甚至是生存。企业具体的营销问题可以概括为以下几个方面：

1. 营销理念单一

企业营销活动的成败与营销理念息息相关，理念决定了思想，进而决定行为。企业的营销活动是一个非常复杂的行为，其影响要素纷繁复杂，同时又受营销主体的观念、素质、习惯等因素的影响。企业营销理念单一，就会缺乏灵活性和适应性。而企业面对的市场又是不断变化的，这就要求企业改变以往的营销模式，打破惯性，把与营销有关的各种要素结合起来：把销售和服务结合起来；把服务和市场调研结合起来；把市场调研和产品开发结合起来；把产品开发和销售结合起来；把销售和生产结合起来。这样就可以形成一个充满活力的循环体系，在循环体系中保证信息的畅通无阻。同时，企业可以根据市场上顾客的特性制定灵活的营销方案，吸引顾客的眼球，培养顾客的忠诚度。

2. 营销渠道单一

当今社会，企业间的竞争越来越激烈，而企业间的竞争主要表现为营销渠道的竞争。人们常说的"渠道为王"不无道理。营销渠道是企业的在位优势，这种优势会形成有效的进入障碍。这也进一步说明了为什么我国加入 WTO 十几年来，我国企业没有感觉到"狼来了"的压力，因为我国企业具有营销渠道这个在位优势。但是，企业的营销渠道过于单一，就会出现风险，一旦有个风吹草动，企业的销售就会受到巨大的影响，甚至影响企业的生存。

3. 企业品牌单一

在全球一体化的浪潮中，我国企业的产品在国外的发展势如破竹，但我们分析一下不难发现，我国的产品在国外基本上属于廉价产品的代表。我国的产品还没有形成差异化的优势，国外的消费者对我国的产品缺乏忠诚度，这些消费者的选择性比较强，我国的企业在国外市场上很难形成可持续的竞争优势。所以，我国企业在追求市场占有率的同时，应打造企业的品牌，注意国外市场的特点，分析国外顾客在产品需求上的差异，大力推广差异化战略，建立品牌效应，培养顾客的忠诚度，减少顾客对价格的依赖。同时，企业应通过多品牌战略降低对单一品牌的依赖性，与人们常说的"不要把鸡蛋放在一个篮子里"，是同样的道理。

4. 产品市场单一

企业面对的市场往往是多元化的，这主要是由于顾客的需求是多样性的。市场单一表明企业放弃了很多的市场，这样就会给竞争者留下机会。市场单一的原因多种多样，如企业缺乏市场调研，盲目生产，导致产品大量积压，增加了库存成本，大大削弱了企业的利润空间，使企业处于危机的边缘。

所以，企业在进行生产以前，一定要进行市场调研，进行必要的市场分析和产品定位，了解顾客真正的需要，把握市场的方向。同时，企业还要知道和能够回答"我能生产什么？""我可以生产什么？"的问题。企业要建立有效的市场调查机制，创新营销理念，开发新的市场，建立多元化的市场，不断地满足顾客的需求；还要注重企业理念和产品广告的宣传，树立为社会负责和为消费者负责的优良企业形象，打造企业的品牌。企业应永远牢记"顾客是企业存在的根本和理由"这一至理名言。

东芝笔记本电脑事件

2000 年 5 月，因为笔记本电脑软件功能有瑕疵，日本东芝公司为此赔偿美国用户10. 5 亿美元。但使用同一产品的中国用户，却没有享受到同等待遇。日方的解释是，因为中国法律与美国法律对消费者的保护程度不一样。

1999 年春天，两名美国东芝笔记本电脑用户向美国地区法院提出集体诉讼。认为东芝公司在处理其便携式笔记本电脑软盘控制器存在的问题时，许多方面行事不当，可能导致数据遗失或损坏。东芝公司一方面否认这一指控，说他们没有意识到软盘控制器的操作限制会造成数据丢失或损坏，另一方面又与原告进行庭外和解，提出一个解决方案。

根据这一方案，拥有或租用 1985 年 1 月 1 日或以后生产、由东芝美国信息系统公司销售或分销、带有一个软驱和软盘驱动控制器的任何型号的东芝便携式或笔记本电脑的所有美国用户（包括自然人、商人、政府或其他实体），都可获得东芝公司提供的赔偿。

东芝公司解释，如此行事是因为根据美国的司法判例，存在通过司法裁定，判决一笔赔偿金的风险。鉴于这一风险，公司决定在不承认任何责任或其个人电脑有技术问题或瑕疵的基础上了结此案。

东芝公司宣布，该诉讼只涉及美国。根据这一诉讼，50 万美国东芝用户将获得 10.5 亿美元的赔偿，每个用户最高可获得 443 美元的赔偿。

令人费解的是，就在东芝美国用户抓紧向东芝公司索赔时，中国用户却没有得到相应的对待。5 月 8 日，北京一家专业新闻网站在美国一个消费者处得知消息后，立即做了报道，引起中国消费者的极大关注。

据 5 月 15 日《中国青年报》报道，昨日，东芝中国公司北京代表处电脑电器部的林晓兵先生就此接受了该报记者的电话采访。在去年事情发生时，林得到公司授权，负责解释此事。林的说法是，东芝公司并不是有意欺骗中国消费者。首先，该赔偿只在美国发生，不是全球性的行为。对美国用户的赔偿，不是采取现金赔偿的方式，而是以代物券的形式，即用户在购买东芝产品时可持券打折。其次，东芝公司没有承认该产品质量有问题，只是因为美国法律的特殊性，考虑到诉讼可能导致该品牌在美国市场造成不好的影响，才忍痛达成协议。但林又表示，并不否认在理论上存在对用户造成损失的可能性。

之所以会出现两种不同结果，林的意见是由于中国和美国的法律不一样。按照美国法律，如果存在对消费者造成某种后果的可能性，制造厂商就可能要承担责任，而中国的法律，对这种情况没有明确的条文规定。

东芝事件发生后，向东芝索赔的第一位中国用户是四川成都的一家软件公司的总经理吴津，他于 5 月 16 日将关于索赔和要求东芝公司向全体中国用户道歉的函件交给了东芝（中国）有限公司成都办事处。在信函中，吴津要求东芝公司必须公开向全中国的消费者道歉，并对他于 1998 年初购买的 750DVD 型东芝笔记本电脑给予赔偿。吴津表示，如果在一周内东芝方面还不能给他一个满意的答复，他必将采取进一步的法律措施，一定要把索赔进行到底。

与此同时，沈阳一位叫刘哲的个体私营业主有望成为全国第一位在今日的东芝公司召开的新闻发布会上向东芝公司当面质询的中国用户。刘哲向记者表示愿与记者一道去北京参加新闻发布会，并就他于 1999 年购买的一台东芝笔记本电脑经常出现死机等问题向东芝公司当面质询。

成都用户吴津成为第一个向东芝索赔的中国人以后，吴津立即成了名人兼大忙人。不少人打电话给他对他的行动表示支持。另有20多位同样是东芝用户的人把吴津视为"索赔大使"，要把自己的东芝问题笔记本电脑交给吴津，请吴津一起索赔。吴津表示不排除同其他东芝笔记本电脑用户联合向东芝索赔的可能。

吴津将关于索赔和要求道歉的函件交给东芝（中国）有限公司成都办事处后，东芝方面不得不开始同吴津取得联系。东芝（中国）有限公司成都办事处负责人致电吴津，表示东芝正考虑吴津的要求，将尽快给吴津答复。同时该人士也希望吴津"冷静一些"，"不要接触记者"。当天下午该人士再次致电吴津，询问吴津"下一步会干什么"。

吴津表示他下一步将干什么完全取决于东芝方面的反应，他和他的律师这两天将静观事态发展，并为以后"可能发生"的事情做充分准备。吴津说，如果一周内东芝方面还不能给他答复，他将采取进一步的法律措施，一定要把索赔进行到底。

另外，北京3名东芝笔记本电脑用户，以电脑软盘驱动器存在缺陷为由，也于5月25日正式向北京市第一中级人民法院提起诉讼，要求日本东芝株式会社赔偿总计9万多元人民币，向中国用户道歉并承担本次诉讼的全部费用。据悉，这是中国用户第一起针对日本东芝笔记本电脑质量缺陷提起的正式索赔诉讼。中国消费者协会为此明确表态，支持中国消费者向东芝提出索赔。

5月22日下午，在各方的压力下，东芝公司终于就笔记本电脑风波举办了新闻发布会。会上，东芝公司副总裁古贺正一就笔记本电脑事件进行辩解。对于中国的消费者，东芝公司则采取了安装补丁软件的措施，只要用户点击东芝中国公司的网页就能以下载补丁软件的方式来补救。

东芝公司副总裁古贺正一在新闻发布会上，对中国记者提出的"只赔美国人，不赔中国人"的问题，采取了回避的态度，并始终不提对华赔偿。究竟是中国法律对本国消费者保护不力，还是东芝公司采取赔偿歧视，对此，中国政法大学副教授吴景明一言以蔽之：这不是歧视还是什么？

由两家律师事务所组成的律师团，代理了北京3名东芝笔记本电脑消费者起诉案，并于25日向北京市第一中级人民法院递交了起诉状，法院立案处表示一周内给予是否立案的答复。

据该律师团杨开明律师介绍，律师团中有精通中国民事诉讼法的律师，有计算机与精密仪器方面的专业律师，还有来自美国的全面掌握与了解东芝公司在美国诉讼全过程的法律界人士。该律师团认为被告由于利益驱动对中国消费者隐瞒了其产品存在缺陷的真实情况，损害了原告的合法权益，被告的行为违犯了《中华人民共和国民法通则》规定的"诚实信用""公平""平等"等基本法律原则，违犯了《中华人民共和国产品质量法》和《中华人民共和国消费者权益保护法》及其他相关法律的规定，被告必须对其产品存在的缺陷承担法律责任。递交起诉状的律师称对这场官司的结果"充满信心"。

东芝笔记本电脑事件在笔记本电脑的销售商中引起强烈反响。5月17日，成都最大、最有影响力的笔记本电脑超市——顶智笔记本电脑连锁超市宣布，即日起将其旗下两个专卖店内所有的东芝笔记本电脑撤出不再销售，在东芝向中国用户做出令人满意的答复后再决定是否恢复销售东芝的产品。这是截至目前国内第一家停止销售东芝笔记本电脑的中国公司。其老板袁诚还表示，他坚决支持国内第一位站出来向东芝索赔的吴津。

5月24日，有记者在东北地区最大的计算机销售市场——沈阳"三好街"电子市场采访时发现，"东芝事件"风波目前已使东芝笔记本电脑的销售产生了一些波动。一些电脑销售商表示，"东芝事件"已波及东芝笔记本电脑的销售。几天来，已有一些本已订货的客户要求退货，甚至有两家不愿透露姓名的电脑销售商向记者表示，他们已开始后悔做东芝笔记本电脑的代理商。

5月26日上午，作为东芝笔记本电脑在中国大陆的总代理联想公司正式对东芝笔记本电脑事件发表了自己的声明，声明提出了几点解决方案：首先，设立服务窗口，专门为用户免费提供及安装FDC校验盘，同时也可免费邮寄；其次，对累计购买50台以上的大用户，免费上门安装；第三，对没有分支机构地区的用户，可免费邮寄。另外，用户还可在联想东芝网站下载校验软件。

评述：

著名民商法问题专家、中国人民大学法学院教授叶林认为东芝公司与美国消费者达成和解协议，承担高达10.5亿美元的损失，确属万般无奈之举，与其说它是向美国消费者妥协，不如说是向美国法律妥协。叶教授还指出，对于电脑是否真有缺陷，是否因为缺陷存在潜在风险，在这个问题上不应该有国别色彩。

北京远东律师事务所的赵振律师认为，面对中国大陆 20 万东芝笔记本电脑用户，东芝公司很明显知道自己的电脑存在瑕疵，否则不会提供用于修正的所谓的补丁软件。东芝公司一直不向消费者告知实情，直到当年 5 月 21 日才发布相关的中文说明。从《消费者权益保护法》的角度上讲，这已是一种欺诈行为，东芝公司理当双倍赔偿。

中国政法大学副教授吴景明认为，这一事件也应当引起我国工商管理部门的重视，东芝公司的做法是一种歧视行为，有关部门应该保护我国消费者的权益。同时，有关立法机关也应该尽快建立相应的法律，规范企业的行为。随着我国对外开放程度的不断扩大，外资企业会不断地进入我国，因此建立起公平竞争的环境，保护我国消费者的权益至关重要。

（四）缺乏诚信

1. 诚信是企业生存的根本

在中国传统文化中，儒家学派提出了"仁、义、礼、智、信"，"信"指的就是诚信，可见"诚信"二字的重要性。人们常说，"人无诚信不立，家无诚信不和，业无诚信不兴，国无诚信不稳，世无诚信不宁"。诚信是一种信仰，是一种品行，更是一种道德观念。无论是个人，还是企业，诚信都是一个形象的体现。然而，对于企业来说诚信更加重要，因为诚信代表了企业的形象，代表了企业的品牌和声誉，这是企业的无形资源，是企业赖以生存和发展的根本。

但在当代社会中，尤其是我国的企业，在这方面还很欠缺，有的企业甚至根本没有诚信可言。由于缺失诚信，企业为所欲为，严重损害企业形象的事件屡屡发生。正因如此，我国出现了一大批"短命鬼"式的企业。企业诚信的缺失不单单影响企业自身的发展，还会影响整个市场质量。企业缺乏诚信，就会出现不道德的经营行为，就会扰乱市场秩序，致使诚信的企业无法正常经营，会导致整个行业停滞不前，甚至是倒退。缺乏诚信会使企业失去更多的机会，严重削弱了企业的竞争力，甚至使企业倒闭破产。

在一期《论道》节目中，龙永图和两位企业家就我国企业的诚信问题进行了剖析。龙永图直接给出了数据：我国企业由于诚信问题，每年直接损失高达 5500 亿元。节目中，一位企业家直接表态："我不愿意与国人做买卖，因为每年追债要占去大半时间，没有时间为企业做重大的战略决策。"由此可见，企业没有诚信是自掘坟墓，而且是伤人伤己的行为。

2. 企业诚信缺失的原因

（1）社会环境的影响

诚信存在于优良的环境之中，在肥沃的土壤里生根发芽。我国从改革开放以来，过分强调经济的快速增长，忽略了精神文明建设，使精神文明的发展远远落后于经济发展。很多外国人讲，中国人有钱了，但精神文明消失了。君不见，假冒伪劣产品充斥市场，欺骗行为随处可见。主要原因是我们缺失正确的价值观。温总理讲过一句话：中国的道德在滑坡。这不是危言耸听，这是一个不争的事实。企业追求利益本没有错，错在追求利益不讲原则，追求利益失去了道德底线，这严重损害了企业形象，也损害了国家形象和国家利益。

（2）监管体系不健全

我国经过几十年的高速发展，市场经济体系正在完善，有关市场和竞争的管理体系也逐步完善了。但是，我国目前还没有一部有关规范诚信行为的法律法规。相关法律的缺失，致使违信成本低下，违信现象普遍。同时，我国对违反诚信者的打击力度远远不够，甚至是放纵了有些违反诚信的行为。这一点，我们与发达国家相比有非常大的差距。如美国安然公司因数据造假被判公司破产，而在我国还没有由于诚信问题而破产的企业。这样一来，就等于在纵容企业的违反诚信的行为。更可怕的是，一些讲究诚信的企业在这样的环境中很难洁身自好，而且往往会受到损害，最后也走上了违反诚信之路。

所以，我国应尽快建立起违反诚信的惩治法律，把诚信制度化、法律化，增加企业违反诚信的成本，使其一旦缺失诚信将永不翻身。只有通过法律，才能约束企业的行为，才能建立起有效的诚信规范体系，才能让企业养成诚信的习惯。

（3）地方保护主义的影响

我国企业的诚信问题泛滥，在很大程度上与地方保护主义有关。很多地方政府为了增加地方税收，对地方企业采取严重的保护措施，对当地企业的造假行为不闻不问，听之任之，更有甚者充当制假贩假的保护伞，包庇、纵容、保护当地企业的制假贩假活动，致使有些地方制假贩假盛行，甚至已经形成了巨大的产业链和规模。可笑的是，有的制假企业居然成为当地的纳税大户，受到政府的表彰。

所以，规范企业的诚信行为，要从政府做起。政府首先要讲诚信，建立有效的诚信规范体系，建立灵活的诚信管理机制，创造优良的诚信环境和土壤，让诚信遍地开花结果。

（4）企业管理机制不健全

诚信体系的构建虽然与企业的外部环境息息相关，但归根结底还是由企业的内在因素决定的，外部环境只是诱因。企业诚信从内因来说有很多的影响要素，如企业的价值观、企业的制度和管理水平等。我国很多中小型企业经营管理水平较低，企业组织结构不合理，职责不清，企业各种制度不健全，员工素质较低，自律性较差，企业管理依赖他律，也就是靠管理层的监督指挥和控制。同时，企业所有者的权力不受监督和限制，管理的随意性较强。企业的所有者为了追求企业价值的最大化而唯利是图。企业员工缺乏共同的价值观和信仰，而价值观和信仰又决定了员工的行为。所以，在企业内自上而下普遍缺乏诚信，员工之间钩心斗角，尔虞我诈，为了获取利益可以不择手段。企业不重视科学管理，对市场缺乏分析和预测，企业决策依赖最高管理层的经验和惯性。企业的经营依赖关系，合同的签订依赖欺骗，利润的获得依赖偷税漏税。企业里无诚信二字，失信的现象极为普遍。这样的企业怎能走远？

（5）产权安排方面的因素

我国的国有企业为国家的经济发展和社会建设做出了巨大的贡献，国有企业经过几十年的发展，已经形成了巨大的规模。但由于体制的原因它还存在诸多问题，虽然大部分企业进行了国有企业改造，转变成了股份制，但我国国有股份制企业目前还存在三个问题：一是股权分散，经营者损害股东利益；二是股权集中，出现经营者损害股东利益，大股东损害小股东利益的情况；三是股权高度集中，出现经营者损害股东利益，大股东损害小股东利益，以及大股东代表损害大股东利益的情况。这三个问题的出现使企业失去了诚信的基础。尤其是经营者为了实现自身价值的最大化，会严重损害企业的利益，造成企业诚信的缺失。

3. 企业诚信缺失的突出表现

（1）商业诚信缺失

企业诚信缺失有多种表现，无论何种表现都会给企业带来不可估量的损失。如有些企业缺乏对融资诚信的重视，贷款时积极主动，还款时行动缓慢，甚至违反贷款协议，融资形象很差。由于企业缺乏融资诚信，加大了企业的融资诚信风险，银行往往拒绝放贷。企业在生产经营活动中，存在大量的商业行为，产品的往来、货款的交付，均发生在企业之间。在这些活动中，企业的商业诚信至关重要，甚至决定了企业商业行为的成败。但是实际上，在企业发生大量交易行为的过程中，产品交易的背后往往存在大量的违约行为，这些违约行为严重损害了交易方企业，致使这些企业陷入困境。据不完全统计，我国每年的合同履约率平均不到 70%，由于合同欺诈造成的损失约 55 亿元，企业间相互拖欠的未付资金超过 3000 亿元，由于三角债和现款交易增加的财务费用约有 2000 亿元。

（2）管理者诚信缺失

管理者是企业的灵魂，管理者如果缺乏诚信会给企业带来巨大的损失。我国企业的大部分经营管理者都具有强烈的事业心和责任感，这些管理者能吃苦耐劳，而且具有市场观念强、经营方法得当、敢于面对风险等优点。他们带领企业快速发展，为企业的生存和发展做出了贡献。但另一方面他们存在的问题也比较突出。如有些经营管理者文化程度不高，管理素养不够，管理中依赖个人英雄主义，依赖经验，管理政策经常朝令夕改，制度形同虚设，随意性强。这种集权式的管理模式，严重损害了管理者的形象，使管理者的领导有效性大大降低，同时，也间接损害了企业的诚信形象等。这种类型的管理者会成为企业发展的障碍。在这些管理者的约束中，企业员工会怨声载道，纷纷降低努力行为，企业无法形成团队，有的员工甚至离开企业，炒老板鱿鱼。

4. 企业诚信缺失的危害

（1）影响企业自身的生存与发展

①提高了企业的融资成本

在企业的成长过程中，需要大量的投资，而这些资金很难自给自足，需要借助财务杠杆来满足企业的资金需求。如果一个企业信誉好，会给债权人留下很好的形象，债权人如果认为投资风险相对较低，就会放心地为企业注资，同时债权人要求的投资回报也会较低，从而大大降低了企业的融资成本。反之，如果一个企业信誉差，债权人会进一步评估投资风险，一旦债权人认为投资风险相对较高时，就会从投资的风险角度出发，要求较高的投资回报，从而提高了企业的融资成本。

②影响企业在市场中的竞争地位

诚信是企业打造企业形象的法宝，企业的形象是企业的无形资产，无形资产是形成企业竞争力的根本和基础。企业缺乏诚信，在行业中无法树立良好的企业形象，就会逐渐失去市场，其产品和服务就无法得到顾客的认同，长此以往，企业就会失去竞争能力，削弱企业在市场上的竞争地位。

③影响企业的正常生产经营活动

企业一旦失去诚信，就会变成"孤家寡人"。供应商不愿意为企业提供原材料，金融机构不愿意为企业提供贷款，竞争者只是把这个企业看成敌对方而不愿意合作，消费者更不愿意购买企业的产品。所有的一切，使企业处于孤立无援的境地，结果是轻者衰退，重者破产。

（2）企业诚信缺失对社会经济生活的影响

①降低了市场效率

企业间存在很多的商业往来，在正常的往来中，如果企业缺乏诚信，为了防止其不讲信用，对方往往放弃信用手段。企业为了规避信用风险，不得不采取现金交易和以货易货等传统的交易方式，这样一来，势必会使企业间的交易复杂化，降低了市场效率。

②宏观调控政策的作用受到制约

面对不同的经济环境，政府会不断出台一些相关政策，但由于企业的诚信问题，这些政策往往达不到预期的效果，浪费了政府资源，同时对整个社会经济的发展极为不利。如在2008年初出现的由美国次贷危机引发的席卷全球的金融危机中，我国企业纷纷出现了困境。我国政府为了挽救这些企业，采取了一系列启动投资和扩大内需的经济政策，这些政策起到了一定的作用。但由于企业缺乏诚信，假冒伪劣产品泛滥，扼杀了百姓的购买欲望，政府这一宏观调控政策的作用大打折扣。

③法律基础受到破坏

任何企业的生产经营活动均要在法律的框架下进行，而法律制度的运行是以信誉为基础的。企业不重视信誉就会无视国家法律的存在，以种种不正当的手段展开竞争，严重损害竞争者和消费者的利益，损害法律的尊严，如违犯《合同法》《商标法》《反不正当竞争法》等。

④影响国民经济的稳定发展

企业是保证国民经济形成和发展的基本单位，大批企业的发展与壮大有助于国民经济的健康持续发展。由于我国一些企业缺乏诚信，造成了市场的混乱现状，严重削弱了市场的质量，这不仅影响企业自身的生存与发展，更重要的是影响国民经济的持续健康发展。据不完全统计，我国由于企业缺乏诚信，每年造成的直接经济损失高达5500亿元。此外，近年来，我国的不法企业平均每年生产假冒伪劣产品价值1300亿元左右，给国家每年造成的平均税收损失达250亿元。我们都清楚，企业的诚信缺失在经济上所造成的损失只是一小部分，而对企业形象的损害是长期的，是无法用数字来衡量的。

⑤影响我国在国际经济舞台上的形象

我国企业的诚信问题已经严重影响了我国的国家形象，很多国家对我国产品进行限售，采取歧视政策，主要是由于对我国企业生产的产品缺乏信任感。有关调查资料表明，在外商在华的投资风险中，最大的风险之一就是信用问题。

锦湖轮胎掺假

据2011年央视3·15晚会报道，锦湖轮胎的质量存在严重问题，内幕人士爆料锦湖轮胎将返炼胶重新用于轮胎制作。这也是本次晚会首个被曝光的企业。

赵赫：2010年，我们国家的汽车产销量已经达到了1800万辆，汽车消费现在已经走进了我们的千家万户，随之，人们对汽车的安全是越来越关注了。今天我们晚会一开始就从汽车的配件说起。

解说："3·15"接到内幕人士举报，锦湖轮胎在轮胎制造过程中存在严重问题。

内幕人士告诉记者，轮胎制造过程中一些废掉的半成品会进入新料中再次使用，为了保证轮胎品质，锦湖轮胎制定了严格的作业标准，规定在市场上零售的胶品，只允许采用少量返炼胶。内幕人士告诉记者，标准规定的是一套，可锦湖轮胎实际操作的却是另一套。

内幕人士：我们现在为了减少成本不按照比例掺，就是全部使用返炼胶，整个轮胎的性能就全降下来了。

解说：难道锦湖轮胎制定和执行的真的是两套标准吗？2010年夏天的一个晚上，记者直接来到锦湖轮胎天津有限公司的生产车间，在返炼车间记者看到，经过返炼的胶重新打上标号。

解说：原来"3"或者"4"开头的是返炼胶，"1"开头的是原片胶，锦湖轮胎又是怎么使用这些返炼胶的呢？按照公司作业标准规定，标准是3∶1，就是3份原片胶中掺入1份返炼胶。纸上的1366表示此时生产线上使用的正是原片胶，令人诧异的是，记者走近一看却发现，三盘中有两盘是1366的原片胶，另一盘却是4366的返炼胶。

在另外一个气密层的加工车间，记者又发现了同样的问题。标号都是3350的返炼胶，可是用的都不是。记者还了解到，这些胶料是大不相同的，否则可能会造成爆胎等后果。锦湖轮胎为什么在实际生产中却不知情呢？

内幕人士：它的成本就会上来，这个胶就会坏了，很便宜。

解说：锦湖轮胎是全球十大轮胎之一，为北京现代等汽车厂商提供轮胎，是我国市场占有率第一的轮胎，锦湖轮胎天津有限公司是第二大公司，它在什么情况下才能按照标准生产呢？

2011年1月记者来到了锦湖轮胎进行采访，王科长告诉记者锦湖轮胎一直都是按照标准生产的。他知道掺多了会影响它的性能。锦湖轮胎从上到下多次强调他们会按照标准制造轮胎。事实上记者不是第一次来到锦湖轮胎暗访，这是记者第二次暗访。作业胎面标准为3∶1，实际上已经达到了1∶1。

2011年1月1日晚上，记者第三次来到锦湖轮胎暗访，这次会是多少呢？此时气密层生产情况又如何呢？明确规定的是一套标准，背后遵照的是另外一套标准。我们不知道在这样两套标准下，又有多少存在安全隐患的轮胎流向市场。

主持人王小丫：安全大于天。所以，我们绝不能容忍不把质量和安全当回事，不把消费者的生命安全当回事！在这里，我们要向那位勇敢地站出来举报的内幕人士致敬，如果不是他的义举，可能我们永远也不知道这个真相。谢谢您！在这里，我们也欢迎更多有良知的内幕知情人加入我们的行列，举报假冒伪劣，尊重生命安全，维护我们每一个消费者的权益。

锦湖轮胎在我国具有较大的市场占有率，为包括上海通用、上海大众、一汽大众、北京现代、东风悦达起亚、神龙汽车、一汽轿车、奇瑞、长城汽车、哈飞汽车、华晨汽车等十余家汽车厂家的35个车型提供配套轮胎。锦湖轮胎已在中国建立四大工厂：南京、南京TBR、长春和天津工厂，年产能达到2345万条，其中包括子午线轮胎1045万条。

在被央视曝光后，锦湖轮胎方面明确表示会积极配合国家质监部门的相关检查工作，配合国家相关监督检验机构对天津工厂进行检查。

受锦湖轮胎影响，国家质检总局发布公告，自 4 月 15 日起东风悦达起亚、长城汽车、北京现代三家汽车厂商将召回部分赛拉图、锐欧、炫丽、腾翼 C30、伊兰特、悦动、雅绅特、御翔、途胜、瑞纳、名驭和 I30 轿车。

评述：

《产品质量法》的初衷是提高产品质量，可是这种做法严重地违背了其初衷。生产者有保证产品内在质量的义务：不存在危及人身、财产安全的不合理的危险；有保障人体健康，人身、财产安全的国家标准、行业标准的，应当符合该标准。而锦湖轮胎实际的标准却与国家标准、行业标准相差太多。这种生产的方法也会危及消费者的人身安全。另外，法律禁止生产者生产假冒伪劣产品。其中有一条是：生产者生产产品，不得掺杂、掺假，不得以假充真、以次充好，不得以不合格产品冒充合格产品。而锦湖轮胎的行为属于掺杂、掺假行为，已经触犯了法律。

而对于消费者来说，他们的消费者权益也受到了侵犯。首先，这种行为侵犯了消费者的保障安全权。《消费者权益保护法》第 7 条规定，消费者在购买、使用商品和接受服务时享有人身、财产安全不受损害的权利。消费者有权要求经营者提供的商品和服务，符合保障人身、财产安全的要求。而锦湖轮胎在生产过程中大量添加返炼胶，一定会影响消费者对商品的正常使用，甚至会对消费者的人身造成巨大伤害。

其次，这种行为侵犯了消费者的知悉真情权。知悉真情权或称获取信息权、了解权、知情权，即消费者享有知悉其商品或者服务真实情况的权利。锦湖轮胎之前对外宣称按标准规定作业，可在实际操作中却遵循另一套与原标准完全相反的标准。这种欺骗消费者的行为已经侵犯了消费者的知悉真情权。

另外，这种行为还侵犯了消费者的公平交易权。《消费者权益保护法》第 10 条规定：消费者享有公平交易的权利。消费者在购买商品或者接受服务时，有权获得质量保障、价格合理、计量正确等公平交易条件。而锦湖轮胎在生产过程中大量掺用返炼胶，对于质量是没有保障的。

相对于有组织、有实力的经营者来说，消费者是弱势群体，在购买商品、接受服务的过程中，消费者的人身、财产、自由等等权益，都有可能受到侵害。所以，我国应该采取更有效的措施来加强对消费者的保护。

（五）缺乏危机意识

随着社会的发展和技术的进步，企业面对的环境越来越复杂，变化也越来越快，企业随时都有可能遇到危机。因此企业在面对危机时该如何处理，如何减少危机带来的损失，就成了一个亟待解决的问题。可是，我们有很多企业对危机视而不见，面对危机存在极大的侥幸心理，严重缺乏危机意识，企业没有危机预警系统，更没有危机处理的方法和手段。当危机发生时，企业就变得手忙脚乱，"按下葫芦浮起瓢"。

古语云："安而不忘危，存而不忘亡，治而不忘乱。"这句话虽然讲的是治国安邦之策，但对于企业危机管理同样适用，强调企业要有危机意识，防患于未然。松下幸之助在总结其企业成功的经验时，特别强调：企业立于不败之地的基础是长久不懈的危机意识。在危机意识的树立上，很多成功企业是和松下集团极为相似的：国外有家名牌公司为了使员工树立危机意识，采取模拟"公司倒闭"的做法，培养企业员工的危机意识和危机处理能力；江苏宏大集团设立"失业危机日"，强化员工的危机理念，让员工时刻充满危机感；海尔的"永远战战兢兢，永远如履薄冰"，可口可乐公司的"末日管理"，红塔的"视今天为落后"等，其核心内容都是为了强化员工的危机意识，通过"人为"地制造"危机"，培养企业的忧患意识，培养员工的应变能力和处理危机的能力。

企业危机是客观存在的，其发生具有一定的隐蔽性，所以危机往往难以预测，也难以控制。尽管如此，危机还是可以预防的。强化员工的危机意识是预防危机最有效的办法之一，所以企业应把对危机的预防纳入企业的发展规划中，作为企业战略的一部分。

1. 员工缺乏危机意识

企业员工的打工意识是比较强烈的。这样一是使得企业的凝聚力和向心力比较差，员工难以与企业结成利益共同体；二是企业难以形成统一的企业文化；三是员工难以对企业的事业产生认同感；四是企业难以形成良好的工作氛围，而且容易造成员工关注个人短期利益的倾向。如果员工在工作中找不到乐趣，又比较喜欢做自己喜欢而不是应该做的事情时，其工作效率和团队关系自然就得不到改善，特别是在我们这个"温水"的环境中，大家认为现有的一切都是自己可以掌控的，危机感就无从谈起了。

2. 缺乏团队意识

在企业中很多员工表现得很自我，缺乏团队意识，没有展现出一个团队应有的战斗力。虽然大家组成了团队，但没有形成团队核心和团队文化，更多的人是在附和而不是真正理解了团队目标，从而不能投入热情全力以赴地完成团队目标。

在这里，给大家讲一个"鲶鱼效应"的故事。据说挪威人很喜欢吃沙丁鱼，但每次打回沙丁鱼运到岸时，人们发现很多沙丁鱼由于缺氧已经死亡了，死的鱼不够新鲜，会影响味道。后来，挪威渔民想到了一个非常好的办法：出海前在装鱼的鱼槽里放上几条几天没有进食的鲶鱼。他们将打上来的沙丁鱼放入装有鲶鱼的鱼槽中，鲶鱼见到了食物便去捕捉，引起沙丁鱼四处逃窜，加速游动。年老体弱的沙丁鱼成了鲶鱼的盘中餐，而年轻体壮的沙丁鱼则活了下来。由于沙丁鱼四处逃窜，鱼槽不再缺氧，这样沙丁鱼便活蹦乱跳地回到了渔港。同样，一个企业要想充满活力，就要建立有效的竞争机制，优胜劣汰，适者生存；培养员工的团队精神，形成团队文化，不断创新和发展。否则，企业就会变成一潭死水，没有活力，企业没有活力就会缺乏竞争力，没有竞争力就没有竞争优势。

一个团队的发展是永无止境的，是企业充满活力的源泉。但是，随着团队的发展，企业危机总是相伴，团队发展越快，产生危机的可能性越大。作为团队的领导者，要高瞻远瞩，时刻注意机会背后的威胁，切不可贪图享受，躺在功劳簿上睡大觉，甚至试图一劳永逸。人们常说"兵无常势，水无常形"，只有变化才是永恒的，领导者要用动态的眼光审视企业面对的环境。"守业必衰，创业有望"，要不断创新思想和观念，使团队健康发展。

机会总是眷顾那些有准备之人。所以，每一个团队的管理者，应该不断地培养成员的团队精神，树立合作意识，消除成员间沟通的障碍和壁垒，构建以创新为核心的团队文化，培养团队成员的忧患意识，避免企业危机的发生。

3. 缺乏积极主动性

员工的积极主动性不够关键还是责任心的问题。企业发生的一些失误、出现的一些问题及各种各样的差错，并不是不可避免的，如果员工的责任心到位，完全可以将其避免，或者不至于造成那么大的损失；面对其他部门或他人遇到的困难，其实并不是爱莫能助，如果员工的责任心到位，企业的内部协调与沟通会更顺畅一些。员工有大量的时间反复地做同一项工作，却没有时间把一项工作一次做对，相同的问题反复地出现，有经验不学习，有教训不吸取，同样还是个责任心的问题。

4. 各部门各自为政

人们经常认为服务是针对客户进行的，其实"内部客户"也是企业应该关注的方面。每个部门之间、流程中的上下环节之间、上下级之间都存在事实上的客户关系，企业要想让服务技巧发挥最大的作用，必须建立在高度全面的服务意识基础上，否则就可能出现各部门各自为政的现象，比如销售人员认为自己把所有的事情都做了，维修部门只要单纯地修机器就可以了；但维修部门却认为他们本来就只跟机器打交道，自己已经做得很好了。在企业把服务作为产品的今天，全面的、优质的客户服务体系应该建立，在服务体系中，外部客户和内部客户同样重要。

5. 管理者缺乏必要的管理技能

中层干部在整个企业中起着承上启下的"中轴"作用，其作为企业的中坚力量，如何同决策层紧密合作，积极有效、坚定不移、不打折扣、不找借口地贯彻、执行、落实公司的各项政策显得尤为重要！管理人员的胜任力表现在清楚自己的角色和定位，能运用管理技能支持团队达成绩效目标，并能有效地指导、训练、培育下属。

6. 管理者缺乏现代领导艺术

企业管理讲求控制和效率，关注的是如何在最短的时间、用最低的成本达成目标，而管理者需要描绘愿景，激励和引导团队达成目标，更关注效能的问题，引导员工在正确的方向上采取正确的方式做正确的事情。在不同的环境中，管理者针对不同的部下需要采取不同的领导方式，要求管理者具有弹性的情境领导能力。

（六）外部环境的变化

企业面对的外部环境对企业战略的选择影响巨大，而外部环境又是经常变化的。尤其是随着世界经济一体化步伐的加快，这种变化会越来越快。这些变化会给企业的战略选择和定位带来障碍，给企业带来巨大的风险，甚至会导致企业发生危机。

1 外部环境的重要性

外部环境分析对于企业经营决策的重要性具体表现在以下几个方面：

（1）是企业市场营销活动的立足点和根本前提

制定企业发展战略的目的一方面是为了更好地满足人们不断增长的物质和文化生

活需要，另一方面也是为了使企业获得更好的社会效益和经济效益。要实现上述目标，其立足点和根本前提就是要进行企业战略环境分析。企业只有深入细致地对其战略环境进行调查研究和分析，才能准确而及时地把握消费者的需求，才能认清本企业在其所处环境中的优势和劣势，扬长避短。否则，企业便不可能很好地实现其满足社会需求和创造好的社会效益与经济效益的目的，甚至陷入困境，被兼并或被淘汰。许多企业的实践都充分证明，企业的战略环境分析是企业制定发展战略的立足点和根本前提，成功的企业无一不是十分重视战略环境分析的。

（2）为企业进行科学决策提供了保证

企业进行经营决策的前提是市场调查，市场调查的主要内容是对企业的市场环境进行调查、整理分类、研究和分析，并提出初步的结论和建议，以供决策者进行经营决策时作为依据。市场环境分析的正确与否，直接关系到企业的投资方向、投资规模、技术改造、产品组合、广告策略、公共关系等一系列生产经营活动的成败。

（3）有利于企业发现新的市场机会

新的市场机会可以使企业取得竞争优势和差别利益或扭转所处的不利地位。当然，在现实生活中，往往是机会与威胁并存的，且二者可能相互转化。好的机会如果没有把握住，优势就可能变成包袱、变成劣势，而威胁即不利因素也可能转化为有利因素，从而使企业获得新生。这里，关键在于要善于细致地分析企业的战略环境，善于抓住机会，化解危机，使企业在竞争中求生存、在变化中谋稳定、在经营中创效益，充分把握未来。

2. 外部环境的结构

企业与其外部客观的经营条件、经济组织及其他外部经营因素之间处于一个相互作用、相互联系和不断变化的动态过程之中。这些影响企业的成败，但又在企业外部，非企业所能全部控制的外部因素就形成了企业的外部环境。而对这些外部环境进行分析的目的就是找出外部环境为企业所提供的可以利用的发展机会以及外部环境对企业发展所构成的威胁，同时挖掘企业的优势和劣势，以此作为制定企业战略目标的出发点、依据与限制的条件。

外部环境诸因素对一个企业的影响程度是不同的。首先，对一个特定的企业来说，它总是存在于某一产业（行业）环境之内，这个产业环境直接影响企业的生产经营活动。所以第一类外部环境因素是产业环境，也是企业的微观外部环境。第二类外部环境因素是间接地或潜在地对企业发生作用和影响的，其影响是通过微观外部环境作用于企业之上的，一般将这类外部环境称为企业的宏观外部环境，也称为企业的一般环境。一般来说，宏观外部环境包括政治法律环境、经济环境、技术环境及社会和自然环境。产业环境和位于其内部的各个企业均要受到政治、经济、技术和社会等宏观环境的影响。当然，这些因素和力量都是相互联系、相互影响、相互作用的。

（1）宏观外部环境

企业面对的宏观外部环境包括政治——法律环境、经济环境、技术环境及社会和自然环境四类。

①政治——法律环境

政治—法律环境是指对企业的经营活动具有现实和潜在作用与影响的政治力量，同时也包括对企业的经营活动加以限制和要求的法律和法规等。这些因素常常制约、影响企业的经营行为，尤其是影响企业较长期的投资行为。

政治环境对企业的影响特点是：（1）直接性。即国家的政治环境直接影响着企业的生产经营状况。（2）难以预测性。对于企业来说，很难预测国家政治环境的变化趋势。（3）不可逆转性。政治环境因素一旦影响到企业，就会使企业发生十分迅速和明显的变化，而这一变化是企业所驾驭不了的。

政治因素分析包括国家和企业所在地区的政局稳定状况、执政党所要推行的基本政策，以及这些政策的连续性和稳定性等。这些基本政策包括产业政策、税收政策、政府订货及补贴政策等。就产业政策来说，国家确定的重点产业总是处于优先发展的地位。因此，处于重点行业的企业增长机会就多，发展空间就大。那些非重点发展的行业，发展速度就较缓慢，甚至停滞不前，因而处于这种行业的企业很难有所发展。另外，政府的税收政策会影响到企业的财务结构和投资决策，资本持有者总是愿意将资金投向那些具有较高需求且税率较低的产业部门。政府订货及补贴政策对企业行为的影响是比较复杂的。有些政府政策对企业的活动有限制性的作用，但有些政府政策对企业有着指导性的作用和积极的影响。政府有时以资源供给者的身份出现，其往往把控着企业所需的战略性资源，如政府对自然资源（石油、森林、矿山、土地等）和农产品国家储备的政策和立场，将对一些企业的战略选择产生重大的影响。政府有时以顾客的身份出现，扮演消费者的角色。例如，政府的采购行为对军事工业、航空航天等领域有重大的影响，同时也间接地影响着其他行业的消费走向。此外，政府的贷款和补贴对某些行业的发展也有着积极的影响。

一些政治因素对企业的行为有直接的影响，但一般来说，政府主要是通过制定一些法律和法规来间接地影响企业的活动的。这些法律法规的存在主要有四个目的：（1）保护企业，反对不正当竞争，如《经济合同法》《企业破产法》《专利法》《中外合资经营企业法》和《反垄断法》等；（2）保护消费者，涵盖商品包装、商标、食品卫生和广告等方面对消费者的保护法规，如《商标法》《质量法》《消费者权益保护法》等；（3）保护员工，保护企业员工的利益不受侵犯，如《劳动法》等；（4）保护公众的权益免受不合理企业行为的损害，如《环境保护法》《食品安全法》等。这些法律和法规对企业的活动有着限制性的作用，同时也有指导性的意义。

华为"辞职门"事件

在 2008 年 1 月 1 日正式实施的新《劳动合同法》生效之前，其对企业产生的冲击和震撼却已经开始"发酵"。而知名高科技民营企业华为公司大规模裁员的举措，再次引起了人们对一些企业为规避新《劳动合同法》的约束而提前"解套"的关注。

据《南方都市报》报道，华为公司包括老总任正非在内的所有工作满 8 年的华为员工，在 2008 年元旦之前都要办理主动离职手续，再与公司签订 1—3 年的劳动合同。华为共计 7000 多名工作满 8 年的老员工，相继向公司提交辞职信自愿离职。辞职员工随后即可以竞聘上岗，职位和待遇基本不变，唯一变化的就是再次签署劳动合同和工龄。所有辞职的老员工均可以获得华为公司支付的赔偿金。据了解，总计高达 10 亿元。深圳市劳动和社会保障局已对此事展开调查。

据悉，"先辞职再竞岗"时，所有自愿离职的员工将获得华为公司相应的补偿，补偿方案为"N+1"。"N"为在华为工作的年限，如果某个华为员工的月工资是 5 000 元，一年奖金是 60 000 元，假如他在华为工作了 8 年，那么他得到的最终赔偿数额就是 10 000 元（工资+年奖金平摊）乘以"8+1"，计 90 000 元。

②经济环境

经济环境在企业的战略制定中是最复杂和多变的环境因素，是对企业战略具有直接和间接影响的各种经济要素，如国家经济的发展态势、经济结构、产业结构、银行利率水平、物价指数、劳动力的供给、国家的经济政策等。

社会经济状况包括的内容很多，涉及的面很广，主要包括经济要素的性质、结构、

华为公司

水平、变动趋势等多方面的内容，涉及国家、市场和自然等多个领域。在企业的战略制定中，必须分析国家的经济政策，它可能给企业带来机遇，如国家对清洁能源的扶持政策，给清洁能源产业带来新的机遇；国家的经济政策也有可能给企业带来威胁，如国家对产能过剩行业的限制政策，对钢铁企业提出了挑战。国家的经济政策是其调控国家宏观经济水平和产业结构的手段，是履行经济管理职能的方式，国家的经济政策影响企业的战略目标。

企业的经济环境具体来说主要包括四个要素，即社会经济结构、经济发展水平、经济体制和宏观经济政策。

社会经济结构主要包括消费结构、产业结构、交换结构、分配结构、技术结构等五方面的内容，其中最重要的是产业结构。社会经济结构指国民经济中不同的产业部门，以及这些部门之间的关系，社会经济结构还包括国民经济中不同的经济成分，以及这些不同经济成分所占的比例关系。社会经济结构不同，国家采用的经济政策也会不同，对企业战略的制定会产生直接影响。

经济发展水平是指一个国家在一定时期内，这个国家经济发展的速度和规模。经济发展水平反映一个国家经济发展的态势，其常用指标有 GDP、国民收入水平、经济增长速度、人均国民收入等。

经济体制反映了国家的经济属性，指国家经济组织的形式，强调企业的产权关系和管理体制。其规定了国家与企业、企业与企业、企业与各经济部门的关系，这些关系往往是由社会制度所决定的，不同的社会制度决定了有不同的经济体制，从而决定了企业制度的不同，其对企业战略的选择会有一定的影响。

宏观经济政策具有一定的灵活性，它往往是国家在面对不同的经济形势时，为了实现国家的战略目标而制定的政策。其中有的政策对企业具有积极的推动作用，有的起限制作用，这要看行业的发展形势而定。企业在制定战略时要寻找国家政策大力支持的行业领域，尽量减少进入国家政策限制的领域，避免承担过大的风险，使企业陷入困境。

人和实业集团股份有限公司面临的环境

人和实业集团股份有限公司（以下简称"人和公司"）是一家在国内上市的大型多元化投资公司。人和公司实力雄厚，资金充裕。其全资拥有的人生地产代理有限公司（以下简称"人生公司"）是全国最大的连锁经营地产代理中介机构。人生公司在每个省、自治区、直辖市分别设立分公司，统管该省、自治区、直辖市内各支公司的业务。各省级分公司经营管理相对独立，管理层拥有较大的决策自主权。各省级分公司每年将全部利润的30%上交人生公司总部，以换取在本地区独家使用人生品牌的权利，以及人生公司总部提供的各种行政、推广、培训等支援服务，余下的70%利润由省级分公司的管理层享有。

人生公司地产代理中介佣金的年收入为全国第一，代理人数量及营业点数量也是全国第一。除个人消费者的地产买卖交易外，人生公司拥有较为庞大的商业地产投资机构客户群。与个人消费者相比，投资机构客户愿意支付更高百分比的佣金，但对人生公司所提供的全国性中介服务，以及代理人员的个人素质均有严格的要求，这是普通地产代理公司很难满足的。人生公司对投资机构客户的佣金收入毛利率较高，尽管对投资机构客户的收费总额约占人生公司佣金年收入的30%，但其产生的利润占人生公司的利润却高达60%以上。通常，人生公司各省级分公司均会相互推介投资机构客户。

随着国家西部开发战略的实施，西部A省甲市在旅游、金融及高科技等产业方面发展迅速，使甲市成为新兴发展的龙头城市。由于全国的房地产业务正处于行业周期的高峰，加上甲市的特殊因素，甲市房地产市场高速发展。全国各地区的地产投资机构亦纷纷拥入甲市收购该市的房地产。

人生公司的收入是业内的全国第一，但其主要业务和收入集中于北京、上海、浙江、广东等经济发达地区。人生公司在 A 省的分公司。特别是甲市的支公司在人数及营业点数量上均落后于甲市的几家本地代理中介公司。这些本地代理公司为当地人所创设，熟悉甲市情况，具有丰富的甲市人脉关系，而且收费较低，但服务质量远低于人生公司。

人生公司 A 省分公司为十年前由现在的管理人员共同创立。十年来 A 省分公司的业务量稳定增长，利润率始终维持在较高水平，管理层亦获得了较为满意的个人收入。但该分公司在甲市的业务量及收入总额尚不及几家本地代理公司。该分公司管理层的多数人员在未来三至五年间将会陆续退休。

人和公司给人生公司制定的企业目标是保持市场领先地位。为了达到目标，人生公司管理层预计公司收入的年增长率必须维持在 20% 以上。由于各主要省市的业务增长率已处于较低水平，人生公司管理层认为 A 省特别是甲市将是能否达标的一个重要决定因素。

另外，人生公司管理层注意到，近月来各省级分公司均陆续收到主要投资机构客户对人生公司 A 省分公司的服务投诉，而且投诉的频率正在上升中。其他各省级分公司亦表示担心各自的机构客户的地产业务正在加快向 A 省倾斜，会影响其他各省级分公司的收入及利润。

③技术环境

企业的技术环境指的是对企业战略的制定和实施产生影响的各种技术要素的集合，这些要素存在于企业的外部，企业对这些要素没有所有权，但企业可以通过购买或合作达到拥有这种技术的目的。企业的技术环境大体包括四个基本要素：社会科技水平，国家科技体制，社会科技力量，国家科技政策和科技立法。

技术环境对企业战略的制定和实施的影响是一把"双刃剑"，它既可以给企业带来机遇，也可以给企业带来挑战和威胁。新技术的出现会给企业带来机遇，这主要是因为新的技术会带来新的市场，从而给企业带来广阔的发展空间。如互联网带来的电子商务为虚拟商店的快速发展带来了广阔的发展空间。同时，新技术的出现还会提高产品的质量，改善原有的工艺和技能，提高企业的生产效率和效益，给企业带来竞争优势。但是，新技术的出现也会给企业带来挑战和威胁。这主要是由于新的技术预示着要淘汰旧的技术和设备，这要受资金和转换成本的制约。同时，这种新的技术一旦被企业的竞争者所采用，企业就会处于劣势，失去竞争优势。

因此，企业要认真分析技术革命给其带来的影响，认清本企业和竞争对手在技术上的优势和劣势。企业要密切关注和分析与本企业的产品和生产工艺密切相关的科学技术手段，研究这些技术的发展趋势及发展速度。对于新的技术，企业必须随时跟踪掌握，要给予特殊的重视。

④社会和自然环境

社会环境具有无形的特点，很容易被企业忽略，而其一旦被企业忽略，可能会给企业带来灾难性的损失。如南方某丝绸企业在20世纪80年代，其产品成功地进入了欧洲市场。产品在比利时、意大利等国家非常畅销，但是，在法国市场就是卖不动。企业派相关人员到法国进行调查，发现法国的消费者非常喜欢这家企业的产品，但却不敢买。这家企业的产品主要包括服装、床上用品和室内挂件。经过调查发现是商标问题，该企业产品的商标是孔雀。孔雀在我国文化中是美丽的鸟，其雄鸟喜欢开屏，但在法国文化中孔雀是淫荡的鸟。法国人非常绅士，虽然喜欢这些产品，但也不敢把带有这种商标的产品穿在身上、铺在床上、挂在室内。企业没有办法，只能把产品召回，在法国重新注册商标。

社会要素包括人口统计特征、社会文化、社会道德观念、社会习俗、职工的工作态度、社会公众的价值观念等。在这些要素中，人口统计特征为企业产品的市场定位和产品定位奠定了基础。因为，人口统计特征是市场细分的依据。其他五个要素均是以价值观为核心的，其具有一定的稳定性。

社会文化是人们的思想、观念、信仰和习俗等的综合体。不同的社会文化会产生不同的行为，影响消费者的价值取向，进而影响其对产品的喜好和消费取向，也就会影响消费行为。在世界范围内，每一个国家的人由于民族特点不同，生活习惯不同，会产生不同的社会文化，形成不同的风俗习惯和道德观念，从而形成文化的差异性。这种差异性严重影响和决定了当地消费者的购买偏好和消费行为，影响着企业的战略目标、产品定位和经营方式。因此，企业必须了解和把握社会文化的构成成分，把握这些构成要素对企业战略制定的影响。企业在战略的制定和实施中，一定要尊重目标市场顾客的文化信仰，否则会遭受毁灭性的打击。

自然环境主要包括地理位置和气候两大要素。地理位置决定了企业拥有的资源和区位经济效果，直接影响企业的生产和运营成本；气候决定了企业的管理成本。譬如我国的黑龙江地区，其地理位置与俄罗斯接壤，形成3000多公里的边界线，为对俄贸易提供了便利条件，由此带动了我国对俄贸易的发展。但是，由于黑龙江省的气候因素影响，其季节变换明显，一年有六个月要烧煤取暖，这又增加了企业的管理成本，削弱了该地区的竞争力。但由于其季节变换明显，又为服装企业带来了发展机会。尤其是黑龙江的冬季，为冰雪产业带来了巨大商机。

（2）微观外部环境

微观外部环境也称为行业环境或产业环境，在《孙子兵法》中也可称为"地"，宏观外部环境被称为"天"。所以，企业战略的制定要做到"知天、知地、知彼、知己"，这是制定优秀战略的前提、基础和保证，也是降低企业风险、避免企业发生危机的最佳方式。微观外部环境分析的主要内容包括：行业内竞争格局分析、行业内的战略群体和本行业与其他行业之间的关系等。企业可能采取的战略和行业的竞争原则受行业的结构及竞争性的影响和制约，因此，微观外部环境分析是企业制定战略最重要的基础。

微观外部环境主要包括波特的"五力模型"和行业内的战略群体等相关要素。

3. 外部环境的特点

企业的外部环境能给企业带来机遇，同时也带来了威胁，对企业的战略会产生客观的制约作用。外部环境的各要素在与企业的相互作用和相互影响中形成了自己的特点。

（1）外部环境的复杂性

外部环境的复杂性是指企业在进行外部环境分析时所面对的各要素的结构、范围、关系等方面复杂。如果企业外部的影响因素多，且各因素间相互关联，则意味着环境复杂。环境的复杂性不仅表现在环境因素的多寡上，而且还表现在环境因素的多样化方面。就是说影响企业的外部环境因素不是同属某一类或几类，而是多种多样、千差万别。一般来说，随着时代的发展、社会的进步，尤其是科学技术水平的不断提高，企业所面对的外部环境因素会越来越复杂，而且这种变化使外部环境变得更加复杂。

（2）外部环境的变化性

企业是一个开放的系统，这个开放的系统保证了企业与外部环境的互动性。而企业面对的环境是不断变化的，并不是一成不变的。例如，在企业面对的经济环境中，国家的经济政策会根据具体的经济形势进行调整；物价指数和银行的利率水平受经济发展态势的影响而不断变化，这些变化直接影响企业的采购成本和资金成本；企业面对的外部环境所拥有的技术也在不断地变化。因此，企业在战略制定中不能过于死板，要给企业留有余地，以应对环境的突变带来的负面影响。这同时也说明，战略不是一成不变的，企业没有永恒的战略，战略的制定只能追求合理，而不能追求最优。

可口可乐案例分析

罗伯托·古兹维塔留下了远甚于可口可乐的遗产。他证明了企业将焦点集中于清凉饮料市场业务也能日益蓬勃，而且，可口可乐更成为市场上的重量级名称。

古兹维塔在假期看了可口可乐1992年的经营数据，非常不满意。这一年是他担任董事长期间，股票表现及经营绩效最差的一年。其原因是，从美国到欧洲、日本、墨西哥、巴西，各大市场在1992年都经历了经济放缓或衰退。可口可乐的全球销量只增长了3%。在美国市场除了经济不佳外，还有其他麻烦，新世纪饮料、罐装茶、自有品牌、非可乐清凉饮料等突然有了明显的市场占有率。

可乐供应商也提出了一些要求，这让古兹维塔很烦恼。

与可口可乐的销售量相比，新饮料实在是微不足道。可乐的清凉饮料市场占有率虽自1984年的63.6%顶峰下滑，但仍保持在60%，并有276亿美元的收入。但古兹维塔说："我们要所有位置，不让他们有一点空间。"

古兹维塔决定采取大规模的市场行动，目的在于活化可口可乐品牌。为此，古兹维塔与英国的施微碧结盟，并与雀巢合作卖罐装茶。他们要在短时间内开发出一连串新产品，反击新世纪饮料的汹汹来势。古兹维塔把可口可乐的业务精简到它的精髓，这精髓就是它的商标。"Coke"这个字，它独特的瓶身、红色的圆形标志，都由其商标而来。其清凉饮料各有独特的配方，但它们的市场价值其实是来自可口可乐的公司名称。

古兹维塔除了加强本土业务外，还大力发展海外业务，与百事可乐进行残酷的竞争。罐装瓶厂计划的成功执行替可口可乐在全球业务的拓展上增添了伙伴，某些罐装瓶厂甚至把触角伸进其他地区，这超过了古兹维塔原先的期望。

当可口可乐得到情报，百事可乐将在1993年初推出新产品——透明无色的百事可乐时，古兹维塔立刻展开行动。他认为无色可乐是短命潮流，但他利用这个机会让员工知道可口可乐的行动可以快到什么程度——由研制配方到店面上架只用了60天。

大量新饮料上市，等于送出明显信号：消费者要试试新产品，这是古兹维塔所不能忽视的。消费者购买分散、规模小，但选择性强，古兹维塔对此非常清晰。1993 年初，古兹维塔在美国可口可乐公司成立新产品创新小组，希望快速而有效地送出新产品。在日本，可口可乐每年推出 20 种以上新产品。美国消费者的胃口一向比日本市场稳定，但这种情况正在转变，新世纪饮料是古兹维塔不敢忽视的竞争对手。他计划全面翻新可口可乐的行销业务，把美国和国际的行销单位合并成为全球行销部门。

三、调整应变力，让企业在危机中存活

（一）预见危机，把问题消灭在萌芽状态

食品行业本身是高风险行业，像我们这样一个不到 7 年的企业，必须在竞争方法、措施上有新突破，在管理制度上有新突破。国外该有的我们应该有，他没有的，我们也应该有。设立老牛基金会就是这样一个为了企业长期健康发展的突破。

——牛根生 蒙牛乳业集团创始人，曾在哈佛读书

很多时候，由于企业管理者决策失误以及管理失效等环境变化的原因，企业的经营会陷入一种危机之中。但是，这种危机都有一个形成和扩散的过程，各种各样的预警信号都会在这个过程中显现出来以提醒企业的领导者要加以注意。如果能够及时地识别出这些预警信号，然后再及时地采取措施，将危机消灭在萌芽状态，那么企业就能够做到亡羊补牢，管理风险。

一般情况下，企业经营危机常见的预警信号有以下 12 种。

1. 企业的领导层出现老龄化

有些企业的领导阶层长期不吐故纳新，甚至有些领导者一任职就长达 8 年，甚至更长时间，这就是企业领导阶层出现老龄化的表现。

2. 企业市场区域集中度不断下降

通常情况下，企业总销量的 60% 要在主打市场的销量中，倘若主打市场被自己的竞争对手所渗透甚至瓦解，那么企业就有可能会失去根基，被迫转移市场。或者企业销售战线拉得过长，打一枪换一个地方，成了市场上的散兵游勇，那个时候企业就要

开始走下坡路了。

3. 企业缺乏系统性的员工培训计划

当企业缺乏系统性的员工培训计划时，企业的高管人员以及主要业务技术骨干就会长期无法参加培训，那么，他们对市场需求、竞争态势、管理创新的最新动态以及技术进步都会缺乏了解，而企业的总体开拓能力也会随之下降。

4. 忽略用户的反馈意见

对于企业来说，用户的意见可谓是一种宝贵的资源。如果企业不能够重视用户的意见，就会看不到自身存在的问题，也就会逐渐地安于现状，不会精益求精，那么企业的发展也就出现停滞现象了。

5. 用户的意见明显的增多

企业要重视用户反馈的意见，当某段时间内用户的意见出现明显增多的情况，领导者就要仔细地审视企业自身各个方面的部署及规划。因为往往用户意见增多就表明企业出现了一些不可忽视的问题或者纰漏。为了能够最大限度地满足用户的需要，企业所提供的产品和服务都理应做到零缺陷。所以，企业的领导者要针对用户反馈的意见对管理系统等方面再加以完善。

6. 企业的应付账款不断增加

对于中国企业而言，普遍存在一种现象，那就是商业信用意识的缺失。很多人都认为欠钱并不是坏事，能够欠得到钱才算是本事，因此往往都忽视应付账款的预警作用。而事实上，应付账款增加是企业陷入危机最明显的信号，应付的账款付不了，说明企业的资金周转已出现了严重的危机，这种危机对企业经营的破坏作用首先在原材料的采购上反映出来，这一点值得每个企业的领导者及管理者重点关注。

7. 企业的市场层面不断下降

从消费档次上来看，市场的层面可以分为低档市场、中档市场以及高档市场。而从市场区域上又可以分为农村市场、中小城市市场和中心城市市场。如果企业的市场层面急剧下滑，从城市市场滑向了农村市场、从高档市场滑向低档市场，那就说明企业的创新能力在不断地下降，并且说明企业不能主动地适应消费潮流的变化，只能被动地随消费波的扩散而转移市场，更意味着该企业在满足市场需求方面已丧失了主动权。

8. 企业经常被动地降价销售

降价销售往往是企业用来达到薄利多销的一种手段，其中也蕴含着很大的利润。但是，如果企业经常被动地进行降价销售，那就失去了原本的目的。产品和服务价格随着它们的寿命周期变化，都会存在一个不断降价的过程。但在这个过程中，如果总是跟在竞争对手后面被迫降价，那就意味企业在竞争中也已经丧失了主动权。

9. 企业的现金流量出赤字

一个财务计划期内，如果现金的流出量大于现金流入量，就是现金流量出赤字。如果企业中出现了现金流量出赤字，那就说明企业已经不能靠经营系统本身的资金周转来维持运转，需要依赖于举债和其他渠道补充现金来维持企业的运转，一旦外部资金补充渠道受阻，那企业就会瞬间掉入凶险的危机之中。

10. 企业流动资金周转放缓

流动资金的周转速度是企业经营状态的晴雨表。产品价格下滑、销售收入下降、存货增加、应收账款增加、生产周期拉长等都有可能会造成流动资金周转放慢。

11. 企业盈亏平衡点上移

销售收入的增长小于同定费用的增长、劳动生产率的增长小于工资费用的增长、产品价格上涨幅度小于变动成本的增长幅度以及产品降价等多方面的原因，都能够使企业的盈亏平衡点逐步上移。

12. 产品开发与市场开发脱节

不少中小型企业都将产品开发当作一种纯粹技术性的工作。而至于产品日后会卖给谁、怎样进行市场推介、如何布置流通渠道以及如何组织售后服务等市场开发问题往往都会被企业领导者和管理者忽视。在这种情况下，企业大多数都会出现年年开发新产品，年年没有新产品上市的现象，长此以往，企业就经不起折腾了。

总之，当企业中出现上述危机预警信号时，作为企业的领导者和管理者，一定要提高警惕，采取相应的措施，将问题消灭在萌芽阶段。

出现预警信号并不意味企业就已经陷入危机，只是预示企业已潜伏着某种危机。若企业领导者对预警信号能洞烛先机，明察秋毫，及时采取措施，将危机消灭在萌芽之中，就可以使企业争取到主动权，规避风险，从而到达稳定发展的目的。

（二）危机管理的精髓是收获潜在机会

最有希望的成功者，并不是才华最出众的人，而是那些最善于利用每一时机发掘开拓的人。

——比尔·盖茨

　　危机管理之精髓就在于能够及时发现、培育潜在的机会。那些习惯于错误地估计形势，使事态进一步恶化的危机管理则是典型的反面教材。其实在很多时候，企业中出现的危机是完全可以转变为"契机"的。普林斯顿大学的诺曼·R·奥古斯丁教授曾经说过这样一句话："每一次危机本身既包含导致失败的根源，也孕育着成功的种子。"简而言之，作为企业的领导者，在危机到来之际或者是危机到来之前，如果你能够将其处理妥当，那你还只能算是一位合格的领导者；如果在危机到来之时，你能够临危不惧，还能在危机中收获到潜藏的机会，那你才可以算是一位比较睿智的领导者。

　　比利时可口可乐在 1996 年发生的中毒事件，可谓是将群情激奋的危机化解成功的经典案例。当公司出现这种事件的时候，无疑是一种致命的危机。在那个时候，可口可乐公司的领导者没有自乱阵脚，而是从根源查起，将损害尽可能地降到最低。与此同时，公司的领导者还承诺，在事件处理之后会给每个比利时家庭送上一瓶可口可乐。最终，笼罩的乌云逐渐散去，在消除事件损害后，可口可乐公司很快就挽回了公司的声誉，新发布的产品又重新出现在比利时商店的货架上。由此可见，面对危机，在就事论事来解决问题的同时，举办公益活动来转移公众的注意力也是一种化解危机的手段，甚至也是一种潜在的机会——让企业的形象更加具有亲和力。

　　无论是什么样的危机事件，企业都应该主动承担责任和义务，并且要有积极处理事件的良好态度。当危机出现之后，有关负责人必须真实地将事情原委跟顾客解释清楚，并且要虚心地接受批评，这样才能达到淡化矛盾的目的，也才有可能最终将危机转化为一种潜在的商业机会。即使起因在受害者一方，也应首先消除危机事件所造成的直接危害，用一种积极的态度去为企业赢得时间，以正确的措施去赢得顾客，创造妥善处理危机的良好氛围。辛普洛特是大名鼎鼎的"土豆大王"，他就算是一个相当会利用危机发财致富的商业巨予。

　　第二次世界大战爆发的时候，全球经济都进入了一种低迷期。前线作战的部队需要大量的脱水蔬菜。这在辛普洛特眼中是一个很好的赚钱机会。于是，他把当时美国最大的一家蔬菜脱水工厂承包了下来，专门用作加工脱水土豆来满足前线部队的需求。

　　20 世纪 50 年代初期，经济依然十分不景气，某家公司的化学师研制出了一种"冻炸土豆条"。在当时，这种产品几乎没有办法走入人们的视线。而辛普洛特又一次认准了这个商机，开始大批量地生产这种特色食品。结果，这种原本不被看好的特色食品果然很畅销，并且迅速地发展成为辛普洛特盈利的主要来源。

1973 年年底，石油危机爆发了，这给辛普洛特的生意也带来了一定的冲击。石油价格飙涨，使得大家抱怨连连。形势所需的是用替代能源来代替石油。精明的辛普洛特并没有被危机冲昏头脑，而是清醒地瞄准潜在的商机——用土豆来制造以酒精为主要成分的燃料添加剂。他的创新迅速得到广大用户的欢迎。为了做到物尽其用，辛普洛特又用土豆加工过程中产生的含糖量丰富的废水来灌溉农田，并且还把他饲养的牛的牛粪收集起来，做成了沼气发电厂的燃料。

就这样，小小土豆的价值在辛普洛特的手中不断地被放大。一个庞大的土豆王国逐渐走入了人们的视线中，而辛普洛特也渐渐声名远扬。

辛普洛特能够在一次次的危机中收获到潜在商机，并成功地将这些商机转化为财富。这些都是危机管理精髓的典范。

所以，出现危机并不可怕，可怕的是你不懂得如何应对，更可怕的是你连唾手可得的潜在机会都没办法把握。未雨绸缪是每一位企业领导者都应该必备的工作态度，而能够收获潜在商机则是危机管理的精髓之所在。哈佛的商业精英们总是能够迅速、主动地解决企业危机，化"危"为"机"，在化险为夷的同时还能攫取让人意外的硕果。

生意场犹如江海波涛一般处处充满了危机，作为管理者，要竭尽全力去避免企业陷入危机。然而，一旦遇到危机，就要勇于于接受，然后进行危机管理，并努力将你的视野放长远一些。在适当时候，你要学会将危机转化为提升自我或者发展企业的机会。

（三）想要基业长青，变革是处理危机的准则

革新从不简单。然上进者必须学会破旧立新。否则，你永远无法打开成功之门。

——赵元任 中国语言学家，曾在哈佛读书

危机往往都是不期而至，让人们措手不及的。瞬间发生的危机通常都会使人变得慌乱、惊恐，于是许多人在手足无措中，致力于对已经存在的管理漏洞或者制度漏洞打补丁，却没有考虑过破而后立，站在一个更高的层次去审情酌势，在危机中求新求

变，通过变革为企业带来新的发展契机。对此，许多哈佛人为我们做出了杰出的表率，他们用无数实践证明，变革才是处理危机的最佳途径。

因此，对于企业管理者来说，想要使基业长青，就要学会在危机到来的时候，采取变革手段，在积极应对和公关协助处理的条件下，化险为夷。在这方面，美国运通公司、全州保险公司等都是比较优秀的企业范例。

当预先得知，"禁止商人对使用信用卡消费者做额外加价"的联邦立法即将被废除的时候，美国运通公司的领导者清楚地知道，如果此议案通过，那就会使商人变本加厉地向消费者索求额外款项，进而打击消费者使用信用卡购物的意愿。于是，美国运通公司便积极地号召广大消费者团体，一同向立法委员陈情，最终，这项联邦立法被继续留存。

另一个案例是全州保险公司。主要是因为保费的问题遭受市区大众施加压力，于是，全州保险公司立即刻组成"美国市区保险"专案，修改内部某些政策，以顺应市区市场的需求，并以最快速度及时地向外界宣布公司的改进方案。正是由于这些适时且迅速的反应以及上层领导做出的有力变革措施，终于成功地遏阻了可能发生的危机，也成功避免了危机爆发后可能会带给企业的较为严重的物质损失以及负面影响。

以上两个例子是通过变革达到对可能出现的危机成功进行遏阻的目的，但当危机已经非人力所能阻挡，这时候，就更需要变革的力量，来增强企业扛住危机的能力。

很多时候，企业面临的危机所能带来的危害用毁于一旦形容一点不为过。如果作为领导者，面对危机，你不能够及时且迅速地做出相应的反应和实施有力的补救措施，那么后果将是不堪设想的。但是如果你能做到，那么成功扛住危机，甚至让企业获得更大的发展也就不再只是一种幻想了。2000年PPA引发的中美史克危机也是一个典型的例子。

中美天津史克制药有限公司，简称"中美史克"，成立于1987年，是全球最大的药厂之一的葛兰素史克联合中国国内大型药厂天津中新药业集团股份有限公司以及天津太平集团有限公司共同投资设立的消费保健用品公司。

2000年11月16日，国家药品监督管理局发布了《关于暂停使用和销售含苯丙醇胺的药品制剂的通知》。通知要求，国内药品生产销售企业必须停止对含有苯丙醇胺（PPA）感冒药的生产与销售。此通知一下达，全国数十个感冒药生产厂家都受到了严重的冲击。而庞大的中美史克集团可谓是首当其冲。因为在通知下达之前的十年间，中美史克生产的含有 PPA 的康泰克等药品占据感冒药市场 40% 以上的份额，处于行业领导者地位。而康泰克也早已成为绝大多数感冒患者的首选药品。"早一粒，晚一粒，有效缓解感冒困扰"的广告词可以说是消费者最耳熟能详的药品广告之一。一纸通牒使中美史克顿时陷入一种被动的境地，这也意味着一场大的风波即将到来。

然而，在接到通知之后，中美史克的领导层并没有大乱方寸，而是立即组织专门负责应对危机事件的危机管理小组各司其职，并且清楚地划分了职责，分成危机管理领导小组、沟通小组、市场小组以及生产小组等多个一同应对危机的阶层。

中美史克没有因为这场风波开除任何员工，而做这种决定的原因是，领导层自己不会在 PPA 事件中陷得太久，并且也坚信熟练的技术工人在日后创造的经济效益一定会高于企业现在留用他们所承受的损失。此外，中美史克的其他主打药品还有肠虫清、芬必得、泰胃关，为了能够保证这些产品能够正常地生产，中美史克必须竭尽全力稳定人心，将风险控制在有限的范围内。

股东们的坚信、充裕的流动资金以及良好的商业信誉让中美史克成功地躲过一劫。在整个过程中中美史克并没有出现特别严重的财务危机。为了说服公司的大股东恢复对公司的信心，继续向公司投资，中美史克也对此做出了相应的变革。

最终，中美史克不仅扛住了销毁康泰克所造成的高达 7 亿元的直接经济损失，而且还有后续资金进行新药的研发。一番艰辛的努力，终于使中美史克得到了不凡的效果。2001 年 9 月，不含 PPA 的新康泰克成功上市。

在处理康泰克 PPA 事件的时候，中美史克正是把握住了处理大股东、消费者、经销商、企业员工关系这四大命门，并且能够一针见血地以变革为准则，竭尽全力地将危机所带来的危害降到最低，可谓是顺利消除了危机，并且为之后的新康泰克的上市铺开了道路。

总之，想要基业长青，就要找准处理危机的变革模式与手段。很多时候，事件爆发前的征兆都不是很明显，这就给企业对危机做出预测施加了压力。当危机来势凶猛的时候，切勿自乱阵脚，一定要沉着冷静地对危机根源进行分析，力求将损害降到最低，以新的变革给企业带去转危为安的希望。

危机的突发性特征决定了留给企业的反应时间十分紧迫，但稍有延迟就会带来更大的损失。在这种情况下，沟通是危机管理的中心内容，而变革则是应对危机时沟通的主要基调和准则。采用变革的策略来引导公众是企业控制危机事态发展、转危为安

（四）危机应对，关键在于处理速度

成功者一遇到问题就马上动手去解决，他们不花费时间去发愁，因为发愁不能解决任何问题，只会不断增加忧虑、浪费时间。

——比尔·盖茨

处理危机的速度可谓是应对危机的关键之所在。危机从来都是不等人的，并且消费者往往也都缺乏耐心。因此，在面对危机的时候，作为企业的领导者，你首先要能够有主动承担责任的勇气，此外，你还要有快速的反应能力，能够及时地将危机影响程度及波及范围最小化。

人们在面对危机的时候，通常会显得十分慌乱，找不到头绪，甚至会出现精神崩溃的情况。然而，作为企业的管理者，只有竭尽全力地让自己在最短时间内接受现状，然后迅速启动危机应变计划，找到解决问题的办法，才能真正地救企业于水火之中。

大多数商业精英都懂得在应对危机的时候，速度是关键。在这方面，红牛公司可谓是很好的范例。

2003年，"进口假红牛"事件爆发，导致红牛公司陷入了前所未有的危机之中。面对紧迫的情况，红牛公司的领导者临阵不慌，出手"快、准、狠"，将危机的负面影响降到最低。他们用最快的速度从容不迫地应对了这场关系品牌和产品生死存亡的信任危机。在处理危机的过程中，红牛公司的领导者彰显了自己高水平的管理模式和经营理念。

由此可见，应对危机，领导者必须像红牛公司一样，做到"快、狠、准"。分析危机的时候，如果是内因，领导者就要下狠心处置相应的责任人，给舆论和受害者一个合理的交代；倘若是外因则要及时调整企业战略目标，重新考虑企业发展方向。当危机爆发之后，企业的领导者要时刻与新闻媒体保持密切的联系，借助公证、权威性机构的力量来帮助企业解决危机，承担起给予公众精神和物质补偿的责任。与此同时，企业领导者还要做好恢复企业声誉的事后管理，从而迅速有效地解决企业危机。

突发事件往往会给企业带去恶劣的影响，如果不能及时地做出应对，那么企业将会面临大量销售额的流失。东芝电脑公司就曾经面临过这样的危机。

1999 年，因东芝电脑 FDC 操作可能导致文件损坏，美国人得到了日本东芝赔偿的 10.5 亿美元。这次事件在中国掀起了很大的舆论浪潮。"赔美国人，为什么不赔中国人"类似的呼声以排山倒海之势在国内蔓延。东芝电脑公司领导者见势不妙，迅速启动危机管理计划。他们先后请中国消费者协会的会长和法学专家出来发表谈话，帮助中国消费者理性对待维权。接着，东芝电脑公司又邀请东芝代理商联想科技发表了一封致东芝用户的公开信。信中详细地说明东芝电脑公司 15 年来出售了 1 500 万台电脑，从来都没有任何用户因为 FDC 操作限制的原因而引起损坏。公开信中，东芝电脑公司表达了自己的诚恳与坦率，令广大客户更容易接受。终于，历经种种努力，东芝顺利地度过了这一难关。

不难发现，当东芝事件刚开始蔓延的时候，确有山雨欲来风满楼之势。倘若东芝的领导者没有在最短时间内找到应对危机的办法，那么，东芝很有可能在一夜之间被广大消费者唾弃。所以，东芝事件也警醒了很多的经商者，在处理危机的时候，速度占据着很重要的地位。

总而言之，企业处理危机如果反应不及时，问题抓得不准确，结果必定是名和利的双重打击。所以，任何一家企业想要取得更大的成功，就应该建立起制度化、系统化的有关危机管理以及灾难恢复等方面的业务流程或组织机构。这些流程在业务正常时候不易发觉其作用，一旦在爆发危机时及时启动并有效运转，它强大的威力便能迅速扩展开来。

在处理危机的时候，企业领导者一定要遵循"快、狠、准"的原则，迅速抓住解决危机的核心和关键。因此，企业应建立有效的组织管理机制、成文的危机管理制度以及成熟的危机管理培训制度，这样才能逐步提高应对危机的能力。

（五）放弃眼前的利益摆脱危机

在危机面前，我们唯一的选择就是负起完全的责任。

——牛根生

当企业处在危机漩涡的中心点时，作为管理者的你是否还把目光放在眼前的利润上？很多时候，一念之差就能够救企业于水火，也能使企业毁于一旦，主要就看管理者是否能有远见地放弃眼前利益。

通常情况下，危机都是在人们没有防备的时候半路杀出来，让人措手不及。就好比在你毫无防备的情况下，一条鳄鱼咬住了你的左脚。那么，此刻你会怎么做？大多数人一定会下意识地试图用手和右脚去使左脚挣脱。然而，这样做的后果就是鳄鱼的嘴巴会同时咬住你的右脚与手臂。当你越发挣扎，鳄鱼就会收获越多，因为鳄鱼从咬住你的左脚开始就一直等待着你这种不断挣扎的下意识动作，以便最终将你彻底吞噬。因此，在这种危急时刻，你唯一能做的就是牺牲你的左脚，并且要以最快速度放弃。这就是著名的"鳄鱼原则"。

所谓"鳄鱼原则"，主要源自鳄鱼的吞噬方式：猎物越试图挣扎，鳄鱼吞噬的部位就会越多。这种法则与人们通常说的"舍车保帅"或"丢卒保车"是一样的道理。它告诉所有企业的领导者：当你发现企业陷入危机已成定局，没有挽回余地的时候，就要立即停止背离既定方向的行为，并果断地舍弃眼前利益。如果领导者仅仅为了保住眼前利益而犹豫不决，做垂死挣扎，那么企业很有可能会面临崩塌的危险，最终的下场就是拖得越久，陷得越深，损失越大。资深咨询顾问奥姆威尔·格林绍曾经说过："我们不一定知道正确的道路是什么，但一定不要在错误的道路上走得太远。"这句话可以说是对"鳄鱼法则"最经典的概括。

美国哈佛大学哲学家和心理学家 W·詹姆斯也曾经说过："承认既定事实，接受已经发生的事实，这是应付任何不幸后果的先决条件。如果已经认识到了事情的错误和后果，却因为不能面对损失而饮鸩止渴、怀揣侥幸，多半是心理不成熟的表现。人生真正的成长和效益就在于——真正有勇气来改变可以改变的事情、有胸怀接受不可改变的事情、有智慧来分辨两者的不同。"

所以，当企业遭遇危机的时候，聪明的领导者都会拿出自己的气魄与胆识，果决地放弃眼前的利益。因为他们懂得饮鸩止渴只会让企业亏损得更多，"死"得更快。而当企业悬崖勒马之后，就意味着立场的转变。企业不再受那些狭隘利益的操控，也就站在了一个更高的角度，这才有资格谈论摆脱危机，化被动为主动，找回属于自己的路线，重新扬帆起航。

哈佛危机管理课告诉所有企业的领导者，只有果决地放弃眼前的利益。才能使企业不偏离航道太远。及时摆脱危机就像是企业将溃烂的部分剜除，尽管会痛，但是却能够保住根基。

（六）发动全员，共渡难关

面对强大的敌人，要学会合作。只有善于合作才能够集合众人的力量，打败强敌。

——富兰克林·罗斯福

每一个企业都有陷入危机的可能，即使是再优秀的企业，也无法避免因市场变动而带来的突发性危机。当企业陷入困境，作为领导者，一定要有一种富有感染力的号召能力，发动全员，共渡难关。

企业陷入困境的原因有很多，有些危机是由于外部原因引起的。例如，新技术的出现，竞争者的技能或创新能力；经济不景气甚至影响出口市场，减少国际利润的美元汇率，等等。然而，通常情况下，危机的爆发多半是因为公司内部原因造成的，例如战略性的错误、组织上的"动脉硬化"或者纪律管理上的失败，等等。在这种情况下，作为企业领导者的你，如果想要迅速摆脱危机，就要发动全员一起共患难。那么，如何才能做到让员工团结一心共渡难关呢？

1. 稳定"军心"

当企业陷入危机中时，公司内部的员工一定都会乱了阵脚。这个时候，作为企业领导者和管理者，你不能感到彷徨失措，如果你慌乱，你惊恐，就会给手下的员工带去更大的压力。尽管保持镇定十分辛苦也十分艰难，但是，渡过难关与追求成功一样需要付出代价。在困难面前，你首先要做的就是稳定"军心"，让全体员工都站在同一战线上，一致对外——将困难驱逐出去。

2. 适当地分享信息

企业的财务出现漏洞或者陷入困境的时候，你是否愿意和员工分享财务困难的信息？在这方面，很多领导者和管理者都会存在顾虑，但是，非常时期你就要拿出非常的气概。必要时刻你要懂得适当地与员工分享财务信息，让他们切实地看到企业目前所处的境地，让他们从心底里油然而生一种责任感。

当然，在分享信息的时候，你要学会把握好尺度，例如在陈述一个坏消息时，一定要注意语气和态度，不要制造恐慌气氛，时刻谨记你分享信息的目的，是让公司上下的员工能够在触摸到危机的同时团结一心，共渡难关。此外，你还可以在困难时期成立一个工作组专门寻求解决方案。这样一来可以在一定程度上有效缓解员工的焦虑情绪。

治理咨询顾问和企业培训专家卡尔·雷蒙建议："充分利用这种方法，并对员工说，'情况令人担忧，所以我们需要新的创意。'"在与员工适当进行分享信息方面，德州航空零部件公司的领导者兰迪·哈兰做得十分到位。他用自己独到的见解以及诚恳的态度，让企业上下拧成一股绳，共同抵抗危机。

德州航空零部件公司是一家专门为航空公司提供维修服务的公司。2005年，对于该公司来说是具有标志性意义的一年。在这一年中，公司的利润高涨，销售额翻倍，呈现出稳定繁荣的景象。然而，到了2006年，他们的航空公司客户紧缩开支，竞争对手纷纷削减了他们的营业目标，公司的员工发现他们的工作越发地辛苦，可是收入却越来越少。"这一年对公司来说非常具有挑战性。"德州航空公司的领导者兰迪·哈兰发表了自己的看法。在公司即将陷入危机风暴时，作为领导者的兰迪·哈兰欣然地与手下的员工一同分享信息。

已经44岁的哈兰一直坚持对新员工进行4小时的财务知识培训，并且每周定期将公司的盈利情况、债务、销售额、现金流的实际指标以及相应猜测告知所有的员工。实际上，哈兰认为，要留住员工的工作岗位要比尽可能多地发奖金更为重要。哈兰曾经承诺过，无论公司境遇如何，他都会保持账务的公开状态。哈兰说："一旦员工拿到的钱比过去少时，有些人就会抱怨，但是另外一些人则会指出我们怎样能解决问题。"

所以，在危机来袭的时候，哈兰没有停止与员工分享信息，而是让他们更加清楚企业处在危机时分的状况，这种诚恳的态度赢得了所有员工的拥护，换来的则是同样真诚的上下一心，最终共度危机。

兰迪·哈兰的故事，相信能够给大多数企业家带来深刻的启示。卡尔·雷蒙曾经说过，那些不愿意在公司面临困境时向员工公开信息的企业家们，实际上都会冒着失去员工信任的风险。"假如领导者在公司困难时期改变了原本和员工沟通的内容，那么这可能会传递出令人迷惑的信息。"雷蒙称："那些真正勇敢的企业家会这样说：'无论碰到什么困难，我们都会让你们清楚地知道公司目前的状况。'"

然而，分享信息也并非是毫无风险的。霄蒙认为，在你告诉他们公司情况很糟糕时，部分员工可能会离职。所以，不管遇到什么样的状况，企业的领导者都要十分谨慎，万不可将公司的专利信息轻易地泄露出去，那就会意味是在给竞争对手制造机会。此外，你还要记住不要在遇到难题时表现出你的沮丧，也不要表现得过于漫不经心。

"你可以采取不同的方式，"雷蒙说："但要害在于要持续不断地公布公司的最新进展，不论是好消息还是坏消息。"作为领导者的你如果够聪明、够睿智，那么当企业陷入危机时，你就能够很快地发动全员和企业一同共患难。

此外，除了稳定"军心"，分享信息等手段，企业领导者还可以在平时的工作中通过会议、培训等方式不断加强员工的责任意识。当企业陷入危机的时候，员工们的那种潜在的意识就会随之喷发出来。那么，团结一心，共渡难关便不再是什么棘手的事情。

没有哪一种系统或者规划是十全十美的。因此，你必须在思想上确立这样的信念：当企业陷入了困境，你首先要做的就是要动员全体人员全力以赴地解决问题，处理危机。哈佛的商业精英们很重视团队的力量，也很重视和员工分享信息。这样一来，当企业陷入危机之中，他们才能够很迅速地找到发动全员的手段，共同摆脱危机，渡过难关。

（七）总结经验，建立自我纠错机制

如果你陷入困境，那不是你父母的过错，不要将你理应承担的责任转嫁给他人，而要学着从中吸取教训。

——比尔·盖茨

所谓的"自我纠错机制"其实就是指在一种完全开放的市场环境下，遇到危机时，企业能够进行自动调节的机制。企业在发展过程中，要不断地对之前所走的"老路""弯路"进行总结，汲取其中的经验教训，然后形成一套可以应对危机，避免重蹈覆辙的管理体制。在危机突如其来的时候，这种纠错机制便可以自动进行调节，尽可能地规避那些能够躲避掉的危机，减少不必要的损失，也可以尽可能地将危机所带来损害程度降到最低。这个过程就是一种自我纠错。

哈佛学子们在学校读书期间，就已经能够严格地自我约束，努力地完善自己的自制力，尽可能地把自我管理变成一种潜移默化的习惯。当他们踏入社会，成为优秀的商业精英，这种自我管理、自我控制能力所发挥出的作用也就越发地明显。自我管理实际上是一种静态管理，它也是培养理性力量的基本功，是人们将经验与知识转化为财富的催化剂。而自我控制是一种动态管理，是人们将危机和灾难消弭于无形的强大力量。这两点不仅在个人管理上极为有效，即使在企业管理中，同样也能发挥巨大作用。当企业陷入了前所未有的危机中时，企业领导者不仅要竭尽全力地应对，更重要的是要在事后及时地对危机进行总结，从中汲取经验教训，建立自我纠错机制，这样才能够保证整个集体能够持续、有序地高效运作，也才能规避同类型危机的重复发生。

通常情况下，危机都会存在两个比较重要的特点，即意外性和潜伏性。在面对突如其来的危机时，企业的领导阶层应当做到临危不乱。因为一旦乱了方寸就无法看清楚危机的本质，也就更加无法对整个企业进行有效的控制。领导者要尽快地抓住危机实质，全面分析出危机产生的种种原因，究竟是因为质量问题还是产品设计环境出现问题，亦或者是促销力度不够、广告误导、渠道不畅、价格歧视，等等。当危机到来时，领导者要在第一时间内迅速做出判断，并制定出相应的危机营销方案。而建立自我纠错机制和自我应对机制，可谓是企业尽快解决危机的关键。

如果能够仔细地观察，你就会发现几乎所有的危机在爆发之前都会有一些或多或少的预兆，就看你是否能够察觉。危机管理所要关注的并非只是危机爆发之后对各种危害所采取的处理措施，而且要建立危机警戒线。在危机到来之前，企业的领导者就可以将那些能够避免的危机消灭在萌芽之中。而对那些事先无法消灭的危机，领导者则能够通过预警系统及时得到解决。只有这样，企业才能从容不迫地应对危机带来的挑战，并将企业的损失尽可能地降到最低。此外，企业还应在调查的基础上制定正确的危机决策。这种决策要根据危机产生的来龙去脉，对几种可行方案进行优缺点比较后，最后选出最优方案。而这种方案要到达定位准，推行快的效果。那么，如何才能总结经验，建立正确的自我纠错机制呢？

1. 进一步确认危机的存在

当企业在发展过程中，产生一些可能爆发危机的预警信号，作为领导者的你一定要迅速将其进行分析，排除或确认危机。确认危机包括对危机进行分类、收集与危机相关信息、确认危机的程度以及最终找出危机产生的原因，此外，还要充分地了解危机所能带来的影响以及影响的范围和可能产生的恶果。

2. 有效地控制危机

当你确定某种危机存在的时候，就要及时采取有效的措施加以遏制，尽可能地达到不使其扩散的目的。如果不能在第一时间内将危机控制住，它很有可能以超乎你想象的速度波及其他层面，紧急控制很多时候就如同救火，刻不容缓，所以，你要能够反应敏捷地在最短时间内"Hold"危机。

3. 积极地处理危机

当危机被成功控制之后，你就要迅速地将它处理掉。如果一个企业能够在最短时间内将危机避开，就能够使企业避免遭受不必要的损失。很多领导者在面对危机的时候总是会紧锁眉头，消极不已，这样的情绪只会拖延处理危机的时间，不会带来任何正面影响。因此，在危机处理的时候，领导者的积极乐观能够很好地带动公司上下的员工，只有当一个带头者心中充满希望，他才能将这种无形的力量传达给每一个与之共患难的员工。

针对个人而言，如果你没有一种良好的自我管理和自我纠错能力，那你很快就会被现实的欲望所吞噬。而对于一个企业而言，如果丧失了自我管理和自我约束的能力，那么，危机的爆发就会近在眼前，而危机所能带来的危害也是可想而知的。因此，拥有一套良好的自我纠错机制，无论是对个人还是对企业来说，都是十分有必要的。只有拥有了这种处理危机的自我纠错机制，才能将危机扼杀在萌芽阶段，保护个人或企业不受到损害。

在应对危机的时候，哈佛商业精英们的脑海中会迅速罗列出之前所面对的那些危机，以及危机带来的危害及教训。然后再发挥其过人的应变能力，表现出极高的心理素质，勇敢地与危机正面交锋。总之，想要在危机爆发时不惊慌失措，企业的领导者一定要懂得建立这种自我纠错机制，在应对危机的时候，迅速做出决断，在已经建立好的自我纠错机制的基础上发挥危机公关的作用。

（八）制定防御危机计划

危机计划包括危机反应计划和危机恢复计划，两者都是为了更好地应对危机，把危机所造成的损失减小到最低程度，以保证企业继续向前发展。

危机反应和恢复计划是指企业事先制定的、指导企业在危机发生时采取有效的反应和恢复措施的计划。计划包括危机管理团队的组成、危机中的行动方案、资源储备、危机处理设备、通信、沟通、媒体管理、协调等内容。

1. 为什么要制定危机计划。

第一，每一个企业都会发生危机。

第二，许多危机都能够加以预防或极大地减小它所造成的影响——当然最好是在它们造成严重破坏之前采取措施。

第三，当危机发生时，做了适当准备的企业可能会更加集中精力应对，决策更明确有效。

第四，当危机发生时，需要做很多决策，需要采取行动，需要准备很多材料，而计划中很大一部分工作能够提前做好。

第五，当企业还没有感受到很大压力的时候，很容易做出明智的选择。

第六，如果提前做这些工作，能更有效地得到其他人的一些建议。

2. 制定危机计划的最佳方式。

（1）明确负责人。除非某人被明确指定专门负责此事，否则这项工作是不会有人来做的。在一些大型企业里，可以由二号人物或其他高级经理来做负责人。但最高领导者至少在一年内要参加一次危机管理会议，以检查并批准小组计划。

（2）做出预算。尽管制定危机计划并不会花费很多，但也会涉及一些时间和与预算的分配问题。如果能提前做好预算，事情就会变得更容易、更快、更简单。

（3）年度经营计划中要包括危机管理计划。危机计划和危机管理应该是企业年度经营计划中的重要元素。应该把它们放在优先位置，并指定专人负责实施和结果评价。

（4）在企业中建立危机管理团队。企业应该建立一个由决策者和员工组成的特定团队，以帮助企业进行危机计划工作和相关的沟通活动。

（5）每年至少在企业中进行一次弱点分析。弱点分析将有助于识别哪一种危机更可能发生，也有助于指导制定危机计划的工作。

（6）为在企业中最可能发生的几种危机做最坏的打算，并制定计划来防范和管理。考虑一下最可能发生和最可能对企业声誉造成严重损害的危机，并采取相应的方法来减少潜在的损害。

（7）每年更新危机管理计划。危机计划要保持与企业的内、外部环境相适应，否则当企业需要的时候它也许会不起作用。

（8）为企业中能够帮助进行危机管理的人员准备个人危机反应手册，并每年进行修订，让负责管理危机的人员确切知道他们应该在发生危机时做什么。为每个人具体编制的危机反应手册，应该定期加以补充和修改。

（9）准备一些能在危机中迅速加以修改并使用的事实背景资料、备忘录、信件和主要信息的草稿——在危机发生前就拟出需要的草稿。尽管结合到具体情况，毫无疑问这些材料都需要修改，但提前拟订出来会极大地节约时间，避免混乱产生。

（10）取得企业外部高水平的顾问的参与和建议，包括在法律和危机管理方面有实际经验的人。聘请一些法律顾问和危机管理专家，以获得他们的帮助来为不可避免的危机制定计划。他们将有助于确保企业已经真正为那些最可能发生和造成最大危害的危机，做好有效管理的准备。

（11）一年至少计划并参与一次危机模拟训练。企业中最有可能参与危机管理的人，要每年至少进行一次危机模拟训练。总结经验，改善准备工作。要知道，在训练中出错要比在实际中犯错好得多。

（12）每年至少参加一次媒体训练。最可能在危机中代表企业参与媒体访问的人要每年参加相关训练。这样的训练，将有助于发言人知道如何以最有效的方式来回答一些惯常的和较难的问题，并在采访中保持镇静。

（九）需要回避和防控的几种风险

一般情况下，企业的总经理们都会谈"风险"色变，这个词是他们最不愿看到和听到的。其实，对于企业来说，常见的风险都是可以规避和防控的。

下面我们就为总经理们列举了几种常见的可控风险，以供参考。

1. 谨防竞争情报的泄露。

《反不正当竞争法》《劳动法》中包含了保护企业商业秘密的条款，企业当然可以利用法律途径来保护商业秘密。然而，仅仅依靠法律武器还是不够的，法律虽然有一定的威慑作用，但还无法完全预防泄露商业秘密事件的发生。在实际生活中，有许多情况是员工无意中泄露了商业秘密，而且不少泄密的人并没有触犯法律。

因此，为了预防这一点，企业应该做到以下几点。

（1）加强员工的保密观念，制定员工保密守则。

（2）完善保密管理制度。

（3）开发保密技术。

2. 税收污点是洗刷不掉的原罪。

在发达国家中有这样一句名言："在我们这里，除了享受阳光和空气外，做什么都要纳税。"这句话既反映了这些国家纳税范围之广，又反映了这些国家纳税人的积极纳税意识。

诚信是美德，纳税是责任。诚信纳税本身就能产生效益。对纳税信誉好的企业，税务部门会充分满足其服务需求，信任其申报资料，而企业也可以享受最少的税收检查和稽核频次。这无形中使企业减轻了负担，增强了纳税信誉等级评定的内在"效益"，增强了企业效益。

另外，通过诚信纳税，企业能够铸就金字招牌，提升企业的可信赖度。在商业实践中，纳税指标成为商业信誉的一项重要指标，越来越受重视。纳税人是否如实提供涉税信息成了检验企业、个人诚信状况的重要参考标准。企业只有诚实纳税，才能更容易获得商业伙伴的信赖，才能赢得更为广阔的发展空间。

3. 广告中说到却不能做到也是违法。

要想使广告远离法律风险，管理者要做到以下三点：一是要如实宣传，广告宣传应本着实事求是的态度，不可采取夸大其词的虚假手段。诚实是最好的宣传方式，这是因为一旦消费者发现你的企业采取虚假手段去为产品品牌做广告宣传，就不会做出购买选择；二是要表里如一，高明的企业管理者不会在缺斤短两上做文章，而是通过切实提高产品质量，提升产品价格和销量来促进利润的增加；三是要使售后服务符合广告的承诺。说到的就要做到，是赢得消费者信任的一个重要因素。

4. 要紧绷消费者权益这根弦。

企业要想不被消费者控告，就必须紧绷消费者权益这根弦。企业要成为消费者权益的第一责任人。《消费者权益保护法》赋予消费者组织对商品和服务进行社会监督的权利。这种监督虽然也是切实有效的，但最根本的还是企业本身要负责任，诚实信用，切实肩负起维护消费者权益的第一责任人的重任。企业要为消费者负责。企业要确立这样的经营理念：维护消费者的合法权益，是企业的分内之事；维护消费者的合法权益，就是维护企业自身的长远利益。

5. 避免用工矛盾。

《劳动合同法》的出台，保护了劳动者的利益。对于法律的各项规定，管理者应该选择遵守，这样可以避免因违法而增加更多的成本。不过，企业与劳动者从来都不是对立的双方。管理者更应该把握好这些法律规定，找出法律中留下的管理空间，有效地管理员工，减少企业用人时的劳动争议。那么如何减少用工矛盾呢？

首先，管理者要完善企业的规章制度。其次，要注重公示和保留证据。最后，管理者在管理过程中应谨慎处理企业与员工的关系，避免员工与企业出现矛盾，引发劳动争议。

凡事以和为贵，企业与劳动者间的用工矛盾是双方都不愿意看到的。管理者也不愿意花费太多时间与精力在劳动争议之上。只有企业掌握以上法律规定，合理地选择方法，避免用工法律责任的出现，才能保证企业长期稳定地发展。

（十）重视企业经营中的法律风险

在经营和交易中，企业常常因缺乏法律常识而陷于高风险的法律隐患中，这种法律上的安全隐患会给企业经营带来致命的损害和惨痛的教训。企业经营中常见的法律安全隐患包括：投资前不做法律可行性论证，合同诈骗，应收账款拖欠，债务纠纷，盲目担保，轻率抵押，不能识别保险单和票据真伪，疏于防范信用风险，不注意保护企业商标、专利、商业秘密等工业产权，劳动纠纷中败诉，不正当竞争中败诉等。

任何企业为立足于市场首先要考虑的是如何创造利润，但在考虑和追求利润的同时，企业管理人员也不应忘记在目前交易环境、信用环境、法制环境有待完善的市场经济条件下，防范交易风险、追求交易安全对企业经营管理有着举足轻重的意义。否则，上述法律安全隐患给企业造成的经济纠纷、债务拖欠会给企业的经营带来釜底抽薪的致命一击，一笔债务、一场官司断送一个蒸蒸日上的企业并不是危言耸听的事。

企业依法管理机制的建立，不是以企业是否拥有相应的组织机构和人员为标志；而是以其是否在企业生产经营中发挥了真正的保驾护航作用和功能为标志，即以是否真正依法进行经营决策、理顺管理层次和环节、维护企业的合法权益为标志，来体现企业是否建立了依法管理的机制。

任何企业在经营中都会遇到法律问题。对于如何处理这些问题，企业有多种解决方案。

1. 完全依靠内部非法律专业人员，且不聘用外部律师。

这一方案的法律风险较大，企业可能会被随时出现的法律方面的"小"问题拖垮。

2. 将企业法律事务完全外包给外部律师。

若将企业所有法律事务都一揽子交给外部律师，则费用过高，且法律事务的处理质量并不一定能得到有效保证。因为并非任何法律事务都适于外包给外部律师。随着企业的成长，法律事务外包比例应逐步下降。若只是在迫不得已的情况下，雇用外部律师处理某些棘手的法律事务（如诉讼、上市等），法律费用开销则相对较少一些。

但是，企业面临的法律风险与上述模式的实质相同。因为企业要先由非法律专业人员分析与评估法律风险之后，才决定是否委托外部律师。这样做出的判断在多数情况下是不准确的，有时还可能是错误的。

3. 设立兼职或专职法律顾问岗位，由法律专业人员负责。

在企业法律事务管理系统建设的初级阶段，将日常法律事务留给法律顾问负责，可以节约费用。同时，法律顾问可配合与监控外部律师的工作，提高企业法律事务的处理质量与效率。

4. 在企业内部设立二级部门，作为专职法律事务的处理机构。

多数企业都可处理日常法律事务工作，如合同审核、企业法律事务、知识产权初步保护措施等。

5. 设立准一级法律事务中心。

随着企业规模的扩大，法律事务处理体系（包括机构、人员、费用预算、职权等）亦相应地合理扩大；可以在合同流程化与标准管理、知识产权的全面保护等方面有所作为。

6. 设立一级法律事务机构（如法律事务部）。

以集团内部"法律事务垂直管理"为特征，企业法律事务管理体系得以全面建立。此模式的缺点是成本较高。

7. 总法律顾问领导下的法律事务部。

建立企业总法律顾问制度是发达国家大企业的通行做法。在一些国家，总法律顾问也叫作首席法律顾问，时下的最新称谓是首席法律执行官。企业总法律顾问是全面负责企业内部法律事务的高级管理人员，直接对企业法定代表人负责。这一制度是企业依法决策、依法经营管理、依法维护合法权益的重要组织保障和制度保障。

（十一）有效诊断，延长企业生命周期

企业和人一样都希望自己健康成长、有所作为，而不希望中途夭折、碌碌无为。

人的寿命受自然生理因素的限制，但企业不受这些限制，因而从理论上说其寿命可以无限延长，但历史上长寿的企业却并不多见。世界上年龄最长的公司有700多年，瑞士的劳力士（Lolex）公司和美国的杜邦公司年龄超过200岁，美国的通用汽车公司和西方电气公司则有100多岁了。

但是多数企业的生命周期都很短。根据荷兰斯特拉提克斯集团的爱伦·德·鲁吉的研究，在日本和欧洲，企业的平均生命周期为12.5年。在美国，有62%的企业平均生命周期不到5年，存活年限能超过20年的企业只占企业总数的10%，只有2%的企业能存活50年。

正像在战场上没有常胜将军一样，在商战中也没有永远挂"顺风旗"的企业。因为危机无处不在。看似轰然倒塌的企业，其实是由无数的经营管理上的失误将其一步一步拖入泥潭的。"冰冻三尺非一日之寒"，带病运转的企业，如果未能及时看清存在的问题，衰亡则是必然的结果。企业的领导者常有这样的困惑：

1. 为什么企业发展到一定阶段会遭遇瓶颈？

2. 企业现行的管理制度是否能够与企业的发展相匹配？

3. 企业现有的组织结构是否合理？部门划分是否适当？

4. 企业现有的组织结构能否适应企业规模的不断扩张？

5. 如何及时、有效地发现企业生产经营中存在的问题？

6. 如何找到产生上述问题的原因？

这时，企业领导者需给企业及时诊断。企业诊断可帮助企业领导者针对存在的问题及时调整经营战略，采取对策措施。因此，企业诊断是一项关系到企业生存和发展的重要活动。特别是对处于改革逐步深化、市场经济体制不断健全的中国企业，它更有其特殊的重要意义。

企业诊断的内容主要有三项：一是帮助企业找出或判断生产经营上的主要问题，找出主要原因，提出切实可行的改进方案；二是指导实施改进方案；三是传授经营管理理论和科学方法，培训各级管理人员，从根本上提高企业素质。

企业诊断的方式一般可分为企业内部人员的诊断和企业外部人员的诊断。企业内部人员诊断，即自我诊断，具有费用低、企业能自主安排诊断时间、介绍情况的时间短等优点；其最大的缺点是对企业生产经营上的问题往往习以为常，视而不见，因此不易发现问题。

企业外部人员诊断，即聘请咨询公司，其优点是客观公正、冷眼观察、易于发现问题；其缺点是费用昂贵，诊断时间需协商，介绍情况的时间长。特别是现在国内有些咨询机构的咨询人员缺乏实践经验，提出的改进方案缺乏可操作性和有效性，致使企业花了人力、物力、财力、时间却得不到预期的效果。

对于一般的管理问题，企业可以通过内部人员的诊断，通过自我调整来解决。但是当外部环境发生较大的变化，企业经营管理中出现重大失误的时候，管理者应立即采取措施，通过聘请"外脑"——管理咨询公司来进行调查研究，为企业做经营管理上的诊断，针对问题的症结，提出相应的治理方法及具体的改善意见，并在此基础上对改善意见的落实给予指导和辅助实施，从而确保企业持续快速、健康地发展。

四、企业危机转机战略

企业危机具有突发性和隐蔽性等特点，所以危机一旦发生，往往让人们措手不及，给企业造成重大损失。但是，危机不是不可避免的，企业可以通过一些方法和手段来避免危机的发生。优秀的企业在危机发生时能从容应对，减少危机造成的损失，甚至能把危机变成机遇，重新树立企业形象，为企业带来更加广阔的发展空间。

（一）企业危机转机战略的原则

1. 全力以赴

危机就像死亡一样不可避免，企业应正视危机的存在。危机又具有突发性和危害性，一旦发生会给企业带来巨大的损失。所以，企业应全力以赴，从危机预警系统的设计入手，到危机管理的制度和机制的构建，制定有效的危机管理体系。危机发生时，企业要调动一切可以调动的资源，让员工参与到危机的处理活动之中，发挥员工的积极性和主观能动性，减少危机造成的损失，全力以赴，把危机转变成机遇。

2. 果断

危机一旦发生，其传播速度和扩散速度很快。这就要求企业根据实际情况快速做出决策，在危机的处理中牢牢把握主动权，争取先机；避免拖泥带水，延误战机。企业管理者要果断决策，果断处理业务，把损失降到最低。

3. 挖掘机会

危机具有两面性，也就是说危机也可能带来机遇。所以，企业在处理危机的过程中，不能只看到危机带来的负面影响，还要注意观察此次危机会给企业带来什么机遇，挖掘危机产生的根源，把握危机发展的动向，在危机的处理中掌握主动权。企业一旦有了主动权，就能左右危机的发展方向，很好地利用危机，把危机转变成机遇。所以，机遇不是等来的，是企业在危机中不断挖掘而来的。

4. 具备企业家精神

企业家到底应具备怎样的精神，有什么特质？在这里我要回答：企业家要有"大家"风范，要抓大放小，善于调动员工的积极性，发挥员工的聪明才智；企业家要敢于冒风险，善于发现市场上的机会，善于捕捉机会；企业家应不畏惧危险，在危险中披荆斩棘；企业家要善于决断，不拖泥带水等等。对企业危机的处理，尤其是对转机方式的选择要求出奇制胜，往往不能采用定式思维，而要有奇思妙想。如果企业家具有这方面的特质，敢于冒风险，事情往往会有意想不到的效果。当危机发生时，企业的根基会动摇，员工会感到彷徨，思想会混乱，产生不确定的思想状态，诱发不确定的行为。这就要求管理者挺身而出，依靠员工对自己的信任，重整风气，形成团队与危机抗衡。

5. 远视

在危机的处理中，管理者应具有企业家高瞻远瞩的精神。管理者不能只看眼前利益，要放眼于未来，否则危机处理后又会产生新的危机，使管理者陷于危机处理中而不能自拔。同时，管理者要把危机看成机遇，要有乐观的态度。

6. 立足于调查

企业要想摆脱危机没有什么高招和捷径，只能依靠自己。这里唯一的办法是调查。通过大量的调查，来把握危机产生的根源和它的影响程度；通过调查，把握危机的发展趋势，掌握主动权。企业如果对情况不清，问题不明，就无法做出明确的判断，无法发现危机带来的机遇是什么，更无法实现危机的转机目标。在危机管理中，转机战略的调查对象会有所不同。转机战略调查更加注重企业的竞争者，而不是消费者。因为竞争者可能是危机产生的根源，如果不是，竞争者很有可能也陷入了同样的危机中。此时，只要我们掌握竞争者在做什么，就为我们摆脱危机提供了借鉴。

7. 把危机变成机遇

本书前面已经介绍了，危机就是一把"双刃剑"。企业不要惧怕危机的发生，要正视危机，同时把危机转化成机遇，这是危机管理的最高境界。这就要求企业的最高决策层具有敏锐的嗅觉，善于捕捉有用的信息。企业要建立高效的危机预警系统，当危机发生时，该系统将自动运行，及时提供有效的信息，为管理者做出决策提供支持。当然，转机战略的实现，只依赖高层管理者还远远不够。企业应调动广大员工的积极性，这是因为员工在企业的一线，首先感知变化的是员工，而不是企业的高层管理者。这样才能形成一个自上而下的团队，形成一个整体，团队齐心协力是一个企业成功的根本。

8. 发挥优势

企业的优势和劣势是与主要竞争者比较得来的，当企业发生危机的时候，企业的劣势往往会暴露无遗，把自己的缺陷全面展示给了竞争对手，给其留下可乘之机。所以危机的处理讲究速度，要先于竞争对手摆脱危机，不给竞争对手以可乘之机。这就要求企业在危机管理中，一定要发挥企业的优势，同时研究竞争对手的劣势是什么，抓住战机，出其不意，使企业走出困境。对于企业来说，优势的来源可能有很多种，可能来自雄厚的资金资源，也可能来自技术，可能来自商标品牌，也可能来自生产的高效和低成本，更有可能来自营销渠道和营销手段。企业要分清哪一种优势或哪几种优势组合能抓住目前的机会，使企业走出困境，甚至实现转机。

9. 创新

企业危机转机战略需要出奇制胜，这就要求企业有一定的创新能力。而创新能力的培养不是一朝一夕的事情，是企业在长期的实践活动中逐渐建立起来的。所以，企业在日常的生产经营活动中就要注重对员工创新能力的培养，鼓励员工创新，鼓励员工犯错误，挖掘员工的斗志。企业应制定创新制度和机制，把创新制度化、机制化，构建创新型企业文化。

10. 主动出击

企业危机的发生是复杂的过程，所以危机转机同样是复杂的过程。危机转机战略可以是主动的，也可以是被动的，但两者的结果是完全不同的。主动是积极行为，会掌握主动权，会首先赢得商机；被动是消极的，带有一定的惰性，很难赢得先机。

饮料中毒，可口可乐公司沉着应对

1999 年 6 月中旬，可口可乐在比利时的分公司生产的可乐产品发生中毒事件，比利时中小学生饮用可乐不久出现了呕吐等不适现象，而后法国的一些消费者也出现了类似症状。这种现象的陆续出现，引起了欧洲消费者的恐慌，人们不敢再买可口可乐公司的产品，同时，可口可乐在比利时和法国被宣布禁售。可口可乐公司的产品销量在欧洲一路下滑，股票直线下跌，企业形象声誉受到极大破坏，公司面临着从未有过的重大危机。

可口可乐公司立即成立了以CEO为组长的调查小组，着手调查中毒原因。调查中公司发现比利时和法国的中毒引发原因不同，比利时的中毒原因是包装瓶内有二氧化碳；法国的中毒事件是因为杀真菌剂造成的污染，是由于法国的某一工厂有员工不小心把这种杀虫剂洒在了托盘上，而又没有及时进行清理。

在调查事件原因的同时，可口可乐公司的危机公关也在全球展开。中国市场是可口可乐公司的重心，这一事件也引起了中国相关部门的重视。可口可乐公司摆出积极配合的态度与媒体密切沟通，主动接受和配合相关部门的检查。事故调查结果出来以后，公司主动与各大媒体联系，新华社、中央电视台等中国重要媒体第一时间把真相公布于众，进一步说明中国生产的可乐与此次中毒事件无关，中国市场上销售的可乐产品均来自中国本土。新闻中进一步强调，中国生产可乐的企业均有二氧化碳净化设备，不会出现类似的污染。同时强调，中国生产可乐的企业所用托盘均来自中国本土，也不会出现法国式的污染事件。中国消费者在第一时间了解了真相，消除了对可口可乐公司相关产品的恐惧，消费者很快恢复了信心，购买行为恢复到了常态水平。可口可乐公司在其他国家也采用了类似的方法，使企业很快摆脱了困境，有效控制了危机的蔓延。

可口可乐公司在比利时中毒事件的第二天，首席执行官依维斯特专程从美国赶到比利时首都布鲁塞尔。他首先听取了相关人员的汇报，及时了解了事件的真相，并以最快的速度举行了记者招待会。在新闻发布会上依维斯特当众喝了一罐可口可乐，同时仔细解释了事故发生的原因，揭示了事件的真相，会上还公布了一份由依维斯特亲笔签名的致消费者的公开信。公司同时决定召回全部可口可乐产品，并向消费者退赔，报销所有中毒顾客的医疗费用。为了表示可口可乐公司的歉意和进一步树立消费者的信心，依维斯特提出要向比利时每户家庭赠送一瓶可口可乐。

同时，可口可乐公司还在因特网上为比利时的消费者开设了一个专门的网页，设立了专线电话回答消费者提出的各种问题，表现出解决问题的极高诚意。依维斯特还与比利时首相共同出现在电视节目中，并与首相共同举杯喝下了一罐可口可乐。

在整个事件的过程中，可口可乐公司牢牢地把握住信息的主动权，防止了危机信息的错误扩散。

不久，比利时和法国政府相继宣布，从 24 日起准许可口可乐系列产品重新上市。比利时的一些居民陆续收到了可口可乐公司的赠券，上面写着："我们非常高兴地通知您，可口可乐又回到了市场。"孩子们拿着可口可乐公司发给每个家庭的赠券，高兴地从商场里领回免费的可口可乐："我又可以喝可乐了。"商场里，也可以见到人们在一箱箱地购买可口可乐。

（二）转机战略

企业可根据危机的特点和企业拥有的资源能力，确定危机转机的战略目标，并采用不同的转机战略。

1. 一体化战略

从外部形式上看，人们经常简单地将一体化战略看作联合化，就是把两个或两个以上原来并无联系的企业联合起来，形成一个经济组织。这种统一的经济组织可以称之为联合企业或工业中心。但是需要指出的是，一体化并不是企业之间的简单联合，这些企业在生产过程或市场上应该有一定的联系。一体化有不同的几种定义，但无论哪一种，都无法将其内容全部包括进去。概括地讲，全球范围内公司一体化的形成，主要是从 R&D 到生产再到销售的整个价值增值链的各个环节，被按照最有利的区域布局安排在世界各地，使全球范围的国际分工越来越多地转化为企业内部的分工。还有一些相关企业的战略联盟，这也大大扩大了企业一体化的外延，为公司的一体化战略创造了空间，使一体化战略的实施变得更加便捷了，提供了更多的机会。企业的一体化战略减少了企业对外部环境的依赖，减少了企业的空间交易成本，企业可以充分利用内外的信息技术、管理等资源，形成自己的竞争优势。

纵向一体化战略是企业经营在业务链上的延伸。企业的业务增长可以通过纵向成长获得，就是替代以前由供应商或分销商承担的功能。这样做是为了降低成本，控制稀缺资源，保证关键部分投入的质量或者获取新客户。对那些在高吸引力的产业中处于强势竞争地位的公司或事业部来说，这是顺理成章的战略。

（1）一体化战略的理论基础

①市场内在化原理

市场内在化原理是指在可能的情况下，企业有将外部市场活动内部化的冲动。这是因为，对绝大部分企业来说，它们在外部市场活动中并不总能占据支配性地位，由此造成企业投入物和产出物很难在较长的时期中保持稳定，如供应商提供的产品数量、价格及交货时间由于无法控制可能会发生变化，影响企业发展的稳定性。这种经营的不稳定性形成了企业经营的附加成本和风险。如果企业能实施纵向一体化战略，使原来受制于其他企业的前后向业务活动成为企业能够进行有效控制的内部业务，则企业生产经营中所面临的风险就能有所减少，经营成本也会降低。

②设施的不可分原理

设施的不可分原理是建立在设施基本产出规模和规模经济性原理的基础上的。企业的每一样固定设施都有一个最低的产出规模，当企业的产出规模小于固定设施的最低产出规模时，设施的利用效率就低（如果产出物的市场价值能补偿其投入物的市场价值），甚至出现负效率状态（如果产出物的市场价值不能补偿其投入物的市场价值）。即使是在经济景气的年代，单个企业也无法承受长期的设施利用低效率和负效率状态。为了提高固定设施的利用率，很多企业不得不选择产出规模较低的设施，使设施的产出与企业现有的市场占有率相一致。这种做法的实质是放弃了企业利用新技术和扩展市场的机会，同时也放弃了规模经济性，因为一体化战略能够节约空间交易成本，这也是规模经济的表现。通过横向一体化战略，企业实现了生产规模的扩大，发展成规模经济，因而能充分利用固定设施的产出能力，或使用效率更高的设施。与此同时，企业的利润余量会因为成本结构的改变而扩大，使企业的市场竞争能力相应增强。

③协同效应原理

协同效应原理是指当企业能将不同业务单位的某些共同职能活动集中起来时，就能使用较少的投入资源完成同样的、甚至更多的业务量，而且取得较好的协调和沟通效果。采用一体化战略可以消除外部空间的壁垒，实现企业资源配置的优化，产生协同效应。采用横向一体化战略对企业的业务种类没有任何改变，而原来两个或两个以上企业的同类业务活动甚至可以不需要调整就实现集中。采用纵向一体化战略时，同类业务在不同企业虽然有差别，但它们之间又有一定的联系。当不同企业类别业务之间的联系较大时，集中这些业务活动就会产生协同效应。当然，在纵向一体化情况下集中这些业务活动，需要对这些业务活动的运行及其相应的组织结构进行一定的调整。

（2）一体化战略的现实意义

①带来规模经济效应

无论是横向一体化战略还是纵向一体化战略，都会节约空间交易成本，形成规模经济，带来规模经济效应。一体化战略使企业间建立了牢固的关系，给企业带来稳定性，从而降低企业的成本，提高企业的经济效益。

②有助于开拓技术

一体化战略通过合并获得了对方的在位优势，尤其是获得了对方的经验效益，会迅速提高企业的技术和积累相关经验。同时，双方在信息上实现了共享，开拓了市场和其上下游领域，为企业积累了不同的管理经验和创新技能，为企业的技术创新提供借鉴。

③确保供给和需求

纵向一体化战略是指在价值链两个可能的方向上拓展现有经营业务的一种战略。也就是说，企业原来是从供应商处购买原材料，现在兼并了供应商，实现了原材料的自我供给。这是后向一体化战略。前向一体化战略也具有同样的效果，即保证稳定的市场。

④削弱供应商或顾客的价格谈判能力

无论是前向一体化战略还是后向一体化战略，都会节约空间交易成本，还会把成本转化为利润。增加了企业的利润空间，也就会增加企业谈判的筹码。同时纵向一体化战略减少了企业对上下游企业的依赖，能获得更多的话语权和主动权。强大的企业往往会通过纵向一体化战略来控制供应商和经销商，培养上下游企业对它的忠诚度，削弱供应商或顾客的价格谈判能力，提升自己的竞争力。

⑤提高进入壁垒

一体化战略是规模经济的表现，规模经济最大的优势就是成本低，低成本的企业会对其他企业形成有效的行业进入障碍。对于潜在的入侵者来说，进入一个新的行业在规模上只有两个选择：一是以规模经济的形式进入，但企业需要雄厚的资金和高超的生产工艺，这对潜在入侵者来说是可望而不可即的事情；二是以规模小的形式进入，企业规模小，成本就会高，成本高利润空间就小，规模经济的企业如果采用降价的手段，规模小的企业就很难生存。所以，一个行业一旦存在规模经济的企业，就会形成强大的行业进入障碍，让新加入者无法生存，让潜在入侵者望而却步。

⑥进入高回报产业

纵向一体化战略也是一种相关多样化战略。当某一行业的产品利润很高时，该行业会具有强大的吸引力，行业外的企业会虎视眈眈。如果该行业正是企业的上游行业，或是企业的下游行业，企业完全可以通过纵向一体化战略进入该行业领域，这样既能形成规模经济，又能提升议价能力，同时又可以获得高额回报，可谓一举多得。

（3）后向一体化和前向一体化

纵向一体化包括后向一体化和前向一体化。企业在产业价值链上多处经营，该价值链涵盖原材料提取、制造直至零售。更具体地说，如果被替代的功能以前是由供应商承担的，就称为后向一体化，是指企业介入原供应商的生产活动；如果被替代的功能以前是由分销商承担的，就称为前向一体化，是指企业控制经销商及其生产经营活动，或是企业自己构建销售渠道销售本企业的产品。如化学工业公司为了减少对上游石油冶炼企业的依赖，兼并石油冶炼企业，这是我们常说的"炼化一体化"战略；化学工业公司也可向下游业务发展，减少对购买商的依赖，实现其前向一体化。

通过后向一体化，企业可以降低资源采购成本和减少低效率运营。企业在进行纵向一体化扩展的同时可以更好地控制质量，从而维持与提高竞争能力。

通过前向一体化，企业可以控制分销渠道。实际上，企业是基于自己独特的能力获得更大的竞争优势的。虽然后向一体化通常比前向一体化更可能给企业带来利润，但是它会降低企业的战略灵活性。那些难以出售的昂贵资产会给企业带来退出壁垒，使其不能随意离开已进入的行业。

例如，通用汽车公司在汽车销量下降之后，库存大量增加，只有求助于外部零部件供应商来使用闲置的工厂和工人。纵向一体化是企业实力的象征，是成熟企业经常采用的一种发展战略。根据班诺克的观点，企业往往通过横向一体化战略实现行业内的规模经济，打败竞争对手，提高市场占有率。达到一定的目的后企业便会进行纵向一体化扩张，加强对企业上下游的控制，增加企业的主动权和控制权。

（4）横向一体化

横向一体化也称为水平一体化，是指企业依靠现有的生产活动在同一行业内的扩张。如企业在同一行业内的兼并重组，实现规模经济，提高市场份额。其表现形式如下：

①扩大原有产品的销售，具体表现为扩大营销渠道，或改变营销方法，扩大广告宣传等；

②利用现有的技术向有关的技术方向扩展，如企业以技术为核心的相关多样化；

③向国际市场扩展，即在国际市场销售现有的产品，也就是国际经营战略。

通过实施横向一体化战略，可以扩大企业的生产规模，实现规模经济，形成行业进入障碍，达到一定的垄断目的。由于横向一体化战略是建立在原有的生产活动之上的，所以其在位优势大，风险小，比其他类型的增长战略更易于实现。人们对美国一些公司的增长战略进行分析，分析这些公司从 1895 年到 1972 年这 77 年间都采用过什么战略。研究发现，从 1895 年至 20 世纪初，这些公司的增长战略主要以横向一体化为主。

（5）一体化战略的风险

①增加风险

一体化战略通过降低空间交易成本形成规模经济，规模经济最大的弊端就是退出障碍大。当这个行业演变成夕阳产业的时候，采用一体化战略的企业很难退出，即使退出损失也非常大，这就与人们常说的"船小好掉头，船大顶风浪"是一个道理。一体化战略需要大量的资金来维持新业务的正常运转，从而会挤占研发等其他资金，可能会削弱企业的研发能力，阻碍企业创新，使企业陷入风险之中。

②代价昂贵

纵向一体化迫使企业放弃外部的供应源来依赖自己的场内活动，这种场内活动需要有效的沟通和协调。如果协调不成功，就会造成企业资产的闲置，这可能会付出更加昂贵的代价。同时，纵向一体化减少了企业与外部环境的交流，使企业在信息和技术等方面的获取上受到了限制，影响企业未来的发展。所以，采用纵向一体化的企业，一定要做好评估，明确企业进行纵向一体化的真正目的是什么，要量力而行。因为，纵向一体化战略是一把"双刃剑"，既可以给企业带来机遇，也可以带来威胁。

③不利于平衡

纵向一体化战略追求企业在"供、产、销"这个价值链上的一体化发展，这个价值链一旦形成，企业要想追求效率，就必须建立在这个价值链的整体优化上，而放弃单个活动的最优化。这种运行模式与纵向一体化前有非常大的差别，要求企业具备统筹能力、各活动间的平衡能力和整体优化的能力，对企业的高层管理者提出了更高的要求。

④需要具备对新业务的管理能力

纵向一体化战略的实施，为企业增加了新的业务，这种业务与原有的业务是完全不同的，使企业的管理更加复杂化。这就要求企业的高层管理者具备对新业务的管理能力。

煤电一体化

中国的煤炭企业和电力企业存在上下游的纵向关系，这主要是指上游的煤炭企业和下游的电力企业关于中间投入品煤的纵向生产和交易关系，表现为电煤供需上的谈判和交易。但近年来，由于某些原因，存在这种纵向关系的煤炭产业和电力产业的矛盾却日益凸现，不断加剧。

一、煤电矛盾的形成机制

1. 煤电纵向价格双轨制及其效率损失

纵向价格双轨制是指某一产品在它的整个生产过程的上游阶段实行市场定价或以市场定价为主，而在下游的最终产品阶段实行计划定价或以计划定价为主，或者相反。电煤作为投入品，其价格主要由市场竞争来决定；而电力企业的电价则主要由政府定价。虽然中国的厂、网分离工作正在进行，上网电价将根据各地电力的供求情况逐步引入竞争机制，但电网输配电价则仍由政府部门核定。因此目前阶段电力产业的价格体制总体来看还是以政府为定价主导、市场竞争为辅助手段。煤炭是发电厂的投入品，电价是煤炭价格的函数，当近年来煤炭随着市场需求波动价格不断上升时，由于电力企业与政府部门的信息不对称，政府对电力价格的反应存在时滞。电力企业为使电力价格上升，采取减少电煤采购、限制电力产量的做法，甚至出现了煤炭重点产区电厂停机的例子。政府被迫同意上调电价，实行"煤电价格联动"，用以缓解日益激烈的煤电价格之争。但随着电价上涨，煤炭企业的成本又增加了，进而导致电煤再涨价，引来新一轮涨价循环。如此反复，势必引发二者价格水平的扭曲，导致效率缺失，这种损失会全部转嫁到消费者身上，导致消费者福利下降。

2. 煤炭与火电生产的地区不对称性

全国各地区煤炭产量与其火力发电产量存在着一定程度的不对称现象。从华北地区来看，2002 年华北地区的煤炭产量占全国的 36.56%，但其火力发电产量却只占全国火力发电量的 20.69%。这说明华北地区的煤炭在本区域内转化为电能的比值还不是很高。而与华北地区形成对照的是华东地区。2002 年，华东地区的煤炭产量占全国的 17.92%，而其火力发电量却占全国的 34.54%。这一方面说明华东地区的煤炭转化为电能的比例较高，另一方面也说明华东地区每年要从其他地区运进大量的煤炭以供应本地区的火电厂。这样，在全国运输能力紧张以及煤、电纵向价格双轨制的情况下，就很难保证华东地区的火电厂不出现缺少电煤而停机的现象了。

二、纵向一体化解决煤电矛盾

由于纵向一体化企业的上游和下游部分有着一致的利益关系，最终目标是使得整个企业利润最大化，中间投入品煤的价格属于内部转移价格，电力企业关于电煤的成本就仅仅是煤炭企业的成本价格，这样纵向价格双轨制带来的价格之争自然就迎刃而解了。而且，区域内或周边区域煤炭企业与电力企业的纵向一体化，还能够解决煤炭与火电生产的地区不对称性带来的问题，保证地区内火电厂发电用煤的供应。因此，对华东这样的电力重点产区和华北这样的煤炭重点产区来说，这种纵向一体化似乎非常重要。

但问题是，鼓励煤电纵向一体化可能导致某些火电企业寡头垄断地位的加强，下游火电企业抬高电价，对消费者不利，从而违反了国家鼓励发电业务竞争的政策，会影响到发电侧竞价上网和电力体制改革进程。

实行煤电价格联动方案始于"煤电之争"。我国过去一直实行"以煤养电"的政策。1992 年，在放开煤价以后，国家对电力用煤实行双轨制，即对占煤炭总量 60% 的电煤实行政府价格，其余的 40% 则按市场定价。政府价格的制定标准是基于保证全社会用电的前提下，因此价格比市场价格低，从而引发了电力和煤炭两大行业的矛盾。这就导致一方面电力企业难以承受市场化的煤炭价格，另一方面合同内的电煤价格却远远低于市场价，这正是导致电煤供应紧张的根源。

目前煤、电企业的市场势力相当，进而导致它们在市场博弈过程中会采取针锋相对的策略，这也是现阶段煤、电冲突的根本原因之所在。由于现阶段煤、电的供求矛盾较大，市场的人为分割、地方保护主义因素的影响以及电力产业的公共产品特性和煤炭价格的市场化改革使得具有一定生产规模的煤炭企业和电力企业之间的市场势力基本相当，从而导致电煤的成交价格难以确定。这时政府往往难以选择规制政策。

实际上，煤电价格联动方案出台的初衷也在于此。2004 年底，国家发改委确定建立市场化的煤电价格联动机制。以不少于 6 个月为一个煤电价格联动周期，若周期内平均煤价较前一个周期变化幅度达到或超过 5%，将要求电力企业消化 30% 的煤价上涨因素，在此基础上，把上网电价随煤炭价格的变化进行调整，以弥补发电厂成本的增加。上网电价调整后，将相应调整电网企业对用户的销售电价。但煤电联动方案要求电力企业消化 30% 的电煤价格上涨因素，其他 70% 可以通过电价的上涨来解决。这时仅仅依靠对煤炭产业和电力产业的规制已难以解决煤电冲突问题了，而应该从煤炭产业和电力产业的产业及企业组织结构的角度去解决问题。

而目前对这个问题的共识是变"煤电联动"为"煤电一体化"，这不仅仅是一个名词的变化，更是煤、电企业在矛盾变迁中不断磨合的结果。这其中包括促进煤、电产业的完全市场化，为煤炭企业和电力企业之间就电煤的正常交易构建符合社会主义市场经济要求的微观基础；当煤、电产业的完全市场化需要一个相当长的时期才能实现时，政府就应该对电力产业和煤炭产业的相互进入放松规制，努力促进煤炭企业和电力企业走建立战略联盟、组建企业集团和完全纵向一体化的发展道路。

从产业组织学的角度看，煤炭企业与电力企业是具有纵向生产关系的两类企业。其纵向关系主要表现在煤炭企业生产的电煤是电力企业的投入品。要想解决"煤电之争"，需要煤炭企业和电力企业联动起来，才能实现煤电一体化。因此，能源价格市场化是我国改革的必然趋势和努力方向，而煤、电企业现在存在纵向的价格双轨制，就是由于电力价格市场化没有跟上煤炭价格市场化造成的。因此，彻底解决煤、电矛盾的关键，就是加快电价的市场化进程，使上下游能源价格市场化的步伐协调统一。

2. 收割战略

收割战略是指企业为了控制成本和提高现金流量而减少在某一特定部门或方向上的投资，也就是说在该战略的使用中企业都努力使得自身的现金流量尽可能达到完善。企业通常在发现销售或市场份额比预想的下降时才考虑该战略的实施，而且希望损失的收益由降低了的成本来弥补。采用收割战略的企业要删除所有在设备、广告、产品研发等方面的新投资。

收割战略是企业在衰退阶段实施的有计划、有控制的退出战略。在执行收割战略时，企业力图增加业务的现金流量，取消或大幅度削减新的投资，减少设备投资，在后续的销售中从业务拥有的任何残留优势上谋取利益，以提高价格或从过去的商誉中获利，甚至广告和产品研发也被大大削减。常见的收割战术包括：减少产品型号；缩减销售渠道；放弃小客户；减少库存；在交货、维修或销售援助方面减少服务。收割的最终结果是使该业务被出售或清算。

并非所有的业务都是可收割的。收割战略的前提是公司过去存在能赖以生存的真正优势，在大幅降低服务质量、终止广告宣传的同时，销售量不会大幅缩减。实施收割战略的最佳时机是在衰退阶段的产业环境还没有恶化到成为竞相削价的痛苦战争之前。

（1）收割战略的目的

收割战略的目的在于增加战略业务单位的短期现金收入，而不考虑对某项业务长期地位的影响。

（2）收割战略与公司紧缩

收割战术的一个基本特征是，存在某些客户可以感知的行动（例如涨价、减少广告等）和某些不可见的行动（例如延迟维护、减少利润等）。企业倘若不具备任何优势，采取提高价格、降低质量、终止广告或其他战术将导致其产品的销售量下降。如果在衰退阶段产业结构变化导致企业具有极大的不稳定性，竞争对手将抓住企业缺乏投资的机会攫取市场份额或狠杀价格，从而使企业在收割中降低费用的优势丧失殆尽。而且，有些业务由于少有减少费用的选择而难以从中收割。因此，没有相对优势的企业极有可能仅限于采用不可见的行动，根据业务的性质，这不一定能获得显著的现金流量增长。

在所有衰退战略的选择中，从管理的角度看，收割战略可能是最受欢迎的，虽然各种著作对这一点探讨得不是很多。在收割战略的实施过程中，由于雇员士气下降和有抵触情绪、供应商和客户的信心减弱及执行层的激励不当等问题，有控制的清算是很难实现的。

从以上分析中可以看出，企业在收割战术的执行过程中所采用的一些方法主要以业务上的紧缩为特征，而前面所提的紧缩主要是以组织形式方面的紧缩为主。这种紧缩的力度较小，从时间上看也较长。企业在衰退型行业中采用收割战略通常表明企业在该业务领域尚有一些实力，还没到要彻底把这些业务全部紧缩掉的程度。

3. 转型战略

企业的战略发展过程就是不断对内外条件变化进行动态平衡的过程。当企业的外部环境尤其是其所从事行业的业态发生较大变化时，或当企业步入新的成长阶段需要对生产经营与管理模式进行战略调整时，或以上二者兼有时，企业必须对内外条件的变化进行战略平衡，选择新的生存与成长模式，即推动企业发展模式的战略转型。

（1）转型战略的分类

企业的战略转型受主动因素和被动因素两种因素影响，企业应根据资源情况、环境特点和企业的目标选择战略转型的类型，划分标准不同，战略转型的类型也不尽相同。

①根据企业所处的状态划分

可分为优势转型战略与劣势转型战略两种。

优势转型战略是主动的战略转型方式，是指企业处于成熟阶段，竞争能力强大时期，企业主动预测未来的发展前景，并进行主动的战略转型，使企业在新的领域快速发展，获得竞争优势。如英特尔公司从晶体管到微处理器的成功转型。

劣势转型战略是被动的战略转型方式，是指企业在发展中处于困境，为使企业摆脱困境、重新焕发生机而采用的战略。劣势转型战略是被动行为，是受环境所迫，是不得已而为之，所以这种战略要比优势转型战略复杂，执行起来更加困难。

②根据企业的发展方向和经营领域的改变程度划分

可分为产业跳跃式转型战略和顺势转型战略两种。

产业跳跃式转型战略是一种跨行业行为，也就是非相关多样化，其缺点是风险大。

顺势转型战略是向与原业务有关的领域转型，也就是相关多样化。

③根据转型操作的实施节奏划分

可分为重点突破式转型战略和全面重建式转型战略两种。

重点突破式转型战略要分析企业的重点所在，企业转型先从重点入手，逐渐带动整个企业，也就是我们常说的"以点带面"。

全面重建式转型战略强调全面转型，不设重点，依次铺开，追求一步到位。该方式与重点突破式相比风险较大。

④据企业的资源状况和能力划分

可分为资源转型战略和能力转型战略。

资源转型战略是利用企业的现有资源状况，改变现有的资源结构，来实现战略转型。如从设备资源优势向资金资源优势的转化。资源结构的改变一定会引起企业战略的变化，因为资源是企业制定和实施战略的基本条件和保证。

能力转型战略是根据企业的环境，对企业的能力进行转型，培养新的竞争能力的战略。如企业从生产能力向研发能力的转化。能力的改变会培养企业新的竞争能力和竞争优势，为企业创造新的经济增长点，实现可持续发展。

以上几种转型战略均有各自的特点、侧重点和各自的适用范围，这些方法和手段虽然不同，但它们在实施的过程中存在一定的共性：

（1）企业的战略转型是重大变革，阻力大，风险大；

（2）企业的战略转型是全面的变革，是自我认识的过程，是对企业自身的一次彻底剖析，是对企业的价值观、管理理念、行为方式、组织结构、制度和机制等全方位的变革；

（3）企业的战略转型是一种努力，是企业的一次再生，由于其存在很多不确定性，因此战略转型并不总是成功的；

（4）企业的战略转型是一种转变型的变革，是以变革管理理论为基础的。

通过以上研究发现，依托原有的核心业务来进行战略转型是其最大特点，在战略转型的过程中要充分利用企业的资源和能力，整合外部资源，形成核心业务，培养企业新的竞争能力，形成竞争优势。

（2）企业战略转型的模式

企业处于不断的发展过程之中，不同的发展阶段面对的威胁不同，企业所采用的转型战略也不尽相同。和君创业管理咨询有限公司对此进行了深入的研究，研究表明我国企业经历过两次转型，目前正处于转型的第三阶段，该阶段企业转型的模式有三种：

第一种模式：产业—产业

这种转型模式的特点是：企业长期在一个产业发展，形成了一定规模，在这个行业已经没有发展空间了，而企业每年又有大量的净现金流量。所以企业会在其他产业寻找商机，转向前景更加看好的投资领域。该战略属于多样化战略。我国很多企业热衷于多样化，因为该战略为企业带来了新的经济增长点，使企业获得了广阔的增长空间。比如，我国的海尔集团，先用七年多的时间打造了单一产品冰箱，获得成功后，开始进行相关多样化，用六年时间实现家电产品的全覆盖，最后进入医药产业开始了非相关多样化。整个过程，脉络清晰，根据实力控制多样化的节奏。

资深管理专家丁海英认为：企业往往是为了迅速成为行业领先者而选择并购战略。并购战略是企业常常采用的发展战略，当企业要采用这种战略时，一定要知己知彼，知道企业的真正能力在哪里，企业有没有核心能力，这种能力是否与被并购的业务相匹配。正确剖析企业的优势和劣势，充分利用优势，降低风险，才能提高企业转型的成功率。

在这一转型模式的应用中，企业一定要把握好节奏，要像海尔那样，先易后难。世界多样化之父杰克·韦尔奇对此给予了忠告：企业搞多样化一定要结合实力，先从事相关多样化，然后再从事非相关多样化，多样化千万不要放弃主业，要做到"东方亮来西方也亮"。这是韦尔奇根据多年的实践总结出来的经典经验。

这一转型模式在实际应用中有多种方式，程度也各不相同。也就是说，企业可以一步到位，也可以逐渐深入，这两种方式各有优缺点，要看企业的实力和产业特点来进行选择。

第二种模式：资本—产业

这种模式是从企业先有资本开始的，也就说企业首先通过一些融资方式获得资金，然后再把资金投入到感兴趣的产业。新疆德隆集团就是从股市起家的，有了第一桶金之后，根据市场环境，进入前景更加看好的产业领域。

第三种模式：产业—资本—产业

实力强大的企业经常采用这种模式，企业首先在某一产业站稳脚跟，形成一定规模，产生大量净现金流量后，成立多元化的投资公司，再根据市场的变化，评估各产业，最后选择具有优势的产业进行投资。这种模式实现了资金和产业的有机结合。

（3）战略转型的关键问题

企业战略转型是企业的重大变革，具有非常大的阻力。企业变革的目的是要重新焕发活力，摆脱困境，获得新的发展。战略转型改变了企业的现状，打破了企业原有的平衡。其变革后能否建立起新的平衡至关重要，这也是决定战略转型能否成功的关键。企业新平衡的建立，要求企业具备沟通协调的能力；最高决策层应具备管理能力和技巧，提高决策能力，善于调动员工的积极性，给员工发挥才能的空间，从而建立起有效的新平衡。

①价值定位是前提

凡是优秀的企业，在进行战略转型时都会思考企业存在的目的是什么，企业存在的价值有哪些，然后会对企业的内部和外部环境进行分析，寻找机会和威胁，挖掘优势和劣势，再确定企业的战略目标，根据目标进行战略定位。只有这样，企业才能放眼于未来，充分利用危机，把危机转变成机遇，获得长足的进步。战略的制定离不开使命，也就是企业的价值定位。使命是以价值观为核心的，有什么样的价值观就会产生什么样的行为，也就是说价值观决定了企业的未来。企业是社会的细胞，是社会发展的基础，企业在日常经营中应承担起社会责任，这样才会得到社会的认同，才能树立企业的形象，消费者才能购买你的产品。人们常说"予人愈多己愈多"，就是这个道理。

②管理升级是基础

管理是一门艺术，是为了实现企业的战略目标，发挥其计划、组织、指挥、协调和控制等职能，分配和协调企业资源，实现资源的优化配置，发挥资源的潜在价值的一项活动。战略转型使企业进入另外一个领域，开展新的业务，增加了新的职能，这必然带来管理上的复杂化。企业的资源要重新配置，新旧业务之间要进行协调，组织结构要进行调整，企业文化要进行融合，等等，所有一切，对企业的高层管理者均提出了更高的要求。尤其是不放弃原有业务的战略转型，管理更加复杂，这时企业追求的不是单项业务效益的最大化，而是要追求整体业务效益的最大化，这就需要资源的有效配置。随着转型战略的实施，企业规模可能会扩大，这就要求企业不能再用以往的管理模式，应采用分权管理的方法，给这些业务以更广阔的发展空间。

③资本运营是手段

企业实施战略转型往往需要大量的资金，目前的金融市场已经比较成熟，所以资金筹集的方法很多，如股权融资、银行借贷、发行债券等。这就要求企业对战略转型目标做好预测，分析战略转型的投资回报率，分析在金融市场融资的资金成本，正确确定企业的融资方式，减少经营风险和财务风险。资本运营是企业实现战略转型的保障，在战略转型前，企业就应做好资金规划，建立多元化、多渠道的筹资体系，避免出现资金短缺的现象而使战略转型半途而废。

④企业文化转型是核心

企业文化是实现战略目标的保证，企业文化一定要和战略一致，也就是战略决定企业文化，有什么样的战略就必须有什么样的企业文化与之相匹配。所以，战略转型能否成功的关键是企业文化能否成功转型。在企业文化的结构体系中，企业的价值观是企业文化的核心，企业的规章制度是构建企业文化的关键。所以企业要实现文化转型，首先要调整价值观，然后构建制度，通过制度来规范和引导员工的行为，完成企业文化的转型。

⑤人力资源是保障

人力资源是企业生存和发展的保障，企业间的竞争实际是人才的竞争。优秀的人才可以使濒临倒闭的企业走出困境，把企业带向辉煌，如海尔集团的张瑞敏。尤其是在企业面对危机的时刻，需要高端人才把企业解救出来，对人才的要求会更高。优秀的人才知道该如何组建团队；该如何构建与战略相匹配的企业文化；该如何发挥员工的聪明才智；等等。所以企业应先做好人力资源规划，为企业的发展储备好人才，为企业战略的实现提供人才。

⑥核心能力建设是关键

企业的核心能力是指能给企业带来持久性竞争优势的能力，核心能力是企业资源优化的结果，是企业有形资源和无形资源交互作用的结果，它能给企业带来巨大的价值，是难以复制和模仿的。企业战略的实施过程是培养核心能力的过程。反过来，对核心能力的应用是实现企业战略目标的最有效的手段。

美国西屋电气公司

美国西屋电气公司（Westinghouse ElectIic Corporation）又译威斯汀豪斯公司，是美国主要的电气设备制造商和核子反应器生产者。1886 年 1 月 8 日，由 G. 威斯汀豪斯在美国的宾夕法尼亚州创立，总部设在宾夕法尼亚州匹兹堡市。

该公司 1889 年时曾改名西屋电工制造公司，1945 年 10 月改用现名。1999 年 3 月被英国核燃料有限公司收购，为该公司的全资子公司。2006 年 10 月 17 日，日本电子产品生产巨头东芝宣布与英国核燃料有限公司达成正式协议：以 41.6 亿美元的“高价”控股其旗下著名的核电站制造商——美国西屋电气公司，获得了 77% 的股权。整个收购行为是从东芝核能发展的全球战略出发的。此前，核电业务被东芝视为安定成长型业务。

西屋电气公司在全世界 26 个国家和地区设有 250 家工厂，现有职工 125 000 人，持股人 135 000 人，年销售额 107 亿美元（1986 年）。其主要业务领域涉及发电设备、输变电设备、用电设备和电控制设备、电子产品等门类共 4000 多种产品。其中，以发电设备、输变电设备尤具特色，从公司成立以来，一直在全世界享有盛誉。1886 年，公司在美国建立了第一座交流发电厂；1890 年，建立了第一条交流输电线路；1895

年，在尼亚加拉瀑布安装了第一台水轮发电机（5000 千瓦）；1900 年，制造出美国第一台汽轮发电机；1955 年，试制成超临界、二次再热汽轮发电机；1957 年，建成了美国第一座商用核电站。大古力水电站的巨型水电机组也是西屋电气公司制造的。公司还最早制成了 500 千伏的六氟化硫断路器，20 世纪 70 年代制成了 1100 千伏安变压器，此外还在世界上率先生产低损耗非晶合金配电变压器。

在西屋公司一百多年的发展过程中，通过几次成功的兼并使公司的实力不断扩大。在 19 世纪末 20 世纪初，以及 20 世纪 20 年代和 60 年代的美国三次大合并高潮中，西屋公司兼并了一批公司。二战后，由于西屋公司垄断了核电站反应堆建造的专利权，生意十分兴隆，利润陡增。在此期间，西屋在美国最大的工业公司中一直居于第十五位左右。20 世纪 70 年代以来，美国的核电工业发展缓慢，其对核电设备的需求量增加有限，限制了公司的进一步发展，削弱了其在美国工业公司中的排位。80 年代初，公司销售额不满百亿美元，直到 90 年代初，公司的排位才有所回升。

西屋电气公司主要由七大系统组成：广播系统、电子系统、环境保护系统、金融服务系统、工业系统、办公用品系统以及电力系统。由于受客观环境的影响，各部门的成绩也参差不齐。目前，西屋公司的广播系统拥有 17 个广播电台和 5 个电视台，并从事广播电视节目制作和合作制作，有线电视节目制作以及发展卫星和商业通信。1991 年，尽管西屋在美国广播领域内具有强大的竞争力，但由于经济衰退和海湾战争造成广告收入减少，西屋在电视节目传播方面尤其困难重重。这家以发电和广播业务起家的美国企业集团在经历了无序扩张之后，尤其是在金融服务领域盲目投资之后，最终背上了沉重的债务包袱。

因此，在 1993 年，公司的当务之急就是调整业务重点、清算非核心资产、减少银行债务。根据 1992 年 11 月起草的计划，公司计划放弃金融服务业务、分销和控制事业部，以及 WESCO 电力供应公司。公司的金融服务业务价值 90 亿美元，管理层计划在三年期内出售公司的房地产和金融资产。公司在 1994 年 1 月以 11 亿美元的价格卖出分销和控制事业部，在同年 2 月以 3.4 亿美元的价格出售 WESCO。

第二阶段的撤资计划于 1995 年制订完毕，在随后的 1995 年和 1996 年两年期间，西屋相继出售 WCI 通讯、Knoll 办公家具和国防业务部门，总计收回约 45 亿美元。在实施第二阶段的撤资计划的同时，公司通过大规模的收购大力扩张媒体业务。在第一阶段成功地剥离资产之后，公司的资产负债表得以改善，业务重点更加突出，公司也有能力大量举债。1995年8月，公司以54亿美元的价格收购了CBS电视和媒体业务。随后，在1997年2月，公司又以15亿美元的价格收购了两家主要的电视网络——纳什维尔网络和乡村音乐电视。

最近，管理层宣布将把集团一分为二，两家公司独立运作，其中电力业务将被命名为西屋电气公司，媒体业务则被命名为CBS公司。集团旗下的冷冻配送业务大冷王将暂由CBS掌控，并将在集团分割完成后立刻出售。

4. 抽资转型战略

当企业面对不确定的环境时经常采用抽资转型战略。抽资转型战略是企业对目前的经营领域和经营目标进行撤退和收缩，节省投资，将节约下来的资金应用到前景更加看好的领域。抽资转型战略是一种以退为进的战略。在这里需要向大家说明，抽资转型战略是企业的主动行为，并不是被动的，其目的是通过业务收缩来改善企业的现金流量，帮助企业摆脱威胁，走出困境，同时寻找新的商机，以求新的增长模式。这种战略是临时性行为。如企业压缩某项业务，减少在这一业务上的投资，改善现金流量。

（1）抽资转型战略的特征

①企业会对业务组合进行分析，对每项业务重新评估并进行排队，把竞争能力最差、行业发展最缓慢的业务作为战略收缩的对象。企业会减少对这一业务的投资，或卖掉这一业务的生产线。抽资转型战略的实施一定会导致这一业务市场占有率的下降和企业收入指标的降低。

②抽资转型战略会尽可能减少对企业资源的使用，削减各项费用支出，对支出采取较严格的控制。企业在对资源进行限制使用的同时，可能会通过采取裁员的手段来应对危机。

③抽资转型战略是一种短期性战略行为。它是企业面对不确定的环境，为规避企业风险而采取的一种过渡性的战略模式。企业实施抽资转型战略不会让企业的发展始终停滞不前，而是一种"厚积薄发"的行为。

（2）抽资转型战略的适用性

抽资转型战略的适用性分析要从内外环境入手。

①外部环境

A. 宏观经济的总体状况

宏观经济的发展趋势对抽资转型战略的实施有重大影响，经济发展越快市场需求越旺盛，企业生产的产品才能卖出去，企业才有更广阔的发展空间。但如果宏观经济发展趋缓或停滞不前，市场的需求量也会下降，企业的生存就会受到威胁。在这种情况下，企业不得不寻找新的出路，采用抽资转型战略，进行战略转移。

B. 行业增长速度

企业所在行业的增长速度决定了企业的发展前景，行业增长快为企业提供了增长的空间，但也会对潜在入侵者产生强大的吸引力，使他们成为现有竞争者，打破行业的竞争平衡，引起激烈竞争；行业增长缓慢会限制企业的发展，企业在增长缓慢的行业中生存，很难实现快速增长。

C. 消费者需求偏好的变动

消费者是企业生存的根本，因此消费者的购买行为和偏好决定了企业的产品定位和营销定位。目前，我国消费者在购买产品时越来越成熟，其消费行为和偏好正趋于多元化，对企业提出了更高的要求。当消费者的需求发生变动时，预示着消费者正在改变购买行为，企业的销售量会因此而下降。这时企业应立刻改变目前的经营模式，沿着消费者的变动方向组织生产和运营，从该行业撤资，转向前景更加看好的领域。

D. 产品的生命周期

任何产品均有生命周期，尤其是随着技术发展步伐的加快，产品的生命周期会越来越短。产品的生命周期有四个阶段：创业期、成长期、成熟期和衰退期。每个阶段的特点各不相同，消费者在每个阶段的表现会千差万别。在衰退期，顾客的需求会逐渐下降，企业间的竞争会进一步加剧，企业为了发展会寻找新的经济增长领域，谋求新的发展。

E. 行业的竞争状况

企业在行业中最希望看到的经营状态是竞争平衡，但这种状态往往很难出现，即使出现也很难维持较长的时间。当行业处于竞争激烈的状态时，企业的风险会进一步加剧，给企业带来很多的不确定性。企业为了规避风险会减少对该领域的投资，将其应用到前景更加看好的领域，实现新的增长。

F. 供应商的制约

企业的发展需要供应商的配合，供应商的能力和水平决定了对企业供应产品的质量和功能。如果供应商提供的产品无法达到企业的要求，就会成为企业发展的巨大障碍，迫使企业由于无法进一步发展而逐渐撤出该领域。

G. 政府的政策

政府的政策会随着经济发展的形势和社会发展的需要不断进行调整，会对企业产生重大影响。如果调整后的政策限制了企业的发展，或对企业提出了更高的要求，企业会由于成本压力和企业前景暗淡而逐渐放弃该行业，寻找新的领域，创造新的经济增长空间。

②内部环境

A. 企业实力

当企业拥有的资源和能力正在下降时，企业不得不减少投资。

B. 战略转移

在多样化特点比较突出的企业，企业会根据市场的变化对其产品组合进行调整，重新确定企业的主营业务和核心业务。当企业的核心业务需要调整时，企业在这些核心业务上的资源分配也会进行调整，有的业务投资会减少，而有的业务投资会增加，表现出抽资转型战略的某些特征。

（3）抽资转型战略的利弊分析

①优点

A. 抽资转型战略能帮助企业在不利的条件下，减少企业的投资风险，减少成本，使企业顺利渡过难关，摆脱风险。

B. 抽资转型战略能减少企业投资的盲目性，能在企业经营不善的情况下做出分析和论证，寻找新的发展路径，为企业最大限度地减少损失。

C. 抽资转型战略能帮助企业更好地实行资产的最优组合。当企业面临一个新的机遇时，如果企业只是运用现有的剩余资金进行投资，获取新的增长，这可能会对企业的其他业务造成影响。但如果采用抽资转型战略，对企业的所有业务进行一次剖析，重新进行组合，找出前景发展受限、竞争能力较弱的业务，对其削减投资，加大对前景看好领域的投资，就会使企业的业务组合得到进一步优化，实现资源的优化配置，实现企业利益的最大化。

②缺点

A. 企业在实行抽资转型战略时，业务的转移方向和深度难以把握，处理不好会使企业面临新的风险，陷入新的危机中。

B. 一般来说，在实施抽资转型战略、减少对某一业务的投资时，可能会对这种业务的生产运营进行新的调整，会涉及员工的变动，甚至会裁员。这是比较大的变革，可能会引起员工的不满，产生人力资源危机。

抽资转型战略实例

经营企业，在乎忍耐，赢在战略，赢在执行，不在乎一朝一夕、一城一池之得失。三十六计，一忍一退，皆为上策。

第一种：退中求进。代表企业：新华联集团、方正集团。

事件回放：2004 年 12 月，新华联集团将旗下金六福 51% 的股权出售给了四川汉龙集团，汉龙从而一举成为金六福的控股股东。同样在 2004 年的 12 月，新华联先前于 2004 年 8 月末斥资 1.54 亿元收购的通化葡萄酒 29.07% 的股权正式过户，成为其第一大股东。一卖一买耐人寻味，卖出的是品牌价值达 28.8 亿元、年销售额超 20 亿元的白酒新贵金六福，买进的是 2004 年预亏 9800 万元的通化葡萄酒。

新华联集团董事长傅军有自己的"战略考量"，从行业发展来看，新华联退出的是日显没落的白酒市场，进入的是增长空间无限的红酒行业。

今年年初，方正集团表示，2005 年，方正将重点进军医药医疗业，并逐渐从金融领域退出；在未来三五年中，IT 和医药医疗业将成为方正的主业，其中，方正在医药医疗方面的投资额将达到 30 亿元左右。

"在 2003 年年底之前，方正集团已基本停止'圈地运动'。"方正集团执行总裁李友称。李友算了一笔账，在未来三年中，全面退出金融业的方正将会有 15 亿元入账。这笔资金将有力地保证集团在 IT 和医药医疗业的重磅投资。

傅军

第二种：壮士断腕。代表企业：联想集团。

事件回放：2001 年 6 月 11 日联想与 AOL 合资，双方都有自己对市场的看法，FM365 的原有体系被完全打乱，合资把 FM365 做成了一锅"夹生饭"。与强势公司合作时如何保持自我，对联想来说这是教训。互联网的方向联想踩错了，同时还有自身的个性错误、战略错误在里面。

三年前，杨元庆忙于收购国内顶级服务商，先后将汉普、智软收于囊中，彼时，IT 服务被联想热捧到战略转型的高度。不过很快，联想就不得不面临与神州数码在 IT 服务领域同台角力的尴尬。战略撞车、同室操戈，加之市场的不遂人意，联想无奈搁浅 IT 服务战略。去年，联想出售 IT 服务业务，亚信 3 亿元接盘。今天来看，出卖 IT 服务业务的联想总是脱不了甩"包袱"的嫌疑。FM365 消亡，IT 服务失守，柳传志把这些都看作联想必经的"历练"。

第三种：玩跷跷板。代表企业：万科集团。

事件回放：五年前，王石为何固执己见主动将万科"卖"给华润？王石曾对华润创业总经理黄铁鹰这样说："我想做大，万科必须同国际资本市场接轨。"细究此桩并购案，实则另有隐情。众所周知，万科的老东家是深圳一家大型国有企业——深圳经济特区发展（集团）公司（以下简称深特发），特立独行、个性张扬的王石与老东家的关系一直保持着微妙的紧绷状态。在万科上市的关键问题上，深特发也曾与王石意见相左。万科需要稳定、开明的大股东，引进华润，为的就是通过跷跷板原理撬走深特发。万科失去的是一个原始股东，王石得到的则是对万科当仁不让的绝对话语权。万通集团董事长冯仑有言："王石是逼出来的圣人。"地产策划人王志纲评价王石："他的成功秘诀是不贪。"大舍大得、小舍小得、不舍不得。诚如斯言。

第四种：道不同不相为谋。代表企业：华远集团。

事件回放：2001 年 9 月 5 日，以经典的一句"我不玩了"为开场白，任志强辞去北京华远集团董事长职务，出让股权、回收华远品牌。华润集团以近 7 亿元的价格收购了北京华远集团所持有的 17.67% 的股份，拥有 90% 的股权，从而绝对控股华远。北京华远与亲密接触了六年之久、共同创下融资奇迹的资本方华润缘尽分飞，华远股权变更成了 2001 年全国房地产业的头号新闻。当华远的品牌所有权受到威胁时，任志强毅然退出，他要保有华远的牌子，尽管他个人是最大牺牲者。任志强的"辞职风波"无形中为地产职业经理人建立了一种退出机制。万科归于华润旗下，华远与华润的"矛盾"开始显现，主要存在两个差别，一个是企业文化的差别，一个是对资本认识的差别。两种企业文化激烈冲突，任志强选择退出。

第五种：减肥运动。代表企业：首创集团。

事件回放：资产总值 300 多亿元的首创集团，虽为行政捏合的直接产物，但 10 年前始创时便标新立异地宣称自己是"新国企",谋求体制外的突围。近年来,首创集团坚持"减肥运动",早年涉足的 40 多个行业全面收缩为金融、地产、基础设施建设等六大领域。盘活资产、变现变卖、落实产权,首创逐渐确定了自己的战略定位:以投资银行业务为主导,以产业为背景,两轮驱动。两个轮子一起转,一个"轮子"是投行业务,为集团输送血液;另一个"轮子"是实业,利用产业利润再来支撑集团的金融业务,支撑资本市场的运作。

"好的公司,应该追求长线投资,才能在竞争中不致突然休克。"首创集团总裁刘晓光认为,市场经济的一个基本原理是资本在流动中增值,国企改革要进入以资本运营为中心的阶段,重点是存量调整、增量优化。

5. 清算战略

清算战略是当企业遭受全面威胁,无力偿还债务,濒于破产时,企业通过拍卖或转让的模式结束公司的运营的一种战略,清算战略又称清理战略。

适用条件:在抽资转型战略和剥离战略实施无效的前提下,企业迫不得已采取此种战略,终止企业的经营。

清算战略的好处:一是尽量减少股东的损失;二是逃脱债务。

(三)战略实施的保障

企业战略管理的根本任务不仅在于制定适宜、优秀的方案,更要重视将其转化为企业的经营效益。企业的战略思想只有通过转化为实际行动,才能使战略发挥作用,体现战略的价值所在。如果企业投入大量的时间、人力和资源用于企业战略的制定和选择,而忽视战略实施的条件、方法、成本和收益,这样做的结果只能是事倍功半,将资源大量地浪费,使企业处于新的危机之中。

1. 战略实施的基本原则

企业战略的制定是在根据现实情况加以判断的基础上对于未来情况的一种预测,因此企业在经营战略的实施过程中,常常会遇到许多问题,这些问题是在制定战略时未估计到或者不可能完全估计到的,所以企业在战略实施中必须遵守以下三个基本原则:

(1)合理性原则

企业根据外部环境和内部条件的变化确定转机战略的目标，根据目标进行转机战略定位，然后制订企业的战略实施计划。战略的制定受很多要素的影响，这些要素可以分为企业外部环境要素、内部环境要素和决策者自身要素三种。企业的外部环境要素主要包括宏观环境要素和微观环境要素两部分，宏观环境要素包括政治法律要素、经济要素、技术要素、社会要素和自然要素；微观环境要素包括行业竞争状况、行业进入障碍、供应商和购买商等。企业的内部环境要素主要包括企业拥有的资源和能力、员工的素质、企业文化等。决策者自身要素强调决策者的观念、决策者的素质、决策者的技能等。所有要素中的任何一个发生变化都会影响企业战略目标的制定。实际上这些要素是不断变化的，而且由于决策者在目标的选择中受直觉偏差的影响，企业制定的战略目标很难追求最优化，只能追求合理性原则。

同时，企业在制定出战略目标后要制订一系列的计划来实施战略。战略实施的内容主要包括组织构建、人员配备、各种计划的制订等。企业要对战略目标进行分解，形成组织内各部门、每个成员的目标，使企业内每个部门和每个人都清楚各自的责任和义务。因此，企业要构建一个与战略相匹配的组织结构，该结构突出战略的重要性，组织结构的构建就是为实现战略目标搭建平台。所以，组织结构的构建要保证信息畅通无阻，能调动员工的积极性和主观能动性，让员工发挥其聪明才智，培养员工与战略相关的价值观，形成优良的企业文化，形成团队，为实现战略目标提供保证。

战略的实施是一个完整的过程，企业要根据实现战略目标的特点和方式，构建有效的战略实施流程，使目标的实现在有序的状态下进行。在流程的构建中，要协调好流程中各活动之间的关系。需要明确的是企业的每项活动都是必要的，但各活动不是孤立存在的，每个目标的实现都需要其他部门的支持和帮助，个体目标的实现不能以牺牲整体目标为代价，流程的构建就是要协调好个体目标和整体目标的关系。

（2）统一指挥原则

企业的战略目标只有一个，在实施中要对战略目标进行分解，分解为每个部门和每个员工的目标。这种分解会引起企业各部门各自为政的现象，只强调个体目标而忽视整体目标，这就要求企业在实现战略目标的过程中，避免各自为政，采取统一指挥和统一领导的原则。进行统一指挥和统一领导是极其必要的，因为企业在战略的实施中离不开控制。统一指挥原则主要用于以下情况：

①环境发生变化

战略的实施要制订各种计划，计划是在活动之前制订的，这就需要企业对面对的环境进行预测。由于各种因素的影响，预测中难免有一定的误差。这种误差在实施中要及时地进行纠正，以免对战略的实施造成影响。

②员工个人素质较差

企业内每个人的素质和技能是不同的，有的人素质较高，其需要的是自律，无须他律；而有的人正好相反，更多需要的是他律，对这部分人企业就要加强控制，避免其行为偏离战略目标。

企业进行统一指挥和统一领导还可以避免多头领导，减少不必要的冲突和矛盾。但在实施统一指挥和统一领导的原则时，企业要防止过于集权的现象发生。企业一旦过于集权，就会产生很多的不利因素，影响战略目标的实现。如会出现影响员工积极性的发挥、决策脱离实际、对市场的变化反应迟钝等状况。

（3）权变原则

企业的经营战略是企业根据对未来环境发展变化的预测而制定的。在战略的实际实施中，环境的变化和企业对于环境变化的预测产生偏差是很正常的现象，战略的实施过程本身就是解决问题的过程，但是一旦企业的内部和外部环境发生了较为重大的改变，改变的程度较严重，使得原定的战略不可能实现，这时必须要对原有的战略进行较大幅度的调整，这就是战略实施的权变问题。权变理论认为什么都不是一成不变的，组织要随着客观环境的变化相应地做出改变。但是如果按照权变理论，在企业的内外部环境没有发生重大变化时就相应地调整战略，这样会使企业的发展目标总在不断地发生变化，使企业组织内部人员不知道该如何适应，如何做具体工作，造成人员心理浮动，给企业带来消极的后果，最终导致企业经营的全面失败。但如果环境确实已经发生了重大改变，企业仍然坚持实施既定的战略，将最终导致出现无法挽回的失败后果。因此企业的经营战略调整与否关键在于如何衡量企业环境的变化。

2. 战略实施的阶段

经营战略在实际运作之前只是纸上谈兵，而战略的实施才是整个战略管理活动的关键。在将企业战略转化为实践的过程中，又有五个联系阶段。

（1）战略发动阶段

在此阶段，领导人主要考虑如何将战略理想变成现实，使大多数员工拥护并且投身于实践新战略。因此就要求企业对员工进行战略培训，让他们掌握新理念、喊出新口号，认同企业发展的新思想，与之相对的陈旧观念和思想必须摒弃，这才能够让多数员工逐步接受新气息、新战略。对于新事物，在其刚刚问世时多数人会抱有很多疑问，战略的革新同样要考虑这些疑问，并向多数人做出解释，从而将其带入更高的境界中去。只要大多数人认同此战略，该战略就能较为顺利地实施下去。由此看来，战略的实施过程是更新、改造员工的过程，要对广大员工进行企业战略培训，使其了解到企业实际面临的机遇与挑战、企业现存的弊病、新战略的意义和面临的困难等等，让每个人明确形势，感受到新战略实施的紧迫性与必要性，从而建立信心，打消顾虑，为新战略的正确实施保驾护航。在争取员工理解的过程中，企业重点要获得战略所涉及的关键人员的支持。领导人要考虑机构人事任免等一系列问题，从而进一步扫清有碍于战略实施的各种不利因素。

（2）战略计划阶段

如前所述，企业为了实现战略目标，要对战略目标进行分解，形成组织内各部门、每个成员的目标，使企业内每个部门和每个人都清楚各自的责任和义务。目标分解后，企业内的各部门会根据本部门的目标制订出各自的实现计划，寻找本部门实现该目标的方法和手段，对各方法进行评价和优化，确定实现部门目标的最佳方案。计划的制订要求要具体，有操作性和时限性；计划要进一步强调本部门的责任和义务，并具体化为每个人的责任和义务；计划还要强调与其他部门之间的关系，避免各部门关起门来自行制订、自行实施，忽视本部门计划对其他部门计划的影响。所以，部门计划的制订要加强和其他部门之间的沟通，消除一切实施中的障碍和壁垒，使整个组织在协调中实现战略目标，达到最优化的目的。

（3）战略运行阶段

企业的战略运行包括很多具体的任务，如组织结构的构建、人员的配备、企业文化的构建、资源的分配、信息的沟通等。这些任务的实现需要建立一整套的制度和运行机制，保证战略实施计划的顺利完成。

（4）战略控制阶段

企业在战略的实施中会遇到很多预想不到的情况，如环境的变化、消费者需求的改变等，这都需要企业进行及时的战略调整，以保证战略的合理性。所以，企业在战略的实施过程中时刻离不开控制，没有控制后果是不可想象的。

（5）战略评估阶段

战略执行后企业还要对战略的制定和实施情况进行总结，总结经验和教训，为以后工作的开展奠定基础。

3. 战略实施的内容

（1）制订战略计划

战略计划就是将战略进行分解，也就是将战略分解为方案和项目，最终将其转化为具体预算和职能层战略等。在企业中不同的管理层次要根据其上一层次制订的计划来制订自身的计划，同时该层的计划也决定了下一个层次计划的制订。这就要求企业必须根据本企业的使命来明确具体目标，通过目标制订战略计划。战略计划的制订是组织中各个层面管理人员的一项基本职能，管理人员必须具备制订和实施战略计划的能力，只是对于不同层级的管理人员要求有所不同。战略的实施过程就是将企业战略分解成若干阶段，根据不同的战略阶段设置不同的目标，企业必须根据不同的目标设置不同的时间表，同时根据不同的部门设置不同的目标，根据时间表来检查和实施战略。战略实施最终目标的完成就是根据不同阶段分目标的完成，达到企业的最终目标。

（2）配置企业资源

一般来说企业的内部资源是相对有限的，企业为了战略目标的实现必须将企业的内部资源进行合理分配，这样才能保证企业战略的实施，最终完成企业的战略目标。企业的整体战略目标一般又可以分成不同职能部门的目标，也就是说企业战略目标的实现是不同部门的分目标完成后所组成的。企业要想很好地实施企业战略，必须保障不同部门的分目标实现；要想保障分目标的实现，必须要在各个不同部门之间进行资源分配。如果资源分配不当，很可能使得有些部门的目标实现以后还有资源剩余，而其他部门由于资源不够而导致目标无法实现。企业的总体战略目标是靠各个分目标的完成而实现的，如果某个分目标没有完成就会影响整体目标。为了合理地分配资源，必须要做预算。预算是详细计算完成每一项战略行动计划所需要的具体费用。

（3）建立组织结构

战略决定组织结构，有什么样的战略，就要构建相应的组织结构与之相适应。在实施企业战略时不能根据企业原有的组织结构实施，而是要重新建立企业组织结构。一个好的企业战略需要通过与其相适应的组织结构去完成才能起作用，而不适应的组织结构会影响到好的战略设计实施。因此，企业的组织结构是按照战略目标来制定的，企业的组织结构必须遵照战略目标的变化进行调整或重新构建。同时新的组织结构应具有把战略实施所需的活动、方案和项目的职权及责任在相应的单位与人员之间进行合理分配的功能，使新的组织结构成为一个有机的整体。

目前，经过多年的研究，企业组织设计的理论发展迅速，企业组织结构的形式多种多样，每个企业都有各不相同的适合本企业特殊情况和要求的企业组织结构形式和企业组织运行机制。而且，随着经济和社会的不断发展，将会产生许许多多新的企业组织设计理论和企业组织结构形式。然而，无论企业组织结构的形式如何多种多样，它们都是由组织工作者根据实际的需要经过一定的设计而产生的。因此，可以说，组织设计是组织工作者的一项最重要的工作任务。当然，组织工作者要想使自己设计的组织能够有效运行，必须有一定的组织设计理论做指导，而且还必须遵循一些有关组织设计的最基本的原则。总结国内外组织理论家和实践家们的研究与实践的成果可以看出，在进行组织设计时，应遵循以下一些基本原则：

①任务目标原则

任务目标既是组织结构构建的起点，又是组织结构构建的终点。起点强调的是组织结构依据战略目标制定，终点强调的是组织结构构建成功与否，是由实现战略目标的效率所决定的。

目标的作用——惠普公司

在惠普公司，人、物资、设备、资金和时间——这些是我们经营事业的资源。我们利用我们的技能，把这些资源变成有用的产品和服务。

我们常常问："以我们的实力和知识为基础，我们可以做出怎样的贡献？"接着就会问："谁需要它？"

目标是组织认同的尺度。如果员工都能明确公司的目标，就可以发挥积极性，朝一个方向努力。1966年公司公布的目标是：（1）利润。利润是衡量企业对社会贡献的最好的尺度，也是企业实力的根本源泉。公司应努力取得最大利润。（2）客户。努力不断改进我们向顾客提供的产品和服务的质量。（3）专业领域。集中力量，不断寻求发展的新机遇，但要把我们的参与限制在我们力所能及、能够做出贡献的范围内。（4）增长。强调增长是衡量实力尺度和生存的必要条件。（5）员工。为惠普人提供就业机会，包括分享他们协助取得的公司成功果实的机会。这种满足来源于他们工作中的成就感。（6）管理。在组织上保持一种环境，来激发个人的干劲、主动性和创造性，使他们在致力于既定目标和目的方面有广泛的行动自由。（7）企业公民。尽自己作为一个好公民的义务，为社区、为我们的社会中向我们提供工作环境的那些机构做出贡献。

②分工与协作原则

分工是对战略目标的分解过程，没有分工企业内的各部门和每个人就没有任务，战略目标将无法实现；只有分工企业各部门就会各自为政，缺少其他部门的支持，企业将无法形成合力，成为一盘散沙。

③命令统一原则

命令统一避免了多头领导，能保证企业各部门步调一致，形成合力。

④管理幅度原则

管理幅度又称有效管理幅度，是指组织内管理者直接有效指挥下属的数量，是决定组织层级数量的基本要素之一。有效管理幅度越宽，组织的层级数量越少，组织越趋于分权；有效管理幅度越窄，组织的层级数量越多，组织越趋于集权。

⑤集权和分权相结合的原则

集权和分权是一对矛盾的统一体，集权和分权是相对而言的，绝对集权和绝对分权的企业是不存在的。企业采用集权还是分权，与其外部环境和企业的内部要素有关。集权和分权各有利弊，但从组织的长期发展来看，组织的发展趋势是趋于分权模式。

⑥责权相对应的原则

组织中的"责"指的是职责，"权"指的是职权。企业的组织设计要做到责权相对应，才能调动员工的积极性。

⑦精干高效的原则

企业的组织结构只要能完成任务，在设计中越简单越好。组织结构越简单，需要沟通和协调的频率越少，这样就能降低企业的沟通协调成本，提高组织的整体运行效率。

⑧急定性与适应性相结合的原则

为了保证政策的连续性，组织应具有一定的稳定性。但外部环境和企业的内部条件不断变化，这就要求组织应具有变化性，将稳定性与变化性二者有机结合。人们常说一成不变的组织是僵化的组织，经常变化的组织是无效率的组织，讲的就是这个道理。

⑨执行和监督分设的原则

企业组织内的执行职能和监督职能是两个相互制约的职能，在组织设计中要分开设置，保证监督职能的有效发挥。

⑩正确对待非正式组织的原则

非正式组织对组织的发展有巨大的影响，企业要认真对待。

为什么转型如此艰难

有一家企业，1998年以前一直从事摩托车经销业务，因此企业的资源都集中投放在摩托车经营领域，组织结构的设置也紧紧围绕着摩托车经营业务，岗位设置和人员配备也比较精干。

随着摩托车经营环境的改变与竞争的逐步加剧，企业从1998年开始开发了第二项业务——汽车经销。企业当时的判断是，摩托车在城市受限，在农村可以扩大，但在农村做到一定程度以后，一定会逐步被汽车所替代。汽车替代摩托车的时间大约会在2003年，因此企业从1998年开始介入汽车经销领域，主要的目的是提前进入市场，为以后的大规模发展做准备。由于该业务当时处于培育阶段，所以企业并没有投入专门的资源和人员，汽车放在摩托车销售场地，由摩托车销售人员代管，企业的组织结构也并没有因此而进行调整。

从2000年开始，企业的汽车销售额、利润回报率开始超过摩托车。但企业由于惯性作用，仍然将80%的资源配置在摩托车的经营业务上，而且也仍然没有将汽车经销业务从摩托车经销业务中独立出来，这使汽车经销业务的发展受到了很大的限制。在管理上，随着企业经销业务的持续扩大，连锁店不断增加，人员规模也不断扩大。企业尽管认识到了人力资源的重要性，但企业的人力资源管理仍从属于综合办公室，致使企业的人事制度建设、人员培养等跟不上企业发展的需要，并越来越成为企业发展的瓶颈之一。

这种情况一直延续到2002年，当企业领导层发现市场形势很好，而企业的经营业绩却很不理想时，终于下决心聘请管理咨询公司进行诊断。管理咨询公司经过各方面调查以后认为，造成这种状况的主要原因是：企业的资源配置与企业的战略定位严重脱节，汽车经销业务已成为企业的主业，其资源配置却仍然以摩托车经销业务为主；企业组织结构的设置不能满足企业发展的需要，尽管汽车经销业务量已经很大，企业也已经感受到加强人力资源管理的必要性，但企业并没有为汽车经销、人力资源管理投入足够的力量；尽管企业在省内已经拥有二十多家连锁店，但其采取的仍然是当初企业规模较小时的集中统一管理方式，致使决策缓慢、效率低下；尽管汽车经销市场竞争已经开始趋于激烈，企业采取的却仍然是发展初期的粗放式经营方式……

管理咨询公司认为：尽管从 2000 年开始，无论是从外部市场环境还是从企业的内部发展情况看，企业都已经进入了以汽车经销为主的阶段，但企业的资源配置、组织结构设置、管理方式却仍然停留在以摩托车经销为主的阶段，从而导致了企业经营管理与企业发展需要的严重不适应。

据此，企业根据管理咨询公司的建议，对企业的组织结构进行了大幅度的调整，将摩托车经销业务和汽车经销业务分开，成立了专门的汽车经销公司，配备精兵强将，进行重点突破；设立了专门的人力资源管理部门、经销服务人员及维修人员培训中心，加强了人力资源管理和人员培养；调整了企业的管理模式，采用了集权与分权相结合的管理模式，在保证企业总部对各连锁店有效控制的基础上，最大限度地调动各连锁店的积极性和对当地市场的反应能力。

经过一年多的转型调整，企业终于走出了困境，在汽车经销领域高速发展，并在两年后成为该省汽车经销领域的龙头企业之一。

管理理论真能解决实际问题吗？

海伦、汉克、乔、萨利 4 个人都是美国西南金属制品公司的管理人员。海伦和乔负责产品销售，汉克和萨利负责生产。他们刚参加过在大学举办的为期两天的管理培训班学习。在培训班里他们主要学习了权变理论、社会系统理论和一些有关职工激励方面的内容。他们对所学的理论有不同的看法，下面是他们展开的激烈争论：

乔首先说："我认为社会系统理论对我们这样的公司来说是很有用的。例如，假如生产工人偷工减料或做手脚，假如原材料价格上涨，就会影响到我们的产品销售。系统理论中讲的环境影响与我们公司的情况很相似。我的意思是，在目前这种经济环境中一个公司会受到环境的极大影响。在油价暴涨期间，我们当时还可以控制自己的公司。现在呢？我们在销售方面每前进一步，都要经过艰苦的战斗。这方面的艰辛你们大概都深有感受吧？"

萨利插话说："你的意思我已经知道了。我们的确有过艰苦的时期，但是我不认为这与社会系统理论之间有什么必然的内在联系。我们曾在这种经济系统中受到过伤害。

当然，你可以认为这是与系统理论相一致的。但是我并不认为我们就有采用社会系统理论的必要。我的意思是，假如说每个东西都是一个系统，而所有的系统都可以对某一个系统产生影响，我们又怎么可以预见这些影响所带来的后果呢？所以，我认为权变理论更适用于我们。假如你说事物都是相互依存的，那么系统理论又可以帮我们什么忙呢？"

海伦对他们这样的讨论表示有不同的看法，她说："对社会系统理论我还没有很好地考虑。但是，我认为权变理论对我们是很有用的。虽然我们以前亦经常采用权变理论，但是我却没有认识到自己是在运用权变理论。例如，我有一些家庭主妇顾客，听到她们经常讨论有关孩子和怎么度过周末之类的难题，从她们的谈话中我就知道她们要采购什么东西了。顾客也不期望我们'逼'他们去买他们不需要的东西。我认为，假如我们花上一两个小时与他们自由交谈，那么肯定会扩大我们的销售量。但是，我也碰到一些截然不同的顾客，他们一定要我向他们举荐产品，要我替他们在购货中做主。这些人也经常到我这里来走走，但不是闲谈，而是做生意。因此，你可以看到，我天天都在运用权变理论来对付不同的顾客呢。为了适应形势，我经常都在改变销售方式和风格，许多销售人员都是这样做的。"

汉克显得有些激动地插话说："我不懂这些被大肆宣传的理论是什么东西。但是，有关社会系统理论和权变理论的问题，我同意萨利的观点。教授们都把自己的理论吹得天花乱坠，他们的理论听起来很好，但是他们的理论却无助于我们的管理实际。对于培训班上讲的激励要素问题我也不同意。我认为泰罗在很久以前就对激励问题有了正确的论述。要激励工人，就是要根据他们所做的工作付给他们报酬。假如工人什么也没有做，则用不着付任何报酬。你们和我一样清楚，人们只是为钱工作，钱就是最好的激励。"

（4）营造良好的管理制度

好的管理制度关系到企业组织能否高效地实施企业战略，同时好的管理制度有利于员工发挥其个人的积极性，为企业战略的实现提供必要的支持。企业管理制度主要涉及两个方面：

首先，要转变领导观念，发挥领导者的作用。由于企业的领导者在组织中起到了主导作用，其对于战略实施来说是具有决定性的因素。领导工作的重要性就在于调动员工的积极性，使其更好、更高效地完成工作，同时领导者要使员工保持愉悦的心情，从而为组织做出更大的贡献。好的领导者是战略能否正常实施的关键，要把战略实施的实际效果纳入对领导者的考核范围，成为其工作是否合格的检验标准。

其次，必须要营造良好的企业文化。企业战略的实施必须依托良好的企业文化，组织原有的文化很难适应战略的改变。因此，新的战略必然会带来企业文化的变化，如果企业文化不做出相应的改变，企业的战略也不可能实现。只有对企业文化进行适当的变革，它才能够为企业战略的实施提供帮助。所以在企业实施新战略的同时，要注意促进企业新文化的形成，适度调整企业文化是战略实施的必然选择。

①企业制度建设的特征

企业制度的建设需要一个周密的规划，同时好的方式与方法也是不能缺少的。适合的管理制度能够提高企业的管理效率，降低企业的管理成本，这就需要企业拥有一个清晰的管理思路。企业在制度设计中表现为以下几个特征：

系统性。其内容包含两个方面：一是企业制度管理的全面性。全面性要求企业在进行制度设计时要包罗万象，其内容不仅包括企业制度的方方面面，还包括企业的各种章程、规范、规则等。二是各项管理规范的完整性。完整性强调各种制度能充分满足企业各项活动的需要，不能出现管理制度的空白。制度的全面性和完整性避免了企业管理职能的交叉和重叠，消除了组织中管理的不规范，为企业提供了有效管理的平台。

规范性。规范性主要包括三个方面：第一个方面是行为规范；第二个方面是编制规范；第三个方面是实施规范。

动态性。在企业的发展过程中，企业管理制度和企业中的其他事物一样，在一定时间内都具有相对的稳定性，但不可能是恒定不变的。换另一种说法来讲，即企业管理制度具有一定的适应性，但是从其长期发展来看，它会随着企业自身以及周边环境的不断变化而变化，所以企业管理制度是一个动态的发展过程。导致企业管理制度发生变化的因素有很多，人们对此进行了归纳和总结：

企业经营环境的变化。企业面对的环境经常变化，如企业经营的范围、经营的产品和员工的整体素质。企业经营的范围主要涉及企业经营地域的扩展，经营的产品主要涉及种类的增加，员工的素质主要涉及员工受教育水平的提高。这些环境的变化会相应地影响到企业组织结构的设计、职能部门的再次划分以及员工工作岗位技能的改变等，从而导致了企业管理制度的变化，使得管理制度中的规则必须做出相应的调整。

产品结构的变化。产品结构的改变往往是企业创新的结果，企业通过创新生产流程和工艺改变其产品结构，降低生产成本，提高企业的竞争力。

企业战略的调整。如果企业的外部竞争环境发生了变化，如新加入者打破了行业的竞争平衡，企业必须对战略以及竞争策略进行调整，以适应新形势的需要。

创新性。企业在组织设计中充满了创新的成分，管理制度编制的过程，其实就是在创新。企业的管理制度必须遵循企业管理的基本原理，利用事物发展中存在的客观规律，但同时也要根据企业自身的资源、能力、文化和企业发展目标等实际情况，制定出一套适合企业自身发展的管理制度，这也是为什么每个企业都在前人成果的基础上进行适当的创新来制定管理制度的原因。

②企业管理制度的设计

一个好的企业管理制度在设计时要充分注重组织的利益与个人利益之间的平衡，也就是在设计企业管理制度的时候要充分认识到员工的能动性，并且要充分利用这一点，使其更好地为企业服务。企业在设计管理制度时要让员工积极参与，这样有利于以后的执行，得到员工认可的制度更利于日后员工的自觉遵守与维护。能得到员工认可的制度，必然要求企业的发展目标与员工的成长目标一致，也就是企业与员工能够达到双赢，这样设计出来的管理制度才是成功的。企业在设计管理制度时应遵循以下三个原则：

完整性。该原则强调企业的各种制度能充分满足其各项活动的需要，不能出现管理中制度的空白。制度的全面性和完整性避免了企业管理职能的交叉和重叠，消除了组织中管理的不规范，为企业提供了有效管理的平台。管理制度不但是企业各项管理工作与规范的总和，更是企业实施经营管理的依据，为企业员工的行为提供规范和引导。企业的管理制度完整地体现了企业的工作程序与岗位守则。其主要通过组织结构设计、职能部门划分、岗位工作设计、员工具体工作来具体体现，同时，企业的管理制度需要通过量化的管理表单进行具体的统计与分析。这些系统性、专业性相统一的规定和准则，将满足企业生存和发展的需要，并促使企业在管理制度体系正常运行的情况下，实现发展战略。

专业性。企业管理制度的设定是为了解决在企业的实际经营中出现的各类问题，企业有了管理制度就能够为各项管理工作提供依据，同时为解决问题提供了程序化的标准，有利于突发问题的解决。由于企业经营中的分工已经做到了科学化，因此相应的管理制度也必须要做到专业化，也就是要根据不同的工作内容设计不同的管理方式，其主要包括人际管理和技术管理两项标准。人际管理侧重于企业的日常行政管理，而技术管理主要涉及生产环节的各项组织管理和具体的操作规范。

可操作性。企业的管理制度主要是为了解决企业经营中出现的各类问题，因此再完善的管理制度不具备操作性也是没有用的。企业管理制度的可操作性具体表现为管理环节职责明确，操作程序简洁可行。同时企业管理制度要做到权责相等，避免有权无责和有责无权现象的出现，因此需要建立与之相对应的考核和奖惩程序，制定的标准要科学、合理、规范。

此外，企业管理制度要具有环境适应性，也就是在制定的时候要考虑到企业内外部环境的变化，充分考虑到组织机构与经营战略调整的需要，要体现"制度模块"的可兼容性。

（5）战略实施中的领导作用

①战略管理对于领导层的要求

伴随着经济一体化的形成，企业面临着来自市场各个方面的挑战，企业既要应对变化无常的外部环境，又要积极对待消费者对于产品本身更加苛刻的挑选和技术革命的冲击。在这种情况下，企业要想时刻保持优势，就必须制订和施行有利于企业发展的战略规划。正如前文所述，企业的管理已经步入了战略管理的时代。而作为战略管理的核心力量，企业的领导者本身也应具备很高的素质，满足市场对其更高的要求。

企业的战略管理要求领导者具备勇于创新的精神、机智果敢的头脑、广博的知识、长远的战略眼光和丰富的市场经验。只有如此，企业在战略的制定过程中才不会发生偏差。当然，战略管理要求企业的领导者有别于一般的管理者，要求他们能从更高的角度出发，将目光放得更远一些，能够从日常琐碎的管理工作中解放出来，有条件地运用知识和技能去制定一套符合企业长远发展的新战略，并能有效地推行该战略。而一般的管理者并不具备担任战略领导者的条件，即便他们具备一些管理能力，但在实际操作中，他们也仅仅是做一些推行战略的辅助工作而已，重任一定是落在企业领导者的肩上。战略管理要求领导者们真正地统领大局，鼓励员工为实现企业真正的战略努力奋斗。此时就要求领导者在关键的事情上发挥出其应有的关键作用，从而确保战略的平稳推进，同时为企业的发展指出方向。

②战略领导小组的组建

确认首要领导。就是根据环境的变化和具体战略实施的需要，选择出一个合适的首要领导，再结合其能力和经验，让其发挥出应有的核心作用。

由首要领导组阁。就是由已经确定的首要领导来指定领导小组的其他成员，再配以合适的监督机制，从而确保领导小组的决策万无一失。

小组成员能力互补。战略领导小组的成员能力应当互补。要依据战略对领导能力的需要和外部环境的变化，选择出具备特殊能力的人员进入，从而弥补首要领导的缺陷。

协作。在组建小组时应当考察各个成员的协作能力，选择具有协作能力的管理人员进入领导小组，从而使小组内部的人际关系更加和谐。

优化组合。在小组组建时，会有许多人员搭配方案，此时应制定一个最佳方案或是比较满意的方案，从而便于战略的制定和日后的有效施行。

③组建战略领导小组的途径

根据既定的战略领导小组组建原则，便能进行组建。但由于实际情况的差异，由此产生了不同的组建途径。

首要领导对原来的小组成员进行调整，从中挑选一批作为新小组的成员。就是依靠现存的小组来承担新的战略职能，要对其进行必要的调整和培训，从而满足新战略的需求。其优势在于：

原来的小组成员更加熟悉内部状况，便于战略工作的开展；

内部人员相互熟悉，有利于合作的建立；

保证领导的连贯性，树立优秀典范，从而加强企业的凝聚力。

聘用新人组建新班子。这种情况一般发生在企业内部人员不具备战略所需的能力时。在一定的条件下，这样反而能够更加彻底地贯彻新的战略。其优势在于：

选择对新战略充分信任的外部人员，可以避免现任领导所遇到的障碍，这样便可以使其更加方便地进入新环境，承担起新的责任；

新工作会使新人产生兴趣，从而激发人的内在潜力，使之顺利完成所应承担的任务；

新人很少受到原有的人际关系和旧条文的束缚，可以更加不受影响地贯彻新战略。

但是，选用新人会有一些问题产生，比如新人需要更多的时间来熟悉环境、了解情况；另外，新人很容易被原来的企业员工所排斥。所以，此途径必须在经过周密的分析和安排之后，配合相应的时机来使用。

④对战略领导小组人员的激励政策

战略领导人员是企业战略成功与否的关键因素。这些人员的积极性高低直接影响到企业战略管理的效果。事实已经表明，即便是充满干劲的领导仍然需要激励。只有长期激励，才能够强化战略领导人的行为，从而使其发挥创新能力，促使变革的产生。所以，激励政策在企业的战略管理中起到了至关重要的作用。

对领导人员进行激励，主要意图在于使其对企业的长远规划、战略意图、创业精神给予足够的重视，同时鼓励他们随着市场的变化适时调整企业战略，从而极大地发挥战略管理者的主动性和积极性。激励的形式大体可分为物质的和非物质的两种。物质的激励具体表现为增加工资补助、奖金，提高待遇（诸如福利分房、医疗保障），等等；非物质的激励可以归结为表扬、记功、发放奖状等等。在实际操作中，一般将奖励与绩效挂钩，根据绩效来确定奖励的方案。因此，如何正确地评估战略管理者的绩效，便成了奖励的关键问题。因为企业的日常经营活动一般常与战略活动同时进行，所以必须要正确地区分日常经营活动与战略活动，建立双重绩效评估系统，从而正确地实施对战略管理人员的激励。

为了对战略行为进行适当的、有效的激励，必须做好以下工作：

明确工作责任与步骤，正确地区别战略的各个阶段。

根据目标，确立每个阶段所应得到的成绩及能完成的程度。

通过制定考核标准进行系统的、全面的评判。

对战略实施过程中领导人的行为进行客观公正的评价，同时给予鼓励，从而加强这种行为。

⑤领导人的战略实施艺术

在企业战略的管理中，正确的企业战略往往来自思考逻辑的正确。可是，如果企业战略不能很好地贯彻实施，一切不过是纸上谈兵，没有任何意义。一个战略贯彻实施的成败直接由领导人的管理技巧和战略实施艺术决定。对于战略的成功实践来讲这些东西非常重要。一般来说，企业领导人员的战略实施艺术大体可以分为五种类型：指令型、合作型、转化型、增长型、文化型。具体参看下表：

领导者的战略实施艺术类型		
类型	领导者研究的企业战略问题	领导者所扮演的角色
指令型	如何制定出企业的最佳战略	理性行动者
合作型	如何使战略管理人员从一开始就对企业的战略承担起自己的责任	协调者
转化型	如何将制定好的战略推行实施	设计者
增长型	如何激励企业的战略管理人员和全体员工去执行已制定的企业战略	评价者
文化型	如何使整个企业确保企业战略的实施	指导者

英特尔进入"蚁群"时代

新的 CEO、新的组织架构、新的品牌、新的文化……英特尔已开始展现出有别于以往的特点。

他卖过热狗，在服装店做过库房伙计，在屠宰场拔过猪毛。他还搞过营销，做过财务。现在，他领导的是全球第五大品牌——英特尔公司。

对于这个技术巨头来说，选择欧德宁这个非技术出身的人作为 CEO，本身就是极具标志性的事件。2006 年 1 月 3 日，英特尔又宣布变更公司标识，那句著名的口号"Intel inside"（内置英特尔）被"Leap ahead"（超越未来）取而代之。

一个时代结束了。新的时代会辉煌依旧吗？

平台化战略应对三大挑战

欧德宁抛弃的不只是英特尔的历史外壳，他正在从里到外重新塑造着这家时势造就的技术英雄。

在欧德宁的前两任 CEO 葛鲁夫和贝瑞特期间，英特尔通过集中力量发展个人电脑芯片业务，成为该领域无人能望其项背的霸主。欧德宁正在抛弃这种模式，推动英特尔走出个人电脑芯片这个小领域，成为在消费电子、无线通信、医疗卫生等诸多领域扮演重要技术角色的公司。在他的推动下，英特尔正在从生产单纯的微处理器转变为制造融合各种芯片和软件的所谓平台产品。

平台化战略的实施在欧德宁上任 4 个月前就开始了。2005 年 1 月 17 日，英特尔宣布进行重大重组，新设 5 个事业部，即移动事业部、数字企业事业部、数字家庭事业部、数字医疗保健事业部和渠道产品事业部。英特尔副总裁、渠道产品事业部总经理比尔·体表示，此次重组标志着英特尔由纯粹以技术为导向的公司转变为以客户为导向的公司。

英特尔重组的主要目的就是为了更好地实施平台化战略，而欧德宁正是该战略的主要制定者之一。所谓的平台化是与英特尔此前的个人电脑芯片相对而言的。按照欧德宁的设想，英特尔要向客户提供由处理器、辅助芯片、网络零件及将它们连成一个整体所需的软件组成的"平台"。

迅驰（Centrino）的成功是"平台化战略"出台的最直接推动力，但其背后的原因并不简单。有分析师指出，英特尔面临着三大挑战。

第一个挑战是技术方面的。多年来，英特尔一直致力于通过不断提高芯片运算速度实现产品的更新换代并不断拉动市场需求，然而随着芯片速度越来越快，耗电量随之增加，发热问题越来越难以解决，芯片的运行稳定性日益受到影响；另一方面，AMD 成功推出双核芯片也让英特尔看到了一条偏执于速度之外的道路。

第二个挑战是个人电脑市场已经成熟。欧德宁前任们所处的时期是个人电脑快速增长期，因此可以依赖不断扩大的市场容量实现英特尔利润的两位数增长。但在市场成熟后，欧德宁必须在个人电脑市场或其他市场找到新的增长来源。

第三个挑战来自于此前英特尔一直不放在眼里的竞争对手 AMD。后者在 64 位芯片、双核芯片方面的领先让英特尔蒙羞。不仅如此，AMD 的冲击也造成了英特尔品牌影响力的减弱。一家市场研究公司对 2000 多家企业客户所做的调查显示，有 65% 的客户不愿多掏钱购买使用英特尔处理器的服务器。惠普公司副总裁保罗·米勒的一句话非常耐人寻味。他说："客户不再说'为什么要买 AMD 的'，而是说'为什么不买 AMD 的'。"

平台化战略正是为了化解这三大挑战潜伏的杀机。首先，由于平台化产品是软硬件的组合，可以在保持芯片运算速度不变的情况下，通过升级软件或其他方面的改进实现平台的升级换代，从而可避免"拼速度"所必须克服的技术障碍。不仅如此，组合式的平台产品也能更有效地满足客户的个性化需求。多年来，英特尔设计生产的处理器是千篇一律的"制式"产品。然而，希望避免同质化竞争的技术公司们开始更多地关注并满足终端客户的个性化需求，"制式"产品显然已难以让他们满足。

其次，欧德宁希望平台化战略能使英特尔破解增长大幅放缓的难题。过去 3 年英特尔的年均营业收入增长为 13%，利润增长达到 40%。而据分析师预测，2006 年英特尔的营业收入增长只能达到 7%，利润增长预计只有区区的 5%。

贝瑞特曾试图通过多样化战略以保持英特尔的高速增长。1999 年和 2000 年的两年间，英特尔投入 87 亿美元进行了 28 项收购，但今天看来，收效并不明显。在网络芯片和手机芯片市场，英特尔目前的占有率只有 6%~7%。2004 年，英特尔还被迫取消了一个生产电视芯片的项目。

2005 年初的大规模重组体现了计算与通信融合的特点。英特尔移动事业部主要开发笔记本、掌上电脑和通信设备平台；数字企业事业部负责开发企业级端对端计算和通信设备平台；数字家庭事业部开发消费者在数字化家庭中的计算和通信平台，其中的重点是家庭娱乐应用和消费电子设备。这些事业部能自主调用公司内的计算与通信资源。英特尔新成立的数字医疗保健事业部，则主要是开发可用于医疗研究、诊断和生产等方面的产品。

由此可见，欧德宁试图通过改变英特尔以往计算与通信截然分开的情况，有效整合公司

贝瑞特

的资源，把握住 3C 融合的潮流，并以此为契机将英特尔的力量向消费电子和医疗领域延展，从而拉动英特尔未来的业绩增长。

"英特尔仅专注于微处理器设计以获得成功的日子已经一去不复返了，"欧德宁说，"它必须更加注重发展能完成各种不同的特定任务的平台化产品。"

分析师埃里克·罗斯表示，英特尔实行平台化战略的原因，是英特尔需要从个人电脑芯片生产商转变为一家解决方案提供商，因为未来 5 年之内真正增长的领域是手机，未来 10 年之内的增长点则可能是消费电子，而英特尔在向这些领域渗透时做得并不好。

英特尔也希望，平台化战略的实施能让它压倒 AMD 和网络芯片公司 Broadcom 等专门生产某种芯片的竞争对手，因为从理论上说电脑制造商可能会更愿意购买组合式的产品，而不愿从不同供应商那里采购不同元件再将它们组装在一起。

不论是平台化战略还是选择欧德宁为掌门人，都反映出了这样一个事实——随着成熟期的到来，英特尔需要的已不仅仅是技术上的领先。正如贝瑞特在评价欧德宁时所说的："欧德宁不像我们中的一些人那样熟悉基础技术，这反而是他的一个优势，因为英特尔已不需要基础技术。"

右转弯告别技术偏执

欧德宁将英特尔的转型称为"右转弯"。他认为，英特尔不应再继续单纯为了速度而速度，而应倾听客户的需求，要像营销人员而不是像工程师那样对待产品设计。"人们仍然看重性能，但他们也想要其他东西。"他说，"我们必须提供这些东西，以另外的方式来看待性能问题。"一些分析师也指出，英特尔不仅要以新的方式来设计芯片，而且还要找到新的方式来销售它们。从这个角度来说，欧德宁似乎再适合不过了。

欧德宁的营销才能为人所称道。今年 55 岁的欧德宁本科毕业于旧金山大学，后又获得加州大学伯克莱分校的 MBA 学位。在 1974 年进入英特尔时他搞的是财务。20 世纪 90 年代初，欧德宁主管英特尔最大的部门——微处理器业务。1994 年又转而负责英特尔的销售和营销。1997 年前后，由于个人电脑价格持续下跌，英特尔的利润率受到威胁。为解决这个问题，欧德宁提出了品牌分拆的想法，即高端芯片保留"奔腾"品牌，1000 美元以下的低性能电脑芯片则改用"赛扬"品牌。

2005 年，欧德宁提拔原来在三星公司工作的营销奇才金炳国（Eric Kim）为首席营销官，与此同时开始酝酿对英特尔的品牌进行重大调整。按照欧德宁的设想，从 1993 年开始使用的"奔腾"品牌最终将完全淡出。随着"欢跃"（Viiv）和"Core"两个新品牌相继投入使用，加上"迅驰"，英特尔的品牌结构呈现出三足鼎立之势。

金炳国是英特尔有史以来第一个直接向 CEO 报告的空降兵。欧德宁除了希望金炳国的加盟能加强英特尔的营销外，也希望能在公司中产生一种鲶鱼效应，推动英特尔的变革。

一般来讲，当企业陷入危机之中时，变革反而更易于推行。英特尔显然并不属于这种情况，它每月的利润收入仍高达 10 亿美元左右。阻力恰恰因此而生。有一次，英特尔的执行副总裁马宏升（sean M. Maloney）特地穿了一双雪鞋去参加公司的销售会议，以此展示转型的艰难。

管理学专家杰伊·加尔布莱思说："当公司仍屹立巅峰时，变革非常困难。他（欧德宁）必须引进有新技能的外部人才。"对于"鲶鱼"角色，金炳国本人也在所不辞。尽管有些普通员工不免对金炳国和他的专断风格有所怨言，但他并不因此而感到抱歉。他说："我对他们说，他们不只是要生产芯片，更要使人们的生活得到改善，而且我们要向世人宣扬这一点。"

然而，摆脱技术偏执转而偏重营销也使一些分析师担心，在市场与远景的碰撞之下，英特尔会不会牺牲长远利益以追求短暂增长。2005年12月1日，英特尔董事会任命贾斯廷·拉特纳为新一任首席技术官。他也是英特尔历史上第二位首席技术官。原来的首席技术官格尔辛格改任数字企业事业部联合总经理。

这是一个颇为微妙的人事安排。据说，格尔辛格在任首席技术官期间，将英特尔每年大约50亿美元研发经费的70%投入通信技术芯片的研发中。然而也有反对者批评他只有远见而没有执行能力，他们指责他过于关注长远，对英特尔的市场现实关注不够，而且制定了英特尔根本无法实现的目标，危及了英特尔在客户及投资者中的声誉。有分析师认为，将格尔辛格调离首席技术官一职似乎传达出一个信息，即英特尔将暂时搁置其宏大的愿景，转而依靠其市场力量以求稳妥发展。尽管这样一种看法值得商榷，但在关注市场的同时，如何平衡地保持英特尔技术上的领先也是欧德宁所不得不考虑的。毕竟，在索尼前CEO出井伸之身上，人们可以看到过于偏重营销的经典教训。

从蜂群到蚁群的变迁

据了解，包括2005年初的调整在内，自1997年以来的8年时间里，英特尔已进行了4次重大结构和管理层调整。欧德宁表示，新的组织架构有助于英特尔更好地预测和满足市场需求，加快决策，确保良好的运营。

重组后，5个事业部都配备有工程师、软件编写人员以及营销人员。英特尔原来的组织架构是围绕产品搭建起来的分工严格的蜂群式组织，调整后变为在大的分工方向不变下更加强调协作的蚁群式组织。

在这次力度很大的调整中，英特尔9.8万名员工大部分都被调整了工作岗位。2005年英特尔还新雇了2万名员工，其中有许多新员工，包括软件开发员、社会学家、人种学者甚至医生，都不是以前英特尔雇用那类。另外，在聘请新员工时，欧德宁还特别注重他们的营销能力，因为在他看来英特尔要想在新市场获得成功，就只有加强与客户的沟通与交流。他说："现在销售技术必须化繁为简，你不能尽是谈比特和字节。"

伯恩·申是一位有 15 年从业经验的内科医生，2005 年下半年才加入英特尔。他主要负责协助开发数字化医疗技术，比如与英特尔的人种学者一起，摸清楚哪些技术有助于监测老年人的重要病征或是跟踪老年痴呆症患者的饮食。他说："他们聘请我本身就是新英特尔的标志之一。"

为了加速变革，欧德宁从外部聘请了更多的经理。正是在这样一种背景下，以前在诺基亚公司工作的史蒂芬·格雷（Steven Gray）加入了英特尔，成为其移动事业部的中坚力量之一。以前一直在手机行业工作的萨姆·阿尔迪蒂已被任命为英特尔副总裁。

与此同时，英特尔在产品开发方式、激励制度乃至公司文化方面都发生了不同程度的变化。以前，工程师们开发出芯片，然后让营销人员设法卖掉。现在的英特尔往往成立由具有各方面技能的员工如芯片工程师、软件开发员、营销人员及市场专家等组成的小组进行产品开发，这种模式的成效今年将得到检验。据估计，2006 年将是英特尔新产品推出数量最多的一年。

新体制也动摇了英特尔的既有文化。在葛鲁夫和贝瑞特任内，任何员工只要从事的不是英特尔核心的个人电脑芯片业务，就会被视为二等公民。贝瑞特指出，在该公司的战略中，微处理器处于至高无上的地位，以至其他业务无法在它周围萌芽。他将这个问题比喻为石炭酸灌木。石炭酸灌木是一种生长在沙漠中的高大树木，会分泌出一种有毒的油，杀死它附近生长的所有植被。葛鲁夫还强调经理们要有"建设性冲突"，这也是葛鲁夫和贝瑞特时代英特尔文化的一大特点。

平台化战略本身就要求员工与员工之间以及部门与部门之间要建立起更为密切的协作关系。英特尔的移动事业部和数字企业事业部都是由两人领导，如果缺乏有效的沟通，这种结构安排可能就会造成灾难性的后果。欧德宁实际上冒着不小的风险。

为了鼓励协作，英特尔改变了过去单纯看个人表现的业绩评定方法，引入对团体的评定。比如，当英特尔自己进行的内部合作伙伴满意度调查达到某个预设的目标值后，每个员工都能得到奖励。

然而，任何一项改革都不可能让每个人满意，英特尔也如此。欧德宁的变革引起了部分员工的不满，一些以往在公司中地位很高的个人电脑芯片工程师不可避免地产生了失落感。一名前芯片设计师说："台式机事业部以前在公司中高人一等，我们喜欢这样。现在，一些工程师感到迷失了方向。"还有一些员工对公司强调营销感到很不舒服。在英特尔工作的人种学家吉纳维夫·贝尔表示，有人对此深表怀疑，认为这些都是虚的和没有价值的东西。

显然，还有人没有适应新的游戏规则。一些芯片设计师离开了英特尔，投奔 AMD 或德州仪器。为了安抚民心，欧德宁经常到一线巡视，与工程师及其他员工谈话，了解他们的真实想法。每个星期，他都要和工程师们举行一次面对面的交流。为了能让他们畅所欲言，他要求经理们不得参加。欧德宁相信，协作能产生突破性的创新，这种模式没有错，关键在于如何执行。

在加强内部协作的同时，重新构筑对外关系也成为欧德宁时代的一大特色。索尼一名副总裁表示，现在的英特尔比以前更为灵活，思想也更加开放。对于 AMD，欧德宁也一反英特尔的传统，改为大加赞扬。他说："虽然我不希望看到英特尔的市场份额下降，但事实上我们竞争对手的产品的确很不错。"英特尔与诺基亚、三星的关系也更为紧密。在英特尔与苹果公司的关系上，这个特色表现得更加明显。多年来，葛鲁夫和贝瑞特对苹果一直嗤之以鼻。欧德宁上任仅一个月后，两家公司的关系迅速升温，苹果宣布采用英特尔的芯片。欧德宁甚至成了苹果公司 CEO 乔布斯的朋友。据英特尔内部人士透露，他们经常在一起聊天。

在今天的环境中，协作不仅是发展所需，也是生存所需。长期研究蚂蚁的美国生物学家詹姆斯·汤根指出，蚂蚁之所以能够繁衍生息。与它们的团结协作精神密不可分。有人发现，当遇到洪水时，蚂蚁会迅速抱成蚁球，随波漂流，以避免单个蚂蚁的灭顶之灾。著名企业管理顾问吉姆·梅耶指出，人类能从蚂蚁身上学到很多管理学知识，比如集结时的自我组织，以及根据环境变化迅速调整等等。这与蜂王不在整个群体就会陷入混乱的蜂群有很大不同。欧德宁希望构建的，正是这样一个蚁群式的英特尔。

五、典型危机管理实践剖析

（一）危机公关

1. 危机公关处理的内涵

面对危机，不同的企业表现各不相同。每个企业都有各自的管理特点，所以每个企业对危机的处理方法各有差别，出现不同企业不同结果的现象。有的企业善于处理危机，并能在危机中获利，而有的企业则在危机中消亡。纵观这些在危机中消亡的企业，其危机处理能力非常薄弱，几乎没有危机管理意识，当危机发生时表现得非常笨拙，缺乏危机处理的技巧。

企业发生危机后的最大问题就是危机公关，优秀的企业在危机公关中如鱼得水，不但能成功应对危机，还能在危机中获利。如可口可乐公司的比利时中毒事件，可口可乐公司沉着应对，表现极其成熟，展示了高超的危机公关技能，使企业很快摆脱了危机，从而维护了企业形象，树立了大企业为消费者负责的形象。

（1）危机公关的含义

危机公关有多种解释，本书解释为：在危机发生后，企业为了尽快控制危机，减少危机对企业的损害，削弱危机对企业的进一步影响，摆脱或消除危机而采取的对外和对内的一系列公关活动。对外的公关活动是指消除企业利益相关者（政府、供应商、消费者、投资人、其他合作伙伴等）对企业的误解，树立他们对企业的信心，打消怀疑，寻求企业利益相关者的支持和帮助，重树企业形象。对内的公关活动强调树立员工的信心，获得员工的支持和帮助，使企业平稳渡过危机。

（2）危机公关的处理原则和方法

不同的企业危机具有不同的特点，企业会根据危机的特点制定危机处理方案。危机处理手段虽然千差万别，但它们也有一定的共性。针对危机公关，人们经过多年的研究，发现了危机公关的共同特点，并提出了危机公关的处理原则和方法，为危机公关指明了方向。

①快速查明原因

危机的发生具有突发性和隐蔽性等特点，危机发生前展现给企业的信息不多，企业很难把握危机发生的具体时间和产生的危害，为查明危机产生的根源带来困难。同时危机具有很强的扩散性，危机一旦发生如不能及时进行控制，会产生更大的危害，严重影响企业的形象。所以，企业在危机发生后的反应速度在一定程度上影响甚至决定了危机处理的成败。

当危机发生时，企业应立即启动危机应急处理方案，迅速成立危机应急管理小组，查明危机产生的原因，迅速制定出危机处理方案，及时对危机进行控制，采取各种危机公关的手段，消除危机带来的不利影响。有些企业可以根据实际需要建立危机公关小组，研究对策，争取企业利益相关者的支持和帮助，消除他们对企业的怀疑和误解，为企业的危机处理和恢复赢得时间。危机公关是一门技巧，也是一门科学。如可口可乐公司在比利时中毒事件的处理中，表现出高超的危机公关能力和技巧。公司首先快速查明原因，并公布于众，同时进行产品的召回，及时与大众媒体联系，获得媒体的广泛支持，并寻求比利时政府的支持和帮助；其在法国也采用了同样的方法和手段，很快控制住了局面。同时，可口可乐公司及时抓住了机遇，树立了企业负责任的理念，维护了企业的形象，得到了消费者的普遍谅解，事件很快恢复了平静。

但有些公司在危机处理中反应迟缓，就会带来截然相反的结果。如埃克森美孚公司的漏油事件，由于公司反应迟钝，造成了巨大的负面影响：一是企业的经济效益受到巨大影响，需要支付给政府 50 亿美元的巨额罚款，同时支付高达 20 亿美元的清理费；二是企业形象的损害，由于其行动迟缓，给社会留下不负责任的印象，严重损害了企业形象，社会地位下降，很多客户开始抵制埃克森美孚公司的产品。

②坦诚地面对媒体和公众

目前，我国已经进入了信息社会，信息技术的快速发展拉近了人与人之间的距离，信息传递的速度之快让人瞠目结舌，保密变得更加艰难。社会信息的传播依赖大众媒体，他们是信息的传播者，也是信息的收集人。当某一企业发生危机时，大众媒体最关注的是危机带来的负面效应和影响，各路媒体会想方设法地来挖掘危机发生的真相，推测危机产生的负面影响，并大肆宣传报道。当媒体从业人员不了解企业危机的真相时，他们会道听途说，自己杜撰信息，这样就会歪曲危机的根源，对企业产生巨大的不利影响，损害企业的形象，也不利于企业危机管理方法的实施。因此，在危机发生后，企业要第一时间与大众媒体联系，把事件的真相及时地告知媒体，让媒体及时地了解危机发生的真相和事态的发展，在信息上把握主动权，以坦诚之心面对媒体，寻求大众媒体的帮助和支持。

在这方面很多世界知名企业也不断出问题，犯一些低级错误，给企业造成巨大的损害。如索尼公司的相机在浙江省出现了质量问题，浙江省技术监督部门对索尼相机进行了检测，发现某一批号的相机有质量问题。索尼公司采用的策略是：不承认——我国技术指标有问题——承认有问题，但还是强调标准不同——承认，提出维修方案。索尼公司的行为引起了我国消费者的强烈抗议，人们纷纷提出抵制索尼公司的产品，并付诸行动，其影响迅速传遍全国。索尼公司为此付出了惨痛的代价，这件事被评为在中国的外资企业十大危机处理失败案例之首。

③主动承担责任

当危机来临时，企业一定要敢于担当，主动承担责任，树立为消费者和公众负责任的优良形象，积极快速地处理危机，防止危机的蔓延。在危机的处理中，企业要把消费者的利益放在首位，因为消费者是企业赖以生存的基础，基础一旦消失，企业会瞬间倒塌。我们看到那些在危机的处理中只追求企业损失的最小化，忽视消费者的利益，甚至是以牺牲消费者的利益为代价来获取企业利益的企业都没存活多久。三鹿集团就是很好的例证。所以，当企业发生危机时，不要惊慌，要思考先做什么；该如何做；保护谁的利益，是消费者还是企业。企业应积极主动地承担责任，先不要追究危机产生的责任由谁来承担，而是把危机的处理放在首位，危机过后再追究责任也为时不晚。

我们有很多企业在危机来临时喜欢推卸责任，只注重企业的眼前利益，忽视企业的长期利益，最后搬起石头砸自己的脚，付出了沉重的代价。这种代价不只是经济上的，更重要的是企业形象的损害，这是很难弥补的。

美国强生公司的"泰诺"胶囊中毒事件，给我们上了一堂精彩的危机处理教学课。公司知道中毒事件后，立即启动了应急预案，在没有查明真相之前，召回了全部的"泰诺"胶囊，共1亿多粒，并对每一粒胶囊进行排查。最后在这1亿多粒胶囊中查出有75粒污染了氰化物剧毒成分，公司认为这是一起投毒案件并报案。强生公司查明真相后并没急于把"泰诺"胶囊投入市场，而是借此机会研发了可防投毒的一次性药品包装瓶，然后投入市场。公司表现出极大的为消费者负责的态度，赢得了广泛的好评，其产品很快恢复了市场地位，强生公司也获得了美国公关协会的嘉奖。

④言辞一致

企业在危机处理中一定要言行一致，避免前后矛盾，给媒体以不良印象，使企业处于被动的尴尬之地。这就要求企业建立发言人制度，一切信息的发布均由发言人进行发布，统一口径，避免给企业带来不必要的麻烦，甚至产生新的危机。

2. 危机公关的方式

人们对危机公关的方式进行了归纳总结，提出危机公关主要有传统危机公关和网络危机公关两种方式。

（1）传统危机公关方式

传统的危机公关方式通常以电视、报纸等媒体为主要媒介，通过媒体传播企业的理念和价值观。当企业发生危机时企业可以把危机产生的原因和影响及时告知这些媒体，再由这些媒体传播给大众。传统的危机公关方式比较简单，传播面比较窄，影响范围没有网络影响大，且速度较慢。

"特富龙"危机事件

国际大型企业的抗危机能力一般比国内企业要强，即使危机出现，处理也显得游刃有余。杜邦公司在处理 2005 年的"特富龙"危机时，就表现出很高的技巧，特别是在媒体选择方面，着实显示了一个大型跨国公司的风采，可谓国内企业学习的典范。

还是在只有部分媒体关注"特富龙"事件，其危机尚处于潜伏状态的时候，杜邦就主动给每一个报道过"特富龙"新闻事件的记者传真了杜邦公司的相关产品的技术资料、相关证明材料和杜邦公司对这次事件的态度，希望能控制事态的进一步恶化，把危机化解于萌芽状态。但国内媒体刚刚经历了"劣质奶粉事件"，对此类事情还是表现出异常的关注。

当国内众多媒体争相跟进"特富龙"事件后，杜邦开始意识到事件发生了变化，于是，杜邦开始利用现代最快捷的媒体力量——网络。杜邦（中国）公司常务副总经理和杜邦（中国）氟应用产品部技术经理做客新浪网络聊天室，利用网络媒体的快速传播速度和广泛的传播范围，进行网络公关。一夜之间，其聊天的内容在网络上铺天盖地地传播开来。

随后，在中国最具权威的报纸《人民日报》上，刊登了美国杜邦总裁贺利得的独家专访。这个专访不断被国内其他媒体疯狂转载，犹如一个重磅炸弹，大大地遏制了事态的进一步恶化，强化了杜邦"特富龙"事件的媒体危机公关效果。而在中央电视台、新华社、《南方都市报》《新京报》《中华工商时报》《北京青年报》《广州日报》《羊城晚报》等等国内知名媒体的全方位的出击下，使杜邦在事件中占据了更为有利的位置。7 月 20 日，杜邦在北京举行了媒体见面会，这是杜邦在经过前一轮的危机公关后，以统一、强势的力量进行的最关键和最庞大的一次出击。见面会邀请了全国 150 多家媒体参加，声势非常浩大，杜邦中国区总裁查布朗、杜邦公司总部氟产品技术专家的出席再次向外界传递这么一个信息：涂有特富龙不粘涂层的炊具不含全氟辛酸铵（PFOA），杜邦产品绝对安全！

至此，杜邦对这起"特富龙"事件的媒体危机公关暂告一段落。回顾整个事件的处理过程，可清楚地看到杜邦选择媒体的匠心，由此我们可以总结出进行媒体危机公关时选择媒体的诀窍，即以权威媒体突出企业的地位，彰显重要性，以影响较大的地方媒体加深影响力，以网络快速扩大认知面。

（2）网络危机公关方式

网络危机公关方式常以网络博客为媒介，传播企业的价值观，通过博客消除企业的危机，或将危机造成的损失降至最低。网络危机公关方式与传统危机公关方式有着本质的区别。首先是传播方式不同，传统的危机公关方式以报纸、电视等传统工具为主要传播媒介，而网络危机公关方式以网络博客为主要传播媒介。其次是目的不同，网络危机公关方式的目的是通过博客塑造企业在网络上的形象，平衡和协调网民、企业与社会之间的关系，创造良好的网络沟通平台，优化网络虚拟社会心理环境，通过影响网民的博客来进一步影响公众，达到树立企业形象的目的。

因此，企业应利用网络博客传播速度快、发散性强的特点，迅速建立和组织企业的博客，以最快的速度将企业危机产生的根源和发展动态及时地传播给受众，让大众及时了解事件的真相，消除各种猜疑和负面消息，为企业建立起正面的信息引导，减少不利信息对企业的损害。在网络危机公关中，企业可以通过建立切实可行的博客作者检查机制，对那些对企业不利的博客和博文进行有重点的检测，避免对企业不利的消息在网络博客中传播和扩散，给企业造成不利的影响。

博客是一个新兴的传播媒介，其发展的速度和影响迅速扩大。企业应建立自己的博客，及时传播企业的使命和价值观，树立企业的形象。企业通过博客传播的是一种思想观念，这种思想观念一旦被受众所接受，会使受众保持强大的对企业的忠诚度。企业的思想和智慧，是竞争者无法复制和模仿的，由此形成行业壁垒，形成本企业的特色。企业通过博客可以提升企业的知名度，应对复杂的危机，同时企业可以通过微博建立顾客对企业的信任，增加亲和力。如微软的营销总监罗伯特·斯考特开通了微博，有一次在谈到音乐播放器时，有人问他：你是喜欢微软的播放器，还是更喜欢苹果的播放器？斯考特回答：我更喜欢 iPod。就是这么一句回答赢得了公众的赞誉，因为公众认为斯考特是诚实的；而作为微软的营销总监，证明微软也是诚实的。这在无形之中为微软树立了诚实的优良形象。

3. 危机公关处理的措施

危机公关是危机管理的核心，其成败往往决定企业在危机中的命运。所以危机公关的方式是否科学合理至关重要。人们经过多年的研究，提出成功处理危机的非常重要的几个流程，这几个流程决定和影响着企业危机公关的成败。

（1）危机公关的处理流程

①危机的确认

企业应建立起危机预警系统和机制，根据危机预警系统的要求，收集各种需要的数据，并对数据进行整理、归类和分析，判断危机发生的概率，确认危机的类型、可能发生的时间、危害程度和影响程度，为企业的危机管理做好前期工作。

企业在收集与危机有关的信息中，尤其要注意财务信息，对财务信息进行评估，并做出判断。同时，企业要及时获取员工的信息，结合其他信息对危机发生的可能性和其可能造成的影响进行判断，确认危机发生的概率和影响程度。

企业危机产生的原因千差万别，它可能来自企业生产经营的各个角落，企业生产经营的任何一个环节出现了问题，均可能引发企业危机。所以，企业危机的预警要从企业生产经营的每一个环节入手，监控每一个行为，监控每个环节传播出来的信息。危机预警系统具有预测的功能，可以随时进行预报，第一时间给经营者提供信息，为决策提供及时有效的依据，减少危机发生的可能性，减少危机带来的损失。

②危机的诊断

企业通过危机预警系统，对企业每一个环节反馈上来的信息进行会诊，通过技术手段分析危机发生的可能性，估算危机一旦发生其影响性有多大，找出企业运行中的弊病和失误，为下一步决策的实施提供支持。

③确认危机公关处理方案

通过危机预警系统对信息的分析，企业可以找到产生问题的根源，并对症下药，达到药到病除的效果。危机发生后企业应立即成立危机处理小组，制定有效的危机公关处理方案，全方位地进行危机公关，消除公众对企业的怀疑心理，建立公众对企业的信心，把危机造成的损失降到最低。同时通过成功的公关，企业可以寻找机会，从危机中获利。

企业在危机公关处理方案的选择中，应以树立企业形象为核心，把公众的利益放在首位。

④落实处理方案

该阶段是危机公关处理方案的实施过程，方案实施的速度是这个阶段的关键，否则会造成危机的扩散，给企业带来更大的损失。这时候要求企业的高级管理层迅速做出反应，快速启动危机管理系统，迅速制定危机公关处理方案并快速实施。处理危机时要果断，方法要灵活，行动要高效。企业危机管理的信息系统应高效运作，提供有效的信息，保证决策的合理性。同时在危机的处理中，企业要注意对信息的挖掘，培育可能产生的机遇，把危机转化成机遇。

（2）危机公关的处理方法

①预防为主

很多危机都是突发的、不可预料的，一发生即迅猛发展。企业在危机的爆发期，向媒体告知自己的计划显得非常重要。

同一事件的不同结果

深圳 A 企业与广东惠州 B 企业在股票上市中，均有"信息披露不真实"的现象，因此证监会介入调查，在接受调查期间，两家的股票均暂停交易。此事一宣布，立即引起了记者的兴趣，他们纷纷赶往企业所在地采访。A 企业热情接待，真诚面对媒体，并且告诉媒体他们下一步的举措，什么步骤，什么时间等等。A 企业的这种态度得到了媒体的认同，在其后来的报道中也给了股民以信心。A 企业因为态度较好，证监会很快完成了调查，A 企业很快复牌。而 B 企业却希望能够隐瞒此事，当记者去采访时，被告知在楼下大厅等，并需要出示记者证，做好采访登记，"董事长秘书将下来对话。"时间一分一分地过去，一个小时又一个小时地过去，被记者称之为"神秘的董秘"的那个人却始终没有露面，也没有人来照看他们。事后，《××公司搞什么名堂，拒记者于门外》等类似的报道便出现在各个报端。

同一个时间发生的，结果却不同的正反两例，颇能说明问题。"防火、防盗、防记者"是流行于企业界的一句俗话，可见一般企业对记者的防范程度。但是，所谓"欲盖弥彰"，在信息化的社会，信息传递的渠道趋于多样化，想一味隐瞒是隐瞒不了的。与其消极地让别人来揭露事件的真相，不如积极地把情况说明，避免企业陷入极其被动的局面，严重损害企业的形象，而这种损失往往无法弥补。信息的披露在时间上，晚公布不如早公布。晚对外公布，会让媒体和公众猜疑，使他们对企业产生误解，引起不必要的麻烦，而回避记者是最愚蠢之举。

②密切与媒体配合

在危机公关中，要认清记者需要什么，企业能给予记者什么。主动与记者密切配合，把握主动权为企业所用。企业应减少不安定因素，向记者提供现场传真、电话、电脑网络等通信办公设备。

③及时查找原因并公布于众

企业经过确认之后，如果发现危机发生的原因是由企业自身行为所引起的，应尽快将原因公之于众，展现企业的诚恳态度和改变现状的决心，并积极采取措施加以改正。同时企业应尽快公布有关的背景情况，避免媒体错误地进行主观性判断，填补信息真空。此外，企业应尽快准备好消息准确的新闻稿，告诉公众发生了什么危机，让公众随时知晓危机的进展和处理状况。

塞勒菲尔德的失败危机公关

1986 年 2 月 5 日 10：45—11：45 之间，英国核燃料公司下属的塞勒菲尔德核反应厂发生了一次非常严重的事故，其液态钚储藏罐的压缩空气受到重压，一些雾状钚从罐中泄漏了出来。从工厂蜂拥而出的工人，琥珀色的警报，人们一眼就看出发生了什么，媒体也很快就所发生的情况做了报道，事故的消息随后传开了。

英国广播公司的电视记者詹姆斯·威尔金森介绍说，当他中午给工厂打电话时，工厂的新闻办公室还没有做好发布事故消息的准备，他们得到的只是一个站不住脚的许愿：我们将发表一个声明。而这个声明在下午 4：00 记者才看到，这期间记者一直是提心吊胆地等待着。工厂没有足够的新闻发布人员来应付外界打的询问电话。记者发现他们要排队等候，不确定因素滋长了人们的不安情绪。

此后的日子里，英国核燃料公司在宣布泄漏事故时，一方面，公司向公众表示，要最大可能地让公众了解事实真相，另一方面又每天挤牙膏一样的一点一点地发出消息。而消息本身随着情况的变化，前后竟有矛盾的地方。这加剧了人们的恐慌，每一条消息都使得记者有借口得以连续报道。

另外，英国核燃料公司的新闻办公室在正常的工作时间后停止办公。当探听消息的人晚间给公司打去电话时，电话总机告之，请留下电话号码，等新闻人员上班后再回电。这迫使记者从其他途径去了解事实，而从其他途径了解到的事实又与公司公布的有所出入。

危机发生后，人们感到忙乱甚至慌乱是正常的，太多的事情需要处理：组织人员、查找原因、展开补救措施、回答各方面的询问，同时还要维护企业正常的运作，多个事情千头万绪，像一团解不开的麻，一起涌来。但是越是在这个时候却越需要镇静。对于企业的公关新闻官员来说，这个时候也是最关键、最棘手的时候。任何事情都需要人来做，第一要务是：赶紧组织人。

④组建危机控制中心

危机发生后，企业应及时组建危机控制中心，根据危机的影响程度和严重程度确定危机控制中心的部门和人员数量，明确各部门和每个人的责任和义务。中心内部应设立危机公关部门，该部门负责制订危机公关计划；建立信息传播热线，必要时可 24 小时开通；建立新闻发言人制度，保持发布信息的一致性和准确性；建立多元化的信息沟通渠道，及时把信息传播给大众。

⑤以诚相待

企业在危机处理中一定要表现出诚意，及时了解危机的事态发展，掌握危机给消费者和其他利益相关者造成的伤害，并及时进行补偿，消除这些受众的疑虑。必要时进行产品召回，帮助消费者解决问题，展现企业对消费者负责的良好形象。

娃哈哈"南京事件"后

娃哈哈在"南京事件"后，又出现在了南京各大商店里，广告又重新出现在了电视屏幕上。《娃哈哈果奶全面畅销》，1992 年 7 月 31 日，娃哈哈集团将这一消息发送给了新闻媒体；8 月 1 日，《人民日报》即刊登了这一消息。报道说："今天上午，南京市一公司专门来电称，当地已有 80 多家商店纷纷要求销售娃哈哈果奶，希望厂家立即赶运 14 万多瓶果奶销往南京、上海，天津、湖南、河南、辽宁、吉林、黑龙江等地也纷纷要货，杭州市场已经全面恢复旺销，日销量高达 24 万多瓶。"这些消息对进一步打消消费者、经销商的顾虑，挽回影响起了很大的作用。

（二）明星代言危机

1. 明星代言

（1）品牌代言人的理论概述

品牌代言人是代表品牌形象、推广品牌价值的个人、动物或卡通形象，是企业创造或聘用的，依靠其形象与特色进行的联想，让受众对某种品牌产生深刻印象的客体。为企业或组织赢利努力，宣扬企业的公益性目标是企业品牌代言人的职责。电视或网络广告可作为其平台，由企业品牌代言人传播给消费者，从而在各企业激烈的较量角逐中塑造个性化的品牌形象。它依靠社会各界各类有威望人物的宣传，或通过品牌的管理经营者对其品牌内涵的特殊诠释，给目标受众以明朗的品牌特色和十足的信心，令企业产品在短时间内对潜在受众的购买施加影响；或通过虚拟人物表现品牌特征，让其与企业的品牌理念和价值取向顺利融合；或通过漫画式卡通人物的形象代言，塑造出活泼可爱、耳目一新的品牌形象。品牌代言人应涉及大量出镜宣传，推广企业的核心理念，增强其代言产品的认可程度；秉承着对消费者负责的态度，并引导消费者通过正规途径购买，进而打造世界知名品牌。品牌形象代言人对于打造品牌的努力是全面的，其主要表现在：（1）提高消费者对品牌的认知度；（2）提高品牌的信任度；（3）建立品牌形象的统一认识；（4）较好地调整品牌传播的方式；（5）丰富品牌联想，累积品牌资产易传递渠道。

（2）品牌代言人的分类

目前的品牌代言人主要有两种，即高可信度型和低可信度型。高可信度型代言人意味着拥有一定社会地位、相对广泛的人脉资源与较广知名度的明星式人物。通常，人们习惯将他们定义为公知、专家或权威人士，如演艺界的明星、科研界的学者等。低可信度型代言人是指公众很少听说、曝光率较低的普通人或卡通形象，他们来自人们学习、工作、生活的各个领域。一般说来，品牌的形象特征能够被高可信度代言人通过极强的威信力与说服力来诠释，其公信力较高。适合采用此类型的多为一些奢华高档的产品品牌，如超级名模辛迪·克劳馥被聘用为世界名表 OMEGA 的代言人。当然，应用较少的低可信度代言人也有其出色的地方：人们的日常状态可被其重现，消费者的心理距离也可通过平凡诉求的方法拉近，以便实现说服与告知的目标。此类型若被适当运用，产生的效果会高于前者。如步步高电话之所以让我们耳熟能详，就是选择一个长相有特点的普通人作为其代言人，观众记住了这位总爱叫"小丽"的男人，更记住了步步高品牌。甚至在听到"小丽啊"三个字时，步步高这个品牌会立马呈现在我们脑海。以普通人代言的模式打入市场，在这个明星大牌驰骋广告界的年代，通常能给观众眼前一亮的感觉。

2. 选择企业品牌代言人存在的问题

（1）不同企业对品牌代言人的要求标准

企业选择品牌代言人的首要原则是明确企业所处的阶段。首先，对于品牌知名度较低和整体状态处于弱势的中小企业，选择代言人的首要因素就是考虑他的价值，以及他与品牌的整体气质和企业理念是否相匹配。所谓明星的大众知名度不应被当作首选因素，因为企业如果不具备足够的实力去支撑高知名度代言人的相关费用，忽略公司的发展阶段和承受能力，只单一地强调代言人的知名度和影响力，非但不能有效地提升品牌形象，反而会使企业因为投入太多而蒙受巨大损失，进而走下坡路。如迪比特选择香港影星郑秀文做其企业形象代言人，由于代言人的成熟形象和新品牌的品质不相符合，没有产生应有的提升效率，结果企业没能发展壮大。其次，强大的企业在选择代言人方面因为已经具备坚实的经济基础以及庞大的客户群，所以，这些企业只需在稳定发展的基础上做适量宣传。它们不用依靠大牌代言人的国内外影响力，需要做到的是代言人的风格和其品牌形象的完美契合。如康佳产品与知名影星张曼玉合作，她的大气淡定与优雅的国际范儿不仅解决了东西方的审美理念不同等问题，更与康佳主打的品牌风格相一致。同时，加强文化的学习和提高个人素质已成为企业代言人所必需的，否则，代言人会给受众留下肤浅的印象，同时也不利于企业的长期发展。

对于品牌代言人的选择，企业自身的文化内涵、经济水平、产品定位状况应与代言人自身的气质相匹配，即便两者之间的关系是有限的，但不可以貌合神离，应该是浑然一体的。朱茵所做的关于佳能产品的广告就极具感染力。高雅大气的红裙穿在朱茵身上，清新而不失大方，给人感觉这个可爱的公司职员形象与打印机的品质是完全符合的。所以，企业需注意的是，品牌与代言人的整体风格背道而驰会使企业陷入不良的境地，甚至有损企业的招牌。世界名企戴尔公司对于主打的新式笔记本电脑，运用了一种"另辟蹊径"的方法，即选择了绯闻缠身的明星陈冠希作为其形象代言人。业内人士认为，与别的知名品牌相比，戴尔的宣传手段既在价值理念的追逐道路上迷失了方向，又扭曲了其悠久的企业文化。而在同行中，惠普选择了性格略显浮夸但口碑较好的张震岳，联想的品牌代言人则是充满了文艺气息的杨丽萍。戴尔公司对广告代言人的选择不仅引发了业内人士的争议，而且让消费者对戴尔企业文化的定位产生了怀疑。专家认为戴尔的做法十分冒险。其一直以上市直销公司的身份受到消费者的大力支持，所以，戴尔应把消费者对电脑性价比的刚性需求放在首要的关注位置，而不是依靠有争议的"名人效应"换取用户的关注度。这样的负面效应会伤及企业的文化精髓，影响企业的形象。经营者在其品牌代言人的运用策略中，绝不可无视其价值取向。更为重要的是代言人的气质要与企业文化相协调，否则不但资金受损，企业形象也会遭受损害。

近年来，企业在进行广告宣传时出现过很多"混搭"的现象，即明星的气质、形象、声望与企业品牌不相配，往往是大牌的锋芒盖过了企业品牌的风采。消费者可能头脑里被明星的形象所占据，却对他代言的品牌毫无印象。或者明星与企业品牌的形象相差甚远，乃至背道而驰。这样的产品宣传，无疑会对企业的形象造成损害。从企业的角度看，广告宣传大体上有两个目的，即收获满意的销售量和打造知名品牌。所以，广告是促进品牌发展还是阻碍品牌发展，企业应进行事先预测，尤其要注意正面效应的广告是需要与企业主体价值观协调匹配的，避免哗众取宠的广告。

（2）企业品牌代言人与品牌类型的匹配

在现今知识爆炸的年代，"形象经济"对于品牌的综合竞争起着关键的作用。同时，在以数码电子产品为平台的信息社会中，信息已不再是望尘莫及的要素，反而处于一种相对过剩的状态。对于生产营销者来说，信息量与消费者接收信息的程度都十分值得思量。所以现如今，让受众认识品牌已不是品牌传播的关键，关键是使企业传播出去的品牌理念引起受众的注意，吸引生活中的潜在消费者的"眼球"。于是，邀请大牌，即寻找有公信力的知名人士来传播品牌理念，获取受众的关注，最终让消费者了解和接纳企业的品牌理念及企业文化成为经营方最常用的营销手段。但是，在实践中，有些企业获得了成功，但也有众多企业付出了高昂的代价，收益与投入不成正比，损失惨重。在代言人的运用过程中，企业必须对代言人的选择与管理做全面的探讨，使品牌理念广为人知。品牌有其自身风格，代言人也有其魅力，这通常是两种不同的元素，而双方在某种情况下较好地融合时，可以产生最大化的效益，这实际就产生了一加一大于二的效果。总之，只有代言人的风格与企业的品牌特色珠联璧合时，才能给目标市场消费者留下难忘的印象；充分利用名人资源，才可以使企业的优势发挥到极致。如运动品牌多选择知名度较高的体育明星做代言人，时尚服装品牌多选择影视歌星做代言人，而电器品牌则多选择卡通形象做品牌代言人。运动品牌阿迪达斯，就是由众多 NBA 明星代言的。令人印象最为深刻的莫过于火箭队的麦蒂在广告中对阿迪达斯运动品牌的诠释，以绝杀马刺的结果与阿迪达斯"没有不可能"的企业精神形成较好的呼应。"没有不可能"给人的感觉是不靠谱的完美主义宣传理念，但通过麦蒂惊人的爆发力，给受众以最广阔的遐想空间。这是一种理想与现实合理对接的方式，使受众充满了无限的动力和正能量，使阿迪达斯成为一个触手可及的品牌，同时给人一种无限自信的满足感。在虚拟代言人的选择中，圣吉奥品牌和迪斯尼乐园分别选择可爱的小黄鸭和顽皮的米老鼠、唐老鸭这些卡通形象作为其代言人。因为卡通形象代言人蕴含的是品牌的理念和个性，为品牌与受众间的交流搭建了隐形的平台。通过不同的平台推广和传播品牌，品牌的形象和理念等能够深入人心。企业应进行公关宣传，与消费者做好交流工作，形成品牌稳定的忠实顾客群。概括地讲，在企业对代言人的运用和管理中，代言人应该与品牌文化相匹配，顺应其发展模式，与企业理念相呼应，唯有这样，才能为品牌创造更多的价值。

莎朗·斯通地震"因果论"事件

当地时间5月24日，莎朗·斯通在戛纳出席公开活动，在被香港有线电视记者问及是否了解中国汶川地震时，突然口吐狂言，令在场众人惊讶不已。

记者：你知道中国地震吗？

莎朗·斯通：当然，我知道。

记者：你有什么感想吗？

莎朗·斯通：你知道，这非常有趣。因为，首先我对中国对待西藏的态度很不高兴，我觉得任何人都不能对别人不善。所以我一直在想，应该对这件事情做些什么。因为，我不喜欢这个样子。我也在想，应该用什么态度来看待奥运会……然后这次发生了地震，这是不是报应呢？如果你做得不够好，然后坏事就会发生在你身上。

一时间舆论哗然，公众表示震惊和愤怒。

对于莎朗·斯通的言论，无论是当时在戛纳的各国媒体，还是闻讯后的中国演艺界和普通民众，都感到震惊和愤怒。人们普遍认为，地震是自然灾害，哪怕出于对人类个体的尊重，莎朗·斯通也不应该口出此言。

戛纳现场：各国记者表态不赞成其说法。

中国记者：这是一场自然灾害，不应该牵扯到个人感情，毕竟自然灾害谁都避免不了，应该先从人道主义的立场去看问题。她现在这么考虑的话，太政治化了，她的政治素养和她个人的修养，已经没药救了。

日本记者：她并没有真正站在中国人民的立场来看待这场灾难，她也不想去帮忙。

哥伦比亚记者：我不同意她的说法，我并不认为这是所谓的"报应"，这只是一场大自然的灾难，它可能会发生在世界任何一个地方，南非、哥伦比亚、秘鲁、阿根廷，任何地方。所以我不同意她的说法，灾民是无辜的，他们只是老百姓，他们和政治无关，如果有人对中国政府的某些立场表示不满，那是政治，和老百姓无关。

法国记者：我觉得像莎朗·斯通这样的人，说这样的话是非常不恰当的。这是自然灾难，很多无辜百姓被夺去了生命。我并不觉得这件事涉及她说的这个层面，她实在扯得太远了，她说这样的话，不仅仅是尴尬的问题，而是完全弄错了方向。

中国演艺界：倡议封杀其作品，不看其电影。

吴思远：UME 以后彻底封杀斯通。

香港电影人吴思远发起倡议：封杀莎朗·斯通。在采访中，吴思远表示，自己呼吁筹拍的赈灾电影要加快速度，趁热打铁，而他在内地的 UME 院线也捐出了一百万元善款。对于莎朗·斯通侮辱灾民的言论，吴思远表示，自己的所有院线正考虑封杀她有份参与的电影，由于遇难的全是老百姓，他认为斯通的如此言论"有欠道德"。

肥妈：她的电影我一定不看。

同样，香港知名节目主持人肥妈在出席一赈灾活动时激动地说："她现在是所有中国人的公敌！以后她的电影我一定不看。"同时，肥妈呼吁关心中国的人要支持灾区人民，"这次中国有事，她不帮忙就算了，但不要咒，她那么讲，当时没人说她是不是因为她是大明星？"她说，自己近日看到地震消息时都是以泪洗面，并表示欢迎当地孤儿来家中住。年轻一辈女星林嘉欣也表示，莎朗的言论太偏激，毕竟正常人均不想遇到天灾。

莎朗·斯通的言论也让无数中国普通民众感到愤怒。"作为一个中国人，我拒绝你未来任何形式的道歉。套用一个电影的名字，'莎朗·斯通，我唾弃你的坟墓'，这话是我们中国人送给你的。"一位网友这样写道。

在中国网友的强烈反应之下，首先，莎氏的电影被打入冷宫，音像制品下架，中国影院和院线集体封杀莎氏电影，中影南方电影新干线也随之跟从。

同时，莎朗·斯通的无稽言论也波及她代言的 DIOR 产品，不少网友发帖抵制DIOR，以表愤怒。有网友称："我们针对的不是 DIOR，但是，我可以保证，我会抵制她代言的所有产品，并倡议我周围的人也这么做。"对此，记者第一时间采访了 DIOR

中国总部公关部负责人郭小姐，她表示，有一点要特别强调，就是："我们公司对于她的这个观点，肯定是不认同的。"有网友提出："请DIOR在48小时之内做出取消莎氏代言人资格的决定，不然，我们除了抵制莎氏外，我们将开始抵制D10R的所有产品。"

还有消费者给D10R总部写信，其认为莎氏的言论中，没有看到任何的成熟、智慧和美丽，而这恰恰是莎氏代言产品的广告口号。所有的一切使DIOR在中国市场陷入了极其尴尬的境地。

最后，在中国民众的强烈要求之下，DIOR取消了莎氏的代言人资格。在这次事件中，DIOR确实有些冤枉，其产品质量上乘，企业形象优良，也没有对中国的灾难发表不良言论，却陷入了被抵制的境地。DIOR错就错在选择了一个缺乏良知、毫无道德底线的代言人。

3. 企业品牌代言人存在的风险

（1）代言人不了解产品

有许多企业品牌代言人根本不了解品牌的产品本身、产品的功效、产品的性质等，只是为了钱而代言、为了代言而代言。他们没有认识到自己对公众的意义和作用，认为代言只是为一个产品拍拍广告、做做宣传，没有更深层次地理解代言人的责任。虽然也有消费者是理性的，他们不会只关注代言人而不质疑产品本身，但大多数消费者还是非理性的，他们往往会比较盲目地认为明星代言的产品都是好的。所以代言人在发生产品危机时，既给自己带来了负面影响，也损害了企业的利益，还给消费者带来隐患。这样的例子有很多，例如"三鹿奶粉事件"爆发后，曾为三鹿品牌做代言的倪萍、邓婕等明星受到了指责。随后国家质检总局报告出炉，在全国22家奶粉厂家的69批次产品中检测出三聚氰胺（包括蒙牛和伊利等产品），这让为这些奶粉代言的明星都卷入了"奶粉门"，其中还包括一些体育明星，他们纷纷在第一时间出来表明了自己的态度。还有一个很好的例子就是宋丹丹在微博上表示将不再代言任何药品广告。原因出于2012年5月，国家食品药品监督管理局新修订了儿童用药说明书，优卡丹、好娃娃等都被列入1岁以下婴儿禁用的范围。随后消息在网络上引发讨论，在2013年1月宋丹丹发布微博回应称："惊闻我代言的优卡丹对儿童健康有害。假如今天网上爆料属实，我将诚恳地通过媒体站出来道歉。"她还表示"由于个人无法确切了解及掌握药检质量，今后无论是否有药检部门的审批资格，我都不会再代言任何药品类广告"。我觉得她的做法还是很正确的，能够及时地对危机做出反应，也意识到自己的代言对于消费者的责任。

（2）明星就是代言人

美国烟草公司是较早运用名人代言的企业，在其取得了很好的效果之后这种方式就有越来越多的企业效仿，如今这已成为企业的一种非常常见的品牌战略，也是最常使用的宣传方式。所以很多企业选择代言人时，首先想到的就是名人效应，找一些在社会上有地位、有名望的人，尤其是演艺界、体育界名人，在广告中推荐商品或证明商品的品质。明星代言只是广告宣传的一种形式，是由法国著名广告家赛格拉首创的，还有社会人物、卡通人物、音乐等多种手段都可以灵活运用，新的手段或者手段的新组合都是吸引消费者眼球的亮点。虽然明星代言人可以利用自身的号召力为企业吸引消费者，但请明星代言未必就一定是最好的扩大知名度的办法，而且明星代言也存在风险。现在明星会一个人代言很多种品牌，这种"一人多代"的现象可能造成的影响就是一旦消费者离开了电视走进商场、超市，就无法将明星与品牌有效地联系起来，也就无法对产品中的广告信息有深刻的记忆，这样就会降低其品牌对消费者的吸引力。大多数消费者在看电视时，一般都不会有针对性地只收看广告，恰恰相反的是人们往往并不喜欢看广告，但在商场、超市他们一般都是有针对性地购买产品，这种反差就要求明星代言的广告作品必须在有效的时间内让消费者记忆准确而且深刻。走过了十几年风雨的我国护肤品品牌大宝，一直坚持使用普通的社会角色作为产品的代言人，简单的广告词"大宝明天见，大宝天天见"给人们留下了深刻的印象。还有肯德基会在推出新款产品时找来一些年轻人做广告，并且突出一些能够吸引消费者的特点，当然最后不会少了那句我们熟悉的"有了肯德基，生活好滋味"。

（3）代言人与产品不匹配

所谓品牌联想是指消费者记忆中由品牌想起的每一件事，因此品牌形象是一提到品牌的名称，消费者便会想起的东西。这种联想可能是功能属性的认知，也可能是情感方面的因素，这种认知和因素在消费者的记忆中形成一个总体的集合或网络，它们之间有相关关系，可被消费者陆续地回想起来。所以，当企业选择代言人时应该考虑到，该代言人的形象是否适合品牌产品的属性，是否能让人们通过代言人想到其品牌。在百事可乐的名人广告活动中，也不是没有失败的例子，费罗拉的广告至今令决策者们心有余悸。1984 年是美国的总统选举年，费罗拉是美国有史以来第一位竞选副总统的女性，她的名字因其参与竞选而一夕遍美。百事可乐决定请她做广告。大选过后费罗拉并没有成功，可是百事可乐总经理英力说，不必担心民意调查的结果，因为我们不是让她以副总统候选人而是作为一个女性和母亲的形象出现。但是民意调查的结果是消费者不同意费罗拉做百事可乐的代言人。可想而知，广告播出后，效果非常不好，甚至有人寄来抗议书。我们都知道百事可乐是一种活力四射、年轻的象征，年轻人对百事可乐的偏好往往胜于其他年龄段。这次的代言人策略显然与品牌的战略不符合。而且民意调查能够反映消费者的心声，既然已经做了民意调查就要听取消费者的意见，不然民意调查就没什么意义了。百事可乐因为没有听取消费者的意见导致了这次战略的失败。

（4）产品被代言人淹没

目前的一些广告作品过于注重明星所拥有的光环，企业一味采用大牌、当红的明星，而忽略了自己进行广告传播的本意，甚至没有认真考虑自己进行广告传播的意图是什么，在广告作品中过多的镜头给了明星，主体的部分给了明星，而真正要传播的产品的形状、特性、品质等等全被淹没了，导致明星与广告传播的目的脱节，与产品脱节。如中国移动在宣传动感地带品牌时，请来了非常红的歌手周杰伦进行了大幅度的宣传，可是其在后来做的调查中发现大多数观众都不知道是在推销什么产品，因为受众的注意力不在产品而在明星身上。这样的广告作品导致受众看完之后只记住了一个信息，那就是代言人，而非产品的卖点。中国移动发现这个问题之后，马上对广告和代言人进行了调整，又请来其他几位明星，并且调整了几位明星的出场顺序和时间，周杰伦是最后一个出场的，还重点突出了产品的卖点"动感地带"。通过这次的调整，该项业务成功地在人们的心中占据了位置。所以现在大多数的大学生在入学办理手机卡时，都首选动感地带。

4. 企业品牌代言人的策略

（1）代言人的自身定位

首先，代言人应该找好自己的位置。要明白代言一个产品并不是简单地拍广告、做宣传，而是向消费者展示产品的功效，让消费者放心使用，是对消费者的一种承诺。承诺产品质量以及消费者从中可获得的满足，使消费者可以放心购买。从某种意义上说产品与代言人是一体的，有些消费者并不了解产品本身，只是单纯因为喜欢其代言人就去购买该产品。其次，代言人也应该为自己的利益着想，当产品出现问题时自己也会被牵连，所以代言人应该考察好企业再考虑是否要代言。中国台湾演唱组合 S. H. E 为某乳品代言时，该品牌就让其三个成员参观了整个生产的过程——都是机器加工，很少有人的操作。这让三人感觉很兴奋，而且还更加了解了该品牌和产品，所以最后她们就成了该品牌的代言人。当然这全部过程也拍成了宣传片给消费者看，也是为了让消费者了解企业的产品，这样消费者就不会单单靠代言人的影响去购买商品，还看重企业和产品本身。

（2）在广告上做文章

首先，广告活动是一种传播活动。3B 是广告信息表达的三种要素，也是打动顾客的秘诀。所谓的 3B 就是 Beauty（美女）、Beast（动物）和 Baby（婴儿）。宛若天仙的美女、可爱的动物、襁褓中的婴儿最能博得人们的爱怜。品牌产品功用中独特而又经久不衰的特点是明星策略的发掘对象，恰如真正的明星不仅迷人，而且其魅力永驻一般。所以不一定是明星才会吸引消费者，而且品牌应尽可能避免选择那些代言多个品牌的明星。其次，企业一方面应该更多地在广告创意上下功夫，而不是单纯地把希望寄托在明星光环的照耀中，如雨润火腿广告的夸张创意，一眼就深入了消费者的记忆，既节约了成本，又达到了有效传播。还有彩虹糖的一系列广告，给人一种眼前一亮的感觉，因为这些广告非常有创意，消费者不仅愿意看，而且还有很多人模仿广告内容。另一方面也可以选择提炼某一动物或植物的个性特点或某一性质，以夸张的手法创造出具有人的性格的新形象。这一具体可见形象可直接表现出企业的属性、经营理念和产品特征，可以将其称之为吉祥物。企业的造型具有很强的信息传递能力，生动活泼的具体形象能更直观地引发和补充消费者的想象。品牌塑造所具有的人情味有助于企业与消费者之间的沟通，使企业在公众心目中具有亲切感和随和感。如迪斯尼的唐老鸭和米老鼠、聪明活泼的海尔兄弟、滑稽可笑的麦当劳叔叔、憨厚可爱的肯德基爷爷等。

（3）合适的代言人

企业在选择品牌代言人时应该选择适合其品牌特点的，并要做到以下几点：（1）不能够因为老板或者营销人员大部分喜欢就通过。不是员工们喜欢就可以，因为代言人主要是吸引消费者而不是员工的注意力，所以应该考虑代言人和他的品牌产品目标群体之间的关系。（2）不能更多地考虑明星的知名度。明星的知名度虽然很大，但是消费者群体不一定接受，如果他们不接受的话，那么他们对品牌的情感就会减少，企业也会因此浪费时间和金钱。（3）应该找与品牌相适应的。合适的代言人不仅包括代言人内在和外在的形象与产品的一致性和关联性，还包括广告风格的一致性和关联性等。（4）应该考虑到受众的偏好。我们找代言人来宣传企业的产品，其目的就是为了吸引消费者。只要抓住受众的偏好就可以给企业带来良好的利益。（5）应该考虑竞争对手选择的代言人。例如贝克汉姆这种国际明星的身份和运动形象与百事可乐品牌的国际品牌身份和充满青春活力的定位就比较一致，具有内在的关联性，将广告所要传达的产品或品牌的独特性或风格等内在内容与代言人自身具备的某些特征、性格、气质进行了有机的统一。此外，还要考虑产品或者品牌在消费者心中相对竞争对手所占据的位置。企业要对竞争者的品牌战略进行充足的了解和研究，以便能够以不同于或者是超过竞争对手的策略来回报消费者的期待。

（4）突出产品的卖点

为了避免代言人的光环掩盖品牌自身和产品要传达的信息，企业可以增强广告作品的故事性，让故事的趣味性和吸引力削弱广告中明星的光环，在二者之间进行一种平衡，还可以在广告或是宣传中把镜头和关注大幅度地给在产品上而不是代言人身上。在这一点上百事可乐的广告就做得非常有特色，而且故事情节也丰富有趣。百事可乐有一则广告是斗士版布兰妮翻唱皇后乐队的经典曲目，虽然广告中有巨星小甜甜布兰妮，但其并没有掩盖百事可乐的风采。在广告中还有其他两位美女，她们在广告中扮演角斗士。在角斗场上有一位国王在看台上喝百事可乐，旁边还放着一箱百事可乐，她们进场后并没有角斗，而是放下自己手中的兵器，唱着皇后乐队经典的 We Will Rock You，并且带动着全场的观众，使他们也都疯狂起来，打着节拍，然后那箱百事可乐也随之跳动，最后箱子跌入场内，三人拿起易拉罐邀全场共饮。整个故事非常吸引人们的眼球，不会因为它是广告而让人们略过，人们会一直观看，想知道整个故事情节的发展和结果，不会只把目标锁定在耀眼美丽的巨星身上而忽略了品牌自身。在突出卖点这方面，彩虹糖做得非常好。彩虹糖广告的代言人并不是知名度很高的明星，而是很多不同的普通人。其品牌知名度很高、销售量也很好的原因在于它的十分有创意的广告和在广告结尾突出产品。这引起了很多观众的共鸣，他们也发挥自己的创意模仿彩虹糖的广告，这也是彩虹糖的成功之处。

（三）傲慢对待顾客投诉

著名顾客管理资深专家汪洋说过："顾客投诉是每一个企业都可能遇到的问题，对企业来讲，是'坏事'，更是好事；是灾难，更是机会。它是顾客对企业管理和服务不满的表达方式，也是企业有价值的信息来源，它为企业创造了许多机会。因此，如何利用处理顾客投诉的时机赢得顾客的信任，把顾客的不满转化为满意，锁定他们对企业和产品的忠诚，获得竞争优势，已成为企业营销实践的重要内容之一。"

三株口服液危机事件

在中国企业群雄榜上，三株是一个绕不过去的名字。1994 年 8 月当吴炳新、吴思伟父子在山东济南创立三株公司的时候，怎么也不会料到自己会创造出中国保健品行业最辉煌的历史。今天，三株的辉煌传奇和其瞬间衰落瓦解的故事一样，仍然为人们所津津乐道。

三株的辉煌时刻让无数人仰视

从 1994 年至 1996 年的短短三年间，三株的销售额从 1 个多亿跃至 80 亿元；从 1993 年底 30 万元的注册资金到 1997 年底 48 亿元的公司净资产。三株在全国所有直辖市、省会级城市和绝大部分地级市注册了 600 个子公司，在县、乡、镇有 2000 个办事处，吸纳了 15 万销售人员。迅速崛起的三株不仅达到了自身发展的巅峰时刻，更创造了中国保健品行业史上的纪录，其年销售额 80 亿元的业绩至今在业内仍然无人可及。

三株帝国的没落

正如其迅速崛起一样，三株的失败，来得是那样突然。时至今日，人们仍然为之唏嘘不已。正如之前我们所提到的，危机伴随着任何一个组织的发展和个人的成长，从企业成立之日起它便形影不离。危机管理水平的差异，便导致了不同组织和个人结局的不同。三株的决策失误和管理失控，播下了其日后衰落的种子。而在危机事件管理中一味强调自身利益、忽略公众感情和消费者权益的态度和行为，更直接引发了三株帝国的迅速崩溃。

1. 盲目扩张和多元化战略

1995 年 10 月 17 日，吴炳新在新华社的一次年会上宣读了《争做中国第一纳税人》的报告。设想到 20 世纪末，三株完成 900 亿元到 1000 亿元的销售额，成为中国第一纳税人，其勃勃雄心溢于言表。为了实现这一理想，三株公司开始实施全面多元化发展战略，向医疗电子、精细化工、生物工程、材料工程、物理电子及化妆品等六个行业渗透。与此同时，三株在全国范围内收购、并购几十家亏损医药企业，令企业担负起严重的债务压力。这种过分乐观的态度和盲目扩张的战略，无疑助长了企业从管理层到普通员工的骄傲自满情绪，也成为三株危机意识淡薄和忽略公众利益的诱因。

2. 机构的爆炸式膨胀和管理失控

四年间，三株集团及其下属机构的管理层扩大了 100 倍，到 1997 年三株共有数百家子公司、2000 多家县级办事处和 13 000 多家乡镇工作站。三株所崇尚的高度集权的管理体制造成了种种类似"国企病"的症状，各个部门之间画地为牢，形成壁垒，程序复杂，官僚主义盛行，令企业对市场信号的反应严重迟钝。为了统一协调全国市场，总部设计了十多种报表，以便及时掌握各个环节的动态。但具体到一个基层办事处，哪来那么多变化需要填，上面要报，下面就造假。与此同时，机构臃肿和管理失控造成工作效率低下，浪费了 1/3 的广告投放，基层宣传品投放到位率不足 20%。

吴炳新

3. 高速发展阶段的产品虚假宣传

在三株的高速发展阶段，其产品宣传开始出现大量冒用专家名义、夸大功效、诋毁同行的言语。种种夸大功效、无中生有、诋毁对手的事件频频发生，总部到最后已疲于奔命、无可奈何。单在 1997 年上半年，三株公司就因"虚假广告"等原因而遭到起诉 10 余起。三株也因此被部分地方卫生部门吊销药品批准文号，1995 年 5 月，三株因虚假广告宣传而被广东省卫生厅专门发出了《关于吊销三株口服液药品广告批准文号的通知》。

4. 忽视公众利益最终导致三株帝国瓦解

成都事件：

成都市场部人员在编写宣传材料时，未经患者同意，就把其作为典型病例进行大范围的宣传，结果出现纠纷，并经新闻界曝光。中央电视台《焦点访谈》节目也跟进了报道，事件由成都波及全国，产生了极大的负面影响。

常德事件：

在为风光无限的三株钦佩不已的同时，不少人开始思考这样一个问题：三株的冬天何时将会到来？谁又将是三株的终结者？没有人能料到最终的答案竟是湖南常德一个叫陈伯顺的普通老汉。

1996年6月，湖南常德汉寿县退休老人陈伯顺在喝完三株口服液后去世，其家属随后向三株公司索赔。财大气粗的三株拒绝给予任何赔偿，坚决声称是消费者自身的问题。遭到拒绝后陈伯顺的家属一张状纸将三株公司告上法院。1998年3月，法院一审宣判三株败诉后，20多家媒体炮轰三株，引发了三株口服液的销售地震，4月份（即审判后的第二个月）三株口服液的销售额就从去年的月销售额2亿元下降至几百万元，15万人的营销大军被迫削减为不足2万人，公司的生产经营陷入空前灾难之中，总裁吴炳新也被重重击倒。据三株公司介绍，官司给三株造成的直接经济损失达40多亿元，国家税收损失了6亿元。

1999年3月，法院终审判决三株公司获胜，但此时三株帝国已经陷入全面瘫痪状态。三株的200多个子公司关门，绝大多数工作站和办事处关闭，全国销售基本停止。创造了中国保健品奇迹的三株公司在危机应对中的表现却极其不成熟：就事论事，陷于局部谁是谁非，与消费者争论不休而忽视了危机公关。最终三株因为忽视公众利益、不愿主动承担责任而付出了巨大的代价。

案例评析

事实上，企业危机无处不在，特别是在处理顾客投诉时，一定要慎重，否则，一个投诉可能就把整个企业引向破产的边缘，这样的例子是数不胜数的。

众所周知，企业在处理顾客投诉方面常常感到束手无策，往往导致其与顾客的关系冷淡。有一份调查显示：顾客对产品及服务不满意时会告诉周围的50个人，即根据中国人情关系网（同学、同乡、亲朋等）来推算不少于50个人的一个消费群；而顾客满意则只会告诉3个人。由此可以看出，顾客对产品及服务不满意时，不仅是自己不购买该产品，而且会影响到50个消费者不购买该产品。

由此可见，正确处理顾客投诉是企业在市场中立于不败之地、持续发展的根本，而在处理顾客投诉的过程中隐藏着巨大的商业机会。比如，海尔集团就是因为正确地处理了顾客的投诉，从中发现了顾客的需求，才开发出今天的洗地瓜机。反之，将可能使一个企业引发一系列的危机，从而让企业倒闭。

从三株集团这个案例可以得出这样一个结论：如果三株处理好了顾客的投诉，媒体肯定不会集中报道三株的种种负面新闻，也不会出现这样一个流星似的企业案例。对此，一些专家指出，对于顾客的抱怨企业应举双手欢迎，甚至要鼓励顾客抱怨，顾客抱怨是给企业改过的机会，为企业无偿提供了研究成果。通过顾客的抱怨，可以给企业带来利益与机会，为企业提供新的发展空间，这体现在三个方面：

第一，为企业无偿地奉献了"研究成果"。实际上，有顾客投诉或抱怨，说明企业提供的产品或服务是有问题的，正是这些问题的存在，才使顾客不够满意。企业的存在离不开顾客，企业生产的产品要不断满足顾客的需要，企业首先要知晓顾客的真正需要是什么，顾客的投诉或抱怨正给企业提供了他们的真正需要。在一定程度上，企业和顾客的利益是一致的，企业希望提供优质的产品来满足顾客的需要，这也正是顾客所希望的。所以，企业不要把顾客放在对立面，甚至产生敌对心理，要时刻牢记，顾客才是企业存在的理由，企业应时刻把握顾客的真正需要是什么，以一颗诚挚的心面对顾客的投诉。

第二，企业可以获得更多改进的机会。实际上，顾客的投诉或抱怨证明企业生产的产品或提供的服务有缺陷，而指出这个缺陷的是顾客，这是最有说服力的。所以，顾客的抱怨无疑是给企业一个"改过"的信息，让企业生产的产品更能满足顾客的需求。因此，企业应该正确对待顾客的抱怨，并建立顾客投诉或抱怨的管理体系，及时对顾客的投诉或抱怨进行收集和整理，及时发现这些信息中最有价值的信息，来完善企业的产品或服务，使企业健康永续发展。

第三，给企业提供了一次提升声誉的机会。对于顾客的投诉或抱怨，不同的企业反应不同，有的企业面对抱怨视而不见，甚至推卸责任，后果是企业失去了一个现实的顾客和一大批潜在的顾客。企业在对顾客抱怨的处理中，应采取积极主动的态度，树立为消费者负责的理念，让顾客了解到企业的价值观和企业存在的目的，树立企业真正为顾客着想的形象。这样就会增加消费者对企业的信任感，培养顾客的忠诚度，从而提升企业形象，同时又可能开发出更多的市场机会。

如果顾客对企业提供的产品或服务不满意，又不向企业投诉或抱怨，那么他就有可能采取以下三种举措：一是什么也不说，自认倒霉，这种行为的结果是企业将失去一个现实顾客；二是向有关部门投诉，其结果是企业不单单要接受处罚，产生经济损失，还有可能对企业的形象造成损害；三是向身边的亲朋好友抱怨。人们做过相应的调查，当消费者对某一产品或服务不满意时，他会向 50 个人抱怨；当其对产品或服务满意时，他只会向三个人传播。

实战技巧

　　做好投诉处理，也是一个准确识别顾客和准确识别需求的过程。一是企业要建立一个顾客联络中心；二是要有顺畅的渠道，如投诉电话、电子邮箱、顾客回访、服务渠道等；三是要有规范的处理流程，从记录、受理、处理、分析到反馈都流程化，其核心工作就是将顾客的信息完整地收集进来，然后通过标准化、人性化的管理将不同顾客的不同需求进行分流、处理。这个分流并非没有监控和跟进，而是有系统和流程保障，使顾客的问题能够在最有资源和最有能力处理好的部门得到快速的处理，以提高顾客的满意度，降低顾客的流失率。

　　许多大企业都处在一个自我欺骗的循环之中，有些企业还建造起重重壁垒，安排那些不满意的顾客必须通过"该死的语音信箱系统"，或者必须以写信的方式来投诉，企图借此来远离抱怨。如此，投诉趋于平稳，甚至减少了。企业自认为一切都运行良好，殊不知顾客们要么是已转向他们的竞争者，要么是在无声地忍受着。

　　诚然，接受和处理投诉会增加企业的成本，但会因此挽回与顾客的关系，并能收到顾客的反馈信息，这两者的价值实在不容低估。业内专家建议，应对顾客投诉必须注意以下三点：

　　第一，为顾客投诉提供便利条件。

　　1. 制定顾客投诉的流程。企业应构建顾客投诉平台，明确顾客投诉的联系方式，并有专人负责。建立顾客投诉信息的分类和传输系统，把顾客的投诉内容以最快的速度传输到相关部门，并进行反馈。

　　2. 引导顾客投诉。企业应在产品说明书上或有关宣传资料上详细说明顾客投诉的方法，鼓励和引导顾客向企业投诉。

　　3. 方便顾客投诉。企业应根据顾客的投诉方式偏好，提供有效的投诉方式，如邮寄、电话、电子邮件、传真等，供顾客选择。企业不应为顾客投诉设置障碍，而要简化顾客投诉的流程，尽可能降低顾客投诉的成本，使顾客的投诉变得容易、方便和简捷。

4. 制定明确的产品和服务标准及赔偿措施。企业应根据实际情况制定产品和服务标准，根据标准制定赔偿措施。让顾客在购买企业产品或服务时知晓相关的标准，以便和实际情形相比较，确定其产品或服务是否达到了相应的标准，以便进行赔偿。

第二，全力解决顾客投诉的问题。建立灵活处理顾客投诉的机制是解决顾客投诉的关键，顾客投诉机制应包括：

1. 制订员工的聘用标准和培训计划。根据员工从事的岗位职能，制定员工的聘用标准，明确员工应具备的技能。员工聘用后还要对员工进行培训，使员工具备应对顾客投诉的技巧，具备突发事件的处理能力。

2. 制定善后工作的指导方针。该方针要明确顾客投诉的处理标准，尽可能满足顾客的要求，改善顾客对企业的看法，提高顾客的满意度。

3. 清除顾客投诉障碍。企业应尽可能使顾客投诉的流程清晰化、简单化，提高顾客投诉的效率，降低顾客投诉的成本。

4. 维系顾客和产品数据库。企业应建立完备的顾客投诉记录系统，建立产品数据库，便于管理和查找，提高投诉处理的效率。

第三，掌握一些技巧。对企业的服务人员进行培训，让他们具备一些应对顾客投诉的处理技巧，提高应急处理能力，修复顾客和企业的关系。这些技巧有：

1. 安抚和道歉。顾客投诉时一定会带有些许情绪，甚至会发发牢骚，这是正常的。企业首先要做的就是平息顾客的情绪，缓解他们的不快。不论是谁对谁错，企业首先要向顾客表示歉意，展现给顾客的应是：公司将完全负责处理您的投诉，公司有责任和义务为您解决好问题。

2. 快速反应。顾客投诉的接待人员应具备快速反应能力，因为此时的顾客往往是情绪化的，容易出现激动的现象。接待人员若反应迅速可以及时进行应对，减少矛盾和冲突，及时了解顾客的心态，在处理中把握主动权，给顾客一个诚实可信的印象。

3. 移情。在处理顾客投诉的过程中，要及时了解顾客的心态，转移顾客的情绪，减少冲突。如表示出对顾客投诉的高度重视，感谢顾客给企业一次改过的机会，承诺企业一定会为顾客解决问题，让顾客有一种温暖的感觉。

4. 补偿。对顾客投诉的内容进行必要的核实，根据赔偿标准予以赔偿，并赔礼道歉，展示企业的诚意，树立企业真正为顾客着想的形象。在解决了顾客的抱怨后，还可以送给顾客一些额外补偿，表示企业对顾客的愧疚，比如优惠券、免费礼物等。

5. 跟踪。企业应建立顾客投诉的跟踪机制，通过电话回访或其他模式，了解顾客对此次投诉处理方式和结果的满意度，评价处理方式的合理性，查找原因，为以后工作的开展奠定基础和提供保证。

第二十一章　商务谈判管理

一、商务谈判的特点

哈佛管理课教授说，作为人类一种有意识的社会活动，谈判具有以下几个特点：

1. 谈判是一个通过不断调整各自需求，最终使各谈判方的需求相互得以调礼互相接近从而达成一致意见的过程。

比如，在私营裤子店内，马丽正为购买一条裤子而与店主谈判，店主根据货物买卖的常规作法，首先开价 160 元，马丽要求老板把价格压低。店主又一次要价 150 元，并且强调已是合理价。马丽报了自己的价为 130 元，最后双方以 140 元成交。可见，在这场谈判中，买卖双方都是通过不断调整各自的报价而使价格相互接近，最终在 140 元这一价格点上达成利益的平衡。需要指出的是，利益上的平衡不等于利益上的平均，而是双方各自在内心里所能承受的平衡。任何单方面的"让"或"取"都不能被看成是谈判。

2. 谈判具有"合作"与"冲突"的二重性，是"合作"与"冲突"的对立统一。谈判的合作性表现在，通过谈判而达成的协议对双方都有利，各方利益的获得是互为前提的。而谈判的冲突性则表现在，谈判各方希望自己在谈判中获得尽可能多的利益，为此要进行积极地讨价还价。为了很好地解决谈判中的这对矛盾，首先必须对此有深刻的认识，其次在制定谈判的战略方针、选择与运用谈判策略和战术时，就必须注意既要不损害双方的合作关系，又要尽可能为本方谋取最大的利益，即在这二者之间找到一个平衡点。

在实际谈判过程中，这个平衡点不是所有参与谈判的人员都能找到的。实践中我们常常会看到有些洽谈人员只注意到谈判存在合作性的一面，而忽视谈判的冲突性，十分害怕与对方发生冲突，当谈判因存在冲突而陷入僵局时茫然不知所措。因而，为了避免冲突而对对方提出的意见和要求，只是退让和承诺，不敢据理评价和反驳，不敢正当积极地争取自己的利益。如果遇到那些善于制造冲突，乐于通过战略取胜的强者谈判对手，则常常会吃亏受损。与此相反，有的洽谈人员只注意谈判冲突性的一面，而忽视合作性的一面，视谈判为一场你死我活的战斗，只讲究一味地进攻，甚至最终将对手逼出谈判场外，回过头来看自己也是劳而无获。我们说，对于洽谈人员来讲，应该提倡在合作前提下达到利益最大化，即在使对方通过谈判有所收获的同时，使自己获得更多的收获。此所谓"合作的利己主义"做法。

3. 对谈判的任何一方来讲，谈判都有一定的利益界限。对此，美国谈判学会会长杰勒德·尼尔伦伯格有这样一段精彩的论述：洽谈人员的目光不能只盯着"再多要一些"，当接近临界点的时候，必须清醒警觉，毅然决断，当止即止。

参与谈判的每一方都是应该有某些需要得到满足的，如果把其中任何一方置于外地，那么最终大家都将一无所得。这段话意在告诉人们，参与谈判的人员应该注意把握彼此的利益关系，明确利益界限。

了解和把握谈判的利益界限问题是非常重要的。在谈判中必须满足谈判各方的最低需求，不能一味地给对方让步，自己也不能无止境地退步，否则最终会因对方退出而使自己可能到手的利益丧失掉。这就是人们常说的在谈判中要把握住进攻的"度"。把握住成交的时机是非常关键的，对"度"的恰当把握，是衡量谈判者在谈判中作用大小的重要指标。

诚然，具体谈判各方所得利益的确定，完全取决于谈判各方的实力和谈判的艺术与技巧的运用。也就是说，谈判前人们是无法准确预计谈判的结果的，无法根据某些规则具体计算出彼此之间最后所得的利益。最终如何划分谈判的总利益，完全决定于双方的谈判实力对比以及谈判的艺术技巧发挥。

4. 谈判既是一门科学，又是一门艺术，是科学与艺术的有机整体。首先，谈判作为人们协调彼此之间的利益关系、满足各自的需求并达成一致意见的一种行为和过程，谈判人员必须以理性的思维对所涉及的问题进行系统的分析和研究，根据一定的规律、规则来制定方案和对策，这就充分地体现谈判的科学性的一面。其次，谈判是人们的一种直接交流活动，洽谈人员的素质、能力、经验、心理状态以及思维的运用，都会直接影响谈判的结果，具有难以预测性。同样的谈判内容、条件和环境，不同的人去谈判，其最终结果往往会不同。这就是谈判的艺术性的体现。

5. 对于一个谈判者来讲，在谈判中既要讲究科学，又要讲究艺术。也就是说。涉及到对谈判双方实力的认定、对谈判环境因素的分析、对谈判方案的制定以及对交易条件的确定等这些问题时，则更多地体现出谈判科学性的一面，而在具体的谈判策略与战术的运用上，比较多地体现了谈判的艺术性的一面。"科学"告诉我们在谈判中如何做，而"艺术"则帮助我们把谈判做得更佳。

商业谈判除了具有上述谈判的共性特点外，还具有其个性特征：

一是所有的业务谈判均以经济利益为目的，这是业务谈判的一个典型特征。我们知道，人们所以要坐下来进行谈判，就是因为各自有一定的需求要得到满足。

参与谈判的双方，其目的或需求是不尽相同的。业务谈判的目的就是要获得经济上的利益。在具体实际的谈判中，有的洽谈人员可能会调动和运用各种因素，运用各种战略及战术，有的甚至运用许多非经济的因素来影响谈判。但是不管怎样，其最终目的仍然是经济利益的驱使，目标仍然是经济利益。

二是所有的业务谈判均以价格作为谈判的核心。尽管业务谈判所涉及的因素不仅仅是价格，价格只是谈判的内容之一，而且谈判者的需求或利益也不唯一表现为价格，但价格却在几乎所有的业务谈判中扮演着核心内容的角色。这主要是因为双方经过谈判最后经济利益的划分，可直接通过价格表现出来。

谈判各方在其他利益因素上的得与失，拥有的多与少，在多数情况下均能折算为一定的价格，通过价格的升与降得到体现。例如，质量因素：不同等级的产品，标志产品质量上存在差别，其价格当然有所不同。又比如，数量因素：多买少算是人们习惯的做法，买一双袜子需要 3 元钱，二双则只要 5 元，这就是通过价格差将数量差折算了出来。另外像付款时间因素、交易方式因素等等，都可折算为价格因素。但是，这样的折算并非在任何时候都能行得通，也就是说，有些时候洽谈人员并不一定愿意接受这种折算。

在谈判中，对于一个业务谈判人员来讲，了解价格是业务谈判的核心，价格在一定条件下可与其他利益因素相折算这一点很重要。因为我们一方面要以价格为中心，坚持自己的利益，另一方面又不能仅仅局限于价格，可以拓宽自己的思路，从其他利益因素上争取利益。有时，在其他利益因素上要求对方让步可能比从价格上争取对方让步更容易做到，并且比较隐蔽自己的行动，是精明的洽谈人员习惯的做法。

三是讲求洽谈的经济效益。业务谈判本身就是一项经济活动，而经济活动本身要求讲究经济效益。与其他政治、军事类谈判相比，业务谈判更为重视这一点。在业务谈判中，谈判者时时刻刻必须注意谈判的成本和效率如何，也就是必须考虑效益问题。事实上，经济效益是评价一场商务谈判是否成功的主要指标，不讲在涉及对谈判双方实力的认定、对谈判环境因素的分析、对谈判方案的制定以及对交易条件的确定等这些问题时，则更多地体现出谈判科学性的一面，而在具体的谈判策略与战术的运用上，比较多地体现了谈判的艺术性的一面。"科学"告诉我，们在谈判中如何做，而"艺术"则帮助我们把谈判做得更佳。

商业谈判除了具有上述谈判的共性特点外，还具有其个性特征：

第一点，所有的业务谈判均以经济利益为目的，这是业务谈判的一个典型特征。我们知道，人们所以要坐下来进行谈判，就是因为各自有一定的需求要得到满足。

参与谈判的双方，其目的或需求是不尽相同的。业务谈判的目的就是要获得经济上的利益。在具体实际的谈判中，有的洽谈人员可能会调动和运用各种因素，运用各种战略及战术，有的甚至运用许多非经济的因素来影响谈判。但是不管怎样，其最终目的仍然是经济利益的驱使，目标仍然是经济利益。

第二点，所有的业务谈判均以价格作为谈判的核心。尽管业务谈判所涉及的因素不仅仅是价格，价格只是谈判的内容之一，而且谈判者的需求或利益也不唯一表现为价格，但价格却在几乎所有的业务谈判中扮演着核心内容的角色。这主要是因为双方经过谈判最后经济利益的划分，可直接通过价格表现出来。

谈判各方在其他利益因素上的得与失，拥有的多与少，在多数情况下均能折算为一定的价格，通过价格的升与降得到体现。例如，质量因素：不同等级的产品，标志产品质量上存在差别，其价格当然有所不同。又比如，数量因素：多买少算是人们习惯的做法，买一双袜子需要 3 元钱，二双则只要 5 元，这就是通过价格差将数量差折算了出来。另外像付款时间因素、交易方式因素等等，都可折算为价格因素。但是，这样的折算并非在任何时候都能行得通，也就是说，有些时候洽谈人员并不一定愿意接受这种折算。

在谈判中，对于一个业务谈判人员来讲，了解价格是业务谈判的核心，价格在一定条件下可与其他利益因素相折算这一点很重要。因为我们一方面要以价格为中心，坚持自己的利益，男一方面又不能仅仅局限于价格，可以拓宽自己的思路，从其他利益因素上争取利益。有时，在其他利益因素上要求对方让步可能比从价格上争取对方让步更容易做到，并且比较隐蔽自己的行动，是精明的洽谈人员习惯的做法。

第三点，讲求洽谈的经济效益。业务谈判本身就是一项经济活动，而经济活动本身要求讲究经济效益。与其他政治、军事类谈判相比，业务谈判更为重视这一点。在业务谈判中，谈判者时时刻刻必须注意谈判的成本和效率如何，也就是必须考虑效益问题。事实上，经济效益是评价一场商务谈判是否成功的主要指标，不讲求经济效益的商务谈判，谈判本身就失去了价值和意义。

二、商务谈判的基本原则

有人认为，谈判的成功与否完全取决于谈判个人综合水平的发挥和技巧的运用，没有什么必须遵循的原则可言。也有人认为，只要谈判能够达到自己预想的目的，可以不择手段，更谈不上什么原则不原则的。但对于哈佛管理课教授们来说，这些看法显然是偏激的，他们认为，谈判是有原则可循的，一般地说，商务谈判应遵循下列基本原则：

客观真诚的原则

有人认为"生意场上无父子"，根本谈不上"客观真诚"。其实不然，事实无数次地告诉人们，任何凭自己主观意志从事，或是有诱惑甚至欺诈做法的商人，均会得到相应的经济惩罚。这种惩罚，有的来自法律，有的来自社会。谈判取得成功的首要原则就是要遵循客观真诚的原则，也就是要服从事实。为了很好地做到客观真诚，应主要从以下几个方面入手：

1. 掌握第一手材料，用事实说话。俗话说：事实胜于雄辩。为了使谈判时本方有充足的根据，首先应从事实情况着手，全面搜集信息和材料。本方在充分估计和评价了自己谈判实力的基础上，要充分调查对手的情况，包括企业发展的历史、现状、企业实力和信誉、地域特点、文化习俗、谈判风格、谈判目标等，在此基础上，再评价对手的谈判实力。谈判中还要进一步核实自己掌握的情况与对手提供的情况，以便判断虚实、帮助决策。

其次，要结合本次谈判的实际，分析已有材料和信息，找到对自己洽谈较为有利的突破口。如果洽谈时对方脱离实际，或者掩盖事实真相，我们就可利用自己已掌握的情况揭开这层"面纱"，用事实说话，采取对策。

另外，还要掌握一些客观性标准，以备洽谈时作为自己的有力"武器"。比如国际惯例、谈判的先例、科学的数据、法律规定、公认的计算方法，等等，帮是需要掌握的客观性标准。

2. 信誉是业务谈判最终成功之本。信誉较好的企业，人们就愿意同他做生意。凡事要讲信誉，业务谈判的信誉更是必须遵守的原则，这就需要谈判各方严格遵守谈判所达成的协议，信守诺言，真正做到"言必信，行必果"。其实，当我们真诚希望对手能守信誉时我们自己应首先做到这一点，并让对方悟到我们的信誉是至高无上的。

平等互惠的原则

平等互惠的原则是业务谈判活动中必须遵循的一条重要原则。本着平等互惠的原则出发，有助于企业同外界建立良好的业务往来关系，是维持长期业务关系的保障。

1. 谈判的各方没有高低贵贱之分。参与谈判的团体、组织或个人，只要大家有能力，有诚意，并且带着共同合作的愿望走到一张谈判桌上来，那么都是平等的，没有高低贵贱之分。大企业尽管实力强，在与小企业或个人进行洽谈时，双方的地位也是平等的，这是洽谈的一个前提条件。任何凭借自己或他人的权势，在谈判桌上压制对方的做法都是不可取的，除非你自己想赶走对方，否则一定将自己的架子放下来，才有可能继续下去。

2. 谈判各方的需求都要得到满足。因为需求，才使谈判各方走到一起来，也正是因为彼此需求上的分歧，才使大家坐下来进行交流。因此，成功的谈判就是要在谈判结束后，各自的需求都有所满足，此所谓谈判的互惠原则。

谈判中不做任何让步是不可能的，因为互惠的原则告诉我们，谈判的某一方在某一问题上的让步，就是另一方在该问题上的需求；而对于接受让步的一方，他也会在其他问题上做出让步才能得到这次需求。此所谓互惠原则的本质。只有充分认识并做出让步才能换取自己的真正需求。

求同存异的原则

洽谈作为一种谋求一致而进行的协商活动，参与洽谈的各方一定蕴藏着利益上的一致和分歧，因此，为了实现谈判目标，谈判者还应遵循求同存异的原则：对于一致之处，达成共同协议；对于一时不能弥合的分歧，不求得一致，允许保留意见，以后再谈。

为了很好地遵守这一原则，应从以下几个方面要求入手：

1. 要正确对待谈判各方的需求和利益上的分歧。要记住，谈判的目的不是扩大矛盾，而是弥合分歧，使各方成为谋求共同利益、解决分歧的伙伴关系。

2. 要把谈判的重点放在探求各自的利益上，而不是放在对立的立场观点上。任何从对立的立场出发的硬性做法都是没有什么好结果的，只有将谈判重点放在探求各自的利益上，通过利益的揭示，才能调和矛盾，达成协议。

3. 要在利益分歧中寻求相互补充的契合利益，达成能满足各方需求的协议。表面上看，参与谈判的各方，其价值观、需求、利益的不同会带来谈判的阻力事实上并非如此，正是由于利益需求上存在分歧，才使得各方可能在利益需求上相互补充、相互满足，此所谓谈判各方的互补效应和契合利益，是行之有效的。

公平竞争的原则

谈判主张合作，主张一致，但不是不讲竞争。所谓公平竞争原则就是主张通过竞争达到一致，通过竞争形式的合作达到互利，通过竞争从对方承诺中获得自己尽可能多的利益。这种竞争是指公平的竞争、合法的竞争、道德的竞争。公平竞争原则要求：

1. 双方具有公平的提供和选择的机会。双方在谈判过程中，为了解决矛盾，一定会各自提出许多方案，那么双方在提供方案时，机会是均等的，不能说一方条件优越就由这一方提供方案，或者一方实力强就由这方独揽，这是公平竞争原则予以坚决反对的做法。另外，在具体选择方案时，双方具有平等的选择权利和机会。尊重双方的选择权，选出最优的方案，最大限度地满足双方的需求。

2. 协议的达成与履行是公平的。公平竞争原则要求达成公平的协议。所谓公平协议即指各方都感到最大限度地满足了本方的利益需求。

另外，在履行协议上，双方都具有公平的义务和责任，不是说某一方可以自行决定某些做法，比如更改协议，或不按协议履行，等等，都是不允许的。

除此之外，公平竞争原则还要求竞争者的地位一律平等、双方所采用的标准也必须公平，等等。

讲求效益的原则

讲求效益是谈判必须遵循的一个原则问题。人们在谈判过程中，应当讲求效益，提高谈判的效率，降低谈判成本，这也是经济发展的客观要求。

科学技术的发展可谓日新月异，新产品从进入市场到退出市场的周期日益缩短。因此，企业往往在产品还没有上市之前就开始进行广泛的供需洽谈，想尽早打开市场，多赢得顾客，以取得较好的经济效益。这就从客观上要求业务谈判人员要讲求洽谈效益，提高洽谈效益。

哈佛的老师们说，很多实践已经证明，作为从事新上市产品业务谈判的业务人员来讲，如果能够准确地把握经济信息，了解市场动态，讲求洽谈的效益，提高效率，就会拥有广阔的销售市场。除了上述基本原则外，业务谈判还应遵循理智灵活的原则、最低目标的原则，等等。

三、成功谈判的黄金法则

哈佛的管理课教授们在谈到如何让谈判获得成功的时候，总结出五个最基本的黄金法则，他们告诉学生，这五个法则是：

法则一：欲速则不达

无论谈判什么，切不可急于求成。没有耐心，急于求成，可能会付出更多，甚至还不能成交。在谈判过程中，有太多的事情需要靠时间来解决。洽谈人员在开始的时候，往往都有一种不太实际的想法，希望能顺利地实现自己的目标。

但磋商的过程却常令他们醒悟过来，回到马拉松式的讨价还价的现实中来。在谈判中急于求成的表现形式主要是：买主表现于急需买，卖主表现出急需脱手。只要表现出"急"，在谈判中就会处于不利的地位，就会被对方"宰割"。有时滔滔不绝地说，想让对方马上相信自己的事实和观点，反而引起对方怀疑，效果不好。这主要是由于对方受逆反心理的影响。如果采取"信不信由你"的态度，效果反而更好，对方反而轻松自然地考虑你的意见，不会存在什么戒心。

在商务谈判中一定要有耐心，耐心是争取时间最好的办法，它同时也会给予对方适当的时间来适应新的条件，进而调整方案，使双方发现最有利的解决办法。有足够的耐心，有足够的时间，才会从容不迫，对对方有足够的了解，才确利于达成最佳的协议。灵活地使用下列方法会对你参与谈判很有帮助：

1. 回答问题以前，先让对方把问题说清楚。紧要关头，上卫生间方便一下，也是一个不错的借口。

2. 以搜集资料为由，不要立刻提出有支持作用的证据或文件。

3. 临时替换谈判小组的成员。

4. 以不知道为托词或以一时找不到专家顾问为借口，以争取更多的时间了解内情。

5. 先计划好如何对付对方可能提出的问题。如把所有的问题引向领导者，让其他人有较多的思考时间。

6. 提供一大堆资料让对方埋头研究。

7. 派出一个活跃分子，虽然对所有事情了解不多，却能谈起来头头是道。

8. 预先安排一个打岔的机会，如安排一个重要的访问者或电话，在紧急关头插入。

9. 请第三者居中翻译或解释。这个第三者是专门技术人员、律师、翻译员或是另外见多识广之人，能掌握谈判的节奏，在适当时候能使事情进行的速度降下来。

10. 如果在谈判中遇到难以解决的问题，可以不时地休会，召集己方人员共商对策。有时间思考的人，会想得更周到，会把事情做得更好。谈判的真正会晤期一般很短，而休会期通常较多。某一次提出的问题，有时甚至要用一定时间来回答它。迅速达成协议是较少见的，特别是巨额交易谈判。

法则二：利益和压力并用

洽谈人员不仅要对自己的情况了如指掌，而且应该清楚所提的建议能给对方带来什么利益，并且最好把能给对方带来的利益用具体的数字清晰地摆在明处。

如果你只是说"我们产品的价格绝对优惠"，"我们产品质量绝对没问题"，这恐怕起不到什么作用，因为这些话顾客都习惯了，而且认为大多是夸大其词。如果你说，"您购买了我公司的设备后，一年即可收回投资，第二年即可获利100万元。"我们的产品终身免费维修，将免去您的后顾之忧。"然后你再拿出一些数字或事实来加强你的说服力，效果肯定就会好得多。同时还可以告诉对方如果对方不做这笔生意，将会有什么损失。给对方一些压力。作为买方，则可对比各家供应商的产品和价格等条件，择优选择，把某些有利的信息适当地透露给比较中意的卖方，给他制造竞争对手，以形成一定的市场压力，迫使对方向自己的意愿靠近。

如果你是买主，就可以告诉你的卖主一些关于他的竞争者的情况，主要是指哪些产品质量比他高、或产品价格比他低、或提供条件比他优越的卖主，说明正有很多卖主准备供应你之所需，给你的对手造成一种紧张的气氛。

如果你是卖主，也可采取类似的方法，如可以透露一些提供产品比你次、或价格比你高、或提供条件比你差的同行的情况给买主。还可以制造有很多买主来购买你的产品的情形，给人以产品畅销、存货不多、欲购从速的印象。

法则三：如果你不愿让步太多，就先让步

让步在先可消除对方的紧张和疑虑，产生善意并创造出活跃、和解的气氛。同时还能为你在稍后向对方提出互相让步的要求而又不暴露自己的弱点创造一个契机。该方法有别于其他以让步为基础的方法，其特点在于做出让步时并未要求对方同时或马上给予相应的让步。

先让步一般限于谈判开场时所用，也可适用于综合性谈判中的某个专项议题的开场谈判。但它只限于谈判的一定的场合和阶段，必须与其他战术相结合起来运用。

运用先让步技巧时，出让的价钱绝不能太大，否则会严重损害己方随之而来的议价地位，损害己方在后面的谈判中的机动能力。谈判者绝不愿意为了使谈判能继续下去而不得不撤回自己的建议，并且一旦做出让步对方也不允许再改变。所以，有必要对先作的让步进行事前安排与构思，以做到即便对方以后拒绝相应的让步，也不会发生不得已取消让步的局面。

另外，接受让步一方会把该让步当作软弱的标志，会期望从中获利更多，态度可能会更强硬。因此，在决定先让步前应仔细斟酌，谨慎行事，提出让步时应该充满信心，切忌给人以软弱可欺的感觉。

假如你确实处在较弱的位置上进行谈判，就不应该采取让步在先，否则会给对方增强自己的优势感。不恰当的先让步还会使弱方放弃不该失去的谈判筹码，同时却得不到对方答应互换的特殊让步。

当某些实质性谈判可能导致对方发现一些于本方委托人不利的信息时，应该在其他问题暴露前先做出让步，以求事情能迅速了结。

让步在先的效果如何有赖于对方对他的感觉，所以谈判时有必要对对方及其谈判者进行重点观察。如果他们采取的是富于进攻性的强硬手段，认为向他们让步是软弱的表现，对方可能打出先发制人的牌子，实施高压手段，或采取激将法等过急行为。这些表现应被当作不宜采取让步在先的信号。如果对方采取有利于缓和紧张空气，创造出一种有利于达成协议、允许要求互相让步的气氛，则适宜于采取让步在先。

法则四：让对方用你的方法看问题

谈判的各方都按自己特殊的思维方式来看待所争论的问题，都立足于自己的观点，又注意他自己的主张。为了改变对方的期望，你必须让他们用你的方法看问题，让他们顺着你的思维考虑问题，这样才能得到你所希望的结局。要有效地说服对方，必须向他们描述一个理想的计划来迎合他们的需要，用他们得到的好处来为你的主张辩护。你所争论的对象应该都是你自己的建议，不要考虑从别人的主张中计算你所得到的好处。因为那样会削弱你的地位，并且别人的观点只会使他们自己最多的获利。

当你向一位顾客推销汽车时，他却认为太贵了。这时一些没有推销经验的推销者就会热切地辩解这车的价钱并不很贵，买这样一辆车不会花费顾客太多的钱，甚至反问顾客，现在通货膨胀，什么东西不贵呀?! 这种辩解没有抓到问题的实质，毫无说服力，甚至引起顾客的反感。那么应该如何处理这种场面呢？你可以从不同的角度来看待价钱问题。于是你可以说，是贵了一点儿，但是它的质量确实好，大家不是都希望买到可靠一点的东西吗？再便宜的东西买回去不能用不也是白搭吗？这样把对方的反对变成同意的根据，对方也会在心里想，你说的还真有道理，或许还有同感。

如此这般，对方的价格体系、对方的期望和压力都将被套上你的模式，他看问题的方法也就随之变样了。这时你就已经掌握了主动权，控制了谈判的局面，将会得到你预期的交易结局。

法则五：谈判桌上人人平等

谈判往往会受到地位差异的干扰。地位高的人总希望以气势服人，难免居高临下，以强示弱。地位低的人谈话时，常常会忸怩不安，精神上背负着压力，行动上不免会透露些自惭形秽的神色。

实力雄厚的交易方在以强者的地位谈判时，应该放下架子，富于热情并且平易近人，使对方不会有太多的抵触情绪。谈判的目的是把他吸引到谈判桌上，而不是吓跑他们。强者以低姿态出现，可以鼓励和推动对方显露其真实面目，说出他真正的希望和顾虑。

为此，地位高的人应适当减少一些力量，掩饰一些锋芒，让对方神经松弛，把更多的信息透露出来。事实上，如果你是强者，没有必要特意以某些行动表现出来，你的身份地位、你的经济实力足以说明一切。对方再放松，也会感到你的无形中的压力。

四、从对抗到合作

（一）全世界赚钱最快的方法是谈判

不具备谈判技能的人，往往以为谈判只是为了缩小双方差距，而真正的谈判却是攻克市场的一支利剑，它能为你实现利益最大化。

——史蒂夫·乔布斯 苹果公司前董事长，曾在哈佛演讲

世界级谈判大师、美国前总统克林顿的首席谈判顾问兼美国国家演说协会首席演说家罗杰·道森说："营销增加营业额，管理提升效率，财务控制风险，但只有谈判才能让企业直接赢得利润。"罗杰·道森以"帮助企业训练出了最多的公关谈判人才"而享誉业界，他被人们尊称为"全世界最会谈判的人"。

很多世界一流大学都"盛产"工商管理硕士，但像哈佛商学院这样每年能培养大批年薪10万美元以上的工商管理硕士的大学却并不多。其主要原因在于，哈佛大学更重视的是学生商业谈判能力的培养。无数商业巨子的辉煌与成功告诉我们，全世界赚钱最快的方法是关于自由和创造性的传奇，想要促成商业合作共赢局面的产生，就离不开富有挑战性的谈判。

被称为"经营之神"的阿曼德·哈默，是美国商界大亨中别具一格的人物。他曾经尝试涉足过很多领域，并且在这些领域中获得过十分突出的成就。这样一位享誉世界的大人物，曾造过铅笔、酿过酒、养过种牛……他所涉及的行业，行行赚钱，行行成功。最后，哈默投身利润丰厚的石油业，并且坐到了西方石油公司董事长的宝座。西方石油公司是主宰世界石油业的"石油七姊妹"之一。哈默也摇身一变成为了名副

其实的石油大亨。哈默拥有极富传奇色彩的人生，在他的身上能够看到那种对生意的敏感、坚决以及不间断的投机意识，而其中最富传奇色彩的还是哈默那种独断机智的谈判能力。他总是能够在通向财富的道路上将他的谈判能力发挥到极致，并借此取得最后的成功。这也说明了谈判能力是每个成功商人的必备素质。

当哈默很小的时候，他那绝高的谈判能力和交易素质就已经开始慢慢展现出来。还是一个学生的哈默，就曾经运用自己的洞察力来发掘商机，与人交际谈判，这充分显示了哈默在谈判方面的天赋。就这样，哈默成了哥伦比亚学院中唯一白手起家的百万富翁。1921 年，经人推荐，哈默见到了新生红色政权的领袖列宁，同时打开了苏联的贸易大门。此后，在哈默的书中，他透露了与这位世界级的领袖人物面对面会谈时的情景，也将他自己那高超的商业谈判能力展现在读者面前。

哈默的成功让更多的人明白，谈判是世界上赚钱最快的方法，也是商界高手的巅峰对决，更是开门见山地走向财富之源的渠道。除哈默之外，许多著名的商界精英都极其善于谈判，其中最著名的莫过于新闻和媒体经营者鲁伯特·默多克。

鲁伯特·默多克，1931 年出生于澳洲，他也是一个拥有传奇故事的人物。1953 年，22 岁的默多克在伦敦《每日快报》报社开始了他的新闻生涯。在之后的 50 多年里，由他创建的新闻集团净资产超过了 400 亿美元，堪称当今世界上规模最大、国际化程度最高的综合性传媒公司之一。默多克在全世界的知名度，绝不亚于美国前总统克林顿。

默多克在出版业最具传奇性的成功历史就发生在英国，也就是成功收购《太阳报》那漂亮的一击，使他的谈判传奇家喻户晓。当时，英国著名的《世界新闻报》刚刚在默多克手里起飞，这时候，

鲁伯特·默多克

有一家相当不景气的报纸叫《太阳报》，它的发行量由 150 万份锐减至 85 万份，而这就恰巧给默多克一个得手的机会。但是，正当默多克认为时机成熟的时候，他却听说自己的对手马克斯·韦尔已经开始跟卖方谈判了，并且卖方答应以很低的价钱出手。此时，默多克并没有慌乱，更没有放弃，而是想方设法筹措资金。经过了长达近一年的时间，在使尽各种方法，默多克终于凭借自己惊人的谈判技巧将对手马克斯·韦尔

打败了，成功的以150万美元的价钱买下了《太阳报》。后来，《太阳报》逐渐发展成为世界上盈利最多的日报之一，也成为默多克报业帝国的"金牛"。

这是一个高速运转的年代，不论是在哪个国家、哪种场合，拥有高超的谈判技巧都是一种强有力的赚钱利器。有的时候，几分钟就可以谈成一笔巨额生意，这样一来，可观的盈利前景是不言而喻的。

当世界范围内的财富、资源互相交流的时候，如果你不能熟练地掌握谈判技巧，那么也就意味着你将很可能被财富拒之门外。所以，从现在开始，学会培养自己迅速赚钱的谈判能力吧！

在哈佛商学院流传着这样一句话："谈判之所以如此赚钱，是因为人们满意时，往往愿意付出更高代价，无论国界种族，世人普遍如此。"那些商界的精英们，都清楚谈判的重要性。他们会把掌握商业谈判技巧当作自己经营赚钱的资本。一个商人如果能够拥有超凡的贸易谈判技巧，那么，对于促进双方的合作会起到很大的推动作用，也会为积累财富提供更多的可行之道。

（二）营造出轻松的交流环境

有一句简朴的格言这么说："说话温柔，手执大棒。"

——西奥多·罗斯福 美国第26任总统，毕业于哈佛大学

一旦坐到谈判桌上，往往是风起云涌，暗藏"杀机"。谈判双方总是会想尽办法，斗智斗勇，都只是为了用谋略来为自己赢取最大的利益。其实，在谈判过程中，如果能够努力营造一种较为轻松的交流环境，对谈判取得成功也会起到很大的促进作用。

谈判也可以算是一门值得研究的学问。如果能够在谈判中始终保持心平气和的态度，尽自己最大的努力去给对方一种自然而不做作，又不失原则的感觉，那么彼此也就能够在一种很平和的氛围中开始谈判直至最后结束。静观其变、选准时机、把握商机，是任何高明的谈判者应该保持的风度。

据说犹太富翁霍华·休斯是个十分典型的暴脾气，他性情古怪，脾气暴躁，常人很难会想与之亲近。有一次，他为了采购飞机的事宜与飞机制造商的代表进行谈判。谈判过程中，休斯提出一个要求，他要在条约上写明他所提出的34项要求，并且还要对方对其他竞争对手保密。飞机制造商的代表坚决不同意休斯的这个要求，于是，双

方开始针锋相对，互不相让。后来，在激烈的谈判过程中，休斯认为，如果自己再这样激动下去，那么将很有可能会被对方驱逐出谈判会场。

意识到自己急躁的性情会让这场谈判逐渐恶化，休斯就委派他的私人代表奥马尔出来继续同对方谈判。他告诉奥马尔："你只要争取到 34 项中的那 11 项没有退让余地的条款就行了。"态度谦和、通情达理的奥马尔，让飞机制造商的代表们从与休斯的激烈争吵中得到解脱，心情倍感愉悦。在一种十分轻松平和的交流环境中，奥马尔竟然争取到了其中包括休斯所说的那非要不可的 11 项在内的 30 项要求，这让休斯自己都大为惊奇。

谈判一结束，休斯就询问奥马尔是用了什么诀窍才取得这样辉煌的胜利的。奥马尔笑了笑说："其实没有什么诀窍，道理很简单，每当我与他们的谈话发生分歧的时候，我就会问他们：'你们到底是希望同我一起解决这个问题，还是要留着这个问题等待休斯先生同你们一起解决？'结果，对方都接受了我的条件。"奥马尔用他幽默风趣却又不失风度的语言暗示休斯的急躁脾气需要改改，轻松的氛围有时候会让谈判有意想不到的收获。

营造轻松的交流环境，就像奥马尔一样，这种谈判技巧被各国商人借鉴、运用，已经到了炉火纯青的地步。他们迫使自己在谈判桌上遇到僵持不下的局面时，依旧保持着沉着冷静、心平气和的心态，努力维持交流环境的轻松和谐直到谈判结束。可见，在谈判的过程中，不管你要运用什么样的战术，其前提都是要保持一种良好的、适合谈判的环境。作为谈判者，首先就要使自己的心情处于一种轻松的状态，这样会给对方留下一个很好的印象。起码能够让对方感觉到你谈判的诚意，也证明你是真心要与对方合作。

在谈判的过程中，往往会出现一些十分不和谐的因素。例如，有些谈判代表会比较喜欢发问，而且说话的语气中还时不时地带着一种很明显的自我炫耀的意思。这个时候，有些人会感觉无法忍受，个性过于刚烈的人还会结束谈判，中途退场。其实，这样的做法是十分不明智的，面对这样的人，只要你知道他不过是明知故问，抑或者是想利用你来衬托他自己有多么了不起，那么你就可以顺势投其所好。越是喜欢炫耀自己的人越容易控制，也越容易"拿下"，但是需要你的忍耐和智慧。而有的人却可能只是纯粹性地提出疑问来显示他们的睿智，并无其他目的。那么，这个时候，你大可以借机称赞他们："你的这个问题问得很好。"或者："您提的这点对我们来说相当的重要。"这样一来，在他们沾沾自喜、无暇顾及其他时，你便可以悄然扭转话题，掌控全局。

努力营造轻松的氛围，最重要的其实就是要秉承避免冲突的宗旨，尽量将发生冲突的可能性消灭殆尽。然而，许多人将厉害高明与冲突对立混为一谈。其实事实并非如此，冲突对立是谈判中的一部分，却没有人们想象得那么重要，这些与所谓的显示自身的厉害或者英雄气概其实没有丝毫关系，只是动用时机与步调的问题罢了。

每一位拥有成功光环的谈判者都懂得处变不惊，不急不躁，遇事冷静的重要性。在谈判桌上，我们要尽可能地让自己在不失原则的前提下，尽量做到心平气和，营造一种轻松和谐的交流环境，让彼此能够在一种良好的氛围中得到各自想要的结果。

哈佛商学院的谈判课程中，首先就要求讲究氛围。哈佛人认为，谈判实则是一场没有硝烟的战争。虽然称之为战争，但它却并不具备战争那么明显的争夺性。它是一种需要和谐气氛的无形战争，比的是睿智与忍耐。

（三）原则式谈判：不要在立场上讨价还价

> 如果双方就各自的立场讨价还价，他们通常会抱着立场不放……把今后的行为和过去的立场联系起来，这就使得谈判越来越不可能就双方的最初利益达成共识。
>
> ——罗杰·费希尔"哈佛谈判项目"主任，曾在哈佛任教

无论你愿意与否，你都是一名谈判者，这是在现实生活中无法避免的现实。你要和老板商量提薪，要和小贩讨价还价，要和家人商定度假目的地……总之，谈判无处不在。

但是，不论谈判是有关一项合同、家庭内部纠纷，还是国家间的和平协议，人们常常都会从自己的立场出发，结果谈判双方往往在立场上纠缠不清、争吵不休。这就是我们通常说的"立场谈判"。但哈佛大学却主张在谈判的时候暂时"放弃"自己的立场，找到一个相对公平的客观标准，找到双方都能接受的折中办法。这种避免在立场上讨价还价的谈判方式就是哈佛大学主张的"原则式谈判"。

通常来说，一次成功的谈判（成功的谈判是指谈判尽可能保障双方的合法利益，公平解决双方的利益冲突，协议持久性强，并考虑了社会效益）需要达到以下三个标准：一是如果有达成共识的可能，就应该达成明智的协议；二是谈判应该有效率；三

是增进或至少不损害双方的关系。概括起来就是达成明智的协议，有效率地谈判和友善地谈判。而谈判双方基于各自立场的进行讨价还价则与这三个标准背道而驰。

顾客：老板，这件衣服怎么卖？

老板：你眼光不错，这是店里的新款，85（元，下同）。

顾客：这哪里是新款啊，况且我也不是很喜欢，25吧。

老板：什么？25，女士你可真会开玩笑，您要是诚心买，就给75好了。

顾客：75？老板，这衣服怎么也不值这个价吧！就25吧！

老板：女士，你砍价可真够厉害的，给我个合理的价钱吧，60拿走得了。

顾客：你看看这做工，这布料……怎么看都只值25。

老板：唉哟，女士，这您就不懂啦！今年流行这种流苏款，这要是配上你的气质，马上提升一个档次啊。所谓人靠衣装嘛，这件衣服简直就是为您量身定做的！况且我这店里就这件衣服进价最高，您眼光真好！这样吧，咱们各退一步，您觉得合适您就拿，不合适买卖不成仁义在，您给50！

顾客：看老板你也是实在人，就给你再加5块，30，我最多就出这个价。

老板：30真的不行，我这衣服进价高，要是放在大商场里也能卖上好几百。你再看看这上面的装饰，到了应季的时候价格起码能翻一倍。

……

这是一个在日常生活中经常会上演的小谈判。在这次谈判中，老板和顾客都只是基于自己的立场，努力使自己获利最大。通过上面的谈判过程，我们不难看出以下几点。

1. 在立场上纠缠不清，不能达成明智的协议

如果双方只是就着各自的立场出发去谈判，那么他们常常就会抱着自己的立场不放，一切从自己的立场出发。但事实上，你越是保护自己的立场，声明自己的原则，你的立场就越会坚定；你越想让对方明白改变你最初的立场是不可能的、是非分之想，你就会越死守自己的立场。直到你把自我形象当成了你的立场，然后在谈判的过程中，你就又多了一个目标，就是保存自己的脸面。但是这样做的结果就如同哈佛大学教授罗杰·费希尔所说的"把今后的行为和过去的立场联系起来，这就使得谈判越来越不可能就双方的最初利益达成共识"。

2. 在立场上纠缠，缺乏效率

传统的立场谈判方式可能使双方达成协议，也可能令谈判的双方不欢而散，但不管是哪一种结果，是势必会耗费双方大量的时间的。

在这种谈判方式中，为了使谈判的最终结果最大限度地有利于自己，谈判双方的起步都会非常极端，并且为了维护自己的最大利益，谈判双方还会死守自己的极端条件不放，甚至不惜欺骗对方，隐瞒自己的真实观点，只有在迫不得已的情况下才会做出一点点的让步。双方让步越小，谈判所耗费的时间就越长，谈判双方所花的精力也就越多。传统的谈判方式还需要谈判者在谈判过程中做出大量的决定，比如该拒绝对方什么条件，能给对方什么条件，自己所能做出的最大让步，等等。而决策过程最为费时费力，甚至有的谈判者为了达到目的不惜拖延时间，阻碍谈判进程，威胁要离开谈判桌，或采取其他一些花招。这也将直接导致谈判双方投入更多的时间和精力，并且增加不欢而散的可能性。

3. 在立场上纠缠影响双方之间的关系

前文中顾客与卖家讨价还价的故事并没有结束：或许双方费时费力，以一个大家都勉强能够接受的谈判结果成交；或者根本无法成交，甚至有可能会演变成一场你攻击我的衣服质量差，我攻击你的品位低的口角之争。

其实，这并不难理解，在立场上讨价还价完全是一场意志的较量。每个谈判者都坚持自己的立场，都不愿意让步，这就使得本来是双方合作解决的问题，逐步演变成了一场你输我赢、你死我活的斗争。每一方都试图单凭意志力就迫使对方退却。"我不会让步的，你要是想买衣服，就必须得给我 60 元，否则没门！"当一方看到自己的合理要求由于对方的强力压制而得不到重视时，愤怒和憎恨往往占据上风："你那是什么衣服，还好意思要 60 元……"因此，我们不难看出在立场上讨价还价会影响甚至破坏谈判双方的关系，这就可能导致一场唇枪舌剑，而带来的不愉快也许一辈子都消除不了：一起工作多年的同事从此不再说话，一起合作多年的企业分道扬镳……

基于这种在立场上讨价还价带来的诸多弊端，"哈佛大学谈判项目"提出了这种"原则式谈判"方式。这种谈判方式根据事情本身的是非曲直寻求解决方案，强调把人和事分开，着眼于利益而不是立场，当双方利益发生冲突时，让谈判结果基于某些客观的标准。这就使得这个谈判过程不需要装腔作势，更不需要耍花招。同时，这种谈判方式在保证公平有理的同时又能保护自己不被对方利用，也可以帮助谈判双方得到想要的东西而又不失风度。

与在立场上讨价还价的那种谈判方式相反，原则谈判注重基本利益、互惠方案和公平标准，这就使得谈判双方常常能够达成共识，而无须在死守立场和放弃立场之间徒耗精力，而谈判也常常能够得到一个更满意的结果。

（四）把人和事分开

在技术管理中，端正开发人员的态度，排除一切妨碍开发产品的干扰，为开发人员营造一个既有压力感又有发挥空间的理想环境。

——比尔·盖茨

一个工会中出现了罢工现象，其中一位领袖问自己的工人："伙计们，这次罢工是谁提出来的？"这时，琼斯站了出来："是我！是因为那个混蛋工头坎贝尔，两个星期里他五次把我从自己组里挑出来替别人顶班，他就是跟我过不去，我受够了，为什么脏活都该我干？"

工会的领袖又去向坎贝尔询问情况："为什么你总是跟琼斯过不去？他说你两个星期中让他做了五次替补的活儿，这是为什么？"

坎贝尔皱了皱眉头，十分惊讶地说："我选择琼斯那是因为我认为他是最棒的。当别的组里没有领班时我相信他能带好班，要不是领班人数不够我就让史密斯或别人去干了。现在因为闹流感，好多领班都病了。我从不知道琼斯不愿意，我还以为他很乐意干重要的活儿呢。"

就像故事中的琼斯和坎贝尔一样，当代社会中也有很多人无法真正做到将事情与人分开来看。不管是在公司还是在国际交往事务中，人们往往都会忽略这样一个基本的谈判事实，那就是，谈判的那一方是活生生的人，而并非一个抽象的代表。他们有思想、有感情，也有自己的价值观、不同的背景和审视问题的角度。当你将事情与人相混淆的时候，往往会将自己的情感夹杂进去，有的时候是有益处的，但有的时候会损害到彼此的利益。

一方面，谈判双方都希望能够尽快达成协议，并在此过程中享受那种成功的喜悦，这往往会使谈判双方产生一种心理愿望——要得到相互满意的结果。一个建立在理解、真诚、尊敬以及友谊基础上，并经过时间考验的合作关系，会让一场谈判变得越发顺利和愉悦。人们总是在谈判中渴望将自己最好的一面展现给对方，争取给别人留下一个好印象，这些因素都会让彼此更注重对方的立场与利益。

另一方面，也正是因为这些过高的期望值，人们也经常会将自己内心的愤怒、懊恼、沮丧、失望，等等情绪表现出来。当他们的自我意识被否定以后，他们就会从自己的角度去看待世界，将现实与自我感觉混为一谈。通常他们会误解，甚至扭曲对方所表达出来的含义，也不会理智地去思考对方的真正意图。误解会加剧偏见，引起逆反应，最终形成恶性循环，导致谈判破裂。在这种情况下的谈判最后会变成一场争夺得分的游戏，双方都会肆意攻击、嘲讽、谩骂，而这样的情况下，双方的实际利益最终都会受到损害。

此外，在谈判的时候，有的人还会直接忽视自己的对手，不会去在意他们的反应，这样往往也会给谈判带来灾难性的后果。因此，在谈判中不论什么时候，从着手准备到后续工作，你都有必要好好地思索一个问题，那就是你对于人际关系问题是否足够重视？

对于谈判者来说，他们都存在着两方面利益，一方面是实质利益，另一方面是关系利益。

实质利益是人们谈判的根本原因，每个谈判者都想达成满足自己实质利益的协议。而除此之外，谈判双方也应注重与对方保持长期的利益关系。例如，一个古董商，他一方面希望自己的生意能够给自己带来利益，一方面又希望那些顾客能够成为店里的老顾客。那么，赚钱就是他的实质利益，而对顾客的期望则体现了他对关系利益的追求。所以，在谈判中，双方的合作关系至少应有助于达成一个兼顾双方利益的协议。很多谈判都是依靠人际关系的不断发展而得以顺利进行的。因此，谈判是围绕着促进而不是有损人际关系以及为以后的谈判铺路的目的而展开的。其实，当与许多长期客户、商业伙伴、政府官员或者不同国家之间进行谈判的时候，保证关系利益的意义要远远高于某个谈判的结果。

人们通常会将人际关系与谈判的问题纠结到一起去思考。谈判中，人际问题带来的一个严重后果就是各方面的关系容易与实质问题混淆在一起。无论是给予的一方还是索取的一方，都很有可能把人和事等同起来。就像在一个家庭中，一句简单的话都会被人们"肢解"成为别的多层含义。例如"厨房里乱成一团糟"或者"银行里没多少存款"等诸如此类的抱怨，或许它们仅仅只是人们指出问题的一种表达方式，却十分容易被误解成人身攻击。面对眼前的形势，人们总是很容易就将心中的怨气撒在某个人身上。这就是人与事混淆在一起，用自己的主观意愿去控制实际问题的体现。

想要做到将人与事分开来看，就要在纷繁复杂的人际问题中找到出路。学会从认知、情绪和交流这三个基本方面入手，调节好各种人际脉络，为谈判最终的成功打好基础。

人际关系是人们在谈判中容易忽略的关键。绝大部分的哈佛人都清楚地知道，一旦面对谈判对手，自己面对的便不仅仅只是谈判事宜，还有更重要的人际问题的处理问题。学会倾听和交流，是有利于自己将人与事分开而谈的重要因素。

（五）着眼于利益，而不是立场和情感

主张是说出来的要求，利益是真正在乎的东西。利益才是问题的关键，是争执背后的动机。

——史蒂夫·乔布斯

有这样一则小故事，讲的是有两个人在藏书楼里大吵起来。一个人要打开窗户，而另一个则要关上。两个人意见不统一，便争执不休。是将窗户留一条缝隙、打开一半还是打开四分之三？然而，两人的争议中，没有一种方案能够同时满足彼此的需求。

这时，藏书楼的管理员闻声走了进来。他了解情况之后，便问那个要打开窗户的人："你为什么要打开窗户？"那人回答说："是为了呼吸新鲜空气。"管理员又问另一个人为什么要关窗户，那人说怕有穿堂风。管理员思考了一会，便将隔壁房间的一扇窗户敞开了，这样一来既有了新鲜空气，又避免了穿堂风，同时达到了他们两个的需求，平息了这场纷争。

故事中的管理员无疑是聪明的，他用最快捷的方法使两个人停止了争吵——协调双方利益而非态度。

从表面上来看，那两人是因为彼此的态度而发生了争执。他们无法在态度上达成共识，这使得他们之间的谈判陷入僵局。

如果这个时候，藏书楼的管理员仅仅只看到他们的态度，一味地调节彼此的立场和情感，他根本就无法平息双方的争执。但是，管理员留意到双方的真正利益，就是呼吸新鲜空气和避免穿堂风。只有当他使两个人都得到了各自想要的利益，争执才能得以停止。

利益是谈判的枢纽。谈判的根本目的不在于双方态度上的冲突，而在于双方愿望、需求、想法甚至恐慌等方面的冲突。人的行为受利益的驱使。有的时候人的态度已经为自己做出了决定，而利益则是导致这一决定产生的根本原因。

　　所以，当谈判双方发生争执的时候，想要调节，就必须着眼于利益而并不是态度、立场或者情感。同时，不论是在什么样的谈判中，都要始终记住一点，谈判的最终目的是要实现企业利益的最大化，而并非拉关系耍派头。情感与立场固然重要，但是利益的最大化才是企业价值的核心，谈判也不例外。无论我们如何使用战术，在谈判过程中都要记住首要的目的——为公司赢得更多的利益。

　　世界性连锁企业沃尔玛的创始人萨姆·沃尔顿是美国著名企业家。他用了近半个世纪的时间，将美国肯萨斯州一个小镇上的夫妻店，打造成了全球瞩目的零售巨人。早在 1995 年之前，零售公司根本没有能力跻身世界 500 强企业。然而，到了 2001 年，公司收入高达 2 189 亿美元的零售业巨人沃尔玛公司一跃而成"全球 500 强"之首。

　　沃尔玛的辉煌与成功，在很大程度上可以说是得益于一种叫作天天低价的策略。但是，沃尔玛之所以可以保证天天低价策略的延续，并不仅是由于它成本低、商品周转快，更是因为其各个部门锱铢必较的高超谈判技巧。

　　这种天天低价的策略不是通过处理积压商品或质次商品达到的，而是通过其他多种方式来降低商品的成本来达到一种薄利多销的目的。那么，沃尔玛尽可能地降低商品的成本，就需要谈判。所以，企业中各个部门的采购人员每天都在与供货商进行口干舌燥的谈判，拼命地协商商品的价位，艰难地、一分钱一分钱地压低价格。他们如此大费周章地进行谈判，只为了达到一个最终目的——以最低的进价达成协议。尽管，有的时候，那些采购员艰苦卓绝的谈判工作最终只能换取比竞争对手少几分钱的定价，但是哪怕只有一分钱，对于消费者来说，都是选择沃尔玛而非别家商店的标准。所以，可以说正是沃尔玛采购人员的这种坚持以利益为基准的谈判精神，巩固了沃尔玛零售巨人的地位。

　　任何一个企业的成功都离不开降低成本、实现企业利润最大化。而能掌握一种着眼于利益的高超谈判技巧确实是降低成本的一个很重要的手段。哈佛商学院中走出的商界精英多半都能够掌握住谈判的核心，那就是抛开自己的个人立场和情感，永远都将企业的利益放在第一位。

　　想要成功地为企业赢取最大化的利益，那就离不开谈判。而关于谈判的技巧，其实并不是十分复杂，只要你记住你的谈判关乎公司的收益，而你的目标就是要为公司制造最大限度的利润，不要将情感以及立场问题搬上谈判桌，也不要被谈判者攀关系和讲情面的手段模糊了双眼。那么，你就能够成功地掌握谈判的真正奥秘！

（六）为共同利益创造选择方案

一个优秀的谈判者，不会仅仅考虑怎样跟对方讨价还价，而会问对方为什么要求这样，为什么不要求其他，从而锁定对方最在乎的利益到底是什么。然后考虑还有哪些方案，能让对方和自己的利益都得到满足。于是就有可能创造出双赢的局面。

——史蒂夫·乔布斯

有一则寓言故事：两个孩子分一个橘子，一个孩子想吃橘肉，一个孩子想要橘皮。然而，他们两个商量了很久，最终决定平分橘子。第一个孩子拿走一半，吃了橘肉，把橘子皮扔了；第二个孩子扔了橘肉，用他那一半橘子皮烤蛋糕。

现实社会中，有不少谈判者会像寓言中的两个孩子一样，以"平分橘子"的结果来结束谈判。而这往往就意味着他们都"把钱留在了谈判桌上"，也就是说他们都没有将利益最大化——他们未能达成本应达成的协议，或是未达成本应对双方更有利的协议。在职场、商界，有太多的谈判是以"平分橘子"而告终，却不是一方拿橘肉，一方拿橘子皮，各取所需。那么，这种情况的产生是出于什么原因呢？

其实很多时候，人们眼前明明存在多种选择方案，可是参与谈判的人往往意识不到其必要性。他们在谈判的争论中总是不断认为自己掌控着最正确、最理智的答案。他们认为自己所提出的提议就是最合理的，也理应被采纳。在大多数谈判中，有四大障碍阻碍人们创造多种选择的方案。

1. 不成熟、不理智的判断

绝大多数的人都有自我局限性，所以，想要突破、创新十分不易，哪怕是身处紧张的谈判中也丝毫不例外。例如有人被问及"谁最应该获得诺贝尔和平奖"，那么，可能一瞬间会有很多名字出现在那个人的脑海中。但是又很快被自己否定，因为他会犹豫、会质疑，他不敢肯定这个人是否真的最应受此殊荣。所以，很多时候，人越是身处紧张的环境中，那种自我局限性就会越发强烈，甚至大脑会瞬间空白，更别谈创新思维的产生了。

2. 寻求单一的答案

在大多数谈判者的意识中，创造并非谈判中必要的步骤。更多的人会认为，他们的任务就是要不断缩小与对方之间的立场差距，达成自己所拟定的，所谓最终的目的，而并不是扩大一切可能的选择方案，以求利益的最大化。他们会有这样的想法："为了双方能够达成意见统一已经付出了太多的精力和时间，实在没有必要再做出一堆各不相同的选择性方案，那样只会浪费时间。"然而，这样的思想存在着很明显的局限性，因为他们也无法肯定自己所要坚持的谈判方案是不是能够将企业的利益最大限度地扩大。

3. 总是认为馅饼的大小是一成不变的

谈判双方总是会将形势看作是一场胜负之争，换言之就是说谈判的最终结果不是我赢就是你赢。在他们的眼中，谈判往往更趋于一场"定量"的较量。例如一种商品的价格，如果你多得 100 美元那么就意味着我损失 100 美元。

4. 认为"他们的问题应该由他们自己解决"

在谈判中，双方往往都只会看到自己眼前的利益，而从心理上不愿承认对方观点的合理性。似乎感觉如果想尽办法满足了对方，自己的利益就会受到损失，这样的想法太过于束缚自己的创新思维，也存在一定的狭隘性。缺乏长远目光，只顾自己，导致谈判者只能形成片面的立场观，并且同时以片面的论据去完成片面的解决方案。

了解了这些容易存在的障碍，就要想办法去克服它们，才能通过谈判真正地实现企业利益的最大化。于是，为了寻求富有创造性的选择方案，你需要做到以下 4 点：

1. 将创造选择方案与评判方案二者分开；

2. 扩大谈判桌上的选择，不要只寻求唯一的方案；

3. 寻求共同利益；

4. 找到让对方容易决策的方法。

在谈判之前，代表们应当将评判方案与创造性选择方案二者分开，避免受到评判方案的束缚，阻碍了想象能力的发挥。所以在谈判的时候，企业代表们应当扩大谈判桌上的选择，不要只寻求唯一的方案，在寻求共同利益的基础上创造选择性的方案，先创造，再决定。

哈佛商学院里的学生在不断深造的过程中不断地培养自己的创新思维。在谈判的时候，求同存异的创新思维能够让他们最大限度地扩大企业利益。在任何谈判中，创造出选择性的方案都意味着将利益的大门更进一步地敞开。

（七）有凭有据，更能让人信服

重复并不能把谎言变成真理。

——富兰克林·罗斯福 曾任美国总统，毕业于哈佛大学

在商场上打拼的人要比其他的人更加注重对方所说的话是否有凭有据。在那些哈佛商学院走出来的商业精英的头脑中，永远都滚动着赚钱的根本——数字。很多巨富在谈判交易时都会随身携带个人电脑，方便精确地计算。也使得他们能够随时清晰地了解生意的成本和利润。

那些活跃在商业领域的精英们似乎只要听到对方说出一个句子，便能够使自己的大脑飞速地运转起来，力求找出支撑这句话的事实论据以及数字论据。只要他们没有搜到确定性的依据，就会很快提出自己的质疑。在他们的潜意识中，没有模棱两可、含糊不清的概念。在他们的脑海中也不存在诸如"或许""大概"这样的字眼。如果再加以观察，则不难发现，那些真正的职业人是不会说"我认为""我觉得"的，而是直接拿出数据说："数据显示……"这就是那些商业巨子的严谨，也正是他们的严谨，才能让人更加信服，从而也铸就了他们的辉煌与成功。

哈佛大学的教授总是会试图让他们的学生明白这样一个道理：如果想让别人真正相信你，就要拿出有力的证据，无论是说话还是做事，都要力争做到有凭有据，以此来支撑自己的观点或言论。因此，哈佛学子不会像有的大学的学生那样，只注重学问的攻读，必要的时候他们会拿出第一手资料做出数据图来说明自己的观点。哈佛大学著名教授斯坦纳说过这样的话："没有无数据的观点。"从哈佛大学毕业后经商的那些精英们，始终坚信，只要是有能力挣钱的人，都不会是稀里糊涂的，他们都精通"算钱术"，并且也都不会去听信那些毫无依据的观点或言论。

一位犹太商人在导游的陪伴下参观一家专门生产精密收音机的日本工厂。这位犹太商人随即问一位正在紧张工作的女工："你每小时能挣多少工资？""月薪2.5万日元，先生。"说完，女工又埋头继续工作起来。站在一旁的导游希望能够回答这位犹太人的问题，可是他花了5分钟才计算出每小时的工钱数。犹太商人在女工回答完之后便已经依靠心算得出她每小时的薪水是25美分。当导游说出自己的答案时，犹太商人

已经从生产一架收音机的原材料费用以及女工工资中，计算出每台收音机所能赚取的利润。这就是犹太商人对待数字的态度。善于心算的他们，总是能够将这些数字烂熟于心，并以此作为经营判断以及对外谈判的筹码。

在商业这片宽广的海域中，数字往往能够精准地向人们反馈一个企业很多方面的情况。例如，一家企业的经营状况会全部反映在账目的数字变化上，根本无须去看库存、规模，只要看数字就能全方位地了解企业。

美国商人总是十分善于通过数字来思考、总结，用数字来管理自己的生意，同时也能够清晰地让别人信服自己的规模。他们懂得如何操控数字，让数字为自己服务，这也是他们的精明之处。其实，作为生意人，与数字打交道是在所难免的，那些成本、价格、利润、库存等，每项数字都需要精确，能够让人们一目了然。此外，这些数据在必要的谈判中，可以充当说服对方的有力武器，甚至可以让谈判双方的洽谈过程更加顺利，更加精彩。

想要在经商的道路上走得更远，作为企业的管理者，就一定要学会运用数学思维，它能够使你的大脑充分得到运转，给经商之路带去更多的裨益。因此，要想成为谈判高手，就一定要像美国商业精英那样处处使用精确的数字，完全避免使用"估计""大概""差不多"等含糊不清的词语，阻止这种让人容易对你产生质疑的不良习惯的蔓延。所谓商场如战场，容不得半点马虎，有的时候，一组不起眼的数字就能够决定你整场谈判的成败，有凭有据，方可让人更加信服于你。

谈判往往都是讲究锱铢必较的，哪怕是一个小小的数字，都绝对不能含糊，否则就很可能出现"差之毫厘，谬以千里"的遗憾。飞速发展的现代社会，数字的地位也越发显得重要，它为人们提供可靠的依据，甚至决定着谈判的成败。作为企业的管理者，培养对数字的敏感度越来越有必要了，这样才能努力做到有凭有据，使自己在谈判中表现出色，让对方不敢小觑你。

（八）准备多种方案，提出最佳选择

我们秉承的设计理念是用最少的元素体现最大的精致。我们可以为了找到一个简洁的解决方案而费尽心机，因为作为物质的个体，大家都能理解什么是简洁明了。

——乔纳森·艾夫 苹果工业设计副总裁，曾在哈佛演讲当你面对一场十分棘手的谈判时，如果能够在之前准备多种方案，然后再成功地运用心理战术，揣测对方的心理想法，最后提出最佳选择。那么，这家有多手准备的企业就会有更大的可能赢得这场谈判，并取得很理想的成绩。

其实这种所谓的心理战术一般都是十分具体的，同时又很微妙。它能够最贴近对方心理，又能够充当将其打败的利器。因为，当面对多种选择和方案的时候，大多数人都忘记了拒绝，而是选择其中一种自己认为最佳的方案。所以，在谈判的时候，人们可以提供多种方案供对方选择，然后再摆出自己的条件。这样一来，会把自己摆在一种更高一层的位置，也会为自己谋取到更大的利润。

曾经担任惠普公司总裁一职的费奥瑞纳上台后，惠普公司的股票上涨了近40%，并且公司的收入以每年15%的速度急剧上升，几乎是公司前任总裁在职时的两倍。2000年6月的一次会议上，她对惠普的经理们说："我们正在走上坡路，而某些竞争对手则在走下坡路。"基于这样的认定，她开始惠普的扩张之路，其中，就包括对康柏的收购。在与康柏联合的谈判中，费奥瑞纳又显示出了自己极强的谈判能力。

2001年4月开始，费奥瑞纳就一直向董事们提到惠普的主要对手康柏公司可能想与惠普联合。起初，所有的事宜还都很模糊，不确定。但是，她试探性地努力进展很快，不久就到了应该让董事会了解这次交易的一切有关内容，并着手采取行动的时候。

在激烈的谈判桌上，费奥瑞纳向对方提供了三个协议草案，康柏公司的代表方中有三位董事对这项并购计划十分感兴趣，还有四人保持中立且带有一定的警惕性。但是，三天后，惠普公司的董事会宣布将对康柏的收购提上日程。正是费奥瑞纳的多种方案，让对方意识到没有拒绝的余地，只是会在三种方案中寻找最佳选择。因此康柏同意收购也只是时间问题。

倘若当初费奥瑞纳只是单纯地提出一种方案，收购案很可能会在很长时间内无法提上日程。准备多种方案，能够让对方的选择意念大于拒绝意念，权衡利弊之后，最佳选择的出炉加速了谈判的进程，也正是费奥瑞纳想要的结果。

纵观世界商业史，绝大多数的商界精英都能够具备提供多种方案供人探讨的能力。在谈判中，准备多种方案的原则是很有必要的，也是十分具有智慧的。哈佛大学里，"多种方案"的思维模式相当盛行。哈佛大学的教授们认为，发散性思维能够协助人们更好、更全面地看待问题、解决问题，也能使人们在学会选择的同时，变得更加理智。

美国著名的企业家、科学家戈登·摩尔，在IT行业有一个神话。这个神话就是他用一条定律将一个企业带到成功的顶峰，这个定律就是"摩尔定律"。戈登·摩尔是一位天生的先行者，他也是一位善于催人奋进的鼓动家。摩尔天性沉着、平静，喜欢在岸边执竿垂钓，喜欢在湖上划船游憩。如此沉稳的他，总是能够提供多种方案来供他人选择，并且在提出方案的过程中，他自己早已经将最优方案分析出来了。往往在谈判的过程中，抑或者是在为他人答疑解惑的时候，摩尔总是能够针对一个点，找出多种论述的依据，来说服自己也说服别人。不少人都认为，听他一席话，胜读十年书. 他的发散性思维给人们带来太多的启发，也教会人们在企业管理中或者谈判桌上，都要学会准备多种方案，然后提出最优选择。

其实，多种方案给人感觉往往都是一种单选题。在谈判的时候，如果企业的代表真的能够拿出多种方案，那么一定会比如背水一战的一种方案，胜算概率大。简单地举例，别人问你是否要这个东西，你可能会吹毛求疵地直接说不要；但是如果别人拿出两种或者多种东西问你要其中的哪一个，这个时候你的大脑里会立刻将这些东西进行对比，然后再从中选择出适合的、喜欢的一个。这就是谈判中多种方案的巧妙之所在。准备多种方案，实则是掌握了主控权，而这种主控权就是谈判胜利的法宝！

哈佛大学始终给学生们灌输这种"多种方案"的思维模式，它不仅仅能够在谈判中为自己增加胜算，在与人沟通交流的过程中，也是一种强有力的武器。想要别人没有拒绝的机会，就要学会不给别人机会，提前准备得滴水不漏才能"Hold"谈判。

（九）持使用客观标准

对真理的最大尊敬就是遵循真理。

——拉尔夫·沃尔多·爱默生 美国思想家，曾在哈佛读书

随着社会的不断进步，放弃主观臆断，坚持使用客观标准去理性地看待问题已经被越来越多的人认可。不管是在职场还是在商界，不论你有多么理解对方的利益，也不管你有多么善于调和双方的利益，抑或者你对双方的关系有多么重视，你都无法避免一项残酷的现实即双方的利益发生冲突。当这种情况发生的时候，如果双方无法遵循客观的标准，仅凭自己的意愿是无法获得双方都能够满意的结果的。

例如在谈判的过程中，双方代表往往会产生分歧。为了解决分歧，谈判人员通常都很容易陷入立场上的争执，也就是围绕他们是否愿意接受条件展开激烈的讨论。有

的谈判者可能会要求调整方案，否则就不接受现有条件；有的谈判者可能因为坚持己见而要求对方做出巨大的让步；而有的谈判者则会做出大方的姿态，并且同时希望能够得到对方的首肯和友谊。然而，不管谈判双方在争执中表现得如何固执或者大方，这样的谈判都始终将重点放在他们各自愿意接受什么上。那么，谈判就会是以两种意愿的相互作用为主轴，失去了客观标准的支撑，这样谈出的结果就好比谈判者生活在荒岛上——没有历史，没有惯例，更没有任何道德标准。

如果单纯地用意愿去与对方进行谈判，那么这样的谈判既无效率可言又不友善，因为谈判的结果带有一定的绝对性，不是你让步就是他妥协。一场没有引入客观标准的谈判最终也无法达成符合标准的协议。既然凭借个人意愿去调节利益冲突得付出那么高的代价，那么要如何避免这种情况的发生呢？

1. 独立于任何个人意愿，换言之就是要根据一定的客观标准进行谈判

假设某企业管理者 A 已经与承包商签订了一份定好价格的房屋建筑合同。在合同中，A 的房子要求有钢筋混凝土地基，但是地基的深度却没有在合同中详细标明。承包商建议是 2 英尺（0.61 米），而 A 则认为地基需要 5 英尺（1.52 米）才能使这种房子接近正常标准。

可是，这个时候承包商却说："我答应了你提的房顶用钢梁的要求，你也该同意我的浅地基要求了。"或许任何一个思维正常的房主都不会答应，但是与其精明地跟他讨价还价，倒不如学会用客观的安全标准来解决问题。所以 A 可以跟他这样说："可能是我弄错了，也许 2 英尺就足够了。但是我希望地基的坚固性和深度能保证这栋楼的安全。政府对在这种土质上建房有具体的安全标准吗？另外，这附近其他房子也都是浅地基吗？这里会发生地震的危险性有多大？如果很大的话，浅地基不会造成潜在威胁吗？"

其实，与打一个牢固的地基相比，签一份好合同的难度要更大。客观标准完全适用于房主与承包商之间的谈判，也同样适用于商品交易、集体谈判、法律纠纷甚至国际谈判。例如，人们可以坚持协议价格参照市价、重置成本或公开招标价格，而不是仅凭卖方漫天要价、信口开河。

总之，在任何与人谈判的场合中，企业的管理者都要有自己的原则，依靠客观标准，将注意力放在问题的是非曲直上，而不能过分凭借主观臆断。谈判时，只认道理及客观标准，绝不屈服于任何威胁。

2. 制定客观标准

既然存谈判中要坚持客观标准，那么如何制定客观标准，又要如何在谈判中运用这些客观标准呢？

不论你运用什么样的谈判手段，提前准备都能使你表现得非常出色。因此，对于那些企业的管理者来说，在谈判前制定可供选择的标准则十分有必要，此外还要将它们很好地运用到谈判中去。

当客观标准确定以后，充分地利用它们才是最关键的。在与对方进行讨论的过程中，要与谈判各方围绕每一个问题共同寻求客观标准；努力做到以理服人，并且乐于接受合理的劝说以确定最合适的标准及其运用方式；同时，也要学会遵从原则，绝不屈服于任何一方的压力。总之，要坚定、灵活地遵循客观标准，使每一场大小不一的谈判都合情合理，符合实际。

哈佛大学对客观标准观念也十分重视，从哈佛走出来的商业精英都具有较高的心理素质以及文化修养，他们不会在任何一场谈判中屈服于压力和威胁。尊重客观标准其实就是尊重谈判本身，只有以客观事实为依据的谈判才能够真正给各方带来利益上的满足。

（十）了解对方的实际利益

一个人的房子，一个人的家具，一个人的衣服，他所读的书，他所交的朋友——这一切都是他自身的表现。

——亨利·詹姆斯　美国作家，曾在哈佛读书

案例一：在关于中国加入世界贸易组织（WTO）的谈判中，针对中国应该作为一个发展中国家还是一个发达国家进入 WTO 的问题，中国与其他一些国家出现了分歧。中国坚持以发展中国家的身份加入 WTO，可是一些国家坚决反对，导致双方争论不休，难以调和，似乎必须有一方妥协或者被说服才能缓和剑拔弩张的局面。

实际上，只要能够对双方背后真正的利益进行剖析，问题就会迎刃而解。中国之所以想要以发展中国家加入 WTO，是希望能够获取一些更有利于本国发展的条件。例如相对较慢的市场自由化进程以及对本国部分行业的补贴，等等。而那些持反对票的国家则是希望能够在某些行业中遵守更多的要求条款，继而保护各国自身的利益。一

旦清楚地了解这些利益上的纠葛，便能将争论的焦点转移到一些关于自由化进程以及对重点发展行业补贴的重新确定上。因此，针对这种实际利益，世贸组织成员以及中国，可以有选择性、有针对性地在各个领域制定出具体的条款。

案例二：1978 年，曾任埃及总统的萨达特同以色列总理贝京，在美国华盛顿的戴维营，就一项和平条约进行谈判。此次谈判，他们要针对两国之间的边界线问题达成协议，可是，由于立场不同，他们的谈判曾一度陷入僵局。因为他们都希望能够得到介于两国之间的西奈半岛。尽管一次又一次地重新划定，仍旧得不到最终的谈判结果，双方争执不下，使谈判很难继续。

如果再对他们背后的实际利益进行分析，就会发现很多问题。核心就是西奈半岛，那么埃及和以色列为什么都想要西奈半岛？埃及实则是希望维护其主权。自古以来，西奈半岛都是埃及领土的一部分；而以色列的"醉翁之意"其实并不在西奈半岛的主权上，它之所以想要得到西奈半岛，是因为它不希望埃及军队在任何地方接近"真正的"以色列边境。他希望西奈半岛成为"真正的"以色列和埃及边境之间的缓冲区。

所以，尽管立场不同，埃及与以色列还是可以有一致的利益的。谈判最终取得了成功，双方达成协议：西奈半岛归埃及所有，维护其主权的完整。但是埃及必须将大部分定为非军事化区域，作为以色列的军事缓冲区。

以上两个案例充分体现了在谈判中了解对方实际利益的重要性。因此，可以说谈判是为了满足这些实际利益，并且尽可能地促成双赢局面出现的过程。如果在谈判中没有切实地了解对方的利益，那么，将很有可能会导致谈判变成"立场谈判"，使各方都剑拔弩张的局面得不到缓解。最后谈判的成功必须要以一方的放弃为前提，如此一来，谈判便失去了其本身应该具有的功效和意义。

所谓"立场谈判"，其实还有一个经典故事经常被引用。讲的是美国第 35 任总统约翰·肯尼迪在执政期间，美国与苏联因为核试验禁令问题谈判破裂的事情。美苏双方都同意推行禁令，这也表示谈判向前迈出了重大的一步。然而，为了能够保证禁令顺利执行，美苏双方针对每年彼此都要允许对方到自己的领土现场调查可疑地震事件的巡查次数进行反复的探讨。

美国坚持每年不低于十次巡查，可是苏联却坚持巡查每年不得超过三次。正是由于双方的立场不同，导致谈判得不到调节，最终只能宣告失败。在此之后，一些专家就这次谈判的破裂事件展开讨论，他们认为，如果双方能够把各自立场搁置一边，将重点放在找出一个双方都能接受的巡查底线，以检视各自利益为重，那么谈判则有可能会取得成功。

其实，美苏之间的谈判没有针对所谓的"检查"做出详细的说明。所谓的巡视是指少量的督察小组前往一个特定的区域，并且于一个有限的时间内，重点调查对方国家可疑地震事件，还是指成百上千的调查人员，可以在更大的时间范围内对不同地震事件不加区别地进行盘查？如果美苏双方能够针对这个问题进行明确的限定，以平衡双方的实际利益，保护彼此国家的安全，那么，则是相对成功的解决方案。

从上面的例子中，我们能够看到，了解对方的实际利益并加以考虑，对谈判有很重要的作用。那么，如何才能切实了解对方的实际利益呢？

1. 学会询问并倾听

当谈判陷入僵局的时候，如果你想要从大局出发，从利益出发，就应该试着询问了解对方的想法或基准，抑或者直接询问对方真实的要求。在诸多谈判中，其实有时候实际利益并不是十分保密，不可触及。如果你愿意询问并且真心聆听，对方很可能十分乐意与你讨论什么对对方而言是重要的。

2. 学会换位思考

很多时候，如果作为谈判的一方，你能够站到对方的立场上去思考问题，洞悉其真实想法、实际利益，那么，"对症下药"就能够使谈判取得意想不到的收获。

总之，如果每一个身处谈判中的人都能够做到了解对手的实际利益，那么就可以将谈判破裂情况发生的概率降到最低。

走出哈佛大学的校门，那些能够在商界屹立不倒的精英们依然能够谨记利益至上的精髓。了解对方的真实想法，洞察他们的实际利益，才能在谈判中有的放矢地周旋、进退。

（十一）千万不要随意做出不恰当的让步

生活好比橄榄球比赛，原则就是：奋力冲向底线。

——西奥多·罗斯福

在商业圈中，有很多商业精英因为"吝啬"而出名。他们会为了自己的利益，在商业谈判中分厘必争。在他们的眼中，哪怕一分钱都有它的价值，都能在公司盈利与亏损上起到决定性作用。事实也是如此，对于商业精英们来说，不随意做出不恰当的让步是他们在谈判桌上所遵循的一种原则，也是为自身带来巨大收益的经营手段。

由于计划修建一座大型的发电站，美国电力公司需要购买一台特大型发动机，于是便开始公开招标。在那个时候，享誉世界的德国西门子公司十分自信地参加了投标，由于它的产品质量绝对堪称世界一流，所以在他们看来，这次的中标尽在掌握之中。于是，胜算在握的西门子公司将报价定的比其他所有公司都要高出一截，然后静候中标的消息。

然而，在之后公布的投标者名单中，西门子公司却意外地没有被列入其中。尽管西门子公司的代表四处询问，可依然还是杳无音讯。十几天过去了，原本以为这是煮熟的鸭子，可眼看就飞了。就在这时，事情又出现了转机，负责美国电力公司工程的

西门子公司总部

负责人马哈德，突然有一天约见西门子公司的代表，并且因自己工作中的"疏忽"表示"遗憾"，同时向西门子代表致歉。接着，马哈德又拿出了一份其他公司的投标书给西门子公司的代表，说："只要你们公司能够将报价降低到比这最低报价还低10%，我们就把订单给你们西门子公司。"请示过德国公司总部之后，西门子公司代表同意了这个条件。

当西门子公司代表按照要求将比最低报价还低10%的投标书送上去之后，马哈德竟然开始不接他电话，也不安排会见。一连几天过去了，美国方面都没有任何音信。西门子公司代表再次认为这桩买卖似乎又没希望了。可就在这个时候，马哈德又约见

了他，并且再次"致歉"，向他解释说耽搁了这么长时间是因为公司政策的规定，必须要等到投标结束前最后一份投标书的到来，马哈德表示他本人是十分希望能够促成与西门子公司的交易的。

马哈德又拿出了一份投标书，对西门子公司的代表说："真是十分不巧，就在昨天，我们又收到了最后一份投标书，但是他们的报价却比你们的报价还要低25%。如果你们愿意把报价再降低3%，那我就可以马上把合同呈给我们的总裁进行批阅。"面对再次降价要求，西门子公司代表通过电话请示了德国公司总部，并最终获得了批准。因为那个时候，正好赶上国际市场大型机电设备销售前景十分不理想，所以西门子公司总部只得极不情愿地降低了报价。这次他们再没有什么顾虑了，认为这桩买卖成了，只需要坐等中标的消息。

可是，几天之后，马哈德又约见了西门子公司的代表，他高兴地向代理人表示祝贺。然后又告诉他，又有投标者提出了"优惠"条件，所以这就意味如果西门子公司不提供同样的条件，那么最终"花落谁家"就很难说了。无奈之下，西门子公司只能步步退让，再次做出让步，最终，这桩买卖在这样的退让中画上了句号。

尽管西门子公司最后还是拿下了这桩买卖，可是却损失了不少应得的利益。实际上，马哈德在最开始的时候就已经看中了西门子公司的产品质量，但是他不急于表态，只是采取先不理睬对方的手段，成功地打击投标者的自信心，继而又点燃了对方的希望之火，让西门子公司庆幸自己还有机会得到这桩买卖。借助这样一种侥幸心理，马哈德不断地对其施压，逼得西门子公司不得不退让。最终谈判结束，生意是做成了，可西门子公司明显遭受到了利益上的损失。

西门子公司的退让事例，其实恰好警示了一些轻易在谈判中做出不恰当让步的谈判者，纵使最终谈判成功了，利益遭受剑了打击也是得不偿失的。美国电力公司工程的负责人马哈德，正是因为在一开始就占据了优势地位，才能不断地向对手施压，以达到控制对手，且最终赢得谈判，获得巨额收益的目的。因此，想要成为谈判高手，就必须学会谨慎从事。谈判的目的就是要操纵对方，并且不做让步。如果能够在谈判中占住绝对优势，那么获取最大利益则只是时间问题了。

谈判就是为了能够最大限度地保证自身的利益。因此，为了自身的利益，谈判者必须要像商界精英一样做到分厘必争，锱铢必较，力求保住那些不必损失的利益。为了实现这个终极目标，谈判者千万不要在谈判中随意做出任何不恰当的让步，因为哪怕只是小小的让步都有可能给自身利益带来更大的威胁。

（十二）化解冲突，赢得谈判又不失友谊

获得成功有两个重要的前提：一是坚决，二是忍耐。

——比尔·盖茨

在谈判的过程中，时常会发生一些十分不愉快的事情，例如双方因为利益冲突发生了一些争执。那些聪明且有远见的经商者，在面对这种情况的时候是不会局限于眼前的利益的，更不会为了一笔钱而大动肝火，从而损失一个长期的合作伙伴，他们更看重的是长久利益。因此，在商业谈判中，尽量化解冲突，能够赢得谈判而又不失友谊才是最高明的商业谈判技巧。

在这种情况下，沉默是一种很好的应对方式。很多经商者在一般的商业活动中，都会因为不了解对方而不轻易开口。因为沉默可以给自己争取应对的时间。恰到好处的沉默往往可以起到"无声胜有声"的作用。让对方先开口，那么就意味着自己赢得了思考空间以及应对机会。一些精明的谈判高手在遇到僵持局面的时候，都懂得适当地保持沉默，这样往往能够缓和一下不愉悦的气氛。必要的时候可以顺势转移话题，聊一些轻松愉快的话题有时候也能够让人暂时忘记冲突，忘记不愉快，然后继续保持友好的合作关系。

麦当劳快餐连锁店可谓是家喻户晓。其创始人雷蒙·克罗克，也是几乎无人不知无人不晓的传奇式人物。克罗克是最具有美国精神的企业家，他已成为当今创业者纷纷效仿的榜样。

1954年，当初次见到麦当劳餐厅的创办者麦氏兄弟时，克罗克就已经下定决心要加入麦当劳。终于，1955年3月，克罗克成功创办了麦当劳连锁公司。1960年，克罗克已经拥有228家麦当劳店面，其总营业额达3 780万美元。其中，占营业总额0.5%的18.9万美元的利金要归麦氏兄弟所得，但是麦当劳连锁系统一年的净利润只是7.7万美元。随着麦当劳连锁店规模的不断扩大，麦氏兄弟从中抽取的利金会越来越多。而且，当初克罗克在与麦氏兄弟签约的时候，有过这样一条规定，那就是克罗克不得对麦氏兄弟设立的快速服务系统做任何修改。如此苛刻的规定，严重地阻碍了麦当劳事业的发展。

面对这样的情况，克罗克又萌生了一个念头，并且很快就将其当作自己的目标——他要买断麦当劳。1961年初，通过谈判，麦氏兄弟最终答应出让麦当劳的经营权。这让克罗克看到了希望。然而，他们给出的价格却几乎是天价：低于270万美元不卖。其中，麦氏兄弟每人100万美元，税收70万美元，并且他们要求一定要是现金！谈判进行到这里，双方出现了争执。麦氏兄弟开出的条件让克罗克感到怒不可遏。

　　但是，克罗克毕竟是身经百战的商界精英。经过再三思索，克罗克从长远利益出发，最终答应了麦氏兄弟那苛刻的要求，化解了谈判冲突，并且继续维系了与麦氏兄弟的友好关系。终于，麦当劳餐馆的名号、版权、商标以及烹饪配方全部被克罗克买断。至此，美国的全部麦当劳快餐店都归附于克罗克的名下。

　　就这样，当初创办麦当劳的是麦氏兄弟，但是真正意义上的麦当劳快餐王国却是属于雷蒙·克罗克的，那全球瞩目的辉煌与成功都围绕在了克罗克身边。正是因为克罗克能够懂得化解冲突，从长远利益出发，才会最终赢得谈判且不失友谊，同时，最后的成功也证明了克罗克是一位十分有远见、有策略的谈判高手。

　　随着商界的风起云涌，谈判的模式不断地发生着变化，越来越多的人会选择用一种互惠的谈判模式，这种模式能够使谈判最终走向"双赢"，让谈判各方都满足自己的利益需求。哈佛学者也十分赞同这种既能化解冲突又能在赢得谈判同时挽救友谊的互惠模式。也有更多的商界精英认为，在谈判桌上，如果能够名利双收，避免冲突，那就是最成功的谈判。

　　双方发生争执的情况在谈判桌上难免会出现，如果这个时候有人能够适当地沉默或者迅速将话题转移，那么就能够起到扭转谈判局面的作用。然而，如果谈判过程中双方僵持不下，甚至连沉默或者缓和气氛都不能让这种冲突得到化解的话，那么这个时候坐在谈判桌上的你就应该放低姿态，冷静分析，尽自己最大的努力去化解冲突，用长远的眼光去看待谈判中的利益得失。

五、以合作精神谈判

（一）价钱摆在这儿——要么接受，要么拉倒

谈判是每一个优秀的管理者都要学习的艺术课程，能否以全优通过这门课，不仅取决于最终"判"的结果，还包括对"谈"的过程的考察，整体的效果才是艺术性的体现。

在任何一次谈判中，谈判者都是在做一个抉择。然而一个优秀的谈判专家绝不会忘记，坐在他对面的是另一个优秀的谈判者，僵硬而无趣的讨价还价非但不能博得好感，更是对谈判结果没有益处。理解谈判对手的利益至关重要，只有如此，你才可能使他做出你希望看到的选择。

永远记住，在迈出正确的第一步之前，先做到站稳深呼吸。在对方坐上谈判桌之前，你一刻也不能闲，最好的谈判者几乎不给对手留一丝机会。因此在谈判之前做足功课是非常重要的。

罗杰·费希尔和威廉·尤里在《取得谈判成功》一书说："应该将个人置于谈判之外。"要知道那意味着在谈判桌上谈判者需要将自己的情感放进收纳箱，否则，相信等待你的将不只是对方的下马威。

几乎蹩脚的谈判都会有一个共同的现象：各方都把工夫大多花在不断地捍卫、坚持自己的目标上，而不是共同达成于双方都有利的解决方案。

哈佛商学院的谈判学首席教授詹姆斯·塞贝尼斯指出，谈判成功的关键在于为双方共同创造价值，这就必须了解谈判对手的利益所在并影响其决策。

针对这个问题，有专家提出了"调查型谈判"的解决方法，其精髓是：谈判者必须拿出侦探勘查犯罪现场那样的精神来开展工作，尽可能多掌握一些相关事件及人员的信息。也许听起来你会觉得有点夸张，但正是这样的方式帮助打破我们常常会在谈判中遇到的僵局，让谈判顺利进行。

相比了解对手来说，另一件更难的事情是了解自己。如何评估自己的谈判能力，有专家提出了一个衡量指标，那就是谈判协议的最佳替代方案。这个方案也许可以理

解为最坏的打算，最好的补救。

这是一个在准备谈判过程中很重要、却又容易忽视的步骤：出去搜寻你的"谈判协议的最佳替代方案"，一个浅显的例子是，要求老板升职之前，为自己找到其他的工作机会，这将在你与老板的谈判桌上为自己增加不少砝码。

现场环境同样起到至关重要的作用。相比简单选择自己的地盘，费希尔和布鲁斯·巴顿提出的建议则更灵活些：选择能既符合自己的要求又让对方感到最舒服的地方，最好能有双方都需要的文件、活动挂图、白色书写板和专家。

一切就绪，拉开帷幕之后，作为谈判的参与者，你应该认识到，接下来的是战术、策略与勇气交织的战场。

然而，INSEAD 决策科学教授奥拉西奥·法尔考指出，真正掌握成功谈判艺术即"价值谈判"的人可谓寥寥无几。

从一开始和对方接触，就应该尽量与对方建立一种良好的人际关系。有很多谈判者表示对这一点有疑问："我尝试过合作性双赢谈判策略，我想与对方建立伙伴关系。不过，对方把我当成敌人，他们咄咄逼人，所以我不得不与他们针锋相对。"

在这一点上，法尔考认为，合作性双赢谈判策略可能更受人们的推崇。因为有些人天生不喜欢与人为敌，在商业环境中也是如此。

在谈判过程中不可能完全剔除感情因素。更好的选择是，利用情感建立一种友谊，以加快工作。"我相信你们也同样希望这次会谈有圆满的结果"，这样的话语对谈判桌上的气氛有很好的积极作用。在建立互信并逐渐加强合作的基础上，谈判高手认为，要实现谈判目标，争取对方的真正认同远比强迫对方勉强顺从更为有效。

如果对自己的目标和能力有较大信心，可以通过在第一轮提议为谈判定调，把最终结果提前定位在这个方向。关于主动性这方面，有一项有趣的研究测试：将相同的房产信息发给若干中介，中介们拿到的信息中唯一不同的是预期市场价格，结果是，拿到不同预期价格的中介们给出了分别相对应"适合"的报价。

但是如果对方没有花工夫收集必要的信息，或没有想清楚他们的利益所在，那由己方来定调就最有效果。谈判专家建议：如果不想被别人牵着走，就不要过分还价。

不能排除遇到卑鄙狡猾的对手这种情况，你要发怒然后大吵吗？读到这里你应该能做出正确的选择了，在就事论事并且不针对人的基础上，发掘潜在的利益关系。而在话语方面，可以挑明对方的招数，然后建议继续谈判。

一旦出现可能签约的迹象，要注意小心谨慎地循着这个方向收尾。大多数谈判人员把通过谈判而成功签订合约作为最终的目标，而不是作为一项合作项目的开始。现代社会的谈判专家认为，公司及其谈判人员必须从签约式谈判观念向执行式谈判观念转变，这就意味着为建立长期健康的合作关系铺平道路。

但是，尤里也建议，不要紧逼对方和催促自己。在最后一刻因为收尾的细节问题而导致失败的例子虽然不多，却也令人警醒。最好的交易并不是在谈判桌上结束，而是从谈判桌上开始。

竞争性谈判固然好，合作精神更容易指向双赢的完美结局，一个优秀的谈判专家，谈判之前准备充分，步步为营，掌控全局，关注细节，双方在谈判这场表演中携手演出一台好剧，既是敌人，又是朋友，一场酣畅淋漓的谈判结束后，那就谈论一下好天气吧！

（二）谈判工具箱：漫长的拔河式较量中如何实现既定目标

谈判，每个人都有自己的风格和方式，但最终目的是一样，就是要达成交易。卡耐基·美伦大学的一位专家玛格丽特·尼尔说，有很多方式会把事情搞错，谈判中存在很多绊倒人的陷阱。

该如何跨过陷阱，抛弃错误的作法，选择正确的途径，最终达到己方的目的，每一个谈判专家始终在追寻答案。这是因为谈判本身受很多方面的影响，对手、环境、利益、竞争与合作，无一不对最终结果造成或大或小的影响。

专家罗杰·J.沃尔克玛建议，在准备谈判之前先确定三个关键因素：我的目标、对方与我谈判的动机、我的备选方案。

谈判前，企业需要准备几套谈判方案，分别针对利益最大化问题以及让步的底线，使自己和对方都有灵活选择的余地，这在一定程度上降低了达成一致的难度。要知道，因双方利益要求差距太悬殊，而陷入谈判僵局，甚至最终失败是常见的例子，时刻提醒着各位谈判者要更注重灵活。

人们通常只有在认为你能帮助或会伤害他们的情况下才和你谈判，应对对方的利益出发点、利益目标、利益需要的迫切程度，以及谈判代表的个人情况，做全面的了解。知道得越多，掌握的主动权就会越多。

INSEAD 学院组织行为学助理教授罗德里克·斯瓦伯认为，在重要的商业谈判初期阶段，目光接触有助于摸清对方的底牌。然而，解读眼神时不宜过于自信。

现在你对自己和对方都有了清醒的认识了，可以施展拳脚了吗？还不可以，你一定希望自己能够比对方更加有谈判的资本吧！那么，备选方案是极其重要的。备选方案使得你不会受到即将到来的谈判限制，如果没有达到预期的标准，你应该有补救的措施；甚至说一旦失利，还能潇洒自如地离开谈判桌，这都是备选方案的功劳。

握着你手中所有的准备材料，胸有成竹地走向谈判桌吧！这一刻，谈判者的心里应该都是紧张的，但是，专家告诉我们，不管你觉得多么慌乱，此时你应该告诉自己，你是掌控者。就算这是别人的房间，就算你不知道你跟对方的薪水差了不是一个数量级，你仍是掌控者。你需要对自己负责，对整个谈判气氛负责。

加州圣塔莫尼卡喜剧演员罗伯特·皮卡特对此总结了"丛林法则"："假设你面前的每一个都是丛林中的一头熊，如果你表现得惊慌失措，那么招致攻击的可能性便会加大。"

比尔·克林顿是一个很好的丛林勇者，"他和人们交流，会完全吸引人们的注意力。过不了多久，整个房间的注意力就都集中在他这边了。"

谈判场上的气质是可以通过后天练习得到的，你需要记住的是：不要漫无目的，不要散漫轻浮，让你的听众了解你的重要性，你在那儿，你需要让他们听到你的声音。

大多数人所想的只是他们想努力向别人传达什么，但如果一开始你就吸引了众多的注意力，那你可以放心大胆地在座位上准备说辞，因为绝对有人在等待着你的发言。

在谈判中，应该不断发问以尽量多地了解对方；可以通过解释、提问及总结谈判进程等手段来检验自己是否理解正确；最好适时地表明对方的行动正如何影响你方；先解释，后反对。

商务谈判是对谈判人员的综合考验。巧妙地运用谈判的策略和技巧，掌握进攻艺术，步步紧凑，赢得谈判的胜利。要掌握防守艺术，通过沉默、休会、转移压力、适度妥协等手段进行有效的防守。

当对方提出看似无理的要求时，谈判者通常会采取一种自我保护的态度，即："我该怎么拒绝这种要求？"更好的态度是："对方抓住这个问题不放，这说明了什么？我能否从这种诉求中看出对方的需要和关注点？我该如何利用这种信息来创造价值，从中获益？"也许这样的方式往往能为公司创造更高的利润。

总的来说，心理上要首先战胜对手，语言上要抑扬顿挫、彬彬有礼，同时把握时机铿锵有力地表达你的坚定的立场，借助你的肢体语言传达给对手你很专业。

当然，在谈判过程中要随机应变，许多的谈判容易受到对手情绪的影响。例如某次谈判中，你的谈判对手刚刚做了一笔漂亮的生意，或者中了乐透大奖，使他在谈判中不禁喜形于色。对方高昂的情绪可能就使得谈判非常顺利，很快达成协议。然而，你也会碰到个别不如意的对手，情绪低落，甚至对你可能大发雷霆。

简单来说，成功谈判的关键在于清楚知道己方的需求和目标，这跟传统的拔河区别在于，你的智慧、谋略、勇气和耐力全副武装上场，有了这些，面带微笑，整理着装，在合约书上签名吧！

（三）打破"零和"谈判思维：任何交际活动都有可能称为一种"正数和游戏"

"也许一个经常参与谈判的人应该少看一点好莱坞大片，因为这些会让你一边吃着爆米花，一边接受正邪势不两立的固定思维。"说这句话的人是一个常年忙碌于谈判桌上的专家，因为我们现在要学习打破那种"我赢你输"的老想法了。

对许多人而言，有赢就意味着有输。然而目前更多人倾向于使用像协作谈判、共同解决问题这样的词汇。这样的词汇其实在告诉我们，任何交际活动都有可能成为一种"正数和游戏"，那意味着，谈判结束，你和我可以一起带走利益，与之相对的，过去那种胜负分明的谈判游戏已经不适合了，我们把那种对应地称作"零和"。

可以这样认为，把谈判比作一场足球赛，"零和"思维就像1:0，大败对方。而实行协作谈判的结果是2:1，让对方也能进球，不是抱着个0回家，当然，更酣畅淋漓的也许是经过长时间的较量之后，还有一个点球大战。那就要看双方的意愿和耐力了。

有人问了："这和我在经典教材上看到的可不一样，跟正统的谈判技巧冲突了吧？"

传统的做法是：摆出极端的立场，在艰难的让步与拔河之后再提出折中方案。但你有没有想过也许让步不是唯一的做法？谈判专家戈登会告诉你："双方应该寻找一种创新方案。这是因为，如果有一系列可接受的结果，则必然有一组结果优于可接受结果中的最低限度值。"

运用合作性双赢策略的谈判者并不是"好好先生"。人们常常把合作性双赢策略误解为软弱。

通常持这种观点的人们认为双赢策略是一种天真的想法，因为他们是"零和"思维的忠实拥护者。如果在谈判过程中积极主动，把对方当成合作伙伴，在争取己方利益的同时考虑到对方利益，将产生循序渐进的动力效应。

这一点在体育活动上可以体现出来，竞技体育虽然要求胜利，但往往运动员最和谐、感觉最舒服的动作能取得最好的效果或者拿到最高分数。

让我们回到谈判桌上来，谈判双方应该以诚相待，让对方觉得没有必要时时心存戒备，谈判双方就不会对对方意见有抗拒心理，也不用把各自的权势带到谈判桌上来，试图以权势压倒对方。

如果你觉着自己很难从"一心打败对方"的强硬思想中抽身，那专家会告诉你一条原则：寻找使对方获益的方案是符合自己利益的。那是指双方互帮互助，共同实现利益较大化，提出的互惠方案越富有建设性，谈判双方就会越满意。

其实这个道理可以从谈判的本质中得到，谈判是通过说和听的交替过程，以达到个人谈判的目的，而这种说与听的交换方式即为人与人之间的沟通。一个公司要想获得可持续的竞争优势，就必须以一种长久的、协作的方式与其盟友、供货商、客户及其他人保持关系。这意味着你要把这个说与听的交替过程要延续更久更稳。

目前已经有顾问公司采用了系统化的分类工具，称之为最大限度提高公司的"谈判收益率"（returnonnegotiation，简称RON）。计算和改善RON可以为公司的账本底线带来显著利益，而且不需预先做大规模投资。分别通过考究技巧和行为，关注谈判工具，建立使用的激励机制，关注公司潜在的文化及其思维倾向等进程来实现。

例如，相比许多公司根据销售员当季的销售额进行奖励，优秀的公司更加倾向于观察是否与客户建立起伙伴关系了。

实际上，在这一项极具诱惑力的游戏中，如果你自己使用这种方式，那么也能诱使对方也参与进来。如果能达成一项于我们双方都有利的协议，采取比较灵活的手段、比较有建设性的态度，尽量减少互相的伤害。当这一点解释清楚之后，相信更多的人不会愿意选择一场硬碰硬的游戏。

该如何运用你的模式来解决冲突——比如罢工？

一个商谈的方案，可以使双方自由交换意见，这将为提出合作性谈判的方案有很大的帮助，前提是有谈判组织者制定基本准则，这一点至关重要。尽管在谈判中双方的利益冲突总会在一些领域无法完全调和，但当你努力追求"正数和"游戏规则时，你会发现，真正的零和游戏事实上并不多。

（四）坐在谈判桌同侧

有一种竞争意识过度的症状称为"有限资源综合征"。表现为不允许在讨价还价中对方有所获利，如果发生了，必定认定自己有所损失。

在实际情况中，谈判者往往能达成一种令双方都比既定目标获益更多的协议。对症下药的建议是，与其将谈判看作是一种必分输赢的零和竞争，倒不如和谈判者坐到谈判桌的同侧。

正如生活中经常会出现这种想法，在给人帮忙之后，那么在其他的事情上往往能得到别人回报的。

选择这个生意合作的价值在于交换，那意味着在其他生意上可以期待得到你的帮助与支持。生活中的互助体现在商务交往中，不难看出，可持续生意的一种很重要的模式。

给别人缔造的价值，与对方可能提供交易的价值，这一点经常被人忽视。

"关系是企业组织中长期被忽视的一个方面，"达特茅斯大学塔克商学院教授、伦纳德·格林哈尔希说，"如果想一想在个人、团体和企业之间所发生的一切，你就会发现管理效能在很大程度上依赖于各种关系。"

交易从来都不是单笔买单，如果能及早和你的对手建立起一种积极的关系，对手也能亦敌亦友，当危机来临时，也许大海中的求救信号能找到合作伙伴了。

和别人打交道时应该抱着以后还将再次合作的心态，如果你不想这样做的话，小心迟早有一天你的合作伙伴也将变成充满报复欲望的敌人。最好是让别人对你怀有一种信任、和睦和友善感，因为每个人都知道报复的威力，尤其当你处于弱势的时候。

越来越多的人正逐渐认识到指挥—控制的方法在管理企业时并不奏效，在谈判桌上也是如此，那些有能力号召同伙拿起武器不惜一切代价打败敌手的人选，并不适合做公司的谈判代表。盛气凌人、喜欢争辩的人都很难有效地建立战略关系。

长期的合作关系来自一种劝说和交流的天赋，并有能力理解同盟的需要，然后清楚地表达出来。

在老旧或者狭隘的公司，最大限度调动雇员积极性的方法是让他们互相竞争，然后给优胜者奖金、加薪或升职等奖励。而从长远来看，合作才会真正有利于公司的发展，如果一个员工的胜利意味着另一个员工的损失，对公司是毫无益处的。

同样，在双赢情境中，谈判双方都从谈判中不同程度地得到他们想要的东西。始终不会有人空手而返。一旦获得双赢的结果，谈判双方会更加努力寻求更好的结果。

曾经与波士顿瑞士第一信贷的前董事一起合作做风险投资基金的 Jessica Stillman 这样描述他："他是谈判方面的天才，每个人都喜欢跟他做生意。"

他在谈判中最喜欢用的技巧是，将他的对手抬高，一直把他捧到天上，这是一个比较极端的方法，但是你不得不承认的确很有效。他不怕装成房间内最愚蠢的人，尽管他可能是最聪明的。他可以问他想问的任何问题，所有人都想在他面前显得很聪明，他们会尽可能详细的回答他的问题。这样一来，他会有更多的机会与对手交流并且发问，对方处于心理高地，也会愿意来与他交流，直至最终握手签约的时刻。

如果谈判双方没有调控好自己的情绪和态度，甚至对对方抱着消极的感情，即不信、敌意，与此同时还自己固守，忽视交涉双方的共同需求，这样会使得交涉和谈判变成是一种"胜负"或"你死我活的战争"，而对方也很容易出于面子的心理需要，对妥协和必要的让步进行抵抗，谈判成为僵局甚至面临失败。

如果你想要一场双赢的谈判始终要记住谈判要达到什么目的和遵循什么标准的问题，那就是，谈判应使得双方都得到商务发展的机会。因此，应该尽量保证谈判要达成一个明智的协议，谈判的方式必须有效率，谈判应该可以改进或至少不会伤害谈判各方的关系。最后一点尤为重要，也是专家们一直强调而被大多数人忽视的关系问题。

所以，尽管是对手，但时不时地让对方感觉你跟他坐在谈判桌的同侧，双赢将不再只是一个理论，一个喊出来的口号，而是看得见摸得着的实际利益。

六、谈判构建并维护战略联盟

（一）恭喜——你已从大堆被选者中挑出理想的合作伙伴

"谈判就像婚姻，经过了种种考验，走向谈判桌，即将签下重要誓言。"的确如此，这样的比喻十分贴切。

依靠良好的沟通建立战略关系，适当的透明度会增加相互信任，而信任则会巩固关系，当然，从中获取的信息越多越好，因为信息就是力量，但彼此之间又有一定的底线，不可以欺瞒的同时又不能完全暴露，需要保持神秘感。

谈判是好生意的开端，但最初的阶段并不是这个而是挑选谈判的对象。

这一阶段的要点是将不稳定的伙伴剔除出去。因此，米切尔·李·马克斯说："用追求这个词来描述最初阶段的行动再贴切不过，因为最终的目标是建立起一种关系。"

在明确关系之前，应该考虑多方面的因素。包括是否有着共同的利益，或者互补的优势，而这些都需要数字来说明。我们将这些候选公司称为预期合作伙伴，年度报告、剪报和公共关系都是很有用处的资料，当然不要忘记找他们的客户谈一谈。

如果你能参加行业会议，了解该公司的长远计划，这将更有利于你的选择。马克斯说："你所预期的伙伴公司应该在发展目标上与己方公司保持一致。"

当然，很重要的一点是你在挑选伙伴的同时，你的伙伴也在选择合作对象。迈克尔·C.唐纳森——米咪·唐纳森说："务必让你的预期伙伴了解你希望与其建立联盟的想法，要让对方知道你们会面的原因。不要等试探出对方的意思后再摊牌，不过计划的细节最好是等真正来一起讨论的时候再摆出来，可以让自己在尚未确定对方是否有诚意之前不致泄露具体计划。"

从大堆备选者中挑出理想的合作伙伴之后，拿出你的诚意和能力，对那家幸运公司展开追求攻势，谈判成功的要点在于找准双方共同的意见和目标。用追求来形容一点都不夸张，而商务谈判是至关重要的环节。

但是谈判构建不是一件容易的事情，需要各方面的积极因素共同影响。

首先拥有一支强力的谈判小组很重要。共事的谈判人员脾气各异，而交流风格更是差异很大，这些额外的因素都有可能导致进展缓慢。但是谈判人员应该具有决定权，并且能够理解谈判桌上任何出现的问题所潜藏的管理意义。对于不同风格的谈判人员，不应该将他排除出去。

专家认为，只有一种因素可以影响某个人在小组中的位置，那就是他对团队目标的支持程度。也就是说对整体目标有所帮助的每一个人都应该吸纳到你的小组中来。

己方准备充分之后，则应该双方说明各自的目标或需求。沃尔克玛说，诚实是最重要的因素。这一阶段的目的是展示出你真正的兴趣所在，不要掩饰，也不要建立顽固的形象。

在双方交流的过程中，信息共享同样起到很重要的作用。在谈判中，信息常常被视为力量而秘藏起来。协作必须从一开始就纳入整个过程，"应该公开、明确地表达出自己的期待与承诺。"这一点已经得到了许多谈判专家的认可，但联盟或伙伴关系为己方公司带来的全部潜在利益（即公司从中获取的潜在价值）则不需讨论。

在谈判中我们不应抛弃直率、坦诚的态度。如果谈判者之间缺乏信任，必然有一方感觉很失败，而即便最终加强了伙伴关系，双方也仍会互相敌视。

专家多兹警告说，谈判中不要把对方当作敌手。在之前的准备工作中，已经为双方营造了健康成熟的谈判环境，双方共同的目标应该是互惠互利。这样如果谈判成功，这种态度还会继续有利于现实的伙伴关系。在这个基础上，还应该做到，明确彼此的底线，这样不至于谈判的界限不明确；同时如果双方有何种感受，也可以鼓励大胆说出来，这都有利于彼此的交流。

应该注意的一点是，在研究的基础上，还应该积极提问，但是所提的问题应能填补信息的空白，澄清一些不清楚的议题。在提问的同时准备好回答，这才是一个好的合作伙伴应有的态度。

唐纳森说，当谈判接近尾声时，小组的领导应该将所有达成共识的问题进行总结。这样不仅可以保证每个成员都以相同的视角来看待整个谈判过程，同时可以创造一种乐观的气氛；争论一个接一个地得到解决，每一个人都非常满意。

总而言之，了解沟通就是谈判双方建立沟通的桥梁，加强相互了解。一旦建立起沟通的桥梁，双方有了某种程度的信任，下一步就是进入实务谈判，最后一步是定论阶段，要么达成协议，要么失去合作机会。

现代谈判者应该注意眼光长远，不局限于本次的谈判，在正确选择谈判合作对象的同时，更要在谈判以内和以外都维护修缮双方的关系，这就直接决定，下一次是否还能在谈判桌上见到彼此。

（二）个性化、个性化，再个性化——让你的提案成为首选

作为一位管理者，不论提案多么完美，如果不能够被采纳，一切都是白费力气。花言巧语或许可以帮我们一两次，但是靠正确的方法就能事半功倍何乐而不为呢？按

照下面的建议，你可以将你的提案个性化指数大大提高。

提案的重点要突出。作为一个管理者，应该熟知 80/20 法则，最重要的建议往往掌握在少数人手中，而实质性的内容更是占据了更小的空间。

反应提案关键的是执行摘要。就像一部电影的预告片，执行摘要需要通过引人入胜的强调手法激发观众的兴趣，在有限的篇幅里传达所有的关键分析、能力及利益，呈现内容的精华部分，并且帮助观众确定是否继续投入时间和精力。难怪萨福德将执行摘要称之为"短小精悍的书面演说词"。

一个不成文的规则是：执行摘要的长度应该是整个提案长度的 10%～15%，这也符合 80/20 法则。其撰写需要对提案有深刻的理解，并能简明扼要、掷地有声地传达和读者直接相关的利益。

麦肯锡曾提出一个题目让员工思考："如果给你一分钟的时间面对总裁，你会做什么？"几乎所有经验丰富的顾问给出的结论是：一次给总裁 10 个建议，这对总裁来说太难了，而且很容易让人抓不到重点。但是一次给出一个或两个建议，能让大部分总裁都做得不错。

让客户的要求指引整个提案的建立过程。提案不能只是罗列自己能做什么，而应该表明能为预期客户做什么。普华永道的股东，全球广告、商标和营销专业研究员迈克尔·凯利曾说："好的提案会着眼于满足预期客户的需求，而劣等的提案只讨论自己的背景。"用公司历史来做提案的开头是很糟糕的选择。

在提案的撰写中，视角的选择也应该是预期客户。普华永道根据预期客户的需求，特别强调了公司历史中某些相关的部分。在介绍你公司总体能力和专业知识的同时，要强调具体的、客户可能关心的利益及价值。制作一份标准的履历，以充分展示那些对预期客户来说非常重要的经历。同样在提案陈述中，我们也需要以对方能够理解的顺序来开展，而不是自己的顺序。

有事实为证的提案，魅力无穷。避免给出这样的结论："你们公司市场占有率不高，因为产品太差。"要知道这只是现象，根本没有给顾客指出解决之道。日本管理大师大前研一刚做顾问的头 10 年，足迹遍布整个日本，美国 50 个州就到过 49 个，这说明什么？一个有说服力的提案，必须有事实作为后盾，根据事实锲而不舍地为顾客找出问题的真正原因，然后提出解决的方法。

正如赫尔曼·霍尔茨在《专家教你如何撰写提案》一书中写道："撰写过程中花在

研究、分析、设计、调查或做其他准备工作上的时间应该至少不少于撰写提议本身所花费的时间。"

模板可以节省时间，但确是个性化提案的天敌。提案中若出现了公式化语言，就如同见到邮箱里的垃圾邮件，很容易被识别，然后被丢弃。模板甚至会传递给对方这样的信息：这个项目太普通，太不重要了，所以不需要任何个性化的内容。除了标准的合同、利率单以及专卖和非财务声明等，不要再用模板了。

"独家授权公司""经验非常丰富"之类含糊不清的自吹自擂，也是很多提案惯用的字眼。殊不知，它们只会让对方对你的信赖大打折扣。告诉对方"我们准备了一本50页、规格为64×97的小册子，其中包括一份操作性很强的清单，并在每一章的结尾都附有10个问题，以确保他们理解清楚，"比吹嘘说"我们将会提供非常实用的手册"，要有说服力的多。甚至像类似"提案"这样的定性标签也要尽量避免使用。描述性的说法可能会更好，如"一份全面的计划书，通过经济划算的目录管理以提高质量"。

图表能清楚地传达信息，而且在解释复杂问题时特别有效。各个大公司里都会有一套基本属于商业机密的专业图表，可以用来解释所有广告策略、逻辑、顺序，等等问题。重点突出、利益关系标注清楚的表格尤其有影响力。

当选择突出某一方面时，我们甚至可以运用比喻来让它变得更引人注目、意义更丰富、印象更深刻。例如，一位发电厂的经理在解释环境治理项目中公共事务所涉及的三个因素时，将之比喻成"三条腿的板凳"。这个比喻生动地表明，需要三条腿来共同支持公众的理解。

这些都是不错的办法，从问题的提出到调查，到解决方案，时时需要记得把个性化的标志加进去，把他们付诸实践，那么你的提案就能活起来。

（三）合适的框架拯救提案的命运

框架是可以决定人们的思维方式，而这往往都有一种固定的模式，指导自己的行事方式。

搭建好的框架，或者说合适的框架，不仅可以让你的提案引人注意，还能使它更具有说服力。在现代商业社会，提案的成功是商业行为的前提。

心理学家丹尼尔·卡恩尼曼和阿莫斯·特韦尔斯基认为，人们总有固定的心理倾向，他们偏爱一些选择，而回避另一些。

因此，如何帮助人理解你的提案并采纳，比喻是一个好帮手。比喻可以帮助我们用一种事物理解、体会另一种事物，并引导我们类比运用比喻中所包含的规则及价值。

对同样的项目，不同的态度会有不同的比喻。一个项目的支持者会用一列正驶出车站的火车来比喻，而不同的比喻会促使我们关注问题的不同方面。比喻的作用正是使人们倾向于他们易于接受的一面。但是比喻的内涵有时会导致危险。因此，在重要的场合，尤其要注意不要乱用比喻。

除了比喻以外，心理学也能帮助框架的确定。研究表明，积极或消极的框架都对人们决策的方式有重大的影响。积极的框架毋庸置疑，但在适当的情况下，设定消极框架也同样有效。

例如在反映问题时，可以这样设定建议的框架："现在如果撤出，那以前所有的营销努力都将付之东流。"这是因为人们往往对自己的决策质量抱着一种积极的幻想。

在完成了说服工作之后，应该确定这方面的预算。如果没有真正关系此事的人，提案可能会不了了之。

另外，应该注意一个建议就够了。最简单的比方，如果一个销售人员给顾客太多的选择，就好比同时拥有两个手表，会让他们犹豫不决。给顾客提出的建议必须是经过深思熟虑、调查和验证后的方案。也许 10 个选择不如一到两个选择更加有效。

上面说的这些都能帮助使我们的提案更容易被接受，而一个好的提案还需要包括对手公司的动向、客户公司的现状、客户公司存在的问题、解决的方法、有事实为证的建议、解决问题的计划步骤，正是这些方面构成了提案的完整性。

有时候我们得到的结论并不是真的结论，而只不过是现象。哈佛商学院客座教授马克斯·巴泽曼和斯坦福商学院研究员玛格丽特·尼尔共同进行了一项谈判试验。当他们为某个集体谈判试验设定框架时，即告诉谈判或者当前合同的协议对他们和委托人来说都将是一种收益，这时较多的谈判者能成功签订协议，并且认为结果比较令人满意。

人们的思维方式决定了，一旦我们觉得对某物拥有所有权，给它的定价通常会高于实际购买它时所愿支付的价格，你必须相信，在你购房的过程中，许多有经验的销售员会努力在客户心中建立起这样一种物主权，即将所有他们出售的东西都定位成

"你的"。娴熟的谈判者会尽力在谈判过程本身创造出一种类似的物主感，如何利用好这种物主的感觉，并且避免自己被这种感觉影响，对于提案框架本身来说也相当重要。

具体到提案本身的框架，也有很多要注意的地方。首先找出问题所在点，设定改善目标的方法，在研究问题解决措施计划实施的基础上，还应该涉及评价改善成果以及稳固改善成果的方法。

更重要的一点是深层次地打动顾客的心，还应做到，我们在构建提案的时候，不是根据我们认为合理的顺序，而是对方能够理解的顺序。

巧妙的使用比喻和人类心理机制的潜在力量，设定框架，影响对方的理解和反应。良好的框架使提案更容易被接受，也能发挥出更好的作用。

（四）"一步到位"是泡沫年月里傲慢自大、急功近利的心态

要想使关系持久发展，就应该做非常系统的安排。要从战略高度来看待这个问题，并制订出周详的交流计划。但许多人往往就犯了急功近利的毛病，顾名思义就是对一时的得失看得过重，所有思路和工作都围绕着一个近期的目标，为了眼前的利益而忽略或者是放弃了长久的利益。

想要一步到位，是急功近利的外在表现。引起的原因主要有以下几个方面，证明能力、现实魄力以及过高的要求和目标。

许多管理者通常都是在基层锻炼过，并取得良好业绩，于是有的人饮水思源，觉得一定要在自己的岗位上做出成绩，而陷入急功近利的泥沼。还有些管理者是空降到一个公司的，初来乍到，为了证明自己的能力给老板和手下人看，就必须在短时间内拿出像样的成绩。急功近利的做法也就自然出现了。

急功近利危害不言而喻，例如，对于合作的公司或者团队中的个人，因为他们的态度或者工作效果不够满意，管理者不愿意花时间去理顺和他们之间的关系，干脆换新人，这样做必然会造成组织架构的动荡，甚至会造成强烈的反弹。

还有一些期望一步到位的表现就是经常变动计划，却很少有能真正坚持下去，这样造成的结果是团队成员无所适从。对计划和政策经常改变，缺乏一个长期的能稳定执行的方针政策。在这里，经常会犯的一个错误就是随心所欲，以眼前利益为首位，这样必定会经常更改已经订好的计划。

　　为了维护本公司的利益，谈判者的通常做法是压榨代理商的利润空间，以换取自己公司的利益最大化，这也是急功近利的一种表现。当代理商的利润被压榨，厂家的利润自然也就得到了提高。但这是一种极为短视的做法，这样对于建立良好的关系有百害而无一利。

　　更适合的做法是，在谈判过程中应该从长远出发，摒弃急于求成的做法。重点是应该从交易本身转移至联盟关系管理上。

　　目前，专家倾向于将联盟描述成一种战略关系，针对这种关系，谈判者要做的是执行、并维持日常管理联盟关系的方法。然而大多数公司往往并没有认真对待这个问题。最容易掉以轻心的想法是认为总会有一只无形的手将联盟关系引上正途。

　　惠普和戴尔电脑长达8年的联盟关系最终破裂使一些人开始考虑为什么联盟关系现在已不再吃香。但国际商业教授本杰明·戈梅斯—卡塞雷斯指出："我觉得惠普和戴尔的分手并不能说明什么问题，对手之间的联盟关系往往无法善始善终。"

　　彼得·佩卡尔是霍利亨·洛基·霍华德及朱金投资银行（位于华盛顿市）的国内联盟主任，他补充说："毫无疑问，企业会继续选择通过结盟而不是新建或购买来刺激增长、增加财富。"其中一个重要原因就是：随着兼并和收购的失败，联盟关系已经成为公司增长财富的最好工具——尽管许多公司在管理联盟关系上问题百出。

　　急功近利的危害不仅仅限于过快地改变，还有犹豫不决的时候。当谈判者在各方面发现自己的所作所为并没有达到预期的目标后，有可能会对自己产生怀疑，甚至变得瞻前顾后，犹豫不决。空调市场最好的时机是在夏天，但是犹豫不决的领导者会将这个期限一直拖延到秋天，这不得不说是一个令人遗憾的事情。

　　让我们将谈判中的重点放在获取长期的联盟关系上，只有在达成交易之后这种关系才真正开始。而那些成功的公司往往能做到管理联盟关系的经验转化为公司制度。"实施了联盟管理制度化的公司80%会获得成功，而那些没有制度化的公司则只有10%获胜的可能。"专家指出。

　　从长远的角度来讲，建立培训中心，与培训机构公司结盟，花大量时间来培训员工以获得更好的效果和更高的效率。但遗憾的是，很多公司并不愿意做这方面的工作。

　　为了提高效率，最好的办法当然不会是急功近利，而是尝试从其他方面进行改进。首先，应该确保参与谈判、建立联盟关系的人员参与到联盟的管理之中来。其次，恪守所做出的一切承诺，包括会面的日期和资金抵押的责任。另外，主动找出对合作伙伴来说至关重要的利益，这样可以消除在揣测对方行为过程中引起的摩擦。

很重要的一点是，当处理具体问题时，最好不要急于提出解决方案。《如何达成协作》一书的作者戴维·斯特劳斯说："那样只会让人们走极端。相反，应该一步一步构建共识，在对问题的定义和分析上达成一致。"

在谈判之前做好充分准备，在谈判整个过程中建立联盟合作的关系，但更重要的是如何系统审视这样的工作。仅仅评估联盟公司的商业及技术改革中的重大事件还远远不够。评估联盟的情感健康状况与评估技术因素同等重要，甚至更为重要。

某些公司会采取更有效的措施。例如，每年一家第三方公司都会将一份由 70 个问题组成的调查表发给双方公司的联盟关系管理人员。这些问题集中关注了沟通、冲突管理和组织价值观等关系到战略运作以及文化建设等层面。

这样的方法往往带来的结果都是好的，因为可以更加积极地改进各方面的内容，使得合作双方能在一个积极的环境下来制定共同决策的协议。制定协议的时候可以由双方公司派出的若干来自不同职能部门的主管组成特别小组，列出彼此关心的重要决策，将它们分类。针对这些问题，确定关键作用的人选，分配任务，为各种不同的情况做好应对准备。这样一来，公司不仅能有效地管理其联盟关系，更能有其他更多的收获。

避免急功近利，抛弃一步到位的想法，彼此谦虚礼貌的条件下更能取得高效。在谈判合作双方的努力下，将形成一个更科学更实用的载体，帮助找出难题的解决途径，通过多步规划与合作能取得超越一步到位的成绩。

（五）作为商业过程的谈判已不再是一种可以遇见的偶发行为

每一个成功的管理者心中一定有一点是确定的，针对一连串的商业活动作业流程进行管理，透过各种科学的方法，从而确保企业中各种商业活动的执行成果能具有一定的水准和精确度，让企业能保持市场上的竞争力。

需要提醒的是，在现代社会，谈判已经是一种公司之间最经常的交往方式，或者说，不再是一种偶发行为，而是正式的商业过程。针对这个商业过程，如何着手，各个环节如何串联，并持续改善活动的进行方式，跟所有的商业过程一样，谈判也应该明确，需要经理必须做出哪些关键决策，哪位经理负责哪项决策，在多大程度上负责，必须作为一项极其关键的内容得到重视。

作为商业过程来说，一个良好的过程非常重要。因此仅仅告诉谈判组"你们带回来的结果不能少于多少"是不够的。

简单地说，谈判的开端是正确合适的指示。谈判者需要更详细具体的指示和谈判，与其简单交代谈判组一个数值，不如告诉谈判者在多指标要求下进行尽量地最优解选择。而多元化的要求往往包括：需要满足的关键利益、最佳替代方案以及谈判中应该铸就的工作关系，等等。

第一步是只管重要的，决定了整个谈判过程的管理成功与否。有专家指出，在没有专职协调人员的背景下，内部协调往往比外部沟通更加复杂。这也是阻碍谈判流程规范化的原因之一。

当公司将谈判作为一项固定的商业过程看待，并进行规范的流程管理时，那也就意味着不再让谈判者自己摸索前进的道路，而是采用一些标准化的方法和工具来指导他们进行准备工作。

某位跨国公司总监抱怨，在他领导的一个与大银行的谈判中，在做出承诺之前，他必须获得超过 160 个内部同仁的批准。这就是许多谈判者都面临的尴尬境地。一旦没有得到满意的效果，重新运作又是人力物力的成本消耗。

于是，有人声称内部沟通困难重重，由于每一个部门利益诉求不同，汇报流程不同，直接导致谈判过程往往只兼顾了核心参与部门的利益，缺乏大局观。但是事实证明，当谈判前的跨部门合作成为一种既定制度以后，一切并没有想象中那样复杂。

有准备的谈判，往往都能享受系统化带来的价值。没有准备原则、策略及谈判程序，对不同的供应商对应的谈判策略也没有相关研究和规定，由此而产生的随性的做法常会在实施过程中产生巨大的问题。

针对这些不符合商业过程规划性的行为，拿出解决方案，将系统规划变成既定的规则，这时，可以选择坐在谈判桌上了。谈判过程作为这个商业过程中最主要的一部分，双方采用的谈判方式也是可以改进的。

在之前确定的准备流程基础上，谈判过程已经有了一个很好的环境和前提，但需要注意的是谈判过程中，谈判各方就实质性事项进行磋商的全过程，是谈判的关键阶段，也是最困难、最紧张的阶段。在这个讨价还价的阶段，如何从磋商前的运筹、研究对手、讨价、还价等基本阶段也能做到商业过程的规范化，这一点十分重要。

传统的谈判往往结束于签订协议的这一刻，这一时刻主要来源于把握进入成交阶段的迹象。但是作为一个完整的商业过程，需要在签订协议的阶段防止由于急切心理而出现的失误。

选择时机结束谈判，对于敏感问题是否可以延后再谈，突然让一步还是强硬起来，这些都是收尾的时候应该想到的问题。在签订协议之前，双方态度都已经确定下来，就可以握手签字了。

但是一个规范的商业过程往往还涉及后期的处理，总的来说就是评论总结阶段。一个成功的例子是，某公司使用总结模板来记录经验，记录谈判达到有效结果的过程，对谈判的时间、地点以及采用的谈判方式进行详细的分析。同时对结果不好的谈判过程进行总结，针对谈判的对象进行评估。而这些评论和总结的结果可以输入到工具和数据库中，为以后的谈判过程做好笔记工作。

在现代的商业社会，将谈判转变为一种真正的商业过程是大势所趋。在规范了商业市场的同时，也可以为合作双方带来巨大的投资回报。而成功转变的商业过程更是预示着更高价值的交易和不断增长的机会。

（六）影子谈判，打破僵局

影子谈判是由德博拉·科尔布与朱迪思·威廉斯共同提出，通过决定谈判的方式，采用深藏不露的判断和估价，以及迫使谈判结束的计谋复杂的游戏。善于运用影子谈判的谈判者往往可以使用没有用语言表达的态度为成功的谈判定下基调。

两位谈判领域的专家向我们展示了一整套如何思考谈判过程的新思路，这种思路就是在拥有清晰的洞察力的前提下，研究如何改变自己弱势地位的游戏计划，从而做到运用机谋应对各种谈判形势。

影子谈判的运用关键在于不再将全部注意力放在谈判的内容上，而是放在谈判之前、之后以及谈判的方式上。成功的引导可以改变谈判双方原本的相对地位，甚至谈判形势。

政治家在这方面往往运用得更为娴熟，尤其当需要改变自身的弱势地位的时候。

美国总统罗斯福在竞选时期就有过这样的成功案例，当时他准备向选民散发一本精美的小册子，以此争取选票。这本小册子封面的照片版权属于芝加哥的莫菲特工作室，按美国法律，未经授权在宣传册上擅自使用照片可能使竞选委员会向莫菲特支付每册 1 美元的赔偿。印刷新的宣传册已经来不及，而继续使用将导致竞选丑闻，同时竞选委员会也很可能面临巨额债务。

这时候影子谈判起到了很好的作用，竞选委员会的总经理乔治·帕金斯当天给莫菲特工作室发去电报："我们正准备散发一些封面上印有罗斯福照片的小册子，对于被我们选中使用照片的工作室而言，这将是一次很好的宣传机会。如果我们使用贵工作室的照片，你们准备支付我们多少钱？请迅速回电。"莫菲特工作室虽然没有遇到过此类情况，但是在谈判老手帕金斯的强硬和权威下，同意考虑并且支付 250 美元。

正是由于影子谈判的作用，帕金斯从工作室的角度引导其忽略版权问题，设定新的谈判目标，不仅化解了危机，还赢得了谈判。

谈判是就引起双方冲突的问题达成协议，有关权力和影响力，如果在谈判之初就建立和谐、诚挚和相互合作气氛将有利于获得积极有效的谈判结果。同时，谈判策略至关重要，应该是灵活的。谈判过程中融入了谈判者的自我认知和定位、换位思考、谈判对象的分析与激发、语言信息的组织与强调、谈判渠道与方式、谈判的文化背景等。

谈判中占主导地位利益，谈判的基调是对抗性的还是合作性的，谈判者将如何彼此较量，这些都是谈判过程中非常重要的问题，一方面，谈判者需要弄清楚正确的处境，另一方面，更应该努力使谈判进程向自己有利的方向发展。

专家介绍，影子谈判是一套系统的谈判方法，因此针对不同的谈判形势有着不同的谈判策略。

影子谈判中介绍的策略主要有以下几种：推动、重构和尊重策略，这也是目前应用范围较广，使用效果较好的几种策略。

专家认为谈判者需要审时度势之后采用不同的策略。例如，推动策略可以促使不愿意谈判的对手坐到谈判桌前来讨论问题；重构策略可以绕开受到对方抵制的僵局，使得己方更容易被接受；毫无疑问，尊重策略可以更好地促进坦诚的沟通，避免个人冲突，使双方就各自的需求和观点充分发表不同的意见。

在实际工作中，会遇到双方都无法坐到一起谈论问题的情况，这往往是由于处于资源有限的弱势地位与看不到谈判的必要性造成的。这时候，有必要使双方都意识到这种相互的需要，这是谈判的基础。通过推动策略，如提高维持现状的代价，可帮助各方认识到谈判的必要性。利益刺激、施加压力和寻求盟友是常用的推动策略。

重构策略主要关注影响对方对意见和要求的接受程度的因素，如议事日程、谈判前的基础工作和任务受关注的次序等。重构策略中经常采用重塑谈判架构的方法，体现了谈判中的换位思考，换一种角度来分析谈判双方。

尊重策略可以改变谈判的基调或气氛，使双方能进行更为友好的交流和协作。通过帮助他人保全颜面，对方感受到尊重，同时也关心了对方的形象，自身形象对于谈判者来说常常与协议的具体细节一样重要。

影子谈判策略在谈判桌下和谈判桌上都有着极佳的表现，如果你还从未使用过这种低调却又有效的谈判策略，也许你应该一试。

（七）利用"相机合同"驾驭未来

未来是多变的，尤其在瞬息万变的商场中，如何采用高效的方法驾驭未来，对于每一个公司来说都是挑战，而相机合同正是针对未来的分歧而言的。优秀的管理者可以对未来的趋势和走向有一个大致的估计与推测，但是每个人的推测标准和观念都受到很多因素的影响，这时候分歧就出现了。

很显然，分歧对于谈判来说不是一件好事，由于对未来发展趋势看法不同，谈判双方最终没有在具有共同利益的方面达成协议的事情经常发生，这是因为双方都坚信自己对未来的预测是正确的，不愿意为对方的错误判断做出任何让步，类似的僵局几乎很难被打破。

正是在这种情况下，专家提出了一种简单有效的方式，利用相机合同，可以很好地避免陷入僵局。但在产生分歧的情况下这种合同经常为人们所忽视，而这一类条款只在有争议的不确定事件真正发生之后才会生效。

目前相机合同的使用并不广泛，这里的问题出在哪里？近年来有专家针对谈判桌上的行为进行分析，总结了人们忘记相机合同这一利器的原因。

首先，当谈判双方陷入了分歧的时候，僵局的出现打乱了谈判者的计划。往往许多谈判者意识不到在该情况下可以使用相机合同，错失良机，这其实还是由于对此不熟悉造成的。还有一部分人将相机合同看作是一种赌博行为，这一类人通常坚持传统的商业方法，因此比较排斥把它应用在商业经营中。除了以上这两种，还有大部分公司没有掌握制订这类合同的系统方法，而这也成为阻碍相机合同得到广泛运用的最大阻碍。

相机合同的最初版本是一种被称为后备协议的合同应用在目录零售商与生产商之间。零售商应允购买一定数量的商品，而生产商则同意在目录寄给消费者之前，先按订单将部分商品发给零售商，剩下的部分作为后备商品，零售商将视销售进度决定以最初报价买下后备商品或当预期销售不能实现时，按协议支付罚金并取消后备商品的订单。

在商业活动中，人往往就是最大因素，体育比赛更是难以预测，而相机合同就曾经很好地应用在了 NBA 的队伍管理上，创造了高产值的同时也开辟了合同的新方向。

明星前锋丹尼斯·罗德曼需要就新赛季的合同与公牛队老板进行谈判。但他捉摸不定的行为和常常缺席比赛成了签订这次合约的一大障碍。因为在赛季合同中球员的收益是固定的，这就说明即使罗德曼没有参加比赛，公牛队也必须付钱给他。于是一份极具激励条件的合同诞生了，罗德曼在新赛季中的酬劳有一部分是固定得到的，而剩下的，也就是相机合同部分是要根据他在新的赛季的表现中来决定的。这一项合同不仅保证了公牛队老板的效益，也在很大程度上促进罗德曼更加为球队效力。

相机合同的提出者认为，在越来越变幻莫测的世界里，灵活的相机合同很可能比刻板的传统合同更加理性而且风险性更小。虽然在许多商业谈判中，这种相机合同可能被忽视，但它的优点还是很突出，并且在许多情境下都可以使用。

相机合同可以让我们重新来认识"分歧"。近年来，一些谈判学的研究者指出，分歧往往对谈判具有建设性的作用。因为正是有了分歧，谈判各方才会仔细权衡，才有可能最终达成互惠互利的协议。而相机合同正是利用了分歧，并使分歧得以发展下去，从而才能创造价值。

例如，某咨询公司为集团公司在低谷时期提出了扭转计划，但是这个集团公司同时面临着 1 亿元的收购，在这种情况下，这家咨询公司提出和集团公司签订一份相机合同，它可以向那家集团公司提议，其实也是撰写相机合同的过程，只有两年后当该集团能以超过 1 亿美元的价格卖掉该分公司时，自己才收取超额部分的 25% 作为咨询费，否则分文不取。一方面，这种提议维持了双方的交易，另一方面这种提议会使集团公司认为，咨询顾问对自己提出的扭转计划充满自信而且很有合作诚意。

从人的倾向性角度考虑，各方一般都会坚持自己是对的，并且不希望自己妥协，特别是涉及经济利益的时候。相机合同正是应用于两个截然相反的未来场景，反映了谈判双方不同的倾向性，因此各方都认为情况会像他们所想象的那样发展，因此每一方都很乐意接受这一合同。

在商业谈判中还有一种场景经常出现，那就是信息不对称，这是谈判都面临的问题。谈判双方都希望能得到对方客观真实并且可靠的信息，因此信息的不对称性使谈判者感觉自己处于不利的位置，导致的结果是容易报价过高，或因为害怕被欺骗而错过一笔好交易。

例如，某公司向生产厂家订购一批货物，但不能确信货物能否在约定日期之前到达，但生产厂家却坚持是可行的，在这样僵持不下的局面中，可以提出采用相机合同。合同可以约定两个公司都跟踪货物的全部运输行程，如果货物在禁令开始实施之日前到达，买方将支付全部费用，反之，则要卖方承担运费。

尽管相机合同不能应用于所有的谈判场景，但是对于存在矛盾并且出现分歧的谈判过程，它能发挥巨大的作用，并且一定能扭转局面，使双方都收益颇丰。

（八）商业谈判不要面对面

面对面谈判，顾名思义就是谈判方直接地、面对面地就谈判内容进行沟通、磋商和洽谈。这种谈判方式属于传统的方法，甚至在日常生活中也很常见。人们通常认为面对面的交流是最好的沟通方式。

然而，专家罗德里克·斯瓦伯却告诉我们，与他人面对面沟通并进行目光接触并非总是最佳的方法，包括在重要的商业谈判中。

研究的结果没有确定的答案，有一些案例肯定了面对面交流的好处，而另一些研究结果却刚好相反，认为目光接触可能反而不利。

因此，只能说，面对面的谈判恐怕并不会一直有用。

面对面的谈判方式是最古老、最广泛使用的谈判方式，其优缺点并存，因此商务谈判方式的选择应以充分发挥面对面谈判方式的优势为原则。一般地，在比较正规、大型的谈判以及谈判各方相距较近的情况下，面对面谈判比较适宜。

如果谈判各方认为面对面谈判效果较好，是可以选择面对面谈判的，但往往不能立即判断出是否可以采用。

经研究，目光接触和眼神传递往往也存在缺陷。首先，轻易地面对面，会使谈判对手了解己方的谈判意图。谈判人员的举手投足、语言态度，甚至面部表情都可以被用来推测意图以及最终目标。

面对面的谈判方式，往往要在谈判期限内做出决定，这就难以充分利用谈判后台人员的智慧，因而要求谈判人员有较高的决策水平，较短的决策时间也增加失误的可能性。

泰戈尔说过，任何人一旦学会了眼睛的语言，表情的变化将是无穷无尽的。一个人的内心活动，经常会反映到他的眼睛里，而对方透过眼睛就能看出其中的大概，这是每个人都很难隐瞒的事实。

因此目光接触和眼神传递在人们不了解对方的情况下大有助益。当双方没有强烈的合作或竞争意向时，目光接触是可行的。但是谈判者还是要记住，解读眼神时不宜过于自信，这和解读面部表情一样，毕竟靠运气的成分居多。

但在很多情况下，还是应该避免面对面的谈判，另辟蹊径。倘若协商的双方已经有所冲突，正面的目光接触则不可取。双方存在分歧矛盾，甚至是已发生严重冲突时，将双方分隔开反而更有利。

在现代商务活动中，电子通信方式的大量应用也为解决这个问题提供了方法。当分歧或谈判冲突面不大时，电子邮件和即时通信是改善交流的好方法。

耶鲁的研究者认为他们已经掌握了眼神接触的真理。他们认为眼神接触越多的人，精神越奋发进取。但在进一步的研究中，研究者发现眼神接触对于男人和女人的影响是不同的，这也就是说，男性和女性的交流方式有显著差异，这其实也就从另一个角度证明了面对面的谈判并不适用于所有场合。

女性受到更多的目光关注的时候，容易对看自己的人产生亲密的感情，就像两个女孩在一起玩时，则更喜欢面对面坐。而对于男性来说，不一定是这样，当他们被其他男性看太久的时候，较容易产生敌意，甚至会产生被威胁的感觉。

"至少在西方文化下，男性会尽量避免直视对方，他们认为那样做是一种支配性姿态。"斯瓦伯说。

这在商业谈判中的表现直接影响谈判效果。目光接触往往为互不相识的两名女性带来助益，而对两名互不相识的男性来说效果恰恰相反。

也许对于男性来说，电话和电子邮件的交流反而是消除他们之间屏障的一种好方法。

但总而言之，交流方式的影响很大程度上将取决于协商双方的关系，取决于双方是否有强烈的竞争和合作意识。

在谈判过程中，还可以通过选择对方不太擅长的交流方式，这样做将有力地压倒对方，而为己方赢利。

专家称，无论是面对面还是即时通信，都需要根据对手以及谈判的目的来选择谈判方式。采用自己擅长的谈判方式，将为自己赢得了更多的时间和机会，在谈判中尽占优势。

谈判之前，确定相应的谈判方式，是很重要的。卡耐基先生在这方面有着很成功也很丰富的经验，他的成功也正是建立在这些经验之上，了解对手是成功谈判中必需的准备，只有在这种准备的基础上，才能选择具体而有效的谈判方式，面对面，或者不见面，都能使自己立于不败之地。

七、在压力下赢得谈判

（一）顽固的谈判对手只是隐藏在骇人咆哮背后胆怯的纸老虎

相信经历过谈判的人都会同意谈判桌上没有轻松一说的观点。压力就像空气一样遍布在谈判桌的每一个角落，谈判各方在承受着压力的同时又在制造压力。

在处于压力之下的谈判者会临阵退缩吗？在面对看起来非常强硬的对手时，为了保证达成协议，如果他们选择了退缩，那对方会不会利用这一点呢？

一个轻易就被压力击倒的人不会成功，在谈判桌上更是如此，而一个不懂得分解压力的人恐怕要长期与失败为伴了。

有的谈判者说："在谈判桌前似乎连空气的流动也会加快。"如果懂得如何避免压力还可以巧妙的制造压力，将为自己开拓更好的局面，进入良性循环的过程。避免压力并不是逃避，而是化解和转移压力，将这些压力转移到谈判对手身上。

首先可以从压力的来源入手，相信很多人都有这样的体会，在谈判桌上经常遇到一些态度强硬甚至不讲道理的对手，我们将这种称为强硬型谈判者。

　　强硬型的谈判对手往往情绪激烈，态度强硬，他们习惯在谈判中趾高气扬，不习惯听对方的解释。如果你遇到这样的谈判对手，你最好做好各种心理准备，以应付各种尴尬场面，但这些人在谈判中其实是虚张声势，而且喜欢动不动就对对手进行威胁恐吓，这是一种强硬型的谈判方式。

　　自身拥有优势以及性格原因都是造成强硬的来源。因为自身拥有优势者总是不愁他们的东西卖不出去，他们往往表现得高傲地面对其对手，这一特点表现得尤为鲜明。

　　面对强硬的对手，逃避和硬碰硬都不是好办法。逃避可能是因为觉得自己的自尊心受到伤害，表现为不愿再与对手发生任何关系。这样一来，双方都失去了交易机会，可以说，强硬者往往会失去销售出其产品的机会，而同时又使对方也失去获得优良产品或技术的机会，以至造成两败俱伤。

　　事实上，对于强硬者的谴责和弱者的同情在谈判桌上丝毫没有作用，真正起作用的是弱者如何有效地去对付强者。

　　迪克曼及安·坦布伦索所进行的研究表明，如果对方认为你的作风强硬，那么对你来说是非常有利的。相反，如果你认为对手比较可怕，那么在谈判中你的表现很可能就会让对方变本加厉。

　　如果你感觉到彼此应该认可的条款却不断被否定，自己越来越迷惑。这种迷惑将引发压力，人的心理承受不了如此大的压力，谈判者将被引诱去做出错误的决定，而目的仅仅是为了缓解压力。这是对方的谈判策略，所以千万要提高警惕，不能中计。

　　这一点对于谈判新手来说尤为重要，专家对谈判新手的建议就是，千万不要被对方强硬作风的声势所吓倒。因为新手一般会倾向于高估对手的气势。如何在强硬的对手面前保持镇定，尝试与对方沟通。等到经验丰富的时候，你会发现对方其实非常灵活友好。

　　而且，你可能还会很惊讶地发现，原来大多数人只是隐藏在骇人咆哮背后胆怯的纸老虎。因此，进行反击之前，最好先了解一下对手如此强硬的原因是什么，是上级的指示还是谈判技巧，其原因是个人的性格和作风还是其他，在摸清情况的基础上，有的放矢，才能取得好效果。

　　根据上级的指示而强硬的，最好的办法就是直接去找他的上司；如果这是对手的一贯作风，那么就准备好打消他的气焰吧！

　　实际情况的不同决定了谈判者采用不同的应对方法，例如诉诸法律、新闻曝光。

但控告还是不可以任意采用，一般是不得已的情况下采用的维护正当权益的方法。利用新闻媒介的影响力进行宣传和揭露，制造舆论压力，或者以此种方式对对方进行警告，表示自己有可能采用这种方式。

现在无论是报社还是电台、电视台都设有新闻热线，所以，如果你某些权益遭到损害，而对方又蛮不讲理时，就可以向报纸、电台、电视台投诉，寻求舆论支持。

如果这个对手一直以来以顽固著称，有时直面其顽固做法反倒会更好。"一旦把对方以强凌弱的行为目的揭穿，他通常就会立刻停止。"哈佛谈判计划组资深顾问马克·戈登如是说。

从最原始的谈判开始，双方从来都是互相施压的，如果你能使对方多一分压力，交易就能多一分达成的机会。通过对方法的研究，在充满压力的谈判桌上实战练习，一定能增加自身的抗压能力，到时候就能在交易中拿到应该属于你的东西。

（二）工作谈判达成协作的基本步骤

一般新手谈判者往往会希望能将谈判总结为有章法可循的过程，但每一个具体的案例以及不同的谈判双方都将导致不同的谈判结果，但在变幻莫测的外表下面，谈判过程还是有其基本的步骤。

首先是观察阶段，也就是审度情势。这里比较提倡退后观察，一定要拉高战略高度，看一下我们所处的谈判情境。离太近意味着无法看清整体形势，因此在底线的前提下一定的后退观察是很有用的。

在观察阶段，应该较为细致的考虑各方面问题，弄清楚双方的时间压力、强弱地位、是否需要结盟或僵局、逼对方谈判的时机，以及跟我方谈的诱因。

当然，如果信息足够，谈判者还会在另一个方面下功夫，那就是："对方的个性如何？是什么样的人？"

全面掌握某些人的个性、风格和背景，可以帮助你预测他在谈判中将如何行事、他在谈判中会做出什么反应，你对谈判对手了解得越多，你做出的选择就会越有效。你与谈判对手之间的共同话题，比如拉小提琴、打高尔夫球，甚至是孩子，这些话题在谈判桌下例如饭局中，可以成为双方轻松愉快的话题，为双方的良好关系打下基础。

尽可能了解对方的文化和有关人员，特别是代表对方的谈判人员，这些信息资料还能帮助你避免失礼。如果你的政治和宗教信仰与对方的不同，你该知道在私人谈话中应该避免谈论政治和宗教问题。

经过第一阶段得到了众多问题，接下来就应该是直面问题。这个工作要绝对诚实，目的就在于认清对方的强势和己方的弱点。

这个可以通过分析很多因素来总结，例如预想取得的谈判结果，对己方的需求和利益的评估，谈判协议最佳替代方案的讨论，对谈判议案与双方利益的评估。

谈判桌下的工作结束后，双方坐到谈判桌上来，这称之为坐定聆听阶段。在这一阶段，我们需要完成的工作是从容听取对方的描述，认真了解所有的问题和愿望。

在谈判的初级阶段，谈判双方彼此应充分沟通各自的利益需要，在聆听的基础上多向对方提出问题，探询对方的实际需要，从而弄清楚对方的真实需求。

我们认为，在谈判中有的人会倾向于迷惑对方，让对方不知道你的底细，不知道你的真正需要和利益所在，但这并不是谈判的一般原则，需要适度的把握，因为如果你总是误导对方，那么最终受损的有可能是己方，例如不给对方一个较真实的情况有可能导致对方漫天要价。

在坐下来交谈和倾听之后，应该对整个事情有合理的了解，确保己方所有成员都彻底认清局面。双方彼此沟通，了解对方实际需要，但是以此达成的协议并不一定对双方都是利益最大化。此协议也可能并不是最佳方案。

在商务谈判中往往最容易被忽略的就是全局观念，仅仅把眼光放在己方的目的上，而不从全局去考虑。如果谈判者能从全局的角度出发去充分创造、比较与衡量，通常能够获得最佳的解决方案。否则，导致的结果就是谈判者往往总觉得谈判结果不满意，或者总有一点遗憾。

结合上面的做法，在一个谈判的团队中，应该针对已有的资源、存在的问题、可预期的未来进行评估分析。这一阶段需要团队进行合作并创造价值，坚持己方的原则基础上寻找对方可以接受的方案。

接下来就是提出可能的时候了，把所有的准备都派上用场，提出一个双方都满意而归的方案。提出方案之后，可能要做一点让步，这是成功谈判的必要一步，如果死守着自己的利益一点都不敢放手，有可能使谈判陷入僵局甚至关系破裂，这必然是谈判各方都不愿意见到的结果。

谈判到了尾声，考虑收尾问题，签订协议，最后一步千万不要忘记，那就是建立关系，其实这一点很容易被人忽视，但是却贯穿整个谈判始终，谈判是来解决问题的，针对事情而不是人。因此，人际关系应该与谈判的争论区分开来，无论是谈判中还是谈判结束，都应该努力保持一种真实、积极的关系，无论是对当前项目的合作还是公司的长远发展来说都是一件好事情。

谈判其实并没有严格的步骤，从谈判桌下到谈判桌上，需要的是智慧和果断，在坚持谈判的基本步骤的基础上，不断总结经验与教训，甚至可以考虑记录成册，都将为以后的谈判中的优秀表现打下基础。

（三）转变谈判观念，安抚敌手——那些吱吱呀呀作响的轮子

在日常生活中，冲突是一种不可避免的并且正常的现象，谈判中就更是如此，企业在利益上不可能不存在冲突。通常的情况是，当其中的一方感觉自己的利益受到另一方的威胁或者相应的个体之间的利益不一致时，冲突就会发生。

事实上，冲突往往具有两面性，它在损害组织的效率的同时，也可能激发双方的创造性。因此掌握冲突正确的处理方式是非常重要的。

而谈判本身作为一种协商和讨论的过程，就是重要的而且有效的冲突处理方式，如何在谈判中抑制冲突的破坏性而利用其建设性，成为目前谈判学家研究的重点。

管理学家芭芭拉·A·布贾克·科尔韦特在冲突解决和谈判方面积累了丰富的经验，她在著作《谈判与冲突管理》中独树一帜，强调了在谈判过程中隐含的心理学因素和社会学因素以及谈判者个人方面的因素。而更重要的是，这本书还对人们头脑中的一些先入为主的观念提出质疑和挑战，从而达到转变读者对谈判的传统想法，而最终的使用目的是同时改变他们的谈判方法。

相信一个成功的管理者应该明白，如果一个人总是采用与他自己的人格和性格不一致的做事方式，往往很难有效。

专家的建议是谈判者可以从本人积累的经验以及谈判领域其他一些专家的经验中提炼出最好的方案，并把这些建议与心理学和社会学的基础知识完美地融合在一起。

如何正确地解决冲突？应该有两个重要的因素，第一是正确认识冲突，第二是转换观念与思路。

值得庆幸的一点是，人们对冲突的认识是在不断变化的，从片面否定冲突到冲突

的二重性，而冲突的原因又是多样化的，包括目标、资源、任务、报酬分配、文化差异等。很显然，在这种情况下，谈判是有效解决矛盾和分歧的一种沟通方式。

在此基础上，专家建议我们可以换一个角度去看问题，许多人发现在谈判中，双赢局面其实很难实现，往往在战斗激烈中，很难思考对自己来说该如何达成双赢的结果。

因此，转换观念不失为一个好方法。最近关于这一话题的研究都表明，尝试将解决冲突当成一次旅行的方式都是有效的。因为以这种方式看待冲突及解决冲突，就会发现其实它们是企业行为的本质不可或缺的一部分。而专家彼得·M. 凯利特和黛安娜·G. 多尔顿更是指出："冲突是企业组织中固有的存在物。"

大多数人都不喜欢冲突，因此我们总倾向于安抚敌手——那些吱吱呀呀作响的轮子。我们想要的只是维持平和的局面，因此经常出现一方大发雷霆而另一方选择息事宁人。而更坏的结果是这种为和平付出的代价将成为对手为自己谋得利益而使用的伎俩。

因此一味地维持和平，更准确地说是压制冲突，似乎对现状起不了太大的作用。因为冲突是一个无法改变的已存事实，因此，要做的不是压下不管，相反地，更应该直接拿到桌面上来处理。

专家肯尼思·克洛克说："压制冲突是对邪恶的容忍，对不公的赞同，这种做法本身就是该被压制的。"

当然处理冲突的方法不只是做一个了结，包括带来其他的影响。就一个公司内部而言，冲突也是无所不在的。当总裁宣布终结你和营销部的相互争吵时，可能他会说："够了！每个人的预算都比去年减少3%。到此为止。"

有的专家会建议在差异存在的时候，主动使其变成冲突，这样一来就会逼着大家去正视这个问题。冲突让大家停下脚步，并且诚实面对眼前问题的严重性，但是考虑到双方关系的基础，时机是所有解决冲突的关键。

不过可能最好的办法还是双方共同解决问题，这是在冲突存在的情况下最好的预想了，尽管实现起来有一定的难度。

无论是个人还是一个成功的企业内部，都需要追求一种平衡，从而来解决冲突，不管是内部的还是外部的，都需要调整与适应。

而针对外部的谈判，比较困难的是与惹不起的客户谈判，当与这种对手产生冲突的时候，以弱对强变成了每个人都感兴趣的题目。

这个最重要的是心理上的不恐惧，所以有专家提到不要对客户投入太多的感情，那样只会一味让步妥协，却无法凸显解决问题的重要性，同时还要提防客户情绪化的勒索。态度温和，立场坚定，成为谈判专家最为推崇的方式。

从重新认识冲突及其解决之道开始，在谈判中，对于那些吱吱呀呀的轮子，是一味地让路还是阻止它的前行，采用什么样的新观念和方案来处理冲突，是一个值得思考和讨论的问题。

（四）为优势谈判——献给明智谈判者的攻略手册

大多数专业人员都不是天生的谈判家，尤其当你所在的环境并没有一种讨价还价的文化时这个问题更是凸显。而谈判本身的多样性也决定了这种本身的缺陷存在，也就是说，即使你是一个非常有合作精神的人，在谈判一陷入僵局时同样有可能表现不好。

衡量谈判的三个标准被认为是明智、有效和友善，而排在第一位的就是明智。从最终目的上来看，谈判的结果应该是明智的，因为没有人愿意为一个不明智的结果耗费时间和精力去交流、沟通。

谈判双方为了达成某种共识而进行谈判，这都是为了追求一种结果，最好的结果是能够达到双赢，即达到双方都比较满意的程度，但有输有赢也是肯定存在的。

追求谈判过程和谈判结果的明智是每一个谈判者的最大期望，那么对于谈判新手来说，有没有比较有效的个性特征和沟通技巧呢？

专家认为，主动去倾听是关键的，与之相似的，有人提出保持适当的沉默也是较好的技巧。

有的人喜欢以高人一等的口气和别人说话，这虽然让人很气愤，但是他会认为你很笨的同时会继续讲下去，而你只需要接收很多信息就够了。当然你作为聆听者不要透露超出你计划之外的更多信息。

有的时候，仅仅坐在那里聆听就是明智之举。通过表现得沉默寡言，你也可以变得很聪明。但是更明智的竞争型对手会在获取观点之后就不会再聆听，而是继续开始他新的征程。

索尔·戈德曼先生是纽约市一位名副其实的房地产大亨，他经常以一副普通农民的外表与他的对手见面，但是他却拥有极为敏锐的谈判头脑。当他设法买下一座价值1500万美元现金的办公大楼时，认为这个价格十分划算。他依然去问卖方的售价，当卖方提出1500万美元的现金时，戈德曼以几乎快要喊出来的声调说道："什么？"在卖方看来他听起来好像无法理解为什么价格会如此之高。甚至觉得他在惹戈德曼先生生气，经过几个回合，卖方败下阵来，而戈德曼先生以他明智的沉默得到了100万美元的折扣。

作为一个明智的谈判者，控制情绪通常比较有用，但有时宣泄情感也会起到不错的效果。因此正确的说法是要会使用你的脾气，而不是没脾气。而当对方极富进攻性甚至威胁你的时候，你也许不得不选择威胁说你将从对方那里取走某样东西，或者说丧失了这个机会，后果会很严重，明确地进行威胁是非常强烈的战略行动，在谈判中以及谈判结尾时都能收到很好的效果。

一个明智的谈判者还会注意到自身是处在团队中的，因此会很重视团队的合作。一般的人们都喜欢单飞，单飞也许也能成功，但是往往会丧失许多潜在的优势。公司往往重视培训员工的个人谈判能力，却在把他们组成团队出去谈判之前忘记了团队组织的培训。对于合作型的谈判者来说，如果团队不能合作，就已经失去了最基础的优势。更重要的是，那些需要团队谈判的往往是大手笔的生意。

那些在谈判桌上像打机关枪一样向对方发问一定不能算是明智有效的人，在向人提问时，要有耐心，只问实质性的问题。简单地说是，不要滥用你的提问机会。问题太多造成的后果是：对方不愿意回答你的提问，这是因为对方至少在提问这个方面产生抵触情绪，这样一来，就很容易对其他方面也产生抵触情绪，总而言之，提问过多将会付出昂贵代价。

专家谢尔总结，一个娴熟的谈判家，在谈判桌上，能够牢记自己的目标，那么在整个过程中，随着谈判的情况发生不同的变化，他们自然就会找到最好的方法，而且这些方法往往是符合他们利益的。

针对明智的谈判方法，专家们提出了新的方法是原则谈判，其实就是双方把谈判不当作是为自己单方利益行动，而是谋求共同的利益，这种谈判方法得到了诸多谈判专家的推崇，以促进共同利益和协调冲突为前提，想出各种可能的方案，从而抵消那些不利因素。所以最为明智的方法是为共同利益创造选择方案。

这种方法既不温和也不强硬，但却刚柔相济。根据事情本身的是非曲直寻求解决方案，追求公平的标准，而不是以某一方的意志为转移。对道理强硬，对人温和。这样的方案抛弃了各执己见而又耗损精力的讨价还价。

如在谈判中利用自身的优势，获得成功，有着多种多样的方式，不论是传统的还是新型的方法，根据谈判的实际情况来制作自己的攻略手册，相信会更加的有效。

（五）走出谈判的误区

将有效的谈判与低效的谈判加以比较，会发现，虽然由于谈判者和交易种类的不同，谈判失败的原因也多种多样，但是许多错误却是一犯再犯，如果不对其进行总结和解决，谈判的能力将始终无法得到提高，而白白浪费许多大好机会。

哈佛商学院的谈判学首席教授詹姆斯·塞贝尼斯，他拥有丰富的谈判实战和研究经验，正是总结了各种谈判理论的基础上，以谈判案例说明了谈判常见的误区，为诸多谈判者指出明确的道路。

他指出，由于双方都是基于自身的利益提出方案和做出决策，因此需要对对方所面临的问题有着清楚的认识，其清楚程度应与己方的尽量保持一致。

这意味着你需要从对方的角度来考虑问题。谈判不是一方的事情，也无法仅靠一方就能实现，现代的互惠型谈判模式已被广泛采用。通过竞争求同存异成为目前谈判的努力方向。不了解对方而贸然谈判甚至是做决定的行为都是鲁莽的，而且很有可能带来巨大的损失。例如某公司开发的产品可以对用户的空气质量进行检测，从公司本身的角度来看，这是一个方便而且实用的技术，但从使用者的角度来看却并不如此，因为这个产品可能给用户带来更为复杂的公共关系，很显然，这是用户不愿意见到的。

倘若不经过调查，不了解用户的心态，或者说购买欲望，而直接投向市场，或者进行谈判，经济损失看起来已经不远了。

还有许多商业谈判人士更为喜欢凶猛的攻击方式，而他们这么做的驱动力往往就是经济利益至上的想法。衍射到谈判观念中，是一种非赢即输的态度，很显然，这种观念已经被绝大多数人所抛弃，包括竞争型和合作型的谈判家。

谈判者在利益上是冲突的，但谈判本身是一个互惠互利的过程，需要达到的目的是使自己能够最小的损失，最大的收获。针对经济利益的问题，谈判过程中需要让步，但是又不能无原则地让步，因此，让步的过程中需要注意，不能完全坚持经济利益，但是也不可以轻易让步，而让步也一定要做的有价值，最小的让步换来最大的价值，这才是正确的做法。

经济利益还与另一点息息相关，那就是立场。很显然，对于谈判桌上的人来说，立场是否坚定，决定了其战斗力。但是需要注意的是，立场和利益并不一定完全等同。有时候立场为主，有时候利益为主，如果由于一时的冲动或者性格上的固执，坚持立场，却失去了对利益的掌控权，很显然，对于商业谈判来说是相当不划算的。

谈判者接受了合作型谈判之后，容易陷入另一个误区，那就是一味地追求共同点。要知道，双方能够坐到一张谈判桌上进行商榷，本身肯定是具有共同点。通过分析和挖掘可以对这方面有清醒的认识，但若只追求共同点，而忽略了差异带来的价值，是得不偿失的。差异点和共同点都是谈判的要素，更何况许多谈判的利益正是来自差异点。

大多数的经理人员都了解谈判的基本知识与基本规则，因此在谈判的初期阶段就会准备好协议的最佳替代方案，但是仍然还是有一些经理人是会犯这方面的错误，让赚钱的机会白白溜走，使谈判陷入僵局。最佳替代方案是一个很科学的方案，在谈判准备阶段，重视自己的最佳替代方案还不够，还应该尽量了解对手的最佳替代方案，因为只有对对方所能接受的替代方案进行研究分析，才能做出正确的判断与抉择。当然，谈判者还要小心，千万不要破坏了自己的最佳替代方案，不要忽视这个小问题，往往最严重的情况就是由小问题而来的。

最后，谈判的时候，要注意排除自身的倾向，无论是哪种个人倾向，往往会在做决策的时候起到改变决定的作用，这个时候就很容易将事情搞砸。因此当出现错误看法的时候，要能及时发现，更重要的是接受并且纠正。纠正了错误的问题，在谈判时才能够得心应手。

很多谈判家对理论都研习得很透彻，但是在实战中应用效果却并不理想，这就是因为陷入了误区造成的，尽量避免这些谈判误区，在每次谈判之后对谈判的过程与结果进行比较，在分析和总结的作用下，相信你一定离成功不远了！

（六）将谈判整合为公司能力

每个公司都有自己的谈判人员，但是如何将谈判能力整合为公司能力，这是目前谈判学家很感兴趣的问题，因为这将谈判从一个小范围的能力提升到了整个公司管理的层面，一方面有利于公司整体素质的提高；另一方面，也对谈判学理论的发展起到很大的作用。

无论公司的专业是做什么，都逃不开由生产、供应、销售、客户以及服务等各行各业组成的网络中，一家典型的公司需要进行上千次的谈判，如果可以将这些综合考虑，整合成为公司能力，它们对企业的重大影响就会充分展示出来。

有研究表示，在上市公司的比较中发现，如果考查长期累积收益，谈判能力强的组合的累积收益远远高于谈判能力弱的组合。因此，作为公司的管理者，更应该重视这方面的问题。

也许有的管理者表示公司花很大的力气在组织公司职员谈判能力的培训上，但可惜的是，很少有公司对谈判活动进行系统性的整体思考。

许多公司在处理谈判能力这个问题上，将谈判问题单独拿出来考虑，并未进行系统的规划。而另一些公司，则会选择采用特定情境的方式来告诉员工如何处理问题，把每次谈判看作独立事件，针对不同的独立事件都有分别的准备、目标、策略以及结果记录。但是这样一来，完全没有实现对谈判的整体性考虑。

专家指出，正确的做法是从全局考虑问题，这也是很多管理者容易忽视的地方，更多地公司选择了将谈判特殊化、个人化，而不纳入公司的其他流程中，这一点严重地阻碍了公司谈判能力的整合和提升。即使每次谈判都有不同的目标、策略、甚至不同的标准，但没有一个整体的规划的话，很难实现提升公司的谈判能力。

因此，越来越多的公司开始考虑变革。但在变革之前，我们应该思考，企业为什么倾向于从割裂而非整体的角度来看谈判这个问题。很显然，企业是有苦衷的，每次的谈判情境错综复杂，而每次谈判人员所要考虑的因素都各不相同，但即使是这种情况下，由于企业规模的扩大以及与其他企业结盟的趋势发展，企业从整体上提升谈判能力已经是不可避免的了。

目前已经有不少公司逐渐成功地培养起公司的谈判能力，其中一点就是建立支持谈判的基础系统，提供更多经过证实的谈判策略，以此提高谈判人员未来的工作业绩。现代化的公司越来越趋向于工作流程化，但是谈判却不是，谈判似乎在公司享有特殊地位，作为一个纯粹依赖于谈判人员的工作而存在，缺乏一定的评判机制，因此建立一个基础系统，可以从根本上将谈判工作的性质改变，融入整个公司的整体能力提升日程中。

在建立了谈判的基础系统之后，应该对谈判的成功与否标准进行拓宽，以往的评价往往局限于成本和价格上。而公司制定的评判标准对于谈判人员有着很重要的影响。单纯地从利益角度进行评判，已经远远不能满足公司整体性调控的要求了，专家丹尼·厄特尔提出需要从关系、沟通、利益以及合理性等方面进行多指标的综合评估。

现代社会的谈判更加重视的是双方长期合作关系的发展，因此这一点也就成为重要的评判指标之一。经常有谈判人员无法区分短期交易和长期关系，这经常使谈判者陷入困境，因为不确定应该更重视短期的利益还是长期的合作关系。因此公司首先要摒弃掉那种在单次交易和长期关系中做出取舍的观点，因为稳固的关系可以帮助解决交易中棘手的问题，而交易达成后的价值创造又可以进一步拓宽关系。

有了评判标准，必须要有制度来维持谈判能力的提升，在制度约束下，从提升空间、方法到提升目标都有明细的规定，更重要的是需要针对谈判中的各个过程。例如制定谈判最佳替代方案的这一步骤，结合以往的谈判经验，可以总结出针对不同类型的对手，不同的交易目标，应该如何制定，对每次谈判的这一个因素也重点考虑。

经研究表明，将谈判从特定情境式转化为制度式，并不需要激进的变革，因此把实际所需要的措施落实，对谈判能力进行整体协调，公司的谈判能力将得到很大的提升，就能和合作伙伴建立更为紧密、更具创新性的关系。

（七）谈判者，别把签约当终点

谈判者经历了巨大压力的谈判过程之后，终于走到签约这一步，不少人开始松一口气，将这里当作终点，却不知道，许多交易最终却败在这一步上，谈判桌上的问题导致无法付诸实施并创造价值，而整个的谈判历程也变得毫无意义。

许多交易表面看来非常完美，但实际上永远无法有效付诸实施，并创造出价值。

追根溯源，问题就出在谈判桌上。事实上，被大家视为交易核心人物的谈判者，常常就是使签订的交易最终遭遇滑铁卢的人。

从谈判签约最基础的角度分析，谈判是为了争取主动，而签约是为了利益。商务谈判中的各项谈判工作固然重要，但是，即使谈成了业务，如果不签订合同，双方的权利义务关系不固定下来，以后执行就可能成为问题。所以说，合同的签订不可忽视，而且合同的签订不仅是商务谈判取得成果的标志，也是这个项目的开端。

谈判双方经过你来我往多个回合的讨价还价、较量与让步，就商务交往中的各项重要内容完全达成一致以后，为了明确彼此之间的权利和义务，同时也为了以后的履行提供一个标准，取得法律的确认和保护，一般都要签订商务合同。因此，签约工作做得好坏关系到整个商务谈判是否取得了成功，它是全部谈判过程的重要组成部分，是谈判活动的最终落脚点。签约意味着全部谈判工作的结束。

什么时候可以提出签约？有经验的谈判者总是善于在关键的、恰当的时刻，抓住对方隐含的签约意向，或巧妙地表明自己的签约意向，趁热打铁，促成交易的达成与实现。但这个时机要如何把握？如何洞察、把握签约的意向，向协议的达成迈进？如何抓住最佳时机、当机立断，立即签约？这是谈判者应该掌握的基本技巧。

在确定了双方已经基本完成各项问题的讨论，并进入尾声的时候，可以留意对方的信号，同时适当地抛出己方的信号，例如，表示自己的观点已经阐述完毕，如上所述等。

讨论完毕之后，必经的一个步骤就是最后一次报价，这里专家提醒：

①不要过于匆忙报价，否则，会被认为是另一个让步，令对方觉得认为还可以再努力争取到另一些让步；如果报价过晚，对局面已不起作用或影响很小，也是不妥的。为了选好时机，最好把最后的让步分成两步，主要部分在最后期限之前提出，刚好给对方留一定时间回顾和考虑。次要部分，如果有必要的话，应作为最后的"甜头"，安排在最后时刻做出。

②最后让步的幅度大小也应该控制，因为最后让步必须足以成为预示最后成交的标志。最后，在决定最后让步幅度时，一个主要因素是看对方接受这一让步的人在对方组织中的位置。如果让的幅度比较大，应是大到刚好满足较高职位的人维持他的地位和尊严的需要。

③让步与要求应该同时并提，除非己方的让步是全面接受对方现时的要求，否则，

必须让对方知道，不管在己方做出最后让步之前或做出让步的过程都希望对方予以响应，做出相应的让步。比如，在提出己方让步时，示意对方这是谈判个人自己的主张，很可能会受到上级的批评，所以要求对方予以同样的回报。

由于签约是一个很严肃的商务活动，其细节也不容忽视，主方应会同有关各方一道指定专人，共同负责合同文本的定稿、校对、印刷、装订、盖章等工作。签署涉外商务合同时，比照国际惯例，待签的合同文本应同时使用有关各方法定的官方语言。而为了最终谈判的成功，谈判人员应该有更清醒的认识。牢记最终目的，帮助对方做好准备，将协调一致视为共同的责任，保证信息的一致性，将谈判当作一项业务流程进行管理，这些都是谈判团队所应该做到的。如何在这些方面做到最好，专家提出了一个练习方法，那就是谈判团队在做准备工作时，可以想象一下交易合同签订了一年之后你会遇到的各种各样的问题。

专家还建议，最好不要试图通过让对方措手不及来取得优势，因为如果对方没有进行某方面的深入思考，有可能这种方法能取得成功，但是错误的决定对双方今后的长期关系却没有好处，而如果对方已经准备充分，这个方法也就失去了作用。

一旦签订合同，谈判团队就必须及时向所有人员通报交易的条款和为了达成最后的协议所做的取舍。这一点非常重要，无论是对己方还是对方来说，如果将合同交与各个执行团队时不做任何解释，那么各个团队对交易目标、谈判者的意图都将形成不同的看法，一方面不利于公司内部的团结，另一方面有可能影响到协议的执行程度，甚至造成谈判的结果失去实际意义。

还有最后的一个工作是把规范的谈判准备流程和谈判后的评估结合起来。因为谈判后的评估正是要针对谈判的各个阶段进行统计、分析与总结，因此如果谈判准备流程就按规范实施，在提高工作效率的同时，还可以与评估相结合，直到最后的协议签订都可以记录并为以后的长期发展提供参考。

目前更多的专家提出，传统的签约式谈判观念，使得大部分的谈判人员将谈判之后签订合约作为最终目标，甚至只看签订交易的数量和规模来评估谈判者的工作，这种观点注定只能适应于短期发展，而无法促进谈判能力的整体提升，并且对最终项目的开展也无法提供任何帮助和指导意见。

与这种观点相反的，有管理学家提出，公司及其谈判人员都应该更新谈判观念，不再局限于尽可能获得最优惠的交易条件，而是探寻以后建立长期健康的合作关系，从签约式向执行式发展，能够更大程度上确保项目的顺利开展和进行。

总之，谈判结束后，项目开始前，所有的谈判人员都不应该放松，这是一直以来谈判过程的最终实现，如果在最后关头没有把好关而出现了失误，相信这是所有谈判者最不愿意看到的结果。

八、跨国跨文化谈判

（一）海外经商如何避免成为"丑陋的外国人"

面对世界的机遇和挑战，各个国家的商业都呈现出国际化和多元化的趋势。广泛地参与经济竞争与合作，这促使着各国的商贸人士都必须注意到海外经商的重要性。

首先，需要认识到的是，各国商人的谈判风格完全不同，并且多种多样。

例如日本人兼有东西方观念，他们讲究礼仪，注重人际关系，群体意识很强，工作认真、慎重有耐心，并且日本人不喜欢诉诸法律。

而美国人通常性格外露，倾向于直接表达真挚和热烈的情绪，他们善于社交，不拘礼节，在商务活动中随意、开朗、自信、果断。他们的谈判认真诚恳、重视效率。

以上是两个例子，事实上不同的国家在谈判风格上均有区别，甚至说区别还很大。美国文化强调其以独立为核心的文化观念，重视个体和对个体价值的发掘与展现。而到某些欧洲国家时，就不能采用这种缘由的方法了，而应该尽量放慢节奏，因为差异性导致了节奏也要跟着变化。

令人高兴的是，有专家曾组织一个研究班，帮助美国的管理人员适应欧洲大陆的文化。在美国人得知自己需要放慢速度，并学会用不同的方式来思考问题的时候，那些德国人发现自己不仅需要快速地学习商业银行操作的知识，而且还需要一整套适用于美国的新词汇。

当然，专家也纠正了一些极端的看法：并不是说亚洲人和欧洲人不重视效率，而是更重视稳定、宏大的目标体系。

从整体上大致了解了各个国家的风格之后，就需要从细小的地方着手研究了。因为在欧洲和亚洲，个人关系和商业关系的相互渗透程度比美国要高很多。因此在谈判之前，欧洲和亚洲的伙伴们更倾向于了解对方。因此，对于这样的预期商业伙伴，应该悠闲地与他用午餐。问一些基本情况的同时寻找共同点，当然都是比较轻松的话题，例如葡萄酒或者孩子。

与国外的商业伙伴谈生意不是个轻松的活，美国迪斯尼就有过深切的体会。当其考虑在巴黎设欧洲分部，并没有花什么力气去建立一种信任关系。这种政策导致其与法国工会的冲突。最后，迪斯尼只能屈服，雇用法国管理人员而劳工矛盾也逐渐平息了。

针对不同国家的商业合作伙伴，当然在准备谈判上需要更多地注意细节。这是建立在风格的基础上的研究，细节包括对方能接受的话题，直至不能接受的菜品。如果没有处理恰当，由于细节原因而导致失败也就不足为奇了，结果很有可能是某一方的商人集体离开了谈判桌。

细节准备妥当之后，另外重要的一点是向沟通对手表示善意与欢迎，如果沟通是由你发起，能使沟通一开始便在友善和谐的气氛下进行。不但表现出你的诚意，也能使他在不必受其他琐事影响的情况下，专心与你进行沟通。在沟通过程中应该尽量避免不必要的干扰。

对于远道而来的客户，当他们向你提出抱怨时，你应该做的事是对他提出的抱怨表示关切与解决的诚意，这将令对方觉得你有责任感，也会恢复对你的信任。

由于各国的表达习惯等方面的差异，在商务洽谈中，尤其涉及金额时，一旦发现疑点，应立刻询问对方甚至以示抗议。

当遇到听不懂的情况时，千万不能装作听懂，其实请人家重复或再讲清楚一点并不难，相信对方不但会再说一遍，而且连速度都会放慢些。

当然，谈判中肯定有涉及拒绝的地方，这就是说"不"的技巧了。在商务沟通上，该拒绝时，就应该斩钉截铁地说"No"。拒绝本身也是相对的，谈判中的拒绝只是否定了对方的进一步要求，大多数拒绝往往是单一的、有针对性的。所以，谈判中拒绝某些，却给对方留有在其他方面的可能性。

谈判中还有一种不能排除的结果就是沟通彻底失败。相信我，使你的沟通对手颜面尽失不会是你所要的结果吧？因为如此一来，沟通不但要破裂，也会招来对手的怨恨。委婉的说法可以引导对方修正他的观点，而又保留了他的面子，不会触怒了他，使他拂袖而去。

其实与外国友人进行商业活动时，很重要的一点是及时按规矩办事，无论是对方的还是己方的，一定有其特定的方式。尊重对方，多为自己留余地，相信成功的机会是很多的，即使你和对方之间隔了太平洋，也能坐到一张谈判桌上握手签字。

（二）如何避开跨文化谈判中的陷阱

事实上，在跨文化谈判的过程中，与谈判对方沟通的过程至关重要，所有的文化因素都有助于"了解谈判对手并与其进行良好沟通，以便在谈判过程中更好地达成共识，"专家奥拉西·法尔考说。

有人会低估跨文化因素，会将跨文化因素简单地诠释为跨国谈判。事实上，同一个国家，不同城市、不同地区的人风格差异很大。同样的，教育、种族、性别和宗教也很容易被忽略了，这些都是影响谈判结果的跨文化。

不容忽视的是，由于谈判桌的特殊性，即使谈判对手来自类似的文化背景，也有可能会掉入另一个陷阱。由于相似性反而不够重视沟通了解方面，这样的谈判将带着很大的风险。相对于与自己完全不同的人谈判，这种让人掉以轻心的情况反而更容易失误。

当然，我们最大的期望就是通过培训和辅导来避开这些陷阱。专家建议如果可以，最好能邀请到合适的双语翻译，最好是在两个国家都居住过的人做翻译，这样的人可以在一定程度上缩小双方的文化差异，翻译会更准确无误。

法尔考指出："谈判者需要真正了解对手并以此做出相应的策略和技巧调整。"

因此很重要的一步是对对手有一个清醒的认识。专家建议可以尝试从零出发，也就是说从全新的角度去了解对方及对方的立场谈判过程中，有时对方敌友身份很难确定。

由于文化的差异，对方对谈判的期待可能与你的期待大相径庭。和你一样，他应该也期望成功，但是他和他的同胞对成功的概念和你可能并不一样。

不同文化之间的决策风格也会有差异。例如个人决策和集体决策的区别，日本的经理很显然更倾向于后者。美国人重视灵活性，而日本的经理则认为，决策一旦完成，再做改变就是不体面的。

虽然在跨文化的谈判中应该积极交流，但是保持沉默有时候也是一个好办法。在紧张的谈判中，没有什么比长久的沉默更令人难以忍受却又如此重要了，因此，在跨文化谈判中更是如此，需要提醒自己，不要主动去打破沉默。

当双方的交流陷入了困难甚至僵局的时候，与其采用语言的争执，不如选择让时间的流逝往往能够使局面发生变化，因为很多时候，等待是人们所能采取的最富建设性的措施。但是这需要考虑到对方的感受，如果对方的文化决定了他不允许浪费哪怕一分钟来等待，这种办法就需要重新考虑了。

随时注意观察对于跨文化谈判来说更是重要，尤其应该重视在办公室以外的场合随时了解别人。当然这些是可以通过邀请"对手"出外就餐、打高尔夫、打网球等等活动的好处之一，人们在这些场合神经通常不再绷得那么紧，使得你更容易了解他们的想法。为了达到多观察的目的，你可以选择亲自露面，相信没有什么比这更能反映出你对别人的态度。

谈判的风格也至关重要，是合作型还是竞争型，有的谈判者是一个坚强的、要求苛刻的家伙，很少妥协。如果条件合适，他可以获得极大的成功。而另一种谈判者更倾向于解决问题的谈判者视野比较宽广，总是努力获得尽量多的成果。这两种风格的谈判者在各类文化中都存在，需要区分，同时也要选择你是属于哪一种来对抗对方。

大多数的谈判专家都偏爱后者，尤其是在跨文化谈判的情况下。这是因为解决问题的风格可以避免大错误，并且考虑到谈判的目标是要建立双赢局面，建立长期战略合作关系，创造更大价值。第二种风格更容易尽一切可能建立合作的基础，在步步为营的基础上进行谈判。

还应该注意的是，在许多文化中，谈判是一个程式化的过程，很显然，学习特定文化中的这些谈判仪式非常重要，即便你的外国伙伴最终并没有这样的要求。

而有的文化中的谈判风格比较灵活、混合，如果人们没有正确地理解这种风格，就很可能会把它看成是一种阿谀的行为甚至产生厌恶的情绪，而且会让他们无法相信对方的诚意。

因此，最好能够尽量多地了解对方的个性和交流方式。不要忽视文化，并将关注点集中在谈判桌上具体个人的能力上。最终建立在谈判上的只有两种文化，竞争还是合作。

特别提示：

本书在编写过程中，参阅和使用了一些报刊、著述和图片。由于联系上的困难，和部分作品的作者（或译者）未能取得联系，对此谨致深深的歉意。敬请原作者（或译者）见到本书后，及时与本书编者联系，以便我们按照国家有关规定支付稿酬并赠送样书。

联系电话：010-80776121　联系人：马老师